21世纪经济管理精品教材·金融学系列

国际投资学

李燕燕 主 编

李 祺 牛树海 副主编

清华大学出版社

北 京

内 容 简 介

国际投资学是从资本流动的角度研究开放经济下资源配置与财富增加的一门独立学科。本书融合了国际投资理论、实务和案例,详细阐述国际投资业务的最新内容,反映了近年来国际投资的新理念、新理论和新方法,突出实践性和可操作性,以期适应国际投资日新月异发展的要求。全书涵盖了国际投资理论、国际投资主体、国际投资决策、国际投资资本运作、国际投资管理以及中国国际投资的实践等内容。

本书可供高等院校经济类、管理类、理工类专业教学之用,也可作为研究机构和跨国机构工作人员的参考用书。

图书在版编目(CIP)数据

国际投资学/李燕燕主编. 一北京:清华大学出版社,2014.1
(21世纪经济管理精品教材·金融学系列)
ISBN 978-7-302-34496-4

Ⅰ. ①国… Ⅱ. ①李… Ⅲ. ①国际投资-高等学校-教材 Ⅳ. ①F831.6

中国版本图书馆 CIP 数据核字(2013)第 274257 号

责任编辑:杜 星
封面设计:汉风唐韵
责任校对:宋玉莲
责任印制:何 芊

出版发行:清华大学出版社
网 址:http://www.tup.com.cn, http://www.wqbook.com
地 址:北京清华大学学研大厦 A 座   邮 编:100084
社 总 机:010-62770175   邮 购:010-62786544
投稿与读者服务:010-62776969, c-service@tup.tsinghua.edu.cn
质量反馈:010-62772015, zhiliang@tup.tsinghua.edu.cn
课件下载:http://www.tup.com.cn,010-62770175-4506
印 刷 者:三河市君旺印装厂
装 订 者:三河市新茂装订有限公司
经 销:全国新华书店
开 本:185mm×260mm   印 张:19.5   字 数:434 千字
版 次:2014 年 1 月第 1 版   印 次:2014 年 1 月第 1 次印刷
印 数:1~4000
定 价:39.00 元

产品编号:055860-01

　　国际投资学是从资本流动的角度研究开放经济下资源配置与财富增加的一门独立学科。

　　从历史发展的进程来考察,资本在国际范围内的运动首先表现为商品资本的运动,即国际贸易;其次表现为货币资本的运动,即以国际借贷、国际证券投资为主要形式的国际间接投资;再次表现为生产资本的运动,即国际直接投资。特别是跨国公司的出现,更促进了国际直接投资的发展。随着国际分工进一步的加深,国际贸易、国际间接投资与国际直接投资更加融合,不仅传统的贸易、投资和技术转移被认为是跨国公司进行国际投资的基本方式,而且跨国公司更倾向于通过全球性的基本架构,实现全球战略。

　　国际投资不同于国际金融,也不同于国际贸易。尽管国际投资是在国际贸易和国际金融的基础上发展起来,并与两者始终保持着千丝万缕的联系,但传统的以国际贸易、国际金融为基础的表层次的多元化正逐步被以国际投资为基础的深层次的一体化所取代。所以,随着各国间的经济联系日益增强,参与国际投资已成为一国参与国际经济的重要手段,参与国际投资的程度、范围与规模已成为衡量一国经济发展水平、对外开放程度和国际竞争能力的重要标志。

　　作为本科生使用的国际投资学教材,应符合逻辑严谨、条理清晰、逐步展开的要求。本书内容包括十二章:第一章为国际投资导论,主要介绍了国际投资的基本概念、特点和分类;国际投资的产生和发展;国际投资与国际产业转移。第二章为国际投资理论,主要介绍了国际间接投资理论和直接投资理论。第三章为跨国公司,主要介绍跨国公司的内涵与经营特征;跨国公司的经营战略与组织结构演变;跨国公司的投资方式。第四章为跨国银行,主要介绍了跨国银行的概念及内涵;跨国银行的产生与发展;跨国银行的组织结构;跨国银行的运营与监管。第五章为非银行跨国金融机构,主要介绍了跨国投资银行、投资基金及保险基金的基本概念和发展历程。第六章为国际投资环境评估,主要介绍了国际投资环境的概念和特点;国际投资环境评估的内容和方法。第七章为国际投资项目选择,主要介绍了项目与项目选择的概念和重要性;投资项目可行性研究以及可行性研究报告的编写。第八章为国际投资决策,主要介绍了国际经营方式的概念以及选择的影响因素;国际经营方式选择的原则和方法;国际投资决策分析的具体方法。第九章为国际投资资本运作,主要介绍了风险投资的概念;风险投资的发展和特点;风险投资的运作。第十章为国际投资管理,主要介绍了投资国和东道国的投资政策管理;双边性国际法规范、区域性国际法规范和国际性国际法规范;国家风险、外汇风险的管理和防范。第十一章为国际投资政策,主要介绍了国际投资政策对经济、人才、组织等带来的效应;中国国际投资政策。第十二章为中国国际投资,主要介绍了我国利用外资及对外投资的发展过程;我国利用外资和对外投资中存在的问题及困难。

本教材旨在融合国际投资理论、实务和案例,系统阐述国际投资理论的同时,详细阐述国际投资业务的最新内容,反映本课程近年来的新理念、新理论和新方法,突出实践性和可操作性,以期适应国际投资日新月异发展的要求。

本书主要供高等院校经济类、管理类、理工类专业教学之用,也可作为研究机构和跨国机构工作人员的参考资料。本书由郑州大学李燕燕教授任主编,主持大纲讨论和修改工作,李祺博士、牛树海博士参与编写并任副主编,最后由李燕燕教授统稿复审,最后把关定稿。

限于编者水平,不当之处在所难免,欢迎读者提出意见,以便进一步修改。

李燕燕

2013 年 8 月于郑州大学

目录

第一章

国际投资导论

本章要点

国际投资肇始于18世纪末19世纪初,经过20世纪60年代以后的快速发展,目前已经成为世界经济发展的一道亮丽风景,也成为推动全球产业转移的重要途径。本章首先对国际投资的概念、特点和分类作一般性概述;其次分析了国际投资的产生和发展进程,并探讨了国际投资最新发展趋势;最后阐述了国际投资与国际产业转移的关系,并介绍了国际产业转移的演进和发展趋势。

学习目标

掌握国际投资的概念、分类及特征;了解国际投资的产生和发展进程;了解国际投资发展的最新趋势;了解国际产业转移的历史演进及发展趋势。

第一节 国际投资概述

一、国际投资的内涵

(一)国际投资的概念

国际投资(international investment)是各国官方机构、跨国公司、金融机构及居民个人等投资主体将其拥有的货币资本或产业资本,经跨国流动形成实物资产、无形资产或金融资产,并通过跨国经营得以实现价值增值的经济行为。

对国际投资内涵的理解,需要注意以下几点。

(1)参与国际投资活动的资本形式是多样化的。它既有以实物资本形式表现的资本,如机器设备、商品等,也有以无形资产形式表现的资本,如商标、专利、管理技术、情报信息、生产诀窍等;还有以金融资产形式表现的资本,如债券、股票、衍生证券等。

(2)参与国责任际投资活动的主体是多元化的。投资主体是指独立行使对外投资活动决策权力并承担相应的法人或自然人,包括官方和非官方机构、跨国公司、跨国金融机构及居民个人投资者。而跨国公司和跨国银行是其中的重要主体。

(3)国际投资活动是对资本的跨国经营活动。这一点既与国际贸易相区别,也与单纯的国际信贷活动相区别。国际贸易主要是商品的国际流通与交换,实现商品的价值;国际信贷主要是货币的贷放与回收,虽然其目的也是为了实现资本的价值增值,但在资本的具体营运过程中,资本的所有人对其并无控制权;而国际投资活动则是各种资本运营的结合,是在经营中实现资本的增值。

（二）国际投资的特点

国际投资与国内投资相比较，具有以下特点。

（1）国际投资主体具有较强的国际竞争力。国内投资各主体间的规模、资金实力、技术水平、管理经验有很大差异，而国际投资主体一般都是大型企业或跨国公司。从事国际投资的企业中虽然也有中型甚至小型企业，但它们在生产技术、经营管理和资金筹集方面都具有较强的国际竞争力。一般来说，国际投资主体生产经营规模巨大，资金实力雄厚，技术先进，管理现代化，经营战略、运行机制和经营方式独特，经营活动对世界经济政治局势产生巨大影响。

（2）国际投资面临的环境较为复杂。国内投资面临的环境比较易于了解和适应，国际投资的环境则更加复杂和陌生。东道国的政治环境、经济环境、法制环境、文化环境、自然环境与国内环境相比，都可能存在明显差异，并会对投资产生重大影响。

（3）国际投资中生产要素的流动受到较多限制。在国际投资中生产要素的流动会遇到较多困难。例如，金融资产的流动性最好，却受到国家对外经济政策、国际货币供求关系的影响；原材料、机器设备的流动性受到投资国和东道国外贸政策与运输条件等因素的制约；科学技术的流动，特别是当代一流的先进技术的流动，要受到技术输出国对外经济政策的影响；劳动力的流动受到国家法律上的限制。

（4）国际投资具有多元的投资目标。国内投资的主要目的是通过投资活动增加资本投入，促进本国国民经济的发展和人民生活水平的提高；而国际投资的目的是多样性的，虽然通常是为了获得显著的经济效益，但也不排除国际投资的其他经济性目的，如通过国际投资建立和改善双边或多边经贸关系，有的甚至带有明显的政治目的。

（5）国际投资所使用的货币既单一化又多元化。所谓投资货币单一化，是指按照惯例，世界上多数国家在吸引国际投资时，均采取统一的"硬通货"即美元计算。投资货币多元化是指除了美元外，一些国家在吸引国际投资时，还允许使用国际货币市场上可以自由兑换的货币，如欧元、英镑、瑞士法郎、日元等。

（6）国际投资体现着一定国家民族的利益。虽然进行国际投资的主体往往是自然人或法人，但对东道国而言，却是来自不同的民族或国家。所以不论国际投资项目本身的动机是否带有政治目的，对于投资者和东道国来说，都或多或少代表了本民族或本国家的利益，也就包括了双方利益的矛盾和冲突。

二、国际投资的分类

（一）按投资期限分类

按照投资期限长短的不同，国际投资可以分为长期投资和短期投资。长期投资一般是指 5 年以上的投资，短期投资则是 5 年以下的投资。需要特别注意的是，在国际收支平衡表的资本项目中，通常将资本要素的国际移动区分为短期资本和长期资本。短期资本和长期资本的区分标准以 1 年为限，借出与收入的回流期限在 1 年以内的资本移动为短期资本流动。长期资本是指借贷期限在 1 年以上的资本移动，或者说是指回收期在 1 年以上的资本。长期资本的国际移动采取国际直接投资和国际间接投资两种形态。

（二）按资本来源及用途分类

按照资本来源及用途的不同,国际投资可以分为公共投资和私人投资。公共投资通常是指由一国政府或国际组织用于社会公共利益的投资,这种投资带有一定的国际经济援助的性质,如某国政府为东道国投资兴建机场、铁路、体育场所等,又如世界银行或国际货币基金组织给某国贷款开发农业、牧业等。私人投资一般是指一国的个人或企业以营利为目的对东道国经济活动进行的投资。

（三）按资本的特性分类

按照资本的特性不同,国际投资可以分为国际直接投资和国际间接投资。国际直接投资是指一国的自然人、法人或其他经济组织单独或共同出资,在其他国家的境内创立新企业,或增加资本扩展原有企业,或收购现有企业,并且拥有有效控制权的投资行为。在很多情况下,国际直接投资称为对外直接投资(foreign direct investment,FDI)。国际直接投资与其他投资方式的区别是,在资本移动形式上,国际直接投资已不是单纯货币资本的移动,而是货币、技术、设备、经营管理知识和经验等经营资源的一揽子组合转移。在当今国际直接投资多元化和对流趋势日益强化的情况下,许多国家将国际直接投资看作是发展经济和技术合作的一种重要形式。国际间接投资是指以资本增值为目的,以取得利息或股息等形式,以被投资国的证券为对象的跨国投资。国际间接投资者并不直接参与国外企业的经营管理活动,其投资活动主要通过国际资本市场(或国际金融市场)进行。国际间接投资也称为对外间接投资(foreign indirect investment,FII)。本书介绍的内容主要是国际直接投资。此外,第二次世界大战后又出现了一些新型的比较灵活的国际投资方式,主要有国际租赁、国际信托投资、国际工程承包、风险投资、BOT(建设-经营-转让)投资等。虽然这些灵活投资行为在国际投资领域中不像直接投资和间接投资那样属于纯粹的投资活动,但在当今的国际投资领域中同样占有重要地位,特别是受到发展中国家的青睐。

第二节　国际投资的产生与发展

一、国际投资的产生

资本输出是国际投资的早期形态。早在19世纪70年代,英国就开始进行资本输出。随后各发达国家相继开始向落后国家输出资本,以便获取高额利润,占领海外市场。资本输出是在资本主义国家内部出现资本过剩,本国市场趋于饱和而新兴世界市场又得以开辟的条件下产生的。早期资本输出是以间接投资的形式进行的,到了19世纪80年代,资本输出增加了国际直接投资的内容。从国际资本历史发展的进程来看,资本在国际范围内的运动首先表现为商品资本的运动,其标志是国际贸易;其次表现为货币资本的运动,即以国际借贷、国际证券投资为主要形式的国际间接投资,其标志是跨国银行的出现;再次表现为生产资本的运动,即国际直接投资,其标志是跨国公司的出现。国际直接投资是资本在国际范围内运动的最高形式。

二、国际投资的发展

国际投资的发展历程大致可分为初始形成、低迷徘徊、恢复增长、迅猛发展四个阶段。

（一）初始形成阶段（1914 年以前）

第一次世界大战前夕，是国际投资的起步阶段。这一时期是资本主义的自由竞争阶段，工业革命推动下的科学技术的迅速进步，使生产力大大提高，国际分工格局基本形成。这一阶段国际投资活动主要特征表现在以下几个方面：

（1）国际间接投资是主要投资形式。在国际投资总额中，国际间接投资占比达到 90% 左右，而生产性国际直接投资仅占 10% 的比例。以当时主要的国际投资输出国英国和法国为例，1913 年占全球投资金额的一半左右的英国，其 70% 以上的对外投资为证券投资；法国也是以债券资本输出为主，故而有"高利贷帝国主义"之称。

（2）少数资本主义国家居于主导地位。从事国际投资的国家基本上局限于英国、法国、德国、美国和荷兰等少数资本主义工业化国家，而英国位居首位，是最大的资本输出国。到 1914 年，主要资本主义国家的资本输出总额为 440 亿美元，其中英国达到了 145 亿美元。

（3）国际投资主要流向北美洲、拉丁美洲、大洋洲等自然资源丰富的国家以及亚洲、非洲的一些殖民地半殖民地国家，并主要用于这些国家的铁路、资源开发以及公用事业。

（4）国际私人投资异常活跃。由于东道国或者处于自由竞争的资本主义阶段，或者已沦为殖民地半殖民地，私人的海外投资较少受到当地政府的干预和限制，是国际间私人投资活动的"黄金时代"。到 1914 年，各主要债权国对外投资总额已超过 410 亿美元，其中绝大部分都是私人对外投资。

（二）低迷徘徊阶段（1914—1945 年）

这一阶段由于处于两次世界大战之间，战争和经济危机造成国际资本严重短缺，国际投资陷入低迷徘徊之中，此时国际投资的主要特征体现在以下几个方面：

（1）国际投资形式仍以间接投资为主。虽然国际直接投资的规模正在迅速扩大，但国际间接投资仍是主要的投资形式。1920 年，美国私人海外投资中有 60% 为证券投资；1930 年，英国的对外投资中有 88% 为间接投资。

（2）国际投资总额下降。从总体上来看，由于两次世界大战和 20 世纪 30 年代资本主义世界经济大危机的发生，导致世界主要投资国的对外投资增长缓慢，各类国际投资活动陷入停顿，甚至倒退。到 1945 年第二次世界大战结束时，世界主要国家的国际投资总额下降至 380 亿美元。

（3）国际投资格局发生重大变化。美国从一个国际净债务国变成最大的债权国。至 1919 年，美国已从 1914 年债务约 37 亿美元的债务国变成债权总额为 37 亿美元的债权国。与之形成鲜明对比的是，英国与法国由于大量借款和削减对外投资，加之在国外投资的贬值，在第一次世界大战结束时已大大削弱了其债权国的地位，德国由于支付战争费用、在协约国的投资被没收以及在其他地区投资的贬值，使其由债权国沦为一个净债务国。因此，第一次世界大战后，新的长期国际资本的主要来源地由英国转移到美国。

（三）恢复增长阶段（1946—1979 年）

第二次世界大战后到 20 世纪 70 年代末期，殖民主义体系在此期间崩溃。因此，西方国家不能再继续无偿占有原来殖民地的经济资源，而必须通过贸易和投资方式来获得，这也促进了国际投资活动的恢复和发展。这一阶段国际投资的主要特征表现在：

（1）国际投资方式由以国际间接投资为主转变为以国际直接投资为主。据统计，国际直接投资从 1945 年的 200 亿美元增至 1978 年的 3 693 亿美元，占国际投资总额的比重由 39.2% 上升到 61.6%。

（2）国际投资的规模迅速扩大。在此期间，世界政治局势相对平稳，又兴起了第三次工业革命，因而促使国际投资迅速恢复并呈现增长态势，发达资本主义国家的对外投资总额由 1945 年的 510 亿美元增长至 1978 年的 6 000 亿美元。第三，国际投资的格局中美国表现较为突出。第二次世界大战后，除美国外，各参战国的经济惨遭破坏，美国乘机向外扩张，对外投资的规模迅速扩大。1946—1965 年期间，根据著名的"马歇尔计划"，美国对外贷款与赠予（军事援助除外）总额达 840 亿美元，遥遥领先于其他国家，因此这个时期也是美国在国际投资舞台上一枝独秀的时期。

（四）迅猛发展阶段（1980 年至今）

20 世纪 80 年代以来，随着世界经济一体化的发展，国际投资规模持续扩大，国际资本市场和投资活动表现出以下特点：

（1）国际直接投资总额大幅上升。随着西方发达国家经济出现复苏，国际直接投资止跌回升。1993 年国际直接投资总额为 2 080 亿美元，2003 年国际直接投资总额突破了 1 万亿美元，2007 年国际直接投资达到 15.4 万亿美元。

（2）国际投资的格局再次发生重大变化。第二次世界大战后由美国一国独霸国际投资领域的格局，已被美国、日本、西欧"三足鼎立"的新格局所代替。此外，广大发展中国家逐渐兴起，它们以更为积极、主动的态度参与国际投资，成为国际投资领域越来越活跃的角色，使国际投资领域呈现多元化的发展趋势。

（3）国际直接投资产业分布的转化。随着世界产业结构从低级向高级演进，国际投资的产业分布和结构已开始由资源和劳动密集型产业转向技术密集型的制造业和服务业，由传统工业转向新兴工业。高新技术企业、金融保险业、贸易服务业正日益成为投资的重点。20 世纪 70 年代，世界各国有关服务业的对外投资占 25%，到 90 年代已增至 50% 以上。随着科技的进步，服务业和高技术、高附加值产业在各国国内生产总值中的地位上升，国际投资正在进一步向技术、知识密集型产业和服务业倾斜。

（4）跨国并购成为国际直接投资的重要方式。1991 年，全世界涉及 10 亿美元以上的跨国并购案为 7 起，总额涉及金额为 204 亿美元。而到了 2011 年，全球跨国并购金额高达 5 260 亿美元。

（5）国际投资的参与方式更加灵活。第二次世界大战以前，国际直接投资的方式基本上都是股权参与，而且是拥有或控制分支机构的全部股权；第二次世界大战后，除了对高新技术部门的海外投资仍较多地采用全资拥有的股权参与方式外，与东道国兴办合营企业方式已在许多国家和部门被采用，许多非股权参与的方式也获得了广泛发展。

三、国际投资的最新发展趋势

进入21世纪以来,随着国际分工的不断深入,经济的进一步全球化,贸易和投资的自由化,以资本和技术要素为主的各种生产要素的国际移动,使国际投资活动呈现以下新的发展态势。

(一)国际直接投资增速放缓,跨国并购成为主要形式

2001年,受美国"9·11"恐怖袭击事件的影响,世界经济陷入衰退,国际直接投资锐减,从2000年的1.4万亿美元猛降至8 259亿美元。但2003年以后,随着世界经济的持续快速增长,跨国投资重新进入上升期。2003—2006年,国际直接投资从5 579亿美元增加到1.2万亿美元,年均增长达30.2%。2007年国际直接投资达到15.4万亿美元,再创历史新高。但2008—2009年受全球金融经济危机以及当前主权债务危机的持续影响,经济再度陷入不确定的局面,且主要新兴市场的增长放缓,使得全球国际直接投资增速放缓(见图1-1)。

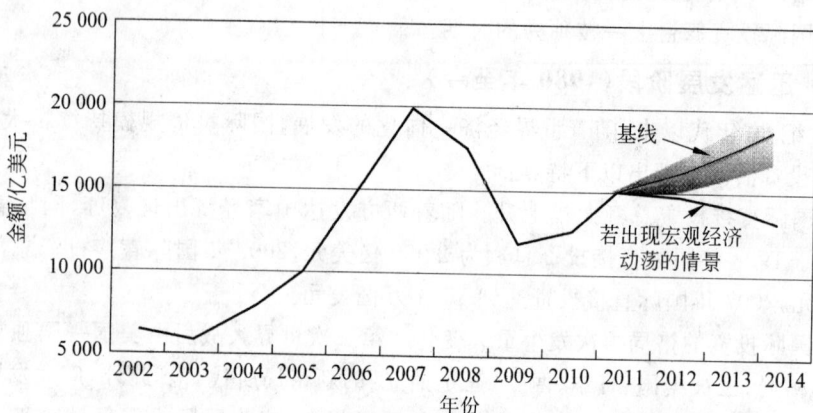

图1-1　2002—2011年全球直接外资流量及2012—2014年预测情况

资料来源:联合国贸发会议,《2012年世界投资报告》。

在20世纪90年代中期之前,国际直接投资以新建投资为主,1995年跨国并购占当年国际直接投资总额的比重首次超越50%,达59.8%,2001年更是高达80.8%,但此后出现暂时萎缩。2004年以后,跨国并购重新活跃,形成了新一轮跨国并购的浪潮。2006年,跨国并购额增长至8 804.6亿美元,仅次于2000年创下的历史最高纪录,占国际直接投资的比重也提高到67.4%。2011年,全球跨国并购额为5 260亿美元,比2010年同期增长了53%。

(二)发展中经济体在国际投资格局中地位日益突起

联合国贸易和发展会议发布的《2013年世界投资报告》显示,2012年,发展中国家在吸引直接外资方面走在了前列。全球前20大外国投资接受国中有9个是发展中经济体,其中有4个发展中经济体跻身世界五大投资接受地行列。最大对外直接投资国的全球排名也显示发展中经济体和转型经济体的重要性持续上升。2012年,全球20大对外投资来源国中有7个是发展中经济体,发展中经济体吸收的直接外资首次超过发达国家,占全

球直接外资流量的 52%。

从区域来看,流向亚洲以及拉丁美洲和加勒比地区的直接外资仍保持在历史高位,但增长势头有所放缓。联合国贸易和发展会议发布的《2013 年世界投资报告》显示,2012 年,发展中经济体的直接外资流出量达 4 260 亿美元,创纪录地达到世界总量的 31%。发展中亚洲以及拉丁美洲和加勒比的流出量维持在 2011 年的水平。亚洲发展中经济体是最大的直接外资来源,占发展中经济体总量的 3/4。在最大的投资国中,中国从第六位上升至第三位,位居美国和日本之后。需要特别指出,"金砖国家"(巴西、俄罗斯、印度、中国和南非)不仅是外国直接投资的主要接受国,而且已经成为重要的对外投资国。其对外直接投资总量由 2000 年的 70 亿美元猛增到 2012 年的 1 450 亿美元,达到世界投资总流量的 10%。金砖国家在非洲的投资规模很大。截至 2011 年底,中国对非洲的直接投资存量达到 160 亿美元。

(三) 全球国际直接投资呈现新的特点

(1) 国有企业和主权财富基金的国际化保持了快速增长。根据联合国贸易和发展会议《2013 年世界投资报告》统计,国有跨国企业的数量从 2010 年的 650 家增加到 2012 年的 845 家,其对外直接投资达 1 450 亿美元,几乎达到全球国际直接投资的 11%。2012 年,主权财富基金的国际直接投资仅为 200 亿美元,尽管如此,这一数字与前一年相比仍翻了一番。主权财富基金的累计国际直接投资估计为 1 270 亿美元,其中大部分投向了金融、房地产、建筑和公用事业等行业和部门。

(2) 国际生产稳步增长。2012 年,跨国公司的国际生产继续稳步扩张,因为直接外资流量即便处于较低水平,也在增加现有直接外资存量。2012 年,直接外资存量增长了 9%,达到 23 万亿美元。跨国公司的外国子公司创造的销售额价值 26 万亿美元(其中 7.5 万亿美元为出口额),较 2011 年增长了 7.4%。2012 年,子公司贡献的附加值达 6.6 万亿美元,增长 5.5%,与全球国内生产总值 2.3% 的增幅相比相当突出。2012 年,跨国公司的外国子公司雇员总人数为 7 200 万名,较 2011 年增加 5.7%。

(3) 再投资收益成为长期投资的重要资金来源。2011 年,总量 21 万亿美元的直接外资收入为 1.5 万亿美元。直接外资的收益率全球平均为 7%,在发展中国家(8%)和转型经济体(13%)都要比在发达国家(5%)高。全球直接外资收入中将近三分之一在东道经济体被留存,2/3 被汇回本国(平均相当于经常项目收支的 3.4%)。留存盈余的比重在发展中国家最高,约为直接外资收入的 40%,因而这笔资金是一个重要的融资来源。

(四) 经济民族主义抬头,安全审查成为跨国投资的严重障碍

近年来的国际直接投资也并不总是一帆风顺,而是经常受到一些经济和非经济因素的影响。其中,国家安全因素日益凸显。许多跨国投资案都受到所谓国家安全审查或基于国家安全理由的社会公众压力,有的跨国投资案因此夭折。美国以"反恐"为由阻止阿联酋迪拜港口公司并购美国港口。法国以"经济爱国主义"为由中止英国米塔勒钢铁公司收购法国阿赛罗钢铁企业,拒绝美国百事可乐公司收购达能公司,并列出几十家大公司为特殊保护企业,禁止外国企业并购。2007 年 2 月,美国通过《2007 年外国投资和国家安全法》,规定对涉及外国国有或国家控股企业的并购案要进行特别审查,并向国会通报具体

案件和提交年度报告。德国、加拿大等国也酝酿对外国主权财富基金和国有企业收购本国企业采取限制措施。

发展中国家的经济民族主义和投资保护主义也有所抬头。委内瑞拉对能源、电信等"战略性产业"实施国有化,玻利维亚把跨国公司拥有的石油储备所有权收归国家石油公司,阿尔及利亚规定国家必须在石油和天然气企业中拥有 51% 以上的股权,俄罗斯规定外资在军工和采掘业等"战略性产业"只能拥有少数股权,印度也以国家安全为由限制外国企业对印度基础产业的投资。

第三节 国际投资与国际产业转移

一、国际产业转移的内涵

20 世纪 50 年代以后,国际投资尤其是国际直接投资迅速发展起来,投资规模日益扩大,投资的部门结构也经历了"资源开发—制造业—金融服务业"的发展过程,伴随着国际投资这种发展变化的是产业的国际转移。国际产业转移是发生在国家之间的产业转移,即某产业由某国家或地区转移到另一些国家或地区的现象,往往是从劳动密集型产业的转移开始,进而到资本、技术密集型产业的转移,是从相对发达的国家转移到次发达国家,再由发达国家转移到发展中国家或地区这样逐层推进。国际产业转移,既是发达国家调整产业机构、实现全球战略的重要手段,也是发展中国家改造和调整产业机构、实现产业升级和技术进步的重要途径。

经济全球化是当前经济发展的一大趋势。它是以国际经济区域化、集团化,特别是跨国公司的迅猛拓展为基础产生的。国际直接投资作为一个经济全球化中出现的重要现象,必然引起非常的关注。跨国公司通过国际直接投资这一主要途径对生产要素进行全球化配置与重组,完成产业机构的全球性调整与转移。因此,国际产业转移主要是通过资本的国际流动和国际投资来实现,尤其是以跨国公司为主体,通过跨国公司进行国际投资来实现。

二、国际产业转移的历史演进[①]

(一)第一次国际产业转移

第一次国际产业转移浪潮发生在第一次科技革命后期的 18 世纪末至 19 世纪上半叶,产业转移的路径是从英国向欧洲大陆和美国转移。第一次科技革命完成后,英国成为当时名副其实的"世界工厂"。当时英国的人口仅占世界人口的 2%,在 19 世纪前 70 年中,英国一直控制着世界工业生产的 1/3 到 1/2,世界贸易的 1/5 到 1/4。这次产业的输出地是英国,目的地主要是法国、德国等欧洲大陆国家及北美。美国是这次国际产业转移最大的受益国。美国当时作为英国的殖民地,加上良好的自然和资源条件,吸引了众多的英国工业企业来此投资。美国正是因为对这次来自英国的国际产业转移的承接,才奠定

---

① 孙浩进.国际产业转移的历史演进及新趋势的启示[J].人文杂志,2011(2).

了它后来领跑第二次科技革命的物质和技术基础。而在 18 世纪至 19 世纪早期，美国国内也发生了产业随着领土扩张而进行的逐渐转移。自由市场经济率先发展的美国由于对外开放程度低等因素，经济开发先集中在东部大西洋沿岸；随着美国国土面积的不断扩张，继而越过阿巴拉契亚山脉，开发密西西比河以东和五大湖地区；接下来又开发西部太平洋沿岸，部分产业相应转移，呈现出比较明显的梯度推进特征。

美国以承接第一次国际产业转移为历史前提，以领跑第二次科技革命为技术基础，才推动了工业的迅速发展，并在 19 世纪末崛起成为世界第一工业强国，成为世界工业发展史上的第二个"世界工厂"。可以说，第一次国际产业转移浪潮推动了世界制造中心的第一次变迁。

（二）第二次国际产业转移

第二次国际产业转移浪潮发生在 20 世纪 50 年代至 60 年代，产业转移的路径是从美国向日本和联邦德国转移。在 20 世纪 50 年代，第三次科技革命爆发，使得美国对其国内的产业结构进行了重大调整，将钢铁、纺织等传统产业转移到日本和联邦德国，进行海外投资和资本、技术输出。美国国内主要致力于集成电路、精密机械、精细化工、家用电器和汽车等资本和技术密集型产业的发展。美国凭借其科技和经济发展水平的全球领先地位，成为第一次国际性产业调整和转移浪潮中的推动者。第二次国际产业转移对世界经济的影响是深远的，第二次世界大战的战败国联邦德国、日本通过承接转移产业，大大加快了工业化进程，工业产业的竞争力迅速提高。据统计，1950—1959 年间，日本引进的外国新技术达 2 332 项，并从 1955 年开始扩大更新设备，使最新设备在全部机械设备中所占比重迅速超过当时的欧美发达国家。联邦德国、日本迅速发展成为世界经济强国和"世界工厂"。第二次国际产业转移，推动了"世界工厂"的第二次变迁。

（三）第三次国际产业转移

第三次国际产业转移浪潮开始于 20 世纪 70 年代到 80 年代，产业转移发生的主要区域在东亚地区。日本经济快速发展，产业结构不断提高，和美国一起成为这一时期产业转移的主导国家，而东亚"四小龙"是这次国际产业转移的主要承接地。第三次国际产业转移持续时间大约为 20 年。20 世纪 70 年代，日本已经成为世界制造大国，为应对世界石油危机的冲击以及日元汇率升值的影响，选择了对外投资、重构国内产业结构的国际产业转移之路。这一时期，美国、日本集中力量发展钢铁、化工、汽车和机械等出口导向型资本密集工业，同时注重发展电子、航天等部分高附加值技术、资本密集型进口替代工业，而把纺织、服装等轻纺类劳动密集型工业和部分耗能多、污染大的重化工业，逐渐转移到亚洲"四小龙"和部分拉美国家。在这一轮产业转移浪潮中，日本产业向外转移经历了三次小高潮：第一次发生在 20 世纪 70 年代初，为确立资本密集型的钢铁、化工、汽车、机械等国内产业的主导地位，而促使劳动密集型的纺织业等轻纺产业向亚洲"四小龙"转移。第二次发生在 20 世纪 70 年代中期第二次石油危机之后，转移的产业主要是资本密集型的钢铁、化工、造船产业等，转移的目的地仍然是亚洲"四小龙"。第三次发生在 1985 年"广场协议"之后，转移的产业不再局限于在国内完全丧失比较优势的劳动密集型产业，而是扩展到汽车、电子等已经实现了技术标准化的资本、技术密集型产业，转移的目的地既有亚洲"四小龙",也有东盟四国和中国内地。

由日本所推动的东亚地区产业转移,引领了东亚地区的"雁阵飞翔"。直至 20 世纪 80 年代末,日本在这一"雁阵"中,无疑居于"雁首"的位置。第三次国际产业转移,催生了亚洲"四小龙"的经济发展奇迹,这些国家或地区获得发展劳动密集型加工产业的契机,逐步实现了由进口替代型产业向出口加工产业的过渡,成为新兴的工业化国家或地区。

(四)第四次国际产业转移

第四次国际产业转移自 20 世纪 90 年代至今,这一次国际产业转移之所以独立于前一次国际产业转移,是因为这一次产业转移的输出地、输入地等方面都发生了较大的变化,具有了新的特征。20 世纪 90 年代之后国际产业转移的产业输出地有日本、亚洲"四小龙"、美国,承接的产业输入地有东盟四国,但主要是中国内地。

在第四次国际产业转移过程中,亚洲"四小龙"起到了二传手的作用。亚洲"四小龙"通过承接第三次国际产业转移,加上原有的产业发展基础和资源禀赋,很快成为东亚地区崛起的一个新兴经济体增长群。但亚洲"四小龙"在经济进一步发展中面临着境内市场狭小与生产能力扩张之间的矛盾、生产要素成本上升和企业追求更多利润的矛盾、产业发展与资源环境瓶颈的矛盾。这促使了第四次国际产业转移浪潮。在这一阶段,美、日大力发展新材料、新能源等高新技术产业,将产业结构重心向高技术化、信息化和服务化方向发展,进一步把劳动、资本密集型产业和部分低附加值的技术密集型产业转移到海外。亚洲"四小龙"等新兴工业化国家或地区大量吸收发达国家的投资,承接美、日转移出来的重化工业和微电子等高科技产业,并且把部分失去比较优势的劳动密集型产业和一部分资本技术密集型产业转移到泰国、马来西亚、菲律宾等东南亚国家,也将很大一部分产业转移到中国内地,带动了这些国家经济发展和产业结构的升级,促进了这些国家的工业化进程。

中国内地是第四次国际产业转移的最大受益者。20 世纪 80 年代,中国东部沿海地区从承接亚洲四小龙及发达国家地区劳动密集型产业开始,经济迅速发展,形成了珠三角经济圈和长三角经济圈等东部沿海发达经济带;除承接亚洲"四小龙"的产业转移,中国内地还以其广大的市场吸引了美、日、欧等世界主要经济体的大规模投资,制造业得以迅速发展。目前东部沿海发达地区已进入工业化中后期,经济发展已接近世界新兴工业国水平,奠定了"世界工厂"的地位。

三、国际产业转移新趋势

随着世界经济特别是跨国公司的迅猛发展,发达国家或地区与发展中国家或地区之间传统的垂直分工已经向水平分工转变并迅速普及。20 世纪 90 年代以后,伴随着经济全球化和知识经济的到来以及金融经济危机的影响,全球制造业或劳动密集型产业由发达国家或地区向发展中国家或地区转移的速度明显加快,呈现出新的变化趋势。

(一)发达国家和新兴工业国共同成为向外进行产业转移的主体力量

随着各国技术进步和产业结构水平的提高,越来越多的新兴工业国在产业升级的同时将原有传统产业转移到更低产业梯度的国家。同时,随着全球整体产业结构水平的升级,国际产业转移已不再局限于发达国家和发展国家之间,发达国家之间、发展中国家之间的产业转移也并不少见。在产业移出国的行列中,既有美国、日本等发达国家向外进行产业转移,也有韩国、新加坡等新兴工业国家的产业外移,中国、东盟等也纷纷加入到向外进行产业转移的行列中。新兴工业国在国际产业转移链中往往身兼产业承接方与产业转移方两种角色,成为现代国际产业转移过程中一个颇具特色的现象。

(二)新兴产业成为国际产业转移的热点

20世纪90年代以来,围绕传统产业的国际产业分工体系已经基本完成,国际产业转移的新增长需要依靠新兴产业。国际产业转移领域呈现两个特征:

(1)受到市场因素影响,传统产业国际转移总体规模不会有大的变化,但是由于世界传统制造业成本条件的变化,将呈现从发展中国家再向后发国家转移的态势。

(2)围绕新兴产业发展进行全球布局,新兴产业的国际转移将成为新热点。以获取和利用技术为特点的产业转移更加明显,高技术以及新兴产业成为外资并购热点领域之一。

为把创新优势迅速转化为产业竞争优势,世界各国都把突破核心关键技术、推动新兴产业发展,作为培育新的经济增长点和掌握未来发展主动权的战略调整。发达国家和新兴经济体都确定了新兴产业的重点领域。尽管很多新兴产业还处于科技突破和推广应用的重要阶段,但各国围绕新兴产业的国际布局和争夺已逐渐展开。战略性新兴产业的国际转移,以加工基地转移为主要特征。从实际来看,在高技术产业方面,外资在我国高技术产业的并购主要集中在电子、IT和医药制造业等规模较大、发展迅速的领域。而经过连续几年的高速增长,我国已成为全球最大的太阳能电池和组建生产国,以及世界最大的风力涡轮机生产国。2009年,太阳能光伏电池产量占世界太阳能光伏电池总产量的39%。因此,我国在承接新兴产业加工制造环节的转移方面具有优势。

(三)区域经济一体化的发展加剧了区域内产业转移趋势

世界经济区域集团化的迅速发展,促进了区域内的贸易和投资的自由化。区域内的资本流动和产业转移迅速增长,甚至超过区域间的资本流动和产业转移,成为当前国际产业转移的基本特点。如欧盟国家的对外投资和产业转移主要是在欧盟内部进行的,目前欧盟国家对外投资的1/3是在成员国之间进行的。就北美而言,美国和加拿大都互为最大的投资对象国和产业转移国,美国对外投资的1/5集中于加拿大,加拿大对外投资的1/3则集中于美国。尤其引人注目的是,20世纪末以来亚太区域、东亚区域内投资和产业转移也极为活跃。日本的对外直接投资更多地流向亚洲:从1999年到2002年的短短3年内,对亚洲国家的直接投资额已从占总额的10%提高到19.5%,其中在中国的投资从占总额的1.1%迅速提高到4.6%。据日本贸易振兴会的统计,90%以上的日本公司在亚洲国家设厂,其中在中国设厂的数目最多。2005年,日本对华直接投资达65.30亿美元,创历史最高纪录,比上一年增长19.8%。韩国对华投资也逐年增长。目前中国已成为韩国最大的直接投资对象国,投资主体也由中小企业向大企业集团转化,现代、三星、大宇、LG等现代化大企业纷纷来中国投资,投资方向也向汽车、电子电器等知识密集型产业发展。进入21世纪以后,区域经济集团化的步伐更为快捷,区域内的贸易和要素流动也更为自由,国际投资和产业转移的区域内部化必将成为未来国际产业转移的主要趋势和特征。

(四)国际产业转移更重视转入国市场消费需求

2008—2009 年金融危机爆发后,发达国家超前消费力量的消失,导致世界生产加工能力过剩。各国纷纷采取刺激消费政策,但是又防止本国的消费力量被外国占据。中国等新兴工业化国家由于城市化进程加快,具有庞大的消费潜力和市场规模,因此成为各国扩大消费出口的焦点。未来几年,国际产业转移将以满足转入国消费市场需求为主要特点,将大量生产满足消费需求的最终产品,国际产业转移的最终产品特征日益明显。

(五)研发中心伴随国际产业转移

研发和创新在市场竞争中的地位日益重要,转入国竞争优势的增强,迫使国际产业在转移过程中加强研发和创新能力的转移。随着竞争日趋激烈,研发中心的研发能力和层次只有不断提高,才能立足于转入国,并成为转入国创新体系的重要组成部分。从短期来看,一些跨国公司为控制成本而将主要研发机构撤回本国,但从长期来看,随着这些跨国公司以满足转入国市场消费为目标的生产再次转移,更多地开展前沿技术和基础研究、更具有核心竞争优势和技术含量的研发机构将再次向转入国转移。

(六)国际产业转移方式多样化

近年来,国际产业转移已突破了过去把整个产业移向国外的方式,部分生产环节转移、多个国家共同生产也逐渐成为国际产业转移的重要模式。随着产业链的延伸和生产全球化的推广,研发中心、零部件生产、组装生产分散同步进行的模式成为国际产业转移的另一种选择,跨国大型企业由于国际化生产而带有明显全球化的特点。同时,国际产业转移也突破了原来单一的直接投资和单一股权安排,逐步形成了独资、合资、收购、兼并和非股权安排等多样化投资和产业转移方式并举的格局,跨国的企业收购和兼并迅速发展,并日益成为国际投资和产业转换的重要方式。

案例资料

2012 世界投资报告(节选)

一、直接外资的趋势和前景

1. 2012 年全球直接外资增势放缓

尽管受到 2008—2009 年全球金融经济危机以及当前主权债务危机的持续影响,2011年全球外国直接投资(直接外资)流入量仍然增长了 16%,首次超过 2005—2007 年危机前的水平。

经济再度陷入不确定的局面,且主要新兴市场的增长可能放慢,都有可能削弱 2012年的良好势头。联合国贸易和发展会议预测,2012 年直接外资的增长将放缓,流量在达到 1.6 万亿美元左右后便趋于平稳。主要指标均显示出这一趋势,2012 年前五个月跨境合并与收购(并购)值和绿地投资值双双下滑。并购公告疲软也显示,下半年直接外资流量将表现低迷。

2. 中期前景审慎乐观

联合国贸易和发展会议基于宏观经济基本面的中期预测显示,除非出现宏观经济震荡,直接外资流量将继续保持小幅稳定增长,2013年和2014年将分别达1.8万亿美元与1.9万亿美元。这一时期投资者对经济形势的走向仍然举棋不定。联合国贸易和发展会议《世界投资前景调查》调查了跨国公司管理层的投资计划,结果显示,虽然对2012年全球投资环境持悲观态度的受访者比持乐观态度的多10个百分点,但受访者中人数最多的(约半数)是保持中立或者态度不定的一组。对2012年以后的中期前景的态度则更加乐观。在回答关于未来直接外资投资计划时,半数以上的受访者预计2012年至2014年之间将有所增长,超过2011年的水平。

3. 所有主要经济体类别直接外资流入量均上升

2011年流入发达国家的直接外资增长有力,达7 480亿美元,比2010年高21%。然而,这一流入量与危机前三年的均值水平相比仍然降低了四分之一。虽然发达国家有此增长,今年发展中经济体和转型期经济体的直接外资(分别为45%和6%)总和依然占全球总量的一半以上,流入量总和创下历史新高,增长12%达到7 770亿美元。这些国家在经济与金融危机期间占全球直接外资流量比重高,且在2011年发达经济体外资回升的情况下仍能保有这一份额,说明了它们的经济活力及其对未来直接外资流量所起的重要作用。

4. 并购增长但绿地投资仍占主导

2011年,跨境并购增长53%,达5 260亿美元。增长的主要原因是大宗交易(价值超过30亿美元的交易)量增多,从2010年的44宗升至2011年的62宗。这既反映出股票市场资产价值升高,也反映出买家实施并购运作的资金能力有所提升。绿地投资项目额已连续两年下滑,于2011年稳定在9 040亿美元。2011年,发展中和转型期经济体的绿地投资价值仍超过总额的2/3。

尽管2011年全球直接外资流量的增长大部分是由跨境并购推动的,绿地投资项目的总值仍大大高于跨境并购,自金融危机以来一直如此。

5. 初级和服务业部门直接外资形势好转

直接外资项目数据(包括跨境并购和绿地投资)显示,三个生产部门(初级、制造业和服务业)均可见直接投资流量增长。自2009年和2010年大幅下滑之后,2011年服务业部门直接外资有所反弹,约达5 700亿美元。初级部门的投资也扭转了先前两年的下滑趋势,达到2 000亿美元。这两个部门占比略有上升,制造业部门的比例则相对收缩。总体看来,对直接外资项目增长贡献最大的五个产业分别是采掘业(采矿、采石与石油)、化工、公用事业(电力、天然气与供水)、运输和通信业,以及其他服务(主要是由油田和气田服务所推动)。

6. 主权财富基金显出投资发展的潜力

主权投资基金掌管着近5万亿美元的资产,直接外资量相比之下依然相对较小。截至2011年,主权财富基金的直接外资累计额据估计达到1 250亿美元,其中四分之一以上投向发展中国家。然而,从主权财富基金的长期投资和战略投资导向来看,似乎倾向于选择投资发展中国家的生产部门,特别是最不发达国家的生产部门。主权财富基金具有规模,有能力投资基础设施发展和农业生产力升级,这两者对很多最不发达国家的经济发展都十分关键。主权财富基金也有能力投资工业发展,包括建设绿色增长工业。为加大对这些领域的投资,主权财富基金可以同东道国政府、发展融资机构或其他可为项目带来技术和管理能力的私营部门投资者进行合作。

7. 跨国公司仍不愿意将创纪录的高现金存量用于投资

国际生产的所有主要指标均显示,2011年外国子公司的经济活动增长。据估计,在这一年中,外国子公司聘用了6 900万名员工,创造了28万亿美元的销售额,7万亿美元的增值。联合国贸易和发展会议对最大的100家跨国公司进行了年度调查,所得数据反映出国际生产总体呈上升趋势,这些公司在外国的销售额和员工人数的增长速度明显高于母国。

尽管跨国公司的国际生产日益增长,但创纪录水平的现金留存仍未转化为持续的投资增长。联合国贸易和发展会议预计,现金留存量已超过5万亿美元,包括在海外留存的收益。关于最大的100家跨国公司的数据显示,全球金融危机期间,它们削减了生产性资产和收购(特别是外国收购)方面的资本支出,倾向于持有现金。2010年仅这100家公司的现金存量便达到了1.03万亿美元的峰值,其中估计有1 660亿美元是新增的——高出危机前现金存量的平均水平。尽管近期数据显示,跨国公司在生产性资产与收购方面的资本支出正在增加,2011年上升了12%,但所持有的新增现金(2011年估计有1 050亿美元)仍未得到充分利用。国际金融市场再度不稳,将继续鼓励这些公司持有现金,或将现金用于支付股息或降低债务水平等方面。尽管如此,随着条件的改善,当前现金"过剩"的情况可能会在未来推动直接外资激增。根据跨国公司共持有5万亿美元现金这一估值,预计最大的100家跨国公司拥有超过5 000亿美元可用于投资,约合全球直接外资流量的1/3。

二、各区域近期趋势

1. 流向非洲的直接外资持续下滑,但前景日渐光明

流向非洲的直接外资总量连续第三年下滑,降至427亿美元。然而,2011年非洲直接外资流入量下降主要是由北非流入量下滑造成的;尤其是埃及和利比亚两国原本是直接外资的主要接受国,但因为政局长期不稳定,流入量陷入停滞。与之相反,撒哈拉以南非洲的流入量从2010年的290亿美元恢复至2011年的370亿美元,堪比2008年的峰值水平。流向南非的直接外资反弹,使复苏更加强劲。初级商品价格的持续上涨以及撒哈拉以南非洲相对有利的经济前景也是促成形势好转的因素。除了向采掘业注入直接外资的传统模式之外,中产阶级的兴起正在促进银行业、零售业和电信业等服务业直接外资的增长,2011年服务业直接外资份额的增长即证明了这一点。

2. 东南亚正在追赶东亚

在东亚和东南亚的发展中区域,直接外资流入量创下了新纪录,总流入量达3 360亿美元,占全球流入量的22%。东南亚流入量为1 170亿美元,增长26%,增速依然领先于东亚,不过东亚在流入量上仍占主导,为2 190亿美元,增长9%。四个属于东南亚国家联盟(东盟)的经济体——文莱达鲁萨兰国、印度尼西亚、马来西亚和新加坡出现了大幅上升。

流向中国的直接外资也达到了创纪录的 1 240 亿美元,流向服务业部门的直接外资首次超过制造业。联合国贸易和发展会议世界投资前景调查显示,中国依然是投资者直接外资的首选,但印度尼西亚和泰国等东南亚经济体的排名也显著上升。总地来说,随着中国的工资和生产成本继续上涨,东盟国家在制造业方面的相对竞争力正日益增加。

3. 拉丁美洲和加勒比:转向产业政策

拉丁美洲和加勒比的直接外资流入量增长了 16%,达 2 170 亿美元,主要是流向南美的资金量(增长 34%)增加所驱动的。除去离岸金融中心,中美和加勒比的流入量增长了 4%,而离岸金融中心的流入量则减少了 4%。南美直接外资增长之所以大幅增长,主要是因为消费市场日益扩张、经济增长率高,且自然资源丰富。

该地区的一些国家正在作出调整,更多地使用产业政策,推出了一系列旨在建设生产能力并振兴制造业部门的措施。这些措施包括更高的关税壁垒、更严格的许可证标准,并在公共采购中更倾向于国内产品。这些政策可能会促使直接外资"跳过壁垒"进入这一区域,并对各公司的投资计划产生影响。汽车、计算机和农业机械产业的跨国公司已宣布了该区域的投资计划。这些投资既来自于该区域内的欧洲和北美的传统投资者,也来自于发展中国家和日本的跨国公司。

4. 转型经济体在俄罗斯联邦加入世界贸易组织推动下的直接外资前景

在东南欧的转型经济体、独立国家联合体(独联体)和格鲁吉亚,直接外资经过两年的停滞之后有所恢复,达 920 亿美元,主要是由跨境并购交易推动的。在东南欧,生产成本有竞争力,又能进入欧盟市场,制造业直接外资得以增加。独联体资源型经济体得到寻求自然资源的直接外资持续不断的流入。俄罗斯联邦继续占据该区域内向直接外资的最大份额,其直接外资流量已增长到历史第三高的水平。发达国家,主要是欧盟成员国,仍然是直接外资最重要的来源,项目所占份额最高(包括跨境并购和绿地投资),不过发展中经济体和转型经济体投资者的项目也日渐重要。

5. 发达国家:2012 年有放缓迹象

发达国家的流入量于 2009 年触底,于 2011 年加快复苏,达 7 480 亿美元,比上年增长 21%。但是,2010 年以来的复苏只收复了 2008—2009 年金融危机期间 1/5 的损失。流入量保持在危机之前三年(2005—2007 年)平均水平的 77%。2010 年之前持续下降的欧洲流入量在呈现好转,而流向美国的直接外资则继续强劲复苏。澳大利亚和新西兰吸引了大量资金。日本则连续第二年遭遇净撤资。

欧元区的危机,加上大多数主要经济体的复苏显然并不稳固,这将在 2012 年对发达区域直接外资的复苏构成严峻考验。并购数据显示,2012 年前 3 个月,发达国家公司的跨境收购与 2011 年同期相比下降了 45%。以公布数字计算的绿地项目数据显示了相同的趋势(下降 24%)。虽然联合国贸易和发展会议对 2012 年情况的预测表明,北美流入量将保持稳定,欧洲的流量将取得小幅增长,但这些预测仍存在相当大的下行风险。

6. 最不发达国家直接外资连续第三年衰退

最不发达国家中,安哥拉遭遇大量撤资,加上投资者要偿还公司内部贷款,仅安哥拉一国就使这一类别国家的流入量降至了五年以来的最低值——150 亿美元。更重要的是,最不发达国家的绿地投资整体下降,大规模直接外资项目仍然集中于少数资源丰富的最不发达国家。

三、投资政策趋势

1. 国家政策：危机中增强投资促进

在经济形势持续不明朗、金融市场动荡以及缓慢发展的背景下，世界各国继续将松绑和促进外国投资作为促进经济增长和发展的手段；同时，继续加强对直接外资的监管。

总体投资政策倾向于投资自由化和投资促进，且越来越多地锁定特定行业，尤其是部分服务行业(如电力、燃气及水的供应行业，运输和通信行业)。若干国家推行私有化政策，其他重要措施也包含外国投资进入程序便利化等相关政策。

2. 国际投资协定：区域主义抬头

截至 2011 年底，国际投资协定共计 3 164 项协定，其中 2 833 项为双边投资协定，331 项为"其他国际投资协定"，主要包括涵盖投资条款的自由贸易协定、经济伙伴关系协定和区域协定。2011 年共计签署 47 项国际投资协定(33 项双边投资协定和 14 项其他协定)，与 2010 年的 69 项相比，传统投资协定的签署继续缺乏动力。

从数量上看，双边协定仍占主导地位；然而，从经济意义上看，区域主义日益重要。经济重要性的增强以及制定区域协定的影响，可以体现在正在进行中的跨太平洋战略经济伙伴关系协定，2012 年中国、日本和韩国的三边投资协定的缔结，包含投资内容的墨西哥与中美洲自由贸易协定、欧盟委员会代表所有欧盟成员国进行投资协定谈判以及东盟出现的发展动态。

3. 可持续发展：日益成为共识

虽然 2011 年缔结的若干国际投资协定依然保持传统的条约模式，将投资保护作为其唯一目标，但其他协定中亦包含创新。一些新的国际投资协定包含很多特征，以确保协定不阻碍各国侧重投资的环境和社会影响的可持续发展战略，反而有利于这些战略。

(资料来源：联合国贸易和发展会议，《2012 年世界投资报告》)

关键术语

国际投资	长期投资	短期投资	公共投资
私人投资	国际直接投资	国际间接投资	国际产业转移

思考题

1. 国际投资是如何分类的？
2. 国际投资与国内投资的区别有哪些？
3. 国际投资的最新发展趋势是什么？
4. 试述国际投资与国际产业转移的关系，并分析中国在国际产业转移中的地位。

第二章

国际投资理论

本章要点

国际投资理论是国际投资研究的基石。随着国际投资的发展,国际投资的理论研究也经历了数个阶段的演化。20世纪60年代以后,跨国公司的崛起使国际直接投资的发展超越了国际间接投资,以西方跨国公司海外直接投资为研究对象的国际直接投资理论研究成为主流。20世纪70年代以后,在全球金融自由化和金融创新的推动下,国际证券投资迅速复苏,证券投资理论也迅速发展起来。本章首先重点介绍了国际直接投资的主要理论,即垄断优势理论、市场内部化理论、产品生命周期理论、边际产业扩张理论、国际生产折中理论等,这些理论从不同侧面和层次展现了国际直接投资产生的内在动因;其次,简要介绍了国际证券投资理论,主要包括证券投资组合理论、资本资产定价理论、套利定价理论、有效市场理论、期权定价理论、投资行为金融理论。

学习目标

掌握跨国公司垄断优势的形成,市场内部化的动机,产品生命周期的阶段特征,边际产业扩张理论的核心,国际生产折中理论的三大基本因素。了解其他国际直接投资理论及其发展;了解国际证券投资理论的产生、体系以及发展。

第一节　国际直接投资理论

早期由于受国际生产力水平和国际分工程度的制约,国际直接投资出现较晚,发展速度较慢,是各国参与国际经济的次要形式。与国际直接投资不发达的实践相适应,西方经济学家关于国际直接投资理论阐述也较少,未形成较有影响的国际直接投资理论。西方经济学家通常运用国际间接投资理论和国际贸易理论来解释国际直接投资现象。诚然,国际直接投资与国际贸易、国际间接投资都是各国参与国际经济的主要形式,但各有其独特的运行机制,后两者的理论难以对前者作出科学的解释。第二次世界大战以后,国际直接投资得到了前所未有的大发展,在国际经济中的地位不断上升,成为各国参与国际经济的重要形式。国际直接投资的发展引起了西方经济学家的极大关注,并发表了大量的论著。自20世纪60年代以来,西方经济学家从不同的角度、不同的层次进行理论抽象与实证分析,论述国际直接投资动机、决定因素等,并形成了十多种不同的流派。在这些流派中,由于西方国家跨国公司主要是以对外直接投资的形式参与国际直接投资,因而,西方经济学家的国际直接理论也大都是以跨国公司或投资国的角度来论述国际直接投资理论的,亦即所阐述的大都是对外直接投资理论。随着国际直接投资实践的发展和发展中国家对国际直接投资参与程度的提高,西方一些发展经济学家也从引进外资者或东道国的角度来论述国际直接投资,并形成引进国外直接理论。但前一种理论一直在国际直接投资理论中占据主导地位。下面对几种影响较大的国际直接理论作一阐述。

一、垄断优势理论

出生于加拿大、后来在美国求学和执教的经济学家、麻省理工学院教授斯蒂芬·海默(S. H. Hymer)博士首先创立了国际直接投资理论——垄断优势理论,开创了国际直接投资理论研究的先河。

1960年,海默完成了其博士论文《国内企业的国际经营:关于对外直接投资的研究》。这篇论文的出现,标志着国际直接投资理论研究的开始,有人称其为零公里界碑。遗憾的是这篇充满新意、行文流畅、条理清晰、给人以启迪的博士论文在当时并未引起人们的多大注意。幸运的是,由于迅速发展的国际直接实践对海默理论的验证,也由于他的导师、美国著名国际经济学家查尔斯·金德尔伯格(C. P. Kindleberger)对该理论的传播、发展和完善,该理论的影响才逐渐扩大,成为国际直接投资理论中最有影响力的流派之一,海默也成为饮誉国际经济学界的著名学者。在1960年至1973年期间,海默还发表了大量的论著,大部分都是讨论对外直接投资的,并对其提出的垄断优势论作了进一步的发展。

由于该理论固有的局限性和国际直接投资实践的迅速发展,海默理论中的有些观点已显得过时,但将他的这篇博士论文称为西方国际直接投资理论的奠基之作是公允的,他的理论对后来西方国际直接投资理论产生重大的影响。

海默从实证研究美国跨国公司入手,首次创立较为系统的国际直接投资理论——垄断优势理论。该理论试图运用西方微观经济学中关于厂商垄断竞争的原理来说明跨国公司对外直接投资的动因。除美国经济学家查尔斯·金德尔伯格外,约翰逊、凯夫、尼克博克、赫尔斯、鲁特和其他西方经济学家对海默的垄断优势论也作了进一步的发展和完善。

(一)垄断优势理论的形成

1. 垄断优势理论的研究背景

海默的垄断优势理论是在批判传统的国际资本运动理论的基础上,通过实证分析形成的。海默在其博士论文中,根据美国商务部关于直接投资与间接投资的区分准则,实证分析了美国1914—1956年对外投资的有关资料,并得出如下重要发现。

(1) 在1914年之前,美国有较大规模的对外直接投资,而对外证券投资则几乎没有。沃派尔和卡森于1973年出版的《世界多国企业资料汇编》一书也表明,到1914年,美国跨国公司国外子公司达122家,而同期英国仅有60家,美国在国际直接投资领域占主导地位。而实际上,美国当时主要是证券投资的接受国。

(2) 在20年代,美国对外直接投资和证券投资都迅速增长。

(3) 在30年代,美国对外直接投资下降幅度较小,而对外证券则下降幅度较大。

(4) 第二次世界大战之后,美国对外直接投资迅速增长,而对外证券投资却增长缓慢。

（5）从地区分布来看，1929 年美国在加拿大的直接投资与证券投资之比为 2.5：1。分析美国 1956 年的对外投资的有关资料，其分布与 1929 年大体相似。

根据上述分析，海默认为，对外直接投资与对外证券投资有不同的行为表现，传统的理论难以对此作出科学的解释。传统的解释国际资本运动的理论是要素禀赋论。该理论认为，各国的产品和生产要素市场是完全竞争的，资本从"资本过剩"的国家流向"资本短缺"的国家；国际资本运动的根本原因在于各国间利率的差异，亦即对外投资的主要动机是追求较高的利率。海默认为，这种传统的理论已不能科学地解释第二次世界大战后迅速发展的国际直接投资实践。为了证明这一点，海默在其博士论文中列举了大量的事实。例如，在 1950 年美国所控制的外国公司总资产中，由美国出资形成的资产占一半多，其余部分则是由公司在当地举债形成的；美孚石油公司和荷兰皇家石油公司 1958 年的财务报告表明，它们在向东道国进行直接投资的同时，也在东道国进行筹资；美国对外投资的主体主要是拥有经营优势的跨国公司，极少有金融机构，它们在追求金融利益方面并无更多的优势；在近一个世纪中，对外直接投资主要集中在少数几个行业中，对各国利率的差异并不敏感；各国同一行业中往往存在交叉直接投资。这些事实进一步表明，美国跨国公司对外直接投资并不一定是为了追求利益的最大化，而是还有其他原因。

2．垄断优势理论的假设前提

在实证分析的基础上，海默提出了跨国公司从事对外直接投资的理论——垄断优势理论。

跨国公司从事对外直接投资，会遇到诸多障碍（如语言、法律、文化、经济制度的不同，非国民待遇、汇率风险等）。与东道国企业相比，跨国公司在这些方面处于不利地位。既然如此，那么跨国公司为什么还要进行对外直接投资呢？海默认为，主要的原因在于：一是排除竞争；二是利用优势。

在市场不完全的情况下，同一市场的各国企业之间存在着竞争，若实行集中经营，则可使其他企业难以进入市场，形成一定的垄断，既可获得垄断利润，又可减少由于竞争而造成的损失。传统的国际资本运动理论认为，市场是完全竞争的。海默认为，这种假定是不符合实际的。现实的市场是不完全竞争的，所谓不完全竞争，是指由于各种因素的影响而引起的偏离完全竞争的市场结构。

垄断优势理论认为，市场的不完全竞争是跨国公司进行国际直接投资的根本原因。对外直接投资是市场不完全的副产品。如果产品和生产要素的市场途径是完全有效的，则对外直接投资就不能发生。海默认为，至少存在四种类型的市场不完全：

（1）产品和生产要素市场不完全；

（2）由规模经济导致的市场不完全；

（3）由政府干预经济而导致的市场不完全；

（4）由税赋和关税导致的市场不完全。

3．垄断优势的表现

海默将美国跨国公司对外直接投资的决定因素归结为美国企业所拥有的垄断优势。美国跨国公司之所以能够跨越国界，远涉重洋，到海外建立子公司，是由于它拥有某种垄断优势，因而能够获得比国内市场高并超过东道国当地竞争者的收入。一般来讲，在其他条件相同的情况下,东道国当地企业拥有外国企业所无法比拟的有利条件(如熟悉投资环境、熟悉市场、运输费用低廉、信息灵通、决策迅速、易于获得政府部门的支持以及没有语言文化方面的障碍等)。而国外企业在这几方面均处于不利地位,还要承担一些额外的费用(如通信联络费用)。为了压倒东道国企业这种天时地利的内在优势,来自国外的跨国公司必须拥有当地竞争者所无法具有的垄断优势。国外跨国公司所拥有的垄断优势完全可以抵消东道国当地企业所拥有的优势,并在竞争中拥有净优势。

垄断优势理论认为,由于存在不完全竞争,跨国公司拥有如下垄断优势。

(1)技术优势。拥有先进技术是跨国公司最重要的垄断优势。大型跨国公司拥有极强的科研力量,并投入巨额资金开发新技术。与单纯的技术转让相比,跨国公司更倾向于将拥有的先进技术内部化使用,以保持垄断地位,并获得最大的利润。

(2)先进的管理经验。与拥有的先进技术相适应,跨国公司在长期的生产经营过程中总结了一整套适应现代化生产的先进管理经验,对生产经营活动实行高效率的管理和控制。

(3)雄厚的资金实力。大型跨国公司具有雄厚的资金实力,公司总部可以在公司内部的各子公司灵活调度数额庞大的资金,这是一般国内企业无法比拟的优势。

(4)信息灵通。大型跨国公司拥有先进的通信设备,分支机构遍布世界各地,信息灵通。

(5)国际声望。大型跨国公司历史悠久,声名显赫,其影响面广,产品更容易打入国际市场。

(6)销售的优势。大型跨国公司有自己独立的销售系统,且与国际包销商有长期而稳定的业务联系,在销售成本和速度方面占有优势。

(7)规模经济。现代企业生产向大规模方面发展。一般来讲,企业生产规模越大,越具有规模经济优势。跨国公司可以利用国际专业化生产,避免本国和东道国市场对规模经济的限制。跨国公司利用各国生产要素的差异,通过横向一体化取得内部规模经济的优势,通过纵向一体化取得外部规模经济的优势,并使之转化为公司内部的利润。

4. 垄断优势理论的提出

垄断优势认为,对外直接投资是不完全竞争的产物,纯粹竞争性的部门不会出现直接投资;跨国公司对与东道国创办合营企业不感兴趣,而更乐意创办独资企业,力图将种种好处都留给自己;寡占行为是西方发达国家之间进行相互直接投资的重要原因。所谓寡占行为是指处于垄断地位的跨国公司通过在竞争对手的领土上建立地盘来加强自己在国际竞争中地位的活动。发达国家之间相互直接投资是国内寡占竞争行为在世界范围的延伸,其目的在于防止竞争对手占领潜在市场而削弱自己的竞争地位。从某种意义上讲,这是垄断竞争条件下的一种特有现象。

金德尔伯格认为,仅仅强调国外利润高或劳动力成本低,并不足以解释对外直接投资发生的动因,关键是要解释东道国生产为什么不由当地企业进行,而是由美国企业进行的原因。金德尔伯格用收入流量资本化来说明垄断优势论的精髓,其表达式为

$$C = I/R$$

式中:C——对外投资的资产额;

I——该项资产获得的利润；

R——利润率。

金德尔伯格指出，国际证券投资是利率差异作用的结果，而国际直接投资则是对利润差异的反映。只有能获得高于当地企业的利润时，美国跨国公司的对外直接投资行为才会发生。利润水平是竞争能力的反映。

5. 垄断优势理论的结论

垄断优势理论的结论是，垄断与优势结合，是跨国公司从事对外直接投资的主要动机。

根据垄断优势理论可得出这样的推论：对外直接投资集中于某些特定的行业，各国处于这些同一行业的面临着同一市场；从事对外直接投资的主要是少数大公司，因为只有这些实力雄厚的大公司所拥有的优势才能克服跨国经营带来的障碍，并仍拥有净优势；国际直接投资会发生在利润负相关的企业之间，会出现不同行业企业的合并；由小公司构成的行业不会发生国际直接投资。1950 年美国官方的统计资料表明，美国对外直接投资主要集中在石油、橡胶、汽车等几个少数行业。在这些行业中，少数几个大公司（一般为前5～7 个）在对外直接投资中占主导地位。在美国对外直接投资的行业中，也有大量的外国企业在美国进行投资。大量从事对外直接投资的企业的行业集中程度都很高。这些历史事实有力地支持了垄断优势理论的推论。

在海默的博士论文中，还论述了对外直接投资与融资的有关问题。对外直接投资必然会引起资本的流动。在对外投资者进行对外直接投资所需的总资本中，一部分来自投资国（其中大部分是意味着控制的股权资本；还有一部分是借贷资本），另一部分是在东道国当地筹集的（其中大部分是较少控制权的借贷资本，另一部分是股权资本）。对外直接投资的融资渠道不同，所形成的控制权不同，资本的流动成本也不同。来自投资国的股权资本越大，则对外投资者所拥有的控制权也就越大，反之亦然。对外投资者在东道国当地筹资可以节约某些资本流动成本，使用当地货币，可以减少汇率风险。因此，在大多数情况下，对外直接投资者在当地筹资成本更小。那么，对外直接投资者为什么不在东道国当地筹集所有的资本呢？其原因在于：一是不同类型的债务，其筹资成本是不同的。对外直接投资者只能选择成本较低的渠道筹资。二是随着债务额的增加，贷款者的风险增大，因而要求有较高的利率。当债务额大到一定程度时，为了避免或降低风险，贷款者要对借款者的经营活动进行一定程度的控制，使借款者的控制权受到威胁。控制权的丧失，意味着垄断利润的丧失。出于经营控制权的需要，对外直接投资者不能在东道国当地筹集全部资金。

在今天看来，海默关于垄断优势理论的有关论述仍具有十分积极的意义。首先，奠定了对外直接投资理论研究的基础，确定了对外直接投资的内容。在 20 世纪 60 年代，西方经济学家关于国际直接投资理论的研究大都限于对海默理论的检验和发展。其次，提出了进一步研究的方向，海默的博士论文在许多地方未作深入研究，但为后人的研究指出了方向。如该文指出，跨国公司拥有优势，但并不一定非要从事对外直接投资，也可以出卖其优势，这为国际生产折中理论提供了有益的启示。该文还认为，企业代替市场是一种有益的制度设计，企业可将市场内部化。这可以视为内部化理论的萌芽。该文虽然未分析对外直接投资与对外贸易的关系,但他认为,二者存在三种关系:一是在某些地方从事对外直接投资可以促进出口贸易;二是在某些地方从事对外直接投资,可以减少出口贸易;三是在某些地方从事对外直接投资,对出口贸易无影响。这对边际产业扩张论的产生不无影响。在该文的最后,作者还论述了与国际直接投资相伴随的生产要素的流动、技术转移、公司国籍、收入分配等问题,所有这些都已成为当代西方国际直接投资研究的重要内容。

(二) 垄断优势理论的发展

海默和金德尔伯格的垄断优势理论为西方国际直接投资理论奠定了基础,在20世纪60年代至70年代初,西方经济学家就此发表了大量的文章,从理论体系来看,大都属于垄断优势理论的性质。

1. 约翰逊对垄断优势理论的发展

约翰逊(H. G. Johnson)继承了海默和金德尔伯格的基本观点,进一步论述了跨国公司所拥有的垄断优势。1970年,金德尔伯格编辑出版了《国际公司》一书,在该书中约翰逊发表了其论文——《国际公司的效率和福利意义》。在该论文中,约翰逊指出:"知识的转移是直接投资的关键。"他认为,知识包括技术、专有技术、管理与组织技能、销售技能等一切无形资产。垄断优势主要来源于跨国公司对知识资产的控制。与其他资产相比,知识资产具有自身的特点。一般来讲,知识资产的生产成本很高,但通过对外直接投资的方式利用这些资产的边际成本却很低,有时甚至等于零。知识资产的供给富有弹性,可以在若干不同的地点同时使用。基于此,跨国公司国外子公司可以不花费用或花很少费用利用总公司的知识资产,而东道国当地企业则无此优势。

2. 凯夫对垄断优势理论的发展

凯夫(R. E. Caves)于1971年2月在《经济学》杂志发表了一篇题为《国际公司:对外投资的产业经济学》的论文。在该文中,凯夫强调拥有使产品发生差别的能力是跨国公司所拥有的重要优势。他认为,为了扩大产品的销量,适应不同层次和不同地区消费者的消费偏好,跨国公司可以充分利用其技术优势,使其产品在实物形态上与其他生产者的产品发生差异,如过硬的质量、漂亮的包装、优美的外形等。跨国公司也可以通过独特的推销技能(如商标、品牌等)使其产品对消费者的心理产生深刻印象。所有这些都可以使跨国公司获得对产品价格和销售额一定程度的控制。

3. 尼克博克对垄断优势理论的发展

美国学者尼克博克(F. T. Knickerbocker)在垄断优势论的基础上,于1973年发表了新著《寡占反应与跨国公司》。该书从不同的思路提出了寡占反应论,对垄断优势理论作了重要补充。尼克博克认为,第二次世界大战后美国对外直接投资主要是由寡占行业的少数几家寡头公司进行的,而且它们的投资又大都是在同一时期成批发生的。寡占反应行为是导致第二次世界大战后美国跨国公司对外直接投资的主要原因。在该书中,尼克博克还论述了寡占反应行为与对外直接投资的关系以及影响寡占反应行为的各种因素。

尼克博克将对外直接投资划分为两大类:进攻性投资和防御性投资。前者是指在国外建立第一家子公司的寡头公司所进行的投资;后者是指同一行业的其他寡头公司追随进攻者投资,在同一地点所进行的投资。尼克博克认为,进攻性投资的动机可以由产品周期理论来得到解释,而防御性投资则可以由寡占反应行为来解释。尼克博克主要研究的是后者。

寡占是指由少数几家大公司组成的,或由几家大公司占统治地位的行业或市场结构。在这种行为或市场结构中,每一家寡头大公司都占有举足轻重的地位,其重大活动都会影响到其他几家大公司,每一家大公司对其他大公司的行动都十分敏感。在实现必要利润的前提下,寡头公司都紧盯着竞争对手,如对手采取对外直接投资,则紧随其后,作出同样的反应,以维护自己的相对市场份额。寡占反应行为的主要目标在于,抵消竞争对手率先行动所带来的好处,避免给自己带来风险。尼克博克利用统计资料分析了 1948—1967 年美国对外直接投资的状况,发现美国跨国公司在国外的子公司中有一半是集中在三年内建立的。也就是说,寡占反应行为导致了美国跨国公司对外直接投资的成批性。美国跨国公司对外直接投资的成批性与企业的集中程度、盈利率和东道国的市场潜力呈正相关关系,与产品的多样化呈负相关关系。

通过实证分析,尼克博克认为,美国对外直接投资的成批性与企业的集中程度呈正相关关系。如企业的集中程度高,则寡头大公司之间的相互依赖性强,易导致对外直接投资的成批性。当企业的集中程度超过一定的临界点(一般为 60%～70%),则寡头大公司相互效仿对手的行为会给双方带来损失。基于此,寡头大公司可能会形成某种隐蔽或公开的默契,合理分布各自的对外直接投资流向,使企业的集中程度与对外直接投资的成批性的正相关关系减弱。如第二次世界大战前西方石油行业企业的集中程度较高,对外直接投资也很活跃,但对寡占反应并不强烈,其原因在于石油大公司之间通过合作来瓜分国际市场。

尼克博克认为,只有处于盈利率高的行业的跨国公司才能拥有雄厚的资金实力,作出迅速的防御性反应。跨国公司可以在东道国当地市场迅速建立起与国内市场相类似的市场结构,从而同样可以获得高额利润。因此,这类跨国公司的对外直接投资成批性程度高。

尼克博克认为,东道国市场的潜力大、稳定,有助于促进美国跨国公司对其直接投资的成批性。在这类市场中,美国跨国公司可以较大规模地扩大市场份额,并可灵活实施各种寡占行为,获得垄断高额利润。

尼克博克认为,产品多样化的跨国公司对市场的选择较为灵活,在一定程度上削弱了其寡占反应行为。产品多样化的跨国公司可以通过各种渠道,以出口贸易的形式在世界各市场销售其产品,而不必采取寡占反应行为。

4. 赫尔施对垄断优势理论的发展

赫尔施(S. Hirsch)在 1976 年第 28 期《牛津经济论文集》中发表了其论文——《厂商的国际贸易和国际投资》。在该文中,赫尔施从成本的角度提出了出口贸易与对外直接投资比较的理论。他认为,当跨国公司国内生产成本与出口销售成本之和小于国外生产成本与运输成本之和时,跨国公司将选择出口贸易的方式参与国际经济,以获得最大的利润。当国外生产成本与转移成本之和小于国内生产成本与当地企业获得知识资产所需成本之和时,跨国公司将选择对外直接投资的方式参与国际经济,以获得最大的利润。国内生产成本＋出口销售成本＜国外生产成本＋运输成本,选择出口贸易。国外生产成本＋

转移成本＜国内生产成本＋当地企业获得知识资产成本,选择对外直接投资。后来一些西方经济学家认为,跨国公司在进行对外贸易与对外直接投资的选择仅仅考虑成本是不够的,还应考虑风险因素的影响。一般来讲,对外直接投资所面临的风险比对外贸易更大。

5. 鲁特对垄断优势理论的发展

鲁特(F. R. Root)在其于1978年出版的著作《国际贸易和投资》(第4版)中论述了跨国公司在对外直接投资与许可证交易之间的选择。在该书中,鲁特认为,跨国公司的有些知识资产(如专利、专有技术、商标等)可以通过许可证交易的方式转让给外国的企业,并获得转让费。但跨国公司所拥有的技术创新能力、管理技能和销售手段则难以转让。跨国公司利用其所拥有的全部知识资产,可以获得独特的垄断优势,远远超过利用个别知识资产所获得的优势。基于此,跨国公司总是倾向于以对外直接投资的方式利用其全部知识。当然,在某些不具备进行对外直接投资的条件下,进行许可证交易也是跨国公司利用其知识资产的一种可行的方式。也有一些西方经济学家对鲁特的理论作了补充,认为跨国公司选择对外直接投资方式的主要原因是避免许可证交易中存在的技术泄密的风险,继续保持其技术垄断优势。

6. 阿利伯对垄断优势理论的发展

前述一些学者都与海默一样,从传统的微观经济学的角度来解释对外直接投资的动因。现实经济生活表明,跨国公司的对外直接投资还要受到一些宏观经济因素的影响。在邓宁于1974年编辑出版的《经济分析和跨国公司》一书中,美国经济学家阿利伯(R. Z. Aliber)发表了《技术与技术变化》一文。在该文中,阿利伯提出了安全通货论,分析了货币变量对跨国公司对外直接投资的影响,补充了垄断优势理论。

阿利伯认为,跨国公司之所以能够跨越国界,到外国进行直接投资,进行生产经营活动,是利用安全通货和有利汇率的结果。与东道国本地企业相比,处于安全通货区的跨国公司在竞争中处于有利地位。例如,在20世纪70年代之前,美元比较稳定安全,因而美国跨国公司能以有利条件获得借款,可以购买更多的外国资产。有人甚至认为,美元的国际储备货币地位是美国对外直接投资的主要因素,使它可以凭印刷钞票来购买外国资产。阿利伯进一步对安全通货作了解释。他认为,对外直接投资理论往往假定跨国公司投资于与投资国相同的通货区,未考虑母公司收回利润时的汇兑风险。他认为,在国际金融市场上,有以各种通货定值的债券。债券持有人承担该项货币相对贬值的风险,因此,该债券利率必须反映该项通货的预期贬值率,即必须包括一项通货升水(currency premium),以补偿投资者的汇率风险。由于世界上存在不同的通货区,其中,有的货币坚挺,有的货币疲软,因此决定各种通货预期收入流量的折现率也各不相同。由于这个原因,货币相对坚挺的国家的企业,便由于本国通货升水低而得到优势。

升水(premium)表示在计算远期外汇行市时,如采用"直接标价"法,外币的远期汇价比即期汇价升高的那部分差价,或者是表示远期外汇价格比即期外汇价格贵。外汇银行制定远期升水、贴水,一般是将两地利差折进远期汇率中来弥补,其公式为

$$即期汇率×两地利差×(月数÷12)=升水或贴水数$$

阿利伯的上述解释被称为"通货区"理论,同时,由于该理论的重点在于说明货币变量

对跨国公司直接投资的影响,因此,西方学者也将它称为宏观直接投资理论。

阿利伯的理论仍有它的局限性,美国企业战后对西欧直接投资迅速增长,也许与美元坚挺有联系,但自 20 世纪 70 年代以后,尽管美元及英镑的地位下降,美国企业及英国企业的对外直接投资仍继续增长。有的学者指出,英国跨国公司在英镑疲软时期似乎更愿到海外投资,以便从将该国的硬通货兑换成英镑中获得利益。而且阿利伯的理论也难以分析美国与西欧之间直接投资对向流动的现象。

综上所述,垄断优势理论的出现对于国际直接投资理论和实践的发展都具有十分重要的意义,许多内容具有科学性。但同时也应看到,垄断优势论属西方经济学的范畴,也有其局限性。西方国际直接投资理论都是特定历史条件下的产物,都有一定的局限性。垄断优势论也不例外,它是美国对外直接投资实践的产物,它所研究的对象是技术经济实力雄厚、急剧对外扩张的美国跨国公司。根据垄断优势理论可得出这样的结论,没有垄断优势的中小企业是无法进行对外直接投资的。然而,自 20 世纪 60 年代以来,发达国家的许多并无垄断优势的企业也进行对外直接投资,特别是广大发展中国家的一些企业也加入对外直接投资的行列。垄断优势论对此难以作出科学的解释,因此,并不具有普遍意义。

二、产品周期理论

美国经济学家维农(R. Vernon)于 1966 年 5 月在《经济学季》发表了其《产品周期中的国际投资和国际贸易》一文。在该文中,维农提出了自己的国际直接投资理论——产品周期理论。后来,维农又对该理论作了发展和完善。

(一)产品周期理论的形成

维农认为,垄断优势论并没有彻底说明跨国公司需要通过建立海外子公司去占领市场,而不是通过产品出口和转让技术获利的根本原因,而产品周期理论则可以解释发达国家出口贸易、技术转让和对外直接投资的发展过程。

1. 新产品创新阶段

国内市场容量大(主要表现为人均收入高)、开发与研究资金多的国家(如美国)在开发新产品、采用新技术方面居于优势地位。美国发达的市场有助于促进美国跨国公司的产品创新。

一项处于创新阶段的产品,一般首先集中在国内生产,其原因在于降低成本和垄断技术。在这一阶段,生产厂家利用垄断的专利和专有技术,将新发明的技术首先应用于生产,此时最有利、最安全的抉择是在国内生产,大部分产品供国内市场,并通过出口贸易的形式满足国际市场的需要。在这一阶段,产品尚未定型,需要不断改进产品设计、质量、包装等,以适应消费者的偏好。在这一阶段,产品所需的各种投入物(如原材料、零部件等)与加工工艺、规格等的变化也较大,需要生产厂家与投入物的供应厂家保持经常性的联系,以保证原材料、零部件等的及时供应。同时,在国内生产可以接近市场,降低运输成本和通信成本。此外,在这一阶段,产品存在着某种程度的垄断,价格弹性较小,生产成本对生产区位选择的影响不大,生产厂家主要是通过垄断技术和产品市场来占领市场的。当然,其他较发达的地区对该种产品也有一定的需求,美国企业则通过出口贸易的形式来满足国外市场的需要。

2. 产品成熟阶段

在这一阶段,新技术日趋成熟,产品基本定型。随着国际市场需求量的日益扩大,产品的价格弹性加大,降低产品成本显得更为迫切。国内生产的边际成本加边际运输成本超过国外生产的成本,加之国内外劳动力成本的差异,使得生产基地由国内转移到国外更为有利。由于该产品的出口量急剧增加,生产厂家拥有垄断技术也因此而逐渐扩散到国外的竞争者手中,仿制品开始出现,由垄断技术带来的优势开始出现丧失的危险。为了避免贸易壁垒,接近消费市场和减少运输费用,生产厂家便要发展对外直接投资,在国外建立分公司,转让成熟技术。一般来讲,生产厂家总是先到人均收入水平较高、技术水平先进、劳动力素质较好、与本国需求类型相类似的国家或地区建立分公司,就地生产,就地销售,或向其他国家出口,以维护现有市场份额,防止潜在的竞争者。

3. 产品标准化阶段

在这一阶段,产品和技术均已标准化,生产厂家所拥有的垄断技术优势已消失,竞争主要集中在价格上。生产的相对优势已转移到技术水平低、工资低和劳动密集型经济模式的国家或地区。在本国市场已经趋于饱和,其他发达国家同类产品出口量急剧增长的情况下,生产厂家开始在发展中国家进行直接投资,转让其已标准化的技术。根据比较成本的原则,生产厂家大规模减少或停止在本国生产该产品,转为从国外进口该产品。

维农的产品周期理论与海默的垄断优势理论一样,也是在实证研究美国跨国公司对外直接投资行为的基础上得出的。该理论较好地解释了美国第二次世界大战后对当时的西欧各国大规模直接投资的原因。该理论将美国跨国公司的对外直接投资归结为出口贸易的替代,是美国跨国公司在国内外市场条件发生变化时采取的防御性策略。考虑对外直接投资的动态分析和时间因素是该理论的重要特色。该理论将美国的宏观经济结构与跨国公司的产品创新方向联系起来,来阐述美国跨国公司对外直接投资的动机和区位选择。维农的产品周期理论既是一种国际直接投资理论,也是一种国际贸易理论,将跨国公司的对外直接投资与对外贸易有机地结合起来,给邓宁后来创立的国际生产折中理论以有益的启示。

产品周期理论是维农实证研究美国跨国公司特定时期对外直接投资的产物,随着时间的推移,其固有的局限性显得更为明显,难以对各种对外直接投资行为作全面而科学的解释。首先,从20世纪80年代之后,西方发达国家的跨国公司也在国外生产非标准化产品,或为了适应东道国市场的需求而将其原来的产品改进或多样化。其次,产品周期理论所解释的是美国制造业的对外直接投资行为,有些跨国公司在国外原材料产地的直接投资,并非出口替代性直接投资,与产品周期并无关系。再次,该理论也无法解释发展中国家的对外直接投资行为。维农本人在1971年出版的《国家主权面临困境》一书中也承认,到20世纪70年代,产品周期理论已不能作为一个完整的理论来解释以美国为基地的对外直接投资行为了。

（二）产品周期理论的发展

在邓宁于1974年编辑出版的《经济分析和跨国公司》一书中,维农发表了《经济活动的选址》一文。在该论文中,维农进一步发展了其产品周期理论,引入"国际寡占行为"来解释跨国公司的对外直接投资行为。在该论文中,维农仍将产品周期划分为三个阶段。

1. 以创新为基础的寡占阶段

维农认为,在这一阶段,美国跨国公司的产品创新仍首先以国内为生产基地,以便及时协调研制、生产和销售活动,并要受到国内生产要素禀赋状况的影响。当然跨国公司也可能研制新品。为了保持垄断优势,跨国公司投入大量的资金和技术力量,以扩大现有产品差别。一般来讲,美国跨国公司在满足高收入阶层的需求、节约劳动力的产品创新方面拥有比较优势;欧洲跨国公司在节约土地和原材料的产品创新方面拥有比较优势;日本跨国公司在节约原材料的产品方面拥有比较优势。当产品进入标准化阶段或国外出现竞争者时,美国跨国公司就会将生产移往国外,以降低生产成本和运输成本。各国的经济发展程度不同,各跨国公司的技术水平不同,因此,对外直接投资的区位选择也不同。一般来讲,美国跨国公司可能在欧洲各国或日本生产该产品,欧洲各国或日本则可能到比其经济发展水平低的国家或地区进行直接投资。

2. 成熟的寡占阶段

维农认为,在这一阶段,跨国公司以创新为基础的垄断优势消失,规模经济成为其垄断优势的基础。跨国公司仍会利用其研制、生产、销售等方面的规模经济优势来排斥竞争者的进入。为了在竞争中处于有利地位,各国的跨国公司到双方的主要市场进行直接投资,削弱对方的竞争能力。当某领先的跨国公司开辟新市场时,其他跨国公司亦紧跟其上,以维护自己在国际市场的份额。

3. 老化的寡占阶段

维农认为,在这一阶段,跨国公司以规模经济为基础的垄断优势也已经消失。为了在竞争中取胜,跨国公司通过组成卡特尔、商标、广告宣传等,建立新的垄断优势。由于大量的竞争者涌入该产品的生产领域,成本和价格的竞争十分激烈,一些生产厂家被迫退出该产品的生产。在这一阶段,跨国公司进行对外直接投资区位选择的主要因素是生产成本。

三、内部化理论

内部化理论亦称市场内部化理论,是当代西方较为流行的、较有影响的、关于对外直接投资的一般理论。该理论的代表人物是英国里丁大学学者巴克莱(P. J. Buckey)、卡森(M. Casson)和加拿大学者拉格曼(A. H. Rugman)。1976 年,巴克莱与卡森合著的《跨国公司的未来》一书出版,该书对传统的国际直接投资理论提出了批评,并提出了新的对外直接投资理论,标志着内部化理论的形成。

(一)内部化理论假定前提

到 20 世纪 70 年代中期,西方发达国家的跨国公司已得到了极大的发展,跨国公司成为国际分工的重要组织形式。国际分工为什么要通过跨国公司这种组织形式,而不是通过世界市场来实现呢? 巴克莱和卡森从分析这一现象入手,研究了世界市场的不完全性和跨国公司的性质,提出了对外直接投资的动机和决定因素。

许多理论的出现,是建立在对传统理论的继承、否定或重新解释的基础之上。海默等首先用不完全竞争(即市场不完全)来代替传统理论中的完全竞争的假定前提条件,建立了垄断优势论。巴克莱和卡森仍以不完全竞争作为假定前提条件,并对其作出了新的解释,建立了内部化理论。海默认为,由于垄断造成市场的不完全,市场的不完全是跨国公司进行对外直接投资的前提条件。内部化理论也承认市场的不完全,但将其原因归结为市场机制的内在缺陷,从中间产品(特别是知识产品)的性质和市场机制的矛盾来论述内部化的必要性,内部化的目标是消除外部市场的不完全。市场内部化、市场失效和交易成本是内部化理论的三个重要基本概念。

拉格曼在其于1981年出版的《跨国公司的内幕》一书中指出:市场内部化是指"将市场建立在公司内部的过程,以内部市场取代原来固定的外部市场,公司内部的调拨价格起着润滑内部市场的作用,使它能像固定的外部市场同样有效地发挥作用"。实行市场内部化已成为当代西方跨国公司的重要经营策略。

巴克莱和卡森认为,不完全竞争并非由规模经济、寡占行为、贸易保护主义和政府干预所致,而是由于某些市场失效,导致企业市场交易成本增加。市场失效是指由于市场不完全,以致企业在让渡其中间产品时难以保障其权益,也不能通过市场来合理配置其资源,以保证企业最大经济效益的情况。这里所讲的中间产品不仅包括半加工的原材料和零部件,更主要的是指知识产品,即专利、专用技术、商标、商誉、管理技能和市场信息等。卡森在为拉格曼的《跨国公司的内幕》一书写的序言中,用"信息"一词来统称知识产品,并指出所有权的交换是外部交易成本高的主要原因,因为其涉及双方的经济利益。要使这些中间产品实现其专用权价值,会因不完全竞争而遇到困难。如信息,在外部市场上极易扩散,使其所有者失去垄断优势,这是市场失效的典型,也是促使跨国公司进行交易内部化的重要原因。

交易成本是指企业为克服外部市场的交易障碍而付出的代价。巴克莱和卡森认为,影响企业交易成本的主要因素有:

(1) 行业因素。主要包括产品的特性、市场结构、规模经济等。

(2) 国家因素。主要包括东道国政治制度、法律制度和财政金融政策等对跨国公司行为的影响。

(3) 地区因素。主要包括由于地理位置、社会心理、文化环境等的不同所引起的交易成本的变化。

(4) 企业因素。主要包括企业的组织机构、管理经验、控制和协调能力等。

在这四项因素中,行业因素最为重要,其中,又以知识因素最为关键。

内部化理论认为,战后生产力的发展和科学技术的进步使得现代企业投资与生产经营活动的内容与范围发生了极大的变化,为了在竞争中生存与发展,企业日益重视研究与发展、销售、劳动者培训和金融资产管理等。中间产品的流动是连接这些活动的纽带,其中,知识资产的流动更具有决定性的意义。企业的生产经营活动需要有良好的外部环境,需要有发达的中间产品市场,但有些产品(特别是知识产品)的市场是不完全的。为了避免市场的不完全给企业的生产经营活动带来不利影响,将市场内部化,即将不同的经营活动置于统一的所有权之下,是企业生存与发展的必然选择。

(二) 市场内部化的动机

基于市场的不完全,企业往往乐于实行市场内部化。企业实行市场内部化的动机与其产品的性质和相应的市场结构密切相关。

内部化理论认为,知识产品具有特殊的性质,知识产品的市场结构和知识产品在现代企业经营管理中的重要地位决定了其市场内部化的动机最强。知识产品及其交易具有如下特点。

(1) 知识产品的形成耗时长、费用大。在知识产品的研究与开发过程中,企业要投入大量的人力和财力,如西方一些大型跨国公司每年要投入大量的科技人员和数十亿美元的研究与开发费用,用于新产品的开发(即生产知识产品)。同时,要花费较长的时间,短则几年,长则十几或几十年。亦即企业要花费巨大的代价,但其研究与开发的结果具有不确定性,并不一定能保证生产出预期的知识产品。一次性在外部市场转让知识产品,并不一定能全额补偿最初的研究与开发费用。

(2) 知识产品可以给拥有者提供垄断优势。知识产品的拥有如在外部市场将其转让,无疑等于扶持了竞争对手,削弱了自身的竞争能力,而利用差别性定价则比通过发放许可证更能有效地利用这些优势,给知识拥有者带来更大的收益。

(3) 由于存在市场的不完全,知识产品的交易困难较大,价格不易确定。在各类市场中,知识产品市场的不完全表明得尤为突出。知识产品在外部市场上交易会遇到种种困难。首先,保密的需要往往妨碍技术交易。基于保密方面的考虑,企业在转让知识产品时,不可能全盘托出所有的技术细节,导致买主对知识产品难以有全面而深刻的了解。其次,知识产品发挥效益需要一个过程。知识产品的效益只有在将其投入到生产过程中之后才能确定,并且效益的大小还要受其他相关因素的影响。在知识产品交易时,买卖双方对此产生的效益水平难免发生分歧。再次,知识产品价格昂贵。知识产品具有唯一性,卖者可能提出过高的要价,使买者望而却步。所有这些都可能导致在外部市场很难协调知识产品的价格,其出路在于市场内部化。

(4) 知识产品的市场外部化可能导致增加额外的交易成本。知识产品还具有"共享性"特点,其外部化时一般只涉及使用权的转让,交易双方都无法保证对方不向第三者泄密,也就是有可能额外增加交易成本。

基于上述四方面原因,企业对其拥有的知识产品实行内部化,即控制在内部使用,是一项有效可行的选择。

对于资本密集型的制造业的中间产品、受自然因素影响较大的农副产品与矿藏分布集中的原材料产品等,企业也具有较强的市场内部化的动机。至于其他一些中间产品,拥有者对其实行内部化的动机要差一些。

(三)市场内部化的收益与成本

企业实行市场内部化的目标是获得内部化本身的收益,但市场的内部化也会增加企业的成本。企业市场内部化的进程取决于其对内部化的收益与成本比较的结论。

1. 市场内部化的收益

市场内部化的收益来源于消除外部市场不完全所带来的经济效益。具体包括如下6个方面。

(1) 统一协调企业各项业务带来的经济效益。以市场为纽带的各种生产经营活动会产生"时滞",使得某些产品的期货市场难以组织,因而公司缺乏合适的价格信号来协调其短期生产经营活动与长期投资计划。公司通过建立内部市场,可以将相互联系的各种生产经营活动置于统一的控制之下,协调不同生产阶段的长期供需关系,从而可以给公司带来经济效益。

（2）制定有效的差别价格所带来的经济效益。公司通过纵向一体化和横向一体化,建立内部市场,运用差别价格充分发挥其在中间产品方面的优势,进而带来经济效益。

（3）消除买方不确定所带来的经济效益。通过建立内部市场,可以将中间产品的买卖在所有权上合而为一,消除买方的不确定性。在其他产品的买卖上,也可以全部或部分消除外部市场"独买"或"独卖"交易形成的市场不稳定性,进而带来经济效益。

（4）减轻或消除国际市场不完全所带来的经济效益。建立内部市场,可以减轻或消除国际市场的不完全,减少出口贸易的不稳定性,进而可以带来经济效益。

（5）保持公司在全世界范围内的技术优势所带来的经济效益。技术优势是跨国公司所拥有的重要优势。建立知识产品的内部市场,即知识产品仅限于在总公司与各子公司之间转移,可以避免外国竞争者的仿制,确保跨国公司在世界范围内的技术优势,进而带来经济效益。

（6）避免政府干预所带来的经济效益。在外部市场上,价格是公开的,跨国公司很难逃避各国政府的干预。市场内部化后,跨国公司可以运用转让划拨价格避开政府的干预,获得诸如逃避税收、转移资金等益处。

2. 市场内部化的成本

从全社会的角度来看,实行市场内部化并不是资源有效配置的最佳途径,但却可以给行为主体带来利润的最大化。当然,跨国公司实行市场内部化,还需要额外支付一些成本。

（1）资源成本。市场是一个完整的体系,跨国公司实行市场内部化,则将一个完整的市场人为地分割成为若干个独立的小市场（即内部市场）。显而易见,这些独立的小市场迫使跨国公司在低于最优经济规模的水平上从事投资和生产经营活动,造成资源的浪费。

（2）通信联络成本。为了避免泄密,跨国公司都建立有独立的通信系统,必然引起通信联络成本的增加。分布世界各地的内部化市场也会增加通信联络成本。

（3）国家风险成本。跨国公司在东道国的投资和生产经营活动有可能对当地造成一些利益的损害和不利影响,引起当地政府的干预,如采取歧视性政策、实行国有化等,给跨国公司带来风险和损失。

（4）管理成本。建立内部市场,跨国公司必然要在监督管理方面增加人力和财力的投入,进而增加跨国公司的管理成本。

（四）内部化理论的思想渊源与发展

1. 内部化理论的思想渊源

内部化理论的思想渊源可以追溯到"科斯定理"。早在1937年,美国学者科斯（R. H. Coase)在《公司的性质》一书中,提出了内部化理论的雏形。科斯在该书中认为,市场对于进行某种类型的交易来说需要支付一定的成本,通过市场进行的交易意味着失去效率,参与市场而产生的交易成本有:寻找合适贸易价格的成本;在合同中规定双方权利和义务的成本;与接受合同有关的风险成本;对市场贸易所支付的交易成本等。科斯认为,贸易在公司内部组织和展开的成本比较低,而通过市场,则成本比较大。因此,贸易最好在公司内部进行。这就是"科斯定理"的基本内容。科斯定理最初用于解释——公司多工厂贸易均在国内进行的情况。

科斯定理亦称新厂商理论，不同于传统的厂商理论或产业组织理论。传统的厂商理论或产业组织理论仅分析了公司在取得规模经济中的作用，公司的水平一体化或垂直一体化经营，无非是为了取得资金、生产与销售、管理的规模经济收益；而科斯定理则主要从公司内分工的性质及相应的产品交换机制与生产组织形式来研究公司的性质。外部市场机制的不完全导致公司内分工和生产组织形式的变革，公司的水平一体化或垂直一体化经营的目标是将多阶段分工生产置于统一的管理体制之下，通过公司内部产品流通和资金调拨，避免外部市场交易成本所产生的不利影响。巴克莱和卡森认为，跨国公司的经营范围虽然远远大于一般公司，但本质上二者并无区别。前者不过是后者的特征而言。因此，科斯的理论既可适用于一般的公司，也适用于解释跨国公司的性质及其对外直接投资行为，并在此基础上建立了内部化理论。

除科斯外，西方学者威廉姆森等人也对内部化理论的形成作出先驱性的贡献。

2. 内部化理论的发展

巴克莱和卡森提出的内部化理论有助于解释各类跨国公司形成的基础，如知识产品一体化形成了研究与开发同生产与销售一体化的跨国公司；原材料开发、半加工、最终加工等多阶段生产过程的内部化形成了垂直一体化的跨国公司。

拉格曼在《跨国公司的内幕》一书中认为，各国货币制度、汇率和利率的差异以及各国政府对国际资本流动的控制与调节，导致了国际金融市场的不完全，促进了跨国银行的发展。

西方学者吉迪(I. H. Giddy)和扬(S. Young)在邓宁编辑的《跨国公司的新理论》一书中发表了《常规理论和非常规的跨国公司》一文。在该文中，吉迪和扬将内部化和知识产品的概念作了进一步的发展，阐述了发展中国家的非传统型的跨国公司行为。他们认为，发展中国家的新兴跨国公司对外直接投资中拥有某些独特的优势（如生产性专门知识低成本、灵活应变能力等），因此，可以花费较少的开发与研究费用进行技术模仿，寻求独特的技术优势；利用市场分割的特点回避与大规模批量生产的西方老牌跨国公司进行直接竞争；以内部化方式利用二手设备市场和劳动力市场的不完全性来谋求最大的经济效益。

内部化理论的出现标志着西方国际直接投资研究的重要转折。海默和维农等人的理论从寡占市场结构的角度来论述发达国家对外直接投资的动机和决定因素。内部化理论则转向研究各国企业之间的产品交换形式与国际分工、国际生产的组织形式。内部化理论认为，跨国公司是当代国际分工、国际生产的重要组织形式。该理论较好地解释了跨国公司的性质和起源，因此也较好地解释了跨国公司的对外直接投资行为。与其他对外直接投资理论相比，内部化理论具有较大的适用性，既可以解释发达国家的国际直接投资行为，也可以解释发展中国家的国际直接投资行为，故有人称之为"一般理论"，即"通论"。该理论对国际经济学界产生较大的影响，邓宁创立的国际生产折中理论中所讲的内部化优势即源于此。

内部化理论较好地解释了跨国公司在对外直接投资、出口贸易和许可证安排这三种参与国际经济方式选择的依据。对外直接投资可以使跨国公司在世界范围内利用其垄断优势,并实现利润的最大化,因此在这三种方式中占主导地位;出口贸易受到进口国贸易保护主义的限制,在这三种方式中占次要地位;许可证安排则主要限于技术进入产品周期的最后阶段,在这三种方式中也占次要地位。

内部化理论还有助于解释战后跨国公司增长速度、发展阶段和赢利变动等现实。知识产品的内部化使跨国公司更乐于在研究与开发方面提供稳定的巨额资金,使其永远保持技术垄断优势,导致生产与销售规模不断扩大,进而实现对外直接投资的高速增长。当跨国公司研究与开发方面的机会衰竭时,跨国公司就进入新的发展阶段:某些跨国公司由于研究与开发的领域狭小而被迫中止,发展速度下降,利润额下降,对外直接投资规模也在下降,则该公司极有可能被其他大型跨国公司所兼并或接管;另一些跨国公司由于研究与开发的领域广阔,此时则将资金或技术转移到其他领域,使其多样化经营进一步提高,对外直接投资进一步增强。巴克莱和卡森在《跨国公司的未来》一书中认为,在20世纪70年代中期,不少跨国公司的对外直接投资的增长速度下降,兼并现象增多的原因均出于此。

内部化理论研究的是各国(主要是发达国家)企业之间的产品交换形式与企业国际分工的组织形式。随着国际生产力的发展,国际分工的内容与形式也会发生变化,进而要求国际分工的协调与组织形式也发生相应的变化,这无疑是正确的。但同时也应当看到,该理论对西方大型跨国公司的垄断行为的某些特征未作具体的分析,这是一大缺憾。此外,该理论未能科学解释跨国公司对外直接投资的区域分布,从而经常被那些重视区位因素的西方学者所批评,认为它不足以称为"通论"。

四、边际产业扩张论

从海默的垄断优势理论中似乎可以得出这样的结论:只有拥有雄厚资本和高技术的大型企业才能拥有独占市场的优势,有能力从事对外直接投资。从维农的产品周期理论也可以得出类似的结论。20世纪60年代以来,日本经济的崛起改变了美国独占国际生产领域的格局,美国、当时的西欧和日本已共同成为国际生产领域的主要力量。大规模发展对外直接投资已成为日本经济发展的必然选择。70年代中期之后,日本经济学界开始对海默的垄断优势理论提出异议。日本经济学家认为,垄断优势理论所涉及的跨国公司是美国型的,不具备普遍意义。从日本的情况来看,对外直接投资的主体大都是中小企业,所拥有的是易为发展中国家所接受的劳动密集型技术优势。

在反思垄断优势理论的基础上,日本逐步形成具有本国特色的对外直接投资理论,其中,最具有代表性的是小岛清教授的对外直接投资理论——边际产业扩张论。小岛清的边际产业扩张理论在日本经济学界产生了巨大的反响。小岛清的对外直接投资理论亦被称为"小岛清模型",对促进日本对外直接投资起了十分积极的作用,对欧美学者也产生了较大的影响。

日本学者小岛清是一位著名的国际经济学家,曾留学英美,长期执教于日本国立一桥大学,于1984年退休,成为该校的名誉教授。自20世纪70年代以来,小岛清发表了大量关于国际直接投资的论著,其代表是于1977年由日本钻石出版社出版的《对外直接投资论》一书。在该书中,小岛清从国际分工原则出发,第一次系统地阐述了其对外直接投资理论。在 1981 年第 5 次再版的《对外贸易论》、1982 年出版的《跨国公司的对外直接》等论著中,小岛清对该理论作了进一步的阐述。小岛清认为,垄断优势理论对跨国公司的分析忽略了对宏观经济因素的分析,尤其是忽略了国际分工原则的作用。边际产业扩张论则认为,国际分工原则和比较成本原则是一致的,即国际分工既能解释对外贸易,也能解释对外直接投资。日本的对外直接投资应当根据比较利益的原则进行。

(一)三个基本命题

小岛清的对外直接投资理论包括三个基本命题:

(1)赫克歇尔——俄林理论中的劳动和资本要素可以用劳动和经营资源来替代。经营资源是生产要素,包括实物资产、技术和劳动力等。如果两国的劳动和经营资源的比率存在差异,则将导致比较成本差异。

(2)比较利润率的差异与比较成本的差异有关。凡是具有比较成本优势的行业,其比较利润率也较高,亦即比较成本与比较利润率是相对应的。因此,应当根据比较成本和比较利润率来分析一国的对外贸易和对外直接投资。

(3)美国型的对外直接投资人为地将经营资源作为一种特殊生产要素,在此基础上产生了寡头垄断性质的对外直接投资,而日本型的对外直接投资则不同。小岛清的国际直接投资理论就是围绕这三个基本命题展开的。

(二)对外直接投资的特点

小岛清认为,与国际货币资本流动相比,国际直接投资具有两个方面的特点:一是对外直接投资主要体现为机器设备、技术、知识的转移,再加上工人的培训、经营管理、市场销售等技能的转移,构成对外直接投资的基本内容。在国际直接投资中,可以不考虑投资国和东道国为数不多的货币资本的增减或转移,因为货币资本的大部分可以在东道国当地筹集。国际直接投资是以两国存在不同的生产函数为前提的,东道国因吸收国外直接投资而由投资国的生产函数所替代,并得到提高。二是国际直接投资是资本、技术和经营管理知识的综合体由投资国和特定产业部门的特定企业向东道国的同一产业部门的特定企业(如子公司、合资企业等)的转移行为。由直接投资所带来的先进的生产函数在东道国逐渐普及和固定下来。在不同的产业部门中,由于新的生产函数与原有的生产函数之间的差距、资本密集程度、劳动和经营培训的难易程度不同,其普及也将有所不同。基于此,小岛清认为,国际直接投资是以投资国的资本丰富为前提,东道国的商品越是劳动密集型的,就越具有比较优势;投资国与东道国的技术差距越小,国际直接投资所导致的技术转移就越容易移植、普及和固定下来。

(三)对外直接投资的类型

小岛清根据其动机,将对外直接投资划分为四种类型。

(1)自然资源导向型。投资国的跨国公司通过对外直接投资,在东道国建立资源开发型企业,开发油田、矿业、林业、水产等的自然资源,其产品既可以由投资国进口,也可以在东道国当地市场销售或向其他国家出口。

(2)市场导向型。当一国出口商品市场的开辟进行到一定程度时,接着在东道国当地建立企业,进行生产和销售活动对生产者更为有利。这种类型的对外直接投资又可划分为两类：一类是由于进口国贸易障碍等因素的作用，使得继续扩大出口受到限制或成本增加而导致的对外直接投资，此即顺贸易导向型；另一类是寡头垄断性质的对外直接投资，在美国的新兴制造业中表现得尤为明显，此即逆贸易导向型。

（3）生产要素导向型。大多数生产要素（如原材料、零部件、机器设备、技术、劳动力等）在国际间的流动要受到许多政治、经济和法律上的限制，土地则完全没有流动性。利用东道国廉价的生产要素是跨国公司对外直接投资的重要目标。美国跨国公司向欧洲和日本的直接投资既是为了占领市场，也是为了利用廉价的生产要素。发达国家跨国公司对东南亚等发展中国家的直接投资也是以此为主要目标。

（4）生产与销售国际化型。这种类型的对外直接投资是通过跨国公司的水平一体化和垂直一体化实施的，其是否构成反贸易导向型对外直接投资，取决于这类投资是否具有寡头垄断性质。

（四）边际产业扩张论的核心及其推论与应用主张

1. 边际产业扩张论的核心

小岛清的边际产业扩张论，亦称切合比较优势原理。其基本核心是：对外直接投资应该从本国（投资国）已经处于或即将处于比较劣势的产业（可称为边际产业）依次进行。

在小岛清的对外直接投资理论中，边际产业所包括的范围较广。小岛清认为，与发展中国家相比，由于劳动力成本的提高，日本的劳动密集型产业已经处于比较劣势，变成"边际性产业"；同是劳动密集型的企业，可能一些大企业还保持较强的比较优势，而中小企业则处于比较劣势，成为"边际性企业"；在同一企业中，也可能有一些部门保持较强的比较优势，而另一些部门则处于比较劣势，成为"边际性部门"。小岛清将这些"边际性产业"、"边际性企业"、"边际性部门"概括为"边际产业"或称之为"边际性生产"。

2. 边际产业扩张论的推论

根据边际产业扩张论的核心，小岛清提出了若干推论。

推论之一：可以将国际贸易和对外直接投资的综合理论建立在"比较优势（成本）原理"的基础之上。在国际贸易方面，根据既定的比较成本，一国应大力发展拥有比较优势的产业，并出口该产业生产的产品。同时，缩小比较劣势的产业，并进口该产业生产的产品，就可以获得贸易利益。在对外直接投资方面，投资国应从处于或即将处于比较劣势的边际产业依次进行，这样，就可以将东道国因缺少资本、技术和管理经验而没有发挥的潜在比较优势挖掘出来。因此，可以扩大两国间的比较成本差距，为双方进行更大规模的进出口贸易创造条件。小岛清认为，国际贸易是按既定的比较成本进行的，而国际直接投资则可以创造新的比较成本。虽然有这种差别，但两者都是以比较成本原则为判断标准的，从这一点可以说，两者建立在一个综合理论基础之上。

推论之二：日本式的对外直接投资与对外贸易的关系不是替代关系，而是互补关系，亦即对外直接投资创造和扩大对外贸易。日本式的对外直接投资是从处于或即将处于劣势的边际产业依次进行的，在东道国廉价进行生产，由日本进口其产品是有利的。随着日本式对外直接投资的扩大，一方面可以带动投资国机器设备等的出口，另一方面也会促使投资国增加进口（进口原材料）。从创造和扩大投资国的对外贸易的意义上讲，日本的对外直接投资是属于顺贸易导向型的。

推论之三：应当立足于"比较成本原理"进行判断。小岛清认为,传统的企业发展论、产业组织论等企业经营学往往建立在对一种商品、一种产业或一家企业的分析之上。这是不科学的。小岛清认为,应采用先找出两种或两种以上的产品的成本比率,然后与外国的该种比率进行比较,亦即运用"比较之比较公式",才能作出最后的结论。小岛清的理论就是在比较成本及其变化的前提条件下展开的。

推论之四：在国际直接投资中,投资国与东道国从技术差距最小的产业依次进行移植,由投资国的中小企业作为这种移植的承担者(因为移植的企业与东道国的技术差距较小)。

推论之五：国际直接投资可以为投资国与东道国双方产生比较优势,可以创造更高的利润。

3. 边际产业扩张论的应用主张

根据边际产业扩张论的核心和推论,小岛清提出了若干应用主张,并引起日本经济学界的广泛注意。

主张之一：关于日本式资源开发型直接投资的政策。小岛清认为,日本很大一部分对外直接投资的目标是在境外开发自然资源,以供日本进口,故没有必要取得上游企业(即开发生产企业)的所有权,采取产品分享方式或贷款买矿的"开发进口、长期合同方式"(即非股权安排方式)即可。从东道国民族主义高涨的现实情况来考虑,这也是其最易接受的方式。

主张之二：关于日本向发展中国家工业进行直接投资的政策。小岛清认为,日本向发展中国家工业直接投资政策的要点是：对外直接投资要根据比较成本及其变化,从差距小、容易转移的技术开始,按次序进行;要根据发展中国家的需要,依次移植、转移新技术,起到所谓的"教师的作用";日本对外直接投资应当对东道国的经济发展起到正效应,即提高当地企业的劳动生产率,传播技术和管理经验,使当地企业能够独立进行新的生产,以避免被东道国指责为"过分扩张",在成功地完成"教师的作用"之后,应分阶段地转让日本国外企业的所有权。

主张之三：关于日本向发达国家(如美国)进行直接投资的政策。小岛清认为,发达国家之间的相互直接投资(如日本跨国公司对美国大型汽车生产的直接投资,美国跨国公司对日本小型汽车的直接投资)是在双方比较成本差距很小的基础上进行的。小岛清将这类直接投资称为"协议性的产业内部交互投资"。这类投资与日美贸易摩擦等现实问题有密切关系。

主张之四：关于跨国公司的功过。小岛清认为,对外直接投资与跨国公司是两个性质根本不同的问题。欧美跨国公司获得的利润来源于"生产方面的规模经济"和"商业性的规模经济"。前者是指跨国公司由于实行垂直一体化和水平一体化而形成的,有利于节约资源、降低生产成本和销售费用,是能实现利润最大化的经济规模。这种形式的规模经济对外国投资者、对社会(即投资国、东道国和世界经济发展)都是有益的。商业性的规模经济在多数情况下是"虚假的规模经济",是指由于跨国公司通过内部灵活调度,以损害社会的利益而形成的经济规模。最典型的例子就是跨国公司滥用内部转让划拨价格牟取暴利。这类规模经济给跨国公司增加了利润,但对社会却并无益处。

小岛清还认为,美国式大型跨国公司所存在的问题在于,对外直接投资是从处于比较优势的汽车、电子计算机、化学产品、医药产品等垄断性的新产品开始的,这种对外直接投资是逆国际分工的,对美国跨国公司与东道国都是不利的。一方面将经济发展的推动力量——最先进的产业过早地推向国外,使美国经济趋于空心化,丧失了其在世界经济中的霸权地位,同时也减少了出口贸易和国内就业机会;另一方面这种对外直接投资也不符合东道国(特别是发展中国家)经济发展的需要。

小岛清的理论进步在于,他第一次提出了产业概念,相对于以企业为研究对象的垄断优势理论而言前进了一步。他提出的投资国与受资国同一产业的企业具有不同的生产函数,形成了比较利润差别,构成双方实物资产,技术水平、劳动力和价格等经济资源的差异,这样就可以在双方形成更合理的生产要素组合,发挥各自的优势,因此对外直接投资的优势是建立在比较优势的基础之上。他的理论为以后的研究开辟了新的思路。

小岛清边际产业扩张论是从国际分工的比较成本原理来分析对外直接投资的,其分析的方法与得出的结论也不同于海默、维农等人。事实上,二者分析的对象是有差异的,小岛清所分析的是发达国家对发展中国家的、以垂直分工为基础的国际直接投资;海默和维农等人所分析的是发达国家之间的、以水平分工为基础的国际直接投资。边际产业扩张论所研究的对象是日本的跨国公司,反映了日本这个后起经济大国在国际生产领域寻求最佳发展途径的愿望,比较符合20世纪六七十年代日本对外直接投资的实践,但该理论同样无法解释发展中国家的对外直接投资行为,也无法解释80年代之后日本对外直接投资的实践。80年代以来,随着日本经济实力的增强和产业结构的变化,日本对外直接投资也发生了明显的变化,如对发达国家的制造业直接投资迅速增加,且以贸易替代型为主,大型跨国公司在对外直接投资中的地位逐渐上升。就分析方法来看,边际产业扩张论从西方宏观经济学理论出发,采用动态方法来分析日本比较优势产生的原因及其变化,并分析这些原因和变化对日本跨国公司发展对外直接投资的影响。边际产业扩张论将比较利益原则视为跨国公司对外直接投资的决定因素。

五、国际生产折中理论

海默、维农、巴克莱和卡森、小岛清等人的对外直接投资理论,比较符合各自国家的国情,但均不具有普遍意义。60年代以来,发达国家垄断对外直接投资的局面被打破,许多发展中国家也纷纷加入对外直接投资的行列,而美、日经济学家的对外直接投资理论对此并不能做出科学的解释。巴克莱和卡森的同事、英国经济学家约翰·邓宁(J. H. Dunning)教授于1977年在一篇题为《贸易、经济活动的区位与多国企业:折中理论探索》的论文中提出独特的对外直接投资理论——国际生产折中理论。此后,在1981年出版的《国际生产和跨国企业》一书中,邓宁全面系统地阐述了这一理论。80年代之后,邓宁继续发表了大量的论著,进一步发展和完善了其对外直接投资理论。

大量的关于国际直接投资的论著和众多的社会兼职,使邓宁成为国际投资学界的具有较大影响力的著名学者。邓宁于1957年获英国南安普顿大学博士学位,其博士学位论文的题目是《美国在英国制造业中的投资》。在该论文中,邓宁以成本效益法来分析美国在英国的直接投资对英国制造业的影响,并自称是此类课题中的首创之作。除担任里丁大学的教授外,邓宁还兼任美国一些大学客座教授;主编过国际企业学会的机关刊物《国际企业研究》,担任联合国跨国公司中心出版的二十卷大型工具书《跨国公司文库》的总编;曾应邀担任一些国际经济组织(如经济合作与发展组织、联合国贸易与发展中心、世界银行和联合国跨国公司中心等)的经济顾问。邓宁发表了大量关于国际直接投资方面的论著,并多次出席有关的国际研讨会。

(一)国际生产折中理论产生的背景

在邓宁看来,国际生产折中理论的形成主要是基于两方面的原因:一是第二次世界大战后国际直接投资格局发生了重大变化;二是缺乏一套具有普遍意义的国际直接投资理论。

长期以来,美国跨国公司一直独霸国际直接投资领域,投资主要集中在制造业,资本主要流向加拿大和拉美各国,国外子公司以独资形式为主。20世纪60年代之后,国际直接投资格局发生了重大变化,国际直接投资在国际经济中的地位日益上升。首先,国际直接投资呈主体多元化发展趋势,西欧各国成为国际直接投资领域的重要力量,后起经济之秀日本对外直接投资发展势头迅猛,特别是发展中国家也开始从事对外直接投资,成为一支新生力量。其次,对外直接投资的部门趋于分散,除制造业外,资源开发业、服务业以及其他行业的直接投资发展较快。再次,国际直接投资资金流向多样化,既有传统的发达国家向发展中国家的垂直投资,也有发达国家之间的水平投资,还有发展中国家向发达国家的逆向投资。最后除独资形式外,对外直接投资的其他形式也得到了较多的运用。国际直接投资实践的发展迫切需要建立一套新的具有普遍意义的国际直接投资理论。

邓宁认为,一国的国际经济活动是该国在商品贸易、技术转让和国际直接投资等方面活动的总和。20世纪60年代以来,国际生产格局发生了巨大的变化,跨国公司在当今世界经济中发挥着越来越重要的作用。在60年代之前,解释国际直接投资的理论主要是比较完善的国际贸易理论和尚不完善的国际资本运动理论。由于其固有的局限性和60年代之后国际经济格局的新特点,这两种理论难以对当代国际直接投资作出科学的解释。邓宁认为60年代之后国际直接投资理论的发展主要朝四个方向发展:一是根据工业组织理论,研究跨国公司发展对外直接投资所拥有的净优势,如海默的垄断优势理论;二是采用动态分析方法,将对外直接投资与对外贸易结合起来研究,如维农的产品周期理论;三是根据生产区位理论研究跨国公司为什么在某国进行直接投资,而不在其他国家进行直接投资;四是厂商理论,强调市场不完全对跨国公司对外直接投资行为的影响,如巴克莱和卡森的内部化理论。以往理论解决了4个"W":

(1)垄断优势理论说明为什么能出去对外直接投资(Why);

(2)内部化理论说明如何对外直接投资(How);

(3)产品周期理论说明何时对外直接投资(When);

(4)区位理论说明到何地进行对外直接投资(Where)。

邓宁认为,上述各种理论各有所长,但都只是对国际直接投资所作的部分解释,缺乏将国际直接投资、对外贸易和对外技术转让结合起来的一般理论。邓宁在综合上述理论的基础上提出了国际生产折中理论。

（二）国际生产折中理论的核心——三优势

国际生产折中理论认为，从事对外直接投资活动的企业，必须能满足以下三个条件：

（1）一国企业在参与市场时，拥有超过其他国家企业的优势，这类优势主要采取无形资产的形式，且至少在一段时间内为该企业所独有或垄断；

（2）企业将其拥有的优势加以内部化比向外出让更为有利；

（3）企业将其拥有的优势与东道国当地的生产要素结合比在本国利用更为有利。

上述三个假定条件可以概括为所有权优势、内部化优势和区位优势。

1. 所有权优势

邓宁认为所有权优势是跨国公司从事对外直接投资的基础。所谓所有权优势，是指一国企业拥有或能够获得的、国外企业所没有的或无法获得的资产及其所有权。在国际生产折中理论中，"资产"一词经常与资源、禀赋互为通用，其含义较广，泛指"任何能够不断带来未来收益的东西"。邓宁认为，跨国公司所拥有的所有权优势主要包括两类：第一类是通过出口贸易、技术转让和对外直接投资等方式均能给企业带来收益的所有权优势。这类优势几乎包括企业拥有的各种优势，如产品、技术、商标、组织管理技能等。第二类是只有通过对外直接投资才能得以实现的所有权优势，这种所有权优势无法通过出口贸易、技术转让的方式给企业带来收益，只有将其内部使用，才能给企业带来收益。如交易和运输成本的降低、产品和市场的多样化、产品生产加工的统一调配、对销售市场和原料来源的垄断等。具体来讲，所有权优势又包括四个方面：

（1）技术优势。主要包括专利、专用技术、管理经验、销售技巧、研究与开发能力等。

（2）企业规模优势。有两方面的含义：一是公司规模越大，则研究与开发能力越大，越有利于技术创新；二是公司规模越大，越能在国内外市场上获得规模经济优势。

（3）组织管理优势。公司规模越大，越有利于一些高度专业化管理人才得到充分利用，形成组织管理优势。

（4）金融和货币优势。公司越大，越易于多渠道、低成本获得外部资金。

跨国公司拥有的所有权优势的大小直接决定着其对外直接投资的能力。

2. 内部化优势

跨国公司是否以对外直接投资的方式参与国际竞争，不仅决定于其拥有的各种所有权优势，也决定于其将所有权优势加以内部化的意愿和能力。所谓内部化优势，是指跨国公司将其所拥有的资产加以内部使用而带来的优势。邓宁认为，跨国公司将其拥有的各种所有权优势加以内部化动机在于，避免外部市场的不完全对其所产生的不利影响，实现资源的最优配置，继续保持和充分利用其所有权优势的垄断地位。不仅存在中间产品市场的不完全，也存在最终产品市场的不完全。邓宁将市场不完全划分为结构性市场不完全和知识性市场不完全两类，前者是指由于竞争壁垒、交易成本高而导致的市场不完全；后者是指由于不易获得或需支付较高的代价获得生产与销售的有关信息。此外，政府的干预也会导致市场的不完全。

跨国公司对其拥有的所有权优势一般有两条利用的途径：一是将其拥有的资产或资产的使用权出售给别的企业，也就是将资产的使用外部化；二是由跨国公司自己使用这些资产，也就是将资产的使用内部化。在国际直接投资中，资产使用的内部化意味着跨国公司利用其所拥有的资产发展对外直接投资。跨国公司采用何种途径利用其所拥有的资产,取决于利润的大小。内部化优势的大小决定着跨国公司将如何选择利用其所拥有的资产参与国际经济的形式。

3. 区位优势

区位优势也是跨国公司发展对外直接投资时应考虑的一项重要因素。所谓区位优势,是跨国公司在投资区位上具有的选择优势。拥有所有权优势和内部化优势的跨国公司在进行直接投资时,首先面临的是区位选择,即在国内投资生产还是在国外投资生产。如果在国外投资能使跨国公司获得比国内投资更高的利润,则会导致对外直接投资;如果在国外甲地投资能使跨国公司获得比在国外乙地投资更高的利润,则将选择甲地进行直接投资。

区位优势是一个相对的概念。区位优势包括直接区位优势和间接区位优势。前者指东道国的某些有利因素所形成的区位优势,如广阔的产品销售市场、政府的各种优惠投资政策、低廉的生产要素成本、当地原材料的可供性等。后者是指由于投资国某些不利因素所形成的区位优势,如商品出口运输费用过高、商品出口受到东道国贸易保护主义的限制、生产要素成本较高等。以上两种因素都可以形成跨国公司对外直接投资的区位优势。区位优势的大小决定着跨国公司是否进行对外投资和对投资地区的选择。

区位优势是由投资国与东道国的多种因素决定的,主要因素有:生产要素投入和市场的地理分布状况;生产要素成本;运输成本和通信成本;基础设施状况;政府干预经济的力度和范围;金融市场状况和金融制度;国内市场与国际市场的差异程度;文化环境的差异程度等。

邓宁认为,区位优势不仅决定了一国企业是否发展对外直接投资的可能性,还决定了其对外直接投资的类型和部门结构。

邓宁将对外直接投资划分为 6 种类型:资源开发型;生产或加工专业化型;制造业加工替代型;贸易与销售型;服务型;其他类型。每一种类型的对外直接投资都是由不同的所有权优势、内部化优势和区位优势组合决定的。

国际生产折中理论认为,决定对外直接投资的三项因素之间是相互关联、紧密联系的。与外国企业相比,本国企业拥有的所有权优势越大,则将资产内部化使用的可能性也越大,从而在国外利用其资产比在国内可能更为有利,越有可能发展对外直接投资。

邓宁认为,国际生产折中理论不仅可以解释一国企业的对外直接投资,还可以解释一国企业对参与国际经济方式的选择,亦即可以将对外贸易、技术转让、对外直接投资三者有机地结合起来。一般来讲,如果企业仅拥有一定的所有权优势,则只能选择对外技术转让的形式参与国际经济活动;如果企业同时拥有所有权优势和内部化优势,则出口贸易是参与国际活动一种较好形式;如果企业同时拥有所有权优势、内部化优势和区位优势,则发展对外直接投资是参与国际经济活动的较好形式。

(三)国际生产折中理论的动态分析——投资发展周期论

投资发展周期论是邓宁于 20 世纪 80 年代初提出来的,旨在以动态角度解释各国在国际直接投资中的地位,进一步发展和完善国际生产折中理论。邓宁提出了"净国际直接投资地位"的概念。一国的净国际直接投资地位是指该国企业的对外直接投资总额减去引进外国直接投资总额。邓宁认为,一国的净国际直接投资地位与其经济发展水平存在密切的正相关关系。

邓宁实证分析了 1967—1978 年间 67 个国家的有关资料,得出投资发展周期论。邓宁根据人均国民生产总值,将一国的投资发展周期划分为四个阶段。

处于第一阶段的是人均国民生产总值在 400 美元以下的国家。处于这一阶段的国家是最贫穷的国家,引进外资规模极小,无任何对外直接投资,亦即净对外直接投资为负值。一方面,国内市场狭小,缺乏适当的工业、商业、法律、运输和通信等基础设施,尚未形成足够的区位优势来大量吸引外国直接投资;另一方面,由于本国经济落后,技术力量弱,尚未形成足够的所有权优势和内部化优势,即使有一些,也只能通过出口贸易的方式加以利用,没有足够的能力从事对外直接投资。发展中国家的最贫穷国家处于这一阶段。

处于第二阶段的是人均国民生产总值在 400～2 000 美元之间的国家。处于这一阶段的国家,引进外资规模不断扩大,对外直接投资额仍较小,净对外直接投资仍为负值。在这一阶段,国内市场得到了一定的扩大,投资环境得到了改善,形成了较强的区位优势,对外资的吸引力增大,外国直接投资大量流入。这一阶段的外资主要集中于进口替代行业、资源开发行业和劳动密集型行业。在这一阶段,生产要素市场不完善,是影响外国直接投资的重要不利因素。由于经济实力和技术水平仍然有限,仍未具备较强的所有权优势,对外直接投资额仍保持在一个较低的水平。大多数发展中国家处于这一阶段。

处于第三阶段的是人均国民生产总值在 2 000～4 750 美元之间的国家。处于这一阶段的国家形成了较强的所有权优势,对外直接投资大幅度上升,其发展速度可能超过引进国外直接投资的发展速度,但净对外直接投资仍为负值。进入这一阶段,标志着一国已走上国际生产专业化的道路。所有权优势最强、区位优势最弱的部门进行对外直接投资;所有权优势最弱、区位优势最强的部门引进国外直接投资。许多新兴工业化国家处于这一阶段。

处于第四阶段的是人均国民生产总值在 4 750 美元以上的国家。处于这一阶段的国家是发达的国家,其拥有强大的所有权优势,对外直接投资的增长速度高于引进国外直接投资的增长速度,净对外投资额为正值。

通过实证分析,邓宁得出如下一般结论:一国的区位优势与引进国外直接投资呈正相关关系,与对外直接投资呈负相关关系;所有权优势与对外直接投资呈正相关关系,与引进国际直接投资呈负相关关系;内部化优势既可以促进对外直接投资,也可以促进引进外国直接投资,决定于投资国与东道国市场不完全的程度。一国的经济发展水平决定了其"三优势"(所有权优势、内部化优势和区位优势)的强弱,而"三优势"的均衡决定了一国的净国际直接投资地位。

(四)国际生产折中理论的发展

从 20 世纪 80 年代以来,邓宁一直在致力于进一步完善其国际生产折中理论。探索的重点是跨国公司拥有所有权优势、内部化优势和区位优势的根源以及各国政府的管理对跨国公司的影响。

跨国公司为什么会拥有所有权优势、内部化优势和区位优势呢?从根本上讲,其原因是不流动的国际资源在各国间的分布不均衡。因此,解释国际贸易的要素禀赋理论同样也能解释国际直接投资。跨国公司进行国际直接投资的目的在于将出口本国拥有相对禀赋优势的产品与使用东道国拥有相对禀赋优势的资源相结合，以实现利润最大化。大多数的以开发资源为直接目标的对外直接投资可以用要素禀赋不均加以解释。当然，要素禀赋理论并不能完全揭示跨国公司拥有所有权优势、内部化优势和区位优势的根源。国际市场存在"缺陷"（即不完全竞争）是跨国公司拥有三种优势，并发展对外直接投资的另一个重要根源。如果国际市场不存在"缺陷"，则拥有要素优势的企业只要参与市场交易，就可以实现比较利益，因而无须发展对外投资。然而，现实的国际市场存在着"缺陷"，跨国公司通过对外直接投资，运用内部交换机制来替代外部市场，避开市场存在的"缺陷"。邓宁认为，市场缺陷可分为两类：结构性市场缺陷和交易实施性市场缺陷。结构性市场亦即海默的市场不完全。交易实施性市场缺陷是指在公开市场交易中不能有效运转的缺陷。通过市场交易会给企业带来附加的风险，比如，通过市场获得的原材料可能有中断供应的危险，出让的技术专利可能有被接受者滥用的危险。企业通过建立国外子公司，从事国际生产，即通过企业内部转让产品和生产要素，则可以避免因市场交易而带来的风险。要素禀赋理论和市场缺陷理论构成国际生产折中理论的基础。

此外，邓宁认为，东道国政府的管理政策也会对跨国公司的对外直接投资行为产生影响。

（五）关于国际生产折中理论的评价

邓宁的国际生产折中理论具有较强的解释能力，既可以解释发达国家的对外直接投资行为，也可以解释发展中国家的对外直接投资行为。该理论还将对外直接投资、对外贸易和对外技术转让结合起来，被认为是当代最完善、被广泛接受的国际直接投资理论，许多文献将其称为国际直接投资的"通论"。

20世纪70年代中后期，邓宁将其理论称为折中理论。邓宁认为，选用"折中"一词是具有雄心的，也是经过深思熟虑的。所谓雄心，是指集百家之长，熔众说于一炉。纵观邓宁的国际生产折中理论，并无多大新意，但它包容了自海默以来的各种重要的国际直接投资理论流派，同时又吸收了西方经济学中的产业组织理论、新厂商理论、区位论和俄林的要素禀赋理论等，增加整个体系的理论色彩，并使之具有较高的综合性和概括性。瑞典的隆德格林、英国的赫区分别早在1975年、1976年在各自的论文中已提出折中之说。

从总体来讲，西方国际投资学界对邓宁的理论褒多于贬。有一些西方经济学家认为，国际生产折中理论的特色在于，平庸的折中和杂烩式的兼容，算不上一种独辟新蹊的理论。德伍德·陈（E. Chen）在其于1983年由麦克米兰出版社出版的《跨国公司：技术与发展》一书中指出："在某种意义上讲，这并非什么新理论，因为尽管它的解释能力很强，但这种能力仅仅是由于它几乎囊括了其他各种直接投资理论。就此而言，国际生产折中理论不过是其他各种理论借以发展的一个框架而已。"邓宁在里丁大学的同事、内部化理论的创始人巴克莱、卡森在其于1985年由麦克米兰出版社出版的《跨国企业的经济理论》一书中指出：国际生产折中理论"仍有若干未解决的问题：第一，对这三类优势（要素）的相互关系及其在时间过程中的发展没有交代清楚，要素分离体系缺乏动态的内容；第二，将所有权优势分离出来单独存在，是否恰当，令人怀疑，而且在逻辑上也是多余的"。

客观地讲，邓宁的国际生产折中理论具有较强的实用性。该理论力图说明跨国公司的对外直接投资优势并不是一成不变的,在一段时间内会发生变化,一国不可能永远拥有某种比较优势。该理论认为,一国对外直接投资的规模与效益主要取决于其所拥有的比较优势,一国可以依据其比较优势发展对外直接投资,也可以依据其比较劣势吸引国外直接投资。

六、其他国际直接投资理论

前述五种国际直接投资理论在当代西方国际投资学中占据主导地位,其学术影响面广,所论述的范围较为全面,体系较为完整。除此以外,还有一些西方经济学家从不同的角度,就国际直接投资的某一个方面进行论述,进而形成一些理论。较有影响的理论主要有产业内双向直接投资理论、纵向一体化直接投资理论、横向一体化直接投资理论。

(一)产业内双向直接投资理论

产业内双向直接投资理论是解释发达国家之间在同一产业内相互进行直接投资的理论。20世纪60年代以来,发达国家之间的直接投资一直在国际直接投资领域占据主导地位,而且这种投资的很大一部分是在同一产业(大部分集中于技术密集型行业)内进行的。

西方学者E.M.格雷姆于1975年对187家美国跨国公司及其在欧洲的子公司和88家欧洲跨国公司在美国子公司的产业分布进行了实证分析。结果表明,美国跨国公司和欧洲跨国公司对外直接投资活动的产业是相同的。邓宁于1984年根据187家美国跨国公司和226家非美国跨国公司对外直接投资的有关资料,计算出了产业内双向直接投资指数,进一步验证了格雷姆的观点。

西方一些学者从不同的角度解释了产业内双向直接投资的动因。

垄断优势理论关于寡占反应行为可以部分解释产业内双向直接投资的动因,亦即在寡头垄断的行业,跨国公司的对外直接投资往往是交叉进行的,其目的在于防止少数竞争对手占领潜在市场而削弱自己的竞争地位。

英国经济学家邓宁认为,发达国家之间的科学技术水平发展相似,其跨国公司都拥有强大的研究与开发能力。在发达国家的同一产业内,没有一家跨国公司能拥有独占的所有权优势,而是少数几个跨国公司拥有相近的所有权优势,都有能力在对方的国家进行直接投资。邓宁还认为,西方发达国家跨国公司的产业内双向直接投资,还可以取得垂直联合的优势,亦即垂直一体化经营,获得规模经济效益,并可以充分利用东道国低廉成本的优势。

也有些西方经济学家认为,当代国际直接投资不只是开辟了投资市场,更为重要的是通过投资市场开辟了商品市场,即带动了出口贸易。西方国家的经济发展水平相近,需求结构也基本相同,对高档次消费品的需求呈上升趋势,各国的同类产品各有其特点,追求质优的消费心理导致产业内双向交易。当由于贸易壁垒或单位产品运输成本过高而使产业内双向贸易受阻时,产业内双向直接投资就成为一种必然的选择。20世纪60年代以来,各国贸易保护主义盛行,是导致产业内双向直接投资的重要原因。

产业内双向直接投资理论较为科学地解释了发达国家之间直接投资的实践,但无法解释垂直对外直接投资和逆向对外直接投资,其适用范围极为有限。当然,在今后一段较长的时期内,发达国家之间的相互直接投资在国际直接投资领域仍将占据主导地位。

(二)纵向一体化直接投资理论

纵向一体化直接投资理论是关于跨国公司纵向一体化直接投资条件、动因的理论。美国经济学家科斯曾对该理论作过一些论述。其他一些西方经济学家也曾对此作过一些论述。

1. 纵向一体化直接投资的条件

西方经济学家认为,跨国公司实行纵向一体化直接投资,一般应具备两个条件:

(1)具有较强的垄断优势。实行纵向一体化直接投资,要求跨国公司在国外不同的地区将投资分布于原材料开发、初级产品加工、深加工和最终产品生产等不同的阶段,因此,要有雄厚的资金实力、先进的科学技术和科学的组织管理,以取得规模经济效应。

(2)投资国跨国公司所在的行业具有较高的集中程度。在投资国跨国公司所在的行业具有较高集中程度的条件下,寡头跨国公司之间的竞争往往导致其原材料、零部件等各项生产投入物来源的不确定性,迫使跨国公司根据其全球发展战略,在世界各地投资建厂,实行垂直一体化经营,亦即增大跨国公司内部贸易比例,避免对外部市场的过分依赖。

2. 纵向一体化直接投资的动因

海默的垄断优势理论、巴克莱和卡森的内部化理论均可部分地解释纵向一体化直接投资的动因。除此之外,一些西方经济学家从不同的角度,提出了纵向一体化直接投资的动因,主要有节约交易费用论、节约生产费用论和综合动因论。

(1)节约交易费用论。该动因论将纵向一体化直接投资的动因归结为节约交易费用。一些西方经济学家认为,导致纵向一体化直接投资的最大动因是获得更高的投资收益,特别是获得跨国“连续性垄断”条件下的超额利润。纵向一体化直接投资所产生的收益是由两部分构成的:一部分是通过纵向一体化直接投资,使得跨国公司在世界各地的子公司的投入物有了较为稳定的来源渠道,确保生产的稳定增长,从而增加其总销售额,进而获得收益;另一部分是通过纵向一体化直接投资,在很大程度上消除了外部市场的不确定性,使得跨国公司的很大一部分贸易是在其本系统内部进行的,由于节约交易成本而导致收益。由此可见,节约交易费用论是建立在内部化理论基础上的。

(2)节约生产费用论。该动因论亦称埃德尔曼-斯班格勒动因论,将纵向一体化直接投资的动因归结为节约生产费用。一些西方经济学家认为,纵向一体化直接投资可导致生产费用的节约,如跨国公司内部总公司与子公司之间、子公司之间的技术互补性得到加强,生产资源综合效率得到提高等。不同类型跨国公司实行纵向一体化所导致的生产费用的节约程度是不同的。生产费用的节约程度决定了跨国公司实行纵向一体化直接投资的方向和程度。在某种情况下,节约生产费用是跨国公司实行纵向一体化直接投资的主要动因。

(3)综合动因论。基于纵向一体化直接投资收益的特殊构成,西方经济学家理查德森通过建立数学模型提出综合动因论。其数学表达式为

$$U = \left[(P_{\min} - AC_f)Q_1\right]V_1 - \left[(AC_d - AC_f)Q_2\right]V_2$$

其中:U 代表目标收益;V_1、V_2 表示心理偏好参数;$P_{\min}$ 表示投入物的最低保证售价;

AC_f、AC_d 分别代表外销、内销的单位产品成本；Q_1、Q_2 分别代表外销量、内销量。

理查德森认为，其数学模型具有如下经济意义：首先，在实行纵向一体化直接投资的情况下，对外部市场的销售已不再是决定跨国公司投资收益的必备约束条件，对外部市场销售所获得的收益只是跨国公司的一种附带性的收益，在其总收益中所占的比重甚微。其次，在没有外销量（即 $Q_1=0$）的情况下，实行纵向一体化直接投资的跨国公司仍能获得最低程度的投资收益，亦即实行市场内部化也能实现资源的有效配置。再次，当 Q_1 越大时，表明跨国公司为外部市场所提供的产品越多，则进一步加深纵向一体化直接投资的愿望也就越强烈。

（三）横向一体化直接投资理论

西方经济学家凯夫在其 1972 年 2 月发表于《经济学》的《国际公司：对外投资的产业经济学》一文中，对横向一体化直接投资理论作了论述。横向一体化直接投资指跨国公司以对外直接投资的方式，在世界各地建立子公司，生产同类产品的经济行为。其他一些西方经济学家对此也作过一些论述。

西方经济学家认为，实行横向一体化直接投资的跨国公司可以获得超额利润。这种超额利润主要是通过子公司利用总公司的知识产品而获得的。跨国公司拥有雄厚的研究与开发能力，许多知识产品处于世界领先地位，是其他国外竞争者所无法比拟的。特别是跨国公司国外子公司在当地遇到强有力的竞争对手时，利用总公司的知识产品更具有十分重要的意义。跨国公司实行横向一体化直接投资是以建立国外子公司为基础，以依靠总公司的知识产品为手段，以实现利润最大化为目标的经济行为。

从上述论述可以看出，横向一体化直接投资理论并无多大新意，也是建立在内部化理论基础上的。

此外，一些西方经济学家还提出了风险分散化直接投资理论、对外直接投资有机理论等国际直接投资理论。

风险分散化直接投资理论最早由科恩提出，拉格曼对此作了进一步的发展。该理论认为，当跨国公司在东道国的直接投资不能得到有利的利润时，应当根据地理位置分散投资的风险。科恩于 1965 年进行的实证分析支持了其理论。拉格曼认为，对外直接投资既是产品市场的分散化，也是生产要素市场的分散化。西方学者史蒂文斯认为，对外直接投资是对利润最大化的补充，而不是替代。如果风险不大的话，在国外的投资比国内投资要更好。

美国产业协议局根据美国对外直接投资的实践，提出对外直接投资有机理论。该理论认为，在垄断竞争的条件下，企业生存的前提条件就是继续增长，亦即在日益扩大的市场中，保持并提高其生产和销售的份额，维护和扩大其在市场中的地位。为了保持现有资产的获利能力，企业必须追加新的投资。减少对外直接投资，不仅减少未来的收益，而且也降低现有投资的收益。至少在短时期内，企业对外直接投资的动因不在于利润的最大化，而在于防止市场的丧失，为企业的未来发展创造条件。

迄今为止，国际直接投资理论几乎一直为西方学者所垄断，发展中国家的学者提出的理论可以说是凤毛麟角，这大概与发展中国家的企业国际化水平低有很大关系。20 世纪 80 年代后，亚洲"四小龙"对外直接投资迅猛增长，促使有些学者开始探索对外直接投资理论。这里介绍一下何宪章的跃进理论。

我国台湾学者何宪章，于1986年发表《多国籍企业演进理论》一文，提出跃进理论，该理论颇有创见，也将成为国际投资理论的一部分。

跃进理论的中心内容是论述厂商在国内、国外两个市场的成本、收益双重比较，当达到一定条件以后，即当国外子公司生产的总收益大于国内出口厂商生产的总收益的情况下，只要国内出口厂商生产的总成本大于国外子公司生产的总成本（内部成本＋海外开业的外部成本）时，该企业便有利可图，一定会将本企业由内需型转向跨国型，从国内生产（出口贸易）策略转入国外生产（对外直接投资）。在企业的发展过程中，国内企业扩大成为跨国企业，从对外出口到对外投资，应视为一种飞跃，故称为跃进理论。

跃进理论论述了企业国际化在经营策略上的变化过程，从中可以看出，这种理论是规模经济原理在国际投资理论上的一个运用，当企业规模（产品、销量）上升时，分摊成本下降，企业收益随之倍增。这一理论符合大多数跨国公司成长轨迹，具有较大的解释作用。

七、国际直接投资理论简评

以上我们简单论述了十多种国际直接投资理论。学者们从各个角度（政治、经济、宏观、微观等）进行分析考察，提出了各种各样的独立见解。

现代国际直接投资理论开始于20世纪60年代，到目前为止已经历了两个阶段：

第一阶段从20世纪60年代到70年代中期，国际直接投资理论主要分析不同国家的跨国公司对外直接投资的特点与决定因素，其研究参照对象多以美国、西欧为主。这与当时的国际直接投资状况相关，如垄断优势理论、产品周期理论等都反映了欧美这一时期企业的海外扩张行为。

第二阶段从70年代中期到目前为止，随着日本、亚洲"四小龙"等对外投资热潮蓬勃高涨，经济学家们纷纷开始将目光转向世界大范围的投资活动，于是出现了小岛清、何宪章等人的理论。同时，经济学者们纷纷认识到自己理论的局限性，而试图建立一种解释性强的"通论"，其中又以邓宁自1976年以来的一系列论著为代表，企图将各种理论融合为一体，建立一般性的理论，但也未取得最后成功。时至今日，各研究者仍孜孜不倦地努力探索可以说明不同国家、不同行业、不同跨国公司的投资活动的理论建设，这已成为国际投资学术界一大主流趋势。

本章论述的理论中，以垄断优势理论、产品周期论、内部化理论、边际产业扩张论和国际生产折中理论为最具代表性的理论，他们的理论体系虽然不同，但都有一些共同点。

1. 在理论内容中存在着共同点——优势

国际直接投资是跨国公司具有一定优势下展开的对外扩张行为，巴克莱、卡森认为跨国公司能够通过企业内部有计划的运作来模拟市场运行，从而节省了交易费用；维农认为在产品开发期、成长期，跨国公司拥有专利技术的控制权，可以向外进行投资，获得高额利润；海默更是如此，他列举了不完全市场条件下，跨国公司具有一系列垄断优势。即便是小岛清别具一格的理论中，也是十分强调日本跨国公司具有比较成本方面的优势。

2. 在理论前提中有着共同的基石——不完全竞争

众所周知，古典西方经济学从亚当·斯密开始，便是以完全竞争为其理论假设，直到马歇尔,都是在完全竞争的前提下展开自己对经济学的见解。但在20世纪初,张伯伦、罗宾逊夫人率先打破这一局面,抛开了自由竞争而以垄断竞争(不完全竞争)为其出发点,给西方经济学基础理论的研究开辟了一块新天地,基于西方经济学基础理论上之的国际直接投资理论也在自己的层面上将这一改革予以发挥。在现代国际直接投资理论研究之初,海默率先提出垄断优势说,其出发点便是不完全竞争,这也一直为后来的国际直接投资理论各流派所遵循沿袭,只不过在同一出发点之后,朝着不同的方向探索而已。

3. 国际直接投资理论多研究跨国公司的投资决策行为

它们研究的基本命题无非都是:跨国公司对外投资的因素与条件;跨国公司在出口、许可证贸易、对外直接投资三者权衡原则;跨国公司进行国际投资中遇到的操作问题对策。

而这些问题均属微观问题,是对厂商理论的再发挥而已,微观经济分析可以说是国际直接投资理论的主流。仅只有少数几个理论流派例外,如阿利伯的通货理论,将货币这一宏观变量导入投资理论。

综观现代国际直接投资理论,就各种理论流派的内容而言,也存在着因针对性强而说服面窄,因说服面宽而无所创见的缺陷。

第二节　国际间接投资理论

从狭义的角度来看,国际间接投资指的就是国际证券投资。因此,国际间接投资理论也就是国际证券投资理论。[①]

一、证券投资组合理论

20世纪初,西方发达的证券市场很不规范,投机气氛十分猖獗,致使证券市场风险极大,直至美国于1933年和1934年分别颁布了《证券法》和《证券交易法》才使证券市场得以规范。为了规避风险,出现了被后人称为传统的证券投资理论,这也是证券投资组合理论的发端。

(一) 传统的证券投资组合理论

传统的证券投资组合理论就是以分散风险为原则,并根据基本分析和技术分析来选择证券和组成投资组合。传统的证券投资组合理论认为,证券投资需要经过确定组合管理的目标、构建证券组合和进行经济效益的评估三个步骤。

(1) 确定投资者买卖证券的目标。投资者买卖证券一般有三类:一是追求稳定的经常收益,这类投资者是较为保守的投资者;二是力求实现较大的资本增值,这类显然是肯冒较大风险的投资者;三是希望在风险能承受的范围内,既能得到稳定的收益,也可获得一定程度资本增值的中性收益,这类则是介于两者之间的较为中性的投资者。

(2) 构建证券组合。在确定了投资者风险偏好和投资目标后构建资产组合:第一类

---

① 本书主要围绕国际直接投资展开阐述,关于国际间接投资理论仅作简单介绍,详细内容读者可以参考其他相关文献。

投资者应该选择安全性高和收益稳定的债券组合;第二类投资者则可以选择风险较高且收益较高的成长型股票组合;第三类投资者则可选择股票和债券作为投资组合,其中债券和股票的比例根据投资者的偏好而定。

（3）进行投资组合的效益评价。在投资的过程中,需要对投资的效益进行评价,效益评价不仅要比较效益,还要对同等效益证券的风险度进行评估,随着时间的推移和整个经济环境的变化,不断对其投资组合进行修正。需要注意的是,传统证券投资组合理论的基础是基础分析和技术分析,因此该理论的主观性较强。

（二）现代证券投资组合理论

现代证券投资组合理论的先驱者是美国纽约大学巴鲁克学院经济学教授哈里·马科维茨(Harry M. Markowitz)。马科维茨于 1952 年 3 月在《金融》杂志发表的学术论文《资产选择：有效的多样化》中,首次运用定量的分析方法,并采用风险资产的预期收益和方差表示风险,来研究资产的选择和组合问题。1959 年他又出版了代表作《资产选择：有效的多样化》,完善了他的证券组合理论(Portfolio Theory)。马科维茨的证券组合理论克服了传统理论仅靠基础分析和技术分析的主观判断来选择证券组合的缺陷,从而开创了现代证券投资组合理论,并为现代证券投资理论的发展奠定了基础。由于马科维茨系统、深入和卓有成效地研究,因此获得了诺贝尔经济学奖。

马科维茨的理论包含三个假设和两个重要内容。马科维茨认为,资产的预期收益不能作为投资者选择资产的唯一依据,而是应该将资产的收益和风险结合起来考虑,因此,他的证券组合模型作了三个假设：

（1）投资者在决策中只关心预期收益率;

（2）投资者厌恶风险但预期收益率又很高;

（3）证券市场不存在摩擦。在这三个假设基础上,马科维茨构建了均值-方差分析方法和投资组合有效边界模型,这是其理论的主要内容。

人们进行投资,本质上是在不确定性的收益和风险中进行选择。投资组合理论用均值-方差来刻画这两个关键因素。所谓均值,是指投资组合的期望收益率,它是单支证券的期望收益率的加权平均,权重为相应的投资比例。当然,股票的收益包括分红派息和资本增值两部分。所谓方差,是指投资组合的收益率的方差。我们把收益率的标准差称为波动率,它刻画了投资组合的风险。人们在证券投资决策中应该怎样选择收益和风险的组合呢？这正是投资组合理论研究的中心问题。投资组合理论研究"理性投资者"如何选择优化投资组合。所谓理性投资者,是指这样的投资者：他们在给定期望风险水平下对期望收益进行最大化,或者在给定期望收益水平下对期望风险进行最小化。因此把上述优化投资组合在以波动率为横坐标,收益率为纵坐标的二维平面中描绘出来,形成一条曲线。这条曲线在最小方差点以上的部分就是著名的(马科维茨)投资组合有效边界,对应的投资组合称为有效投资组合。[①] 在波动率-收益率二维平面上,任意一个投资组合要么落在有效边界上,要么处于有效边界之下。因此,有效边界包含了全部(帕雷托)最优投

---

① 详细内容读者可以参考其他相关文献。

组合,理性投资者只需在有效边界上选择投资组合。

马科维茨的证券组合理论用量化的方法来进行证券投资组合分析,结束了只进行技术分析和基本分析的证券投资的理论研究时代,它为证券投资理论研究的发展奠定了基本的理论框架。但是马科维茨的证券投资组合理论是建立在所有的资产都是有风险的基础之上的,忽略了对无风险证券的理论研究,这是他的证券组合理论不够全面之处。由于证券投资者关心的主要问题就是在获取较大利益的情况下,如何回避风险的问题,这就使马科维茨理论的缺憾显得微不足道。此外,在发达的证券市场中,马科维茨投资组合理论早已在实践中被证明是行之有效的,并且被广泛应用于组合选择和资产配置。但是,我国的证券理论界和实务界对于该理论是否适合于我国股票市场一直存有较大争议。

二、资本资产定价理论

资本资产定价模型(capital asset pricing model,CAPM)是马科维茨建立现代资产组合理论后,由威廉·夏普(William Sharpe)、约翰·林特(John Linter)和简·莫森(Jan Mossin)等人分别独立导出的。该模型主要研究证券市场中均衡价格是怎样形成的,以此来寻找市场中被错误定价的证券。它在现实市场中得到广泛的应用,成为普通投资者、基金管理者和投资银行进行证券投资的重要工具之一。它继承了马科维茨的投资组合理论的假设条件,如资本市场是有效的、资产无限可分、投资者可以购买任何股票的任何部分、投资者根据均值方差选择投资组合、投资者是风险厌恶者、存在着无风险资产、投资者可以按无风险利率自由借贷等。同时又由于马科维茨的投资组合理论计算的烦琐性,导致其不实用,夏普在继承的同时,为了简化模型又增加了新的假设:资本市场是完美的、没有交易成本、信息是免费的并且是立即可得的、所有投资者借贷利率相等、投资是单期的或者说投资者都有相同的投资期限、投资者有相同的预期,即他们对预期回报率、标准差和证券之间的协方差具有相同的理解等。

资本资产定价模型是现代财务管理理论的三大基石之一,它揭示了资本市场基本的运行规律,对于市场实践和理论研究都具有重要的意义。资本资产定价模型是第一个关于金融资产定价的均衡模型,同时也是第一个可以进行计量检验的金融资产定价模型。模型的首要意义是建立了资本风险与收益的关系,明确指明证券的期望收益率就是无风险收益率与风险补偿两者之和,揭示了证券报酬的内部结构。资本资产定价模型另一个重要的意义是,它将风险分为非系统风险和系统风险。非系统风险是一种特定公司或行业所特有的风险,它是可以通过资产多样化分散的风险。系统风险是指由那些影响整个市场的风险因素引起的,是股票市场本身所固有的风险,是不可以通过分散化消除的风险。

资本资产定价模型之所以一经推出就风靡整个实业界、投资界,不仅仅因为其简洁的形式,理论的浅显易懂,更在于其多方面的应用。

(1) 计算资产的预计收益率。这是资本资产定价模型最基本的应用。资本资产定价模型其他应用,均是通过这个基本的应用延展开来的。

(2) 有助于资产分类,进行资源配置。不同类别的股票在不同时期都具有不同的收益特征。在此基础上,就可以根据投资者的要求或投资者的风险偏好,进行资产组合管理了,从而优化资金配置。如在熊市的时候选择 Beta 值较小的股票投资,当牛市到来的时候就可以构建 Beta 值较大的投资组合。

(3) 为资产定价,从而指导投资者的投资行为。资本资产定价模型是基于风险资产的期望收益均衡基础上的预测模型,根据它计算出来的预期收益是资产的均衡价格,这一价格与资产的内在价值是一致的。

(4) 投资组合绩效的测评。投资者事先可以规定相当的风险与收益,将期末实际的风险与收益关系与之比较,则可得出投资组合的绩效,从而评定出投资组合管理者的绩效以进行奖惩。

然而,资本资产定价模型只注意证券组合因素对资本收益的影响,忽略了其他因素对证券投资活动收益的影响,这就使在现实的证券市场中,证券市场的有效组合即使在市场上的投资者非常理智的情况下,也很难既落在资本市场线上,也同时落在资本利润线上,因为投机程度和人们对未来各种事物的预期是有很大差异的,资本资产定价模型对这些问题都没有给予很好的考虑。

三、套利定价理论

证券组合理论和资本资产定价理论解决了在一定收益水平下,如何使风险最小化的问题。但是投资组合理论对期望收益率与风险关系的测算,是通过计算证券组合的期望收益和方差得出的,这不仅要知道单个证券期望收益率及其方差和协方差,而且要对不同证券之间的相关性进行研究,计算过程十分复杂。资本资产定价理论需要严格的假设条件,这些假设条件在现实的证券市场上是难以满足的,因此证券组合理论和资本资产定价理论应用起来都很困难。在此背景下,美国经济学家斯蒂芬·罗斯(Stephen Ross)从全新的角度来探讨期望收益率问题,并于 1976 年 12 月在《经济理论》杂志上发表了一篇题为《资本资产套利定价》的论文,提出了资本市场均衡下的资本资产套利定价理论(aribitrage pricing theory,APT)。

与资本资产定价理论一样,套利定价理论也存在一系列假设:

(1) 投资者有相同的投资理念;

(2) 投资者是回避风险的,并且要效用最大化;

(3) 市场是完全的;

(4) 单一投资期;

(5) 不存在税收;

(6) 投资者能以无风险利率自由借贷;

(7) 投资者以收益率的均值和方差为基础选择投资组合。

在以上假设基础上,套利定价理论导出了与资本资产定价模型相似的一种市场关系。套利定价理论以收益率形成过程的多因子模型为基础,认为证券收益率与一组因子线性相关,这组因子代表证券收益率的一些基本因素。事实上,当收益率通过单一因子(市场组合)形成时,将会发现套利定价理论形成了一种与资本资产定价模型相同的关系。因此,套利定价理论可以被认为是一种广义的资本资产定价模型,为投资者提供了一种替代性的方法,来理解市场中的风险与收益率间的均衡关系。套利定价理论与现代资产组合理论、资本资产定价模型、期权定价模型等一起构成了现代金融学的理论基础。

套利定价模型也是描述均衡市场中证券或证券组合的期望收益率与风险之间关系的理论,但该模型将资本资产定价理论的程序大大简化,应该说这是对资本资产定价理论的一大改进。此外,套利定价理论的限制条件要比资本资产定价理论宽松。套利定价理论主要是让投资者寻找那些价值被低估的证券,并估出每种证券受各种因素影响的程度,然后判断套利机会,建立套利组合,从而博取高于资本市场的正常收益。但是,该理论没有明确指出影响某一证券收益的具体因素,这是该模型的一个致命缺陷。

四、有效市场理论

有效市场理论是 20 世纪 70 年代在西方发达国家金融领域涌现出的尖端学科——金融工程的核心基础理论之一。其显著的现实性和广泛使用的验证方法,使之成为近一个世纪以来经济学中较为活跃的一个分支,有许多学者对这一课题进行了多方位、多角度的研究。它奠定了研究资本市场中证券价格形成机制及预期收益变动的基础,是现代证券市场理论体系的重要支柱。

有效市场假说(EMH)起源于对证券价格变化规律的研究。通过对证券价格时间序列的分析,结合“随机游走”理论的运用,该理论得到了极大的发展。1970 年,美国著名财务学家尤金·法玛(Fama)提出了有效市场假说,并进而对过去的相关研究成果作了系统的总结,提出了一个较为完整的理论框架。有效市场就是指在一个证券市场中,证券价格完全反映了所有可能获得或利用的信息,每一种证券的价格将永远等于其投资价值,没有人能够持续地获得超额利润。其实质是指股票价格序列对相关信息的反映效率(反映程度和反映效率),它要求目前的股票价格充分反映所有相关的信息。只有收到新的信息,价格才会变动,前一天的信息不会引起价格的变化。由于投资者众多,保证了价格的公平,市场集体的作用导致均衡价格的产生。法玛在研究该问题时,注意到了有关证券研究的两个问题:一是信息和证券价格之间的关系,即信息的变化是如何引起价格变动的;二是与证券价格相关的信息的种类。不同的信息对证券价格的影响程度是不同的,将有关的信息分为三类:历史信息、公开信息和内部信息。并根据这三类信息定义了三种不同程度的效率市场:弱势有效市场(weak form market)、半强势有效市场(semi-strong form market)、强势有效市场(strong form market)。从这三个层次的效率市场来看,从弱势有效到半强势有效再到强势有效,是一个从低到高的递进关系,而不是相反。

市场有效性假说的提出当初其实只是一个假说,而且也只是叙述性的概念,后经过许多学者对该假说内容的丰富和发展,使其内涵更加严密,并使用一个描述性的定义进行了公式化和模型化,同时进行了大量的实证研究,最终使该假说发展成为一个理论体系,成为金融经济学的理论基石之一。虽然对证券市场有效性的含义及实证检验结果的认识尚存在争议,但该理论对金融经济领域的影响是重大和深远的。此外,有效市场理论的假设条件要求较高,尤其是强有效市场理论难以达到,虽然世界各国都制定了有关对证券市场进行监管的法律,但目前世界上还没有哪一个国家拥有有效的方法来杜绝公司内部人员和券商在重要信息公布以前,不利用其内部信息获取超额利润的。许多研究实例表明,目前为止,世界各国的证券市场一般都属于弱式有效市场,少数国家达到了半强式有效市场,还没有国家达到强式有效市场的水平。

五、期权定价理论

最早的期权定价模型是法国数学家刘易斯·贝施勒(Louis Bachelier)于 1909 年在《投机理论》一文中提出的,该模型为现代期权定价理论奠定了基础。期权定价方面的新发现始于 20 世纪 60 年代,其中主要有:斯普里克尔的买方期权价格模型、博内斯的最终期权定价模型、萨谬尔森的欧式买方期权模型。现代期权定价理论的最新革命始于 1973 年,美国芝加哥大学教授费舍尔·布莱克(Ficher Black)和斯坦福大学教授莫朗·舒尔斯(Myron Scholes)在金融领域取得了一个重大的突破,他们利用 7 个假设条件推导出基于无红利支付股票的衍生证券的价格必须满足的微分方程。Black-Scholes 微分方程独立于风险偏好,他们运用该方程的这一著名性质推导出基于不付红利股票的欧式看涨期权和看跌期权的解析定价公式。同年,这一结果由美国哈佛商学院的教授默顿(M. Merton)推广到基于支付连续红利股票的欧式期权定价。实际上,股票并不支付连续红利,然而,一些其他期权标的资产可以被认为与支付连续红利收益率的股票相似,利用这一特性,布莱克、默顿等人解决了指数、外币和期货的欧式期权定价问题。

20 世纪 90 年代以来特别是近几年,很多经济学家对不完善市场、基础资产的价格存在异常变动跳跃或者基础资产报酬率的方差不为常数等情况下的期权定价问题进行了广泛研究,取得了许多重要研究成果。不完善市场主要是指对贷款及卖空股票进行限制,或者存在交易成本,或者市场本身不完备等。不完善市场假设显然要比完善市场假设更接近真实的金融市场,但这时的期权定价问题就复杂多了。在不完善市场情况下,通常难以得到布莱克-斯科尔斯模型那种期权的公平价格,已有的定价方法也将失去其作用。关于不完善市场的期权定价问题,目前经济学家采用的主要方法有方差最优套期保值(variance-optimal hedging)、均值方差套期保值(mean-variance hedging)、超套期保值(super-hedging)、有限风险套期保值(limited-risk hedging)等方法。美式期权的定价问题要复杂得多,美式看跌期权问题的解析解的求解问题还没有取得实际性突破。布伦南和施瓦兹(Schwartz,1977)、帕金森(Parkinson,1977)以及其他一些人已经描述了这些问题和其他一些没有解析解合同的数值解法。期权定价方法具有广泛的应用价值,已被应用于包括股票、公司债券、期货、可变利率抵押、保险、投资在内的金融证券和合同的广阔领域。期权定价理论已成为我们理解金融合同的重要因素和普及应用的使用工具。

六、投资行为金融理论

(一)行为金融理论的产生和发展[1]

在传统主流金融理论发展的同时,有关金融市场的经验研究发现实际中存在着许多主流金融理论所不能解释的"未解之谜"。这激起了许多学者对交易者风险偏好、信念的

---

① 李心丹. 行为金融理论:研究体系及展望[J]. 金融研究,2005(1).

反思和修正。这时,以心理学对投资人决策过程的研究成果为基础,重新审视整体市场价格行为的行为金融学逐渐获得重视。1936年,凯恩斯的"空中楼阁理论"开始关注投资者自身的心理影响。该理论主要从心理因素角度出发,强调心理预期在人们投资决策中的重要性。他认为决定投资者行为的主要因素是心理因素,投资者是非理性的,其投资行为是建立在所谓"空中楼阁"之上,证券的价格决定于投资者心理预期所形成的合力,投资者的交易行为充满了"动物精神"(animal spirit)。

真正意义上的行为金融学理论是由美国奥瑞格大学商学教授 Burrel 和 Bauman 于1951年最先提出来的。他们认为,金融学家们在衡量投资者的投资收益时,不仅应建立和应用量化的投资模型,而且还应对投资者传统的行为模式进行研究。1972年,心理学教授 Slovic 发表了一篇启发性的论文,开始从行为学的角度出发研究了投资决策的过程。这一时期的行为金融研究主要以 Stanford 大学教授 Tversky 和 Priceton 大学的 Kahneman 为代表人物。Tversky 和 Kahneman 的两篇论文对行为金融学的创立和发展影响深远,他们研究的核心是人在面对不确定的未来世界时是否总是理性的。1974年在《科学》杂志中,他们讨论了直觉驱动偏差(heuristic-driven error),1979年在《经济计量学杂志》发表了他们讨论框架依赖(frame dependence)的论文,而直觉驱动偏差和框架依赖正是行为金融学的主要论题。但是由于20世纪七八十年代正好是传统金融理论迅速发展的时期,其金融理论体系的完美性,加之大量实证结果的支持,使得行为金融理论处于相对弱势的地位。

行为金融理论作为一种新兴金融理论真正兴起于20世纪80年代后期。1985年 Debondt 和 Thaler 发表了《股票市场过度反应了吗?》一文,引发了行为金融理论研究的复兴,因而被学术界视为行为金融研究的正式开端。此后,行为金融研究有了突破性的进展。Thaler(1987,1999)研究了股票回报率的时间序列、投资者"心理账户"(mental account)以及"行为生命周期假说"(the behavioral life-cycle hypothesis)等问题。Shiller(1989)从证券市场的波动性(volatility)角度,揭示出投资者具有非理性特征,同时他在羊群效应、投机价格和流行心态的关系等方面也作出了卓著的贡献。2001年 Clark 经济学奖得主 Rabin 将人的心理行为因素引入经济学的分析模型,他关注在自我约束的局限下,人们会出现"拖延"(procrastination)和"偏好反转"(preference reversal)等行为,这些有趣的研究成果对储蓄、就业等问题都具有一些有意义的启示。

(二)行为金融理论模型①

1. BSV 模型

BSV 模型认为(Barberis,Shleifer,Vishny,1998),人们进行投资决策时存在两种错误范式:其一是选择性偏差,即投资者过分重视近期数据的变化模式,而对产生这些数据的总体特征重视不够,这种偏差导致股价对收益变化的反映不足。另一种是保守性偏差,投资者不能及时根据变化了的情况修正自己的预测模型,导致股价过度反应。BSV 模型是从这两种偏差出发,解释投资者决策模型如何导致证券的市场价格变化偏离效率市场

---

① 刘志阳. 国外行为金融理论述评[J]. 经济学动态,2002(3).

假说的。

2. DHS 模型

DHS 模型(Daniel,Hirsheifer,Subramanyam,1998)将投资者分为有信息和无信息两类。无信息的投资者不存在判断偏差,有信息的投资者存在着过度自信和有偏的自我归因。过度自信导致投资者夸大自己对股票价值判断的准确性;有偏的自我归因则使他们低估关于股票价值的公开信号。随着公共信息最终战胜行为偏差,对个人信息的过度反应和对公共信息的反应不足,就会导致股票回报的短期连续性和长期反转。所以法玛(Fama,1998)认为 DHS 模型和 BSV 模型虽然建立在不同的行为前提基础上,但二者的结论是相似的。

3. HS 模型

HS 模型(Hong,Stein,1999)又称统一理论模型。统一理论模型区别于 BSV 模型和 DHS 模型之处在于:它把研究重点放在不同作用者的作用机制上,而不是作用者的认知偏差方面。该模型把作用者分为"观察消息者"和"动量交易者"两类。观察消息者根据获得的关于未来价值的信息进行预测,其局限是完全不依赖于当前或过去的价格;动量交易者则完全依赖于过去的价格变化,其局限是他们的预测必须是过去价格历史的简单函数。在上述假设下,该模型将反应不足和过度反应统一归结为关于基本价值信息的逐渐扩散,而不包括其他对投资者情感刺激和流动性交易的需要。该模型认为最初由于"观察消息者"对私人信息反应不足的倾向,使得"动量交易者"力图通过套期策略来利用这一点,而这样做的结果恰好走向了另一个极端——过度反应。

4. 羊群效应模型

羊群效应模型(herd behavior model)认为投资者羊群行为是符合最大效用准则的,是"群体压力"等情绪下贯彻的非理性行为,有序列型和非序列型两种模型。序列型由 Banerjee(1992)提出,在该模型中,投资者通过典型的贝叶斯过程从市场噪声以及其他个体的决策中依次获取决策信息,这类决策的最大特征是其决策的序列性。但是现实中要区分投资者顺序是不现实的。因而这一假设在实际金融市场中缺乏支持。非序列型则论证无论仿效倾向强或弱,都不会得到现代金融理论中关于股票的零点对称、单一模态的厚尾特征。

行为金融理论已经开始成为金融研究中一个十分引人注目的领域,它对于原有理性框架中的现代金融理论进行了深刻的反思,从人的角度来解释市场行为,充分考虑市场参与者的心理因素的作用,为人们理解金融市场提供了一个新的视角。行为金融理论是第一个较为系统地对效率市场假说和现代金融理论提出挑战并能够有效地解释市场异常行为的理论。

行为金融理论以心理学对人类的研究成果为依据,以人们的实际决策心理为出发点讨论投资者的投资决策对市场价格的影响。它注重投资者决策心理的多样性,突破了现代金融理论只注重最优决策模型,简单地认为理性投资决策模型就是决定证券市场价格变化的实际投资决策模型的假设,使人们对金融市场投资者行为的研究由"应该怎么做决策"转变到"实际是怎样做决策",研究更接近实际,并有很强的可操作性。

案例资料

青岛金王应用化学股份有限公司"走出去"个案分析

一、青岛金王应用化学股份有限公司简介

青岛金王应用化学股份有限公司（原青岛金海工艺制品有限公司）成立于1997年3月，2001年4月整体变更为股份有限公司，注册资本3 102.88万元，属青岛金王集团旗舰子公司。为世界500强的美国的Wal-Mart、德国的Metro、法国的Carrefour、瑞典的IEDA等大型商业集团的主要中国贸易伙伴之一。

2000年产品被原国家计划委员会列为高新技术产业化推进项目。2001年产品被国家科技部认定为高新技术产品。2001年公司被认定为国家级高新技术企业。公司注重尊敬、吸纳人才，形成以"人才为资本，创新比才能"的文化氛围。目前拥有员工367人，并拥有以德国、美国、法国的著名专家与公司教授、博士、研究生为核心的高水准科研中心，已研制开发出新型聚合物基质复合体烛光高新材料及其系列制品、一氧化碳与氢气合成的石油替代品的产业化生产技术项目、硬质透明石油副产品替代材料项目和适于制备新型聚合物的国产化技术等国际尖端储备项目。

公司市场销售精英团队平均年龄只有26岁，团队以"以创新为灵魂，以质量为中心，以服务为根本，最大程度让用户满意"、"离失败只差一步"的企业理念为指导，团结奋进，产品已远销欧、美、亚、澳、中东等100多个国家和地区。金王Kingking品牌在国际商场上已享有很高的知名度、美誉度。

金王应用化学股份有限公司是开放式现代化管理公司，公司将继续以开放式的人才、科技、市场、管理创新为基础，在金王集团的带领下，向公众化、国际化的大型企业迈进。

二、金王应用化学股份有限公司"走出去"的经验和总结

1. "走出去"金王建立了辐射全球的国际市场网络

金王经过多年的国际市场版图拓展，初步在全球建立了三个核心辐射中心，形成市场细分、优势互补、反应快速、品牌拉动的零距离服务模式：一是以美国为中心覆盖北美、南美地区；二是以韩国、中国为中心覆盖环亚太地区；三是以德国为中心逐步推广到欧洲主要发达国家的国际化市场网络。在精心布局金王全球市场网络下，先后在美国、德国、韩国等12个国家成立分支机构，根据不同的区域市场特点采取研发中心、境外加工贸易工厂、贸易公司等多种形式，强化美、欧、亚三大主要战略市场，使研发、制造、销售逐步与国际接轨，迈出了国际化发展模式的第一步。

目前，设在美国沃尔玛总部阿肯色州本顿维尔城的美国金王已成为集团的美洲研发、设计、制造、销售中心，在2005年已新增出口1 500万美元。设在韩国釜山的制造工厂已成为集团重要的海外生产加工基地；设在香港的采购中心，通过与欧美主要国际市场的对接，整合东南亚地区部分国家的优势，扩大对欧美国家的出口，2006年将新增加贸易额2 000万美元。正在德国推广的德国金王将成为我集团的欧洲研发、设计、制造、销售中

心,并将成为集团新的海外经济增长点。

2. 凝聚全球力量,精心培育国际化的金王品牌

2003 年 12 月,金王首先在美国建立了办事处。2005 年 1 月,美国金工制造有限公司成立,它是经国家商务部批准设立的境外生产型企业,设有研发、设计、生产、销售中心,这是金王开拓美国市场的重要步骤。美国金王的建立,意味着金王在国际舞台上又迈出了崭新的一步——从建立全球的销售机构、销售金王的产品到自己经营销售自主品牌的产品,这完全是一个全新的经营战略,进一步与国际大公司的经营接轨,直销自己的 Kingking 品牌,实现品牌在国际市场的升级。

美国金王销售中心由在沃尔玛有着几十年丰富经验的采购经理出任该美洲销售公司负责人,服务于整个美国市场客户,研发设计中心引进全球蜡烛行业最知名的研发设计团队,研发设计本土化的自主品牌高端产品,可满足美国客户的本土化需求。制造中心生产高附加值的产品,可满足美国中小客户、高端客户及个性化需求的客户。

在美洲,设立在北美的美国金王可以满足中小客户、高端客户及个性化客户的研发、设计、生产、销售需求,同时可以辐射到南美地区,而像沃尔玛这样的大连锁店客户的大批量订单则可以在美国研发设计中心进行本土化设计,然后再转到中国生产制造;在欧洲,设立在德国的德国金王也可以像美国金王一样辐射到整个欧洲地区;在亚洲,设立在韩国和中国的研发、设计、生产、销售中心可以辐射整个亚太地区。从而可以凝聚全球力量实现高端客户本土化研发、设计、生产、销售,大连锁店客户本土化研发、设计、销售,中国制造。在美国建厂和设立研发、设计、销售中心具有三个优势:

(1) 速度快。美国市场机遇多、市场空间大,但速度必须是第一位的。在美国建厂后,中小客户、高端客户及个性化客户提出的要求就可以由美国研发公司进行设计并直接投入生产,然后在当地直接销售,能够在第一时间满足客户的需求,而不需要由美国研发公司进行设计后再转到中国内地生产再运送到美国客户手中,争取了时间就等于争取到了客户、争取到了市场。

(2) 产品附加值高。坐在中国的办公室设计美国的产品,根本不可能完全满足美国用户的需求,而美国研发设计中心的设立就可以很好地解决这个问题,由本土化人才的美国人直接设计开发美国客户需要的产品,必然能最大限度地满足美国客户的需求,而这些产品都是我们自主研发的,都是打着美国金王的自主品牌直接销售到美国客户手中,省却了代理商和销售商的中间环节,可以获取较高的产品附加值和最大的利润。

(3) 服务零距离。比如在纽约销售的产品,如果到用户家上门服务的话,企业平均要花费的费用是 75 美元,如果你这个产品就卖 150 美元,我不可能以和产品一样的价格来服务;即便 300 美金拿出一半的钱来服务产品也是不可能的。如果你自己做不到这一点,你就不可能拥有市场。美国销售中心的设立就可以让服务达到零距离,在第一时间满足客户的服务。

美国金王只是金王国际化战略的第一步,通过建立美国金王,金王的自主品牌进入到了国际主流市场,并且能够销售主流产品,成为当地的主流品牌,进一步扩大金王自主品牌在国际的知名度和美誉度。

3. 创新国际化发展的新模式,成为中国企业海外发展的领头羊

韩国金王制造有限公司是于2005年3月经国家商务部批准设立的境外生产型企业,位于韩国釜山江西区 Noksan 工业园,是中国第一家在釜山设立的中资生产型企业。釜山是东北亚航运的枢纽,每周有400多个航班发往美国各港口,物流快捷又便利。建厂初期采用租赁方式,现已全部购买下来。工厂与三星、大宇等著名品牌的生产基地比邻,交通十分便利。工厂第一期设备投资280万美元,生产 Kingking 系列新材料蜡烛及相关产品,年产量可达480万支,2005年已实现销售收入1 000万美元,实现当年考察,当年建厂,当年生产,当年营利。

金王韩国工厂的生产与销售不仅在当地市场而且在日本市场呈上升态势。在韩国建厂有四大优势:

首先,韩国制造业已梯度向外转移,闲置厂房的租赁价格十分便宜,像金王在韩国工厂的租赁厂房的租金比中国某些地区还要便宜。

其次,韩国最大限度地减少对外商投资的管理事项,简化登记审批制度,简化投资手续;扩大在税收方面的优惠力度,实行提供各种补助金等方式的投资支援制度。

再次,韩国允许地方政府在地方税减免、土地租赁费减免、外商投资地区候补用地选定等方面拥有决定权,对地方政府吸收外商投资在财政方面给予支援。

最后,外国人投资区内的所有外国企业,3年间免缴国税(法人税、所得税),期满后7年减半征收;8～15年内减免地方税(取得税、登记税、财产税、综合土地税)。

聘用韩国当地员工工资较高,但他们的劳动效率极高。金王目前拥有亚洲最大的蜡制品研发中心。技术实力雄厚,人才优势突出,从青岛飞往釜山的航程只要一小时,青岛的优秀技术及管理人才可以与韩国工厂的优秀人才相互交流。韩国蜡烛制造业本身就不是很发达,其本土产品无法与金王相媲美,也没有形成品牌。金王投资韩国,进行本土化经营,不仅可以利用韩国亚洲"四小龙"的经济地位,打造"made in Korea"的高端品牌,而且可以先入为主,抢占韩国蜡制品市场。通过在韩国釜山设厂,努力开拓韩国、日本市场,可同时进一步开拓亚洲市场。

在韩国建厂,使金王得到了韩国当地政府的多项支持,而金王在釜山也为当地创造了诸多就业机会,增加了当地的税收,实现了中韩双边贸易的互利和共赢。

(资料来源:中国国际贸易促进委员会"走出去促进计划"调研资料:《中国企业"走出去"案例分析》,2007年1月)

关键术语

垄断优势	市场内部化	产品生命周期	边际产业
交易成本	所有权优势	内部化优势	区位优势
证券投资组合	CAPM 模型	APT 模型	强式有效市场
半强式有效市场	弱式有效市场	期权定价模型	行为金融理论
羊群效应			

思考题

1. 简述垄断优势理论与内部化理论的异同。
2. 边际产业扩张理论的核心思想是什么？
3. 市场内部化的过程主要取决于哪些因素？
4. 产品生命周期理论的贡献有哪些？
5. 国际生产折中理论的核心"三优势"指的是什么？
6. 目前跨国公司内部贸易增长较快，试以内部化理论解释该现象。
7. 证券投资理论解释的主要问题是什么？

第三章

跨 国 公 司

本章要点

　　跨国公司作为国际投资的主体,是国际直接投资活动的主要承担者。由于跨国公司的出现和发展,使得国际直接投资得到迅猛发展。跨国公司凭借其灵活多样的经营方式、雄厚的资金融通能力、高效的经济收益以及与世界各国经济联系密切等优势,成为国际经济活动中的主要角色,在国际投资母国、东道国以及全球经济领域起着重要作用和影响。本章在介绍跨国公司基本概念的基础上,分析通过跨国公司对外进行投资的方式及影响其投资决策的主要因素,并对跨国公司的组织管理和战略加以介绍。通过本章学习,能够对跨国公司投资活动及管理有一个较为全面的了解。

学习目标

　　掌握跨国公司的基本概念、类型;掌握跨国公司的投资方式;掌握跨国公司组织管理形式及战略;了解跨国公司的发展阶段。

第一节　跨国公司概述

一、跨国公司的界定

　　跨国公司萌芽于 16 世纪末,真正形成于 19 世纪末、20 世纪初,迅速发展于 20 世纪 50 年代初。第二次世界大战后,美国、西欧等发达国家和地区资本积累和集中过程进一步加强,在许多生产部门,特别是新兴工业部门形成少数大企业的统治。由于寡头统治,竞争对手旗鼓相当,垄断组织只有利用其资金、技术、管理能力等方面的优势,将资本转移到国外去谋求出路,而那些具有廉价原料和劳动力以及有着广大市场的国家和地区,也就自然而然成为垄断企业对外投资的主要目标。另外,随着科学技术新成果在生产、交通运输、通信等部门的广泛应用,国际间的经济交往越来越密切,生产社会化程度的提高,加强了生产和资本的国际化,再加以国际市场上的竞争日益激烈,规模经济的需要以及大企业加速向多种经营发展,企业的跨国界的生产活动已成为世界经济发展的一种趋势。

　　企业跨国界的生产活动引起国际学术界的普遍重视。在西方经济学家的论著中相继出现"多国企业"、"跨国企业"、"多国公司"、"国际公司"、"跨国公司"、"环球公司"和"宇宙公司"等名称。20 世纪 70 年代初,联合国经济及社会理事会组成了由知名人士参加的小组,较为全面地考察了跨国公司的各种准则和定义后,于 1974 年作出决议,决定联合国统一采用"跨国公司"这一名称。然而,四十多年来,关于跨国公司仍然没有一个被各国政府和国际经济界广泛接受的、统一的定义,国际投资学界和实业界对此各有不同的看法,分歧颇多。

综合西方经济学家对跨国公司的研究,跨国公司可以定义为:通过对外直接投资的方式,在国外设立分公司或控制东道国当地企业,使之成为其子公司,并从事生产、销售和其他经营活动的国际性企业。

跨国公司一般由母公司(亦称总公司)和分布在各国的子公司所组成。母公司是在母国政府注册登记的法人团体。子公司则是在东道国政府注册登记的法人团体。在各类跨国公司中,母公司与子公司的密切程度各不相同。

二、跨国公司的划分标准

关于什么样的公司才能算跨国公司,经济学家、各国政府和国际机构都有不同的解释,划分的标准也不尽相同。

1983年联合国跨国公司中心发表的《世界发展中的跨国公司的第三次调查》认为,跨国公司必须具备这样一些条件:

(1)包括设在两个或两个以上国家的实体,不管这些实体的法律形式和领域如何。

(2)在一个决策体系下进行经营,能通过一个或几个决策中心采取一致对策和共同战略。

(3)各实体通过股权或其他方式形成联系,使其中的一个或几个实体有可能对别的实体施加重大影响,特别是同其他实体分享知识、资源和分担责任。总体来说,可以从以下五个方面来确定是否是跨国公司。

(一)以地理界域作为划分标准

有的西方经济学家从语义学或地理学的角度出发,将凡是跨越国界、在国外从事生产经营业务的企业均列为跨国公司,如联合国知名人士小组(EPG)的解释即是。约翰·邓宁教授在其《多国性企业》一书中也认为:"国际的或多国的生产企业的概念,简单地说就是一个以上的国家拥有或控制生产设施(如工厂、矿山、炼油厂、分支机构、办事处等)的一个企业。"

从统计学的角度来讲,国际化程度达到什么水平的企业才能算是跨国公司呢?看法也不尽相同。欧洲经济共同体曾认为,跨国公司至少在两个或两个以上的国家拥有生产设施。而以美国经济学家维农为首的哈佛大学商学院多国企业研究中心则认为,跨国公司必须是在6个以上国家设立子公司、分公司及其他分支机构的企业。

(二)以所有权的法律基础作为划分标准

从事对外直接投资是跨国公司的重要业务,而对外直接投资的直接目标是获得经营控制权。基于此,西方一些经济学家或政府机构认为,应从跨国公司拥有的股权、经营控制权或其所依据的法律基础作为划分跨国公司的标准。美国商务部认为,跨国公司必须是拥有10%以上国外股权的企业。国际货币基金组织则认为,跨国公司必须是拥有25%或更多国外股份的企业。美国经济学家罗尔夫在《多国公司展望》中指出:"一个国际公司可以表述为有25%或者更多的国外份额的一个公司,国外份额是指国外销售、投资、生产或雇佣人数的比例。"

（三）以经营管理的特点作为划分标准

西方经济学家凯夫在《多国公司与经济分析》中认为：跨国公司是跨越国界的多单位或多工厂企业。跨国公司实行水平一体化经营、垂直一体化经营和多样化经营，总公司与国外子公司以及国外子公司之间是一个有机的整体，因而在组织形式和经营管理上，跨国公司有不同于国内企业的特点。

（四）以经营活动涉及的行业作为划分标准

有的西方经济学家认为，跨国公司的经营活动应涉及各产业部门，单纯从事国际贸易而在国外无资产的公司不属于跨国公司。加拿大政府在《加拿大的外国直接投资》中主张："多国企业的定义是，由一个单独的企业进行的国外直接投资的具体体现，它横跨几种不同行业（至少为四五种），并将其全球性活动分配到不同的国家之间，以实现公司的全面目标。"

（五）以诸多因素综合分析作为划分标准

也有一些研究机构或西方经济学家认为，以单一标准划分跨国公司失之偏颇，而应综合考虑各种因素。

三、跨国公司的基本特征

在不同社会制度下，处于不同历史发展阶段的不同类型的跨国公司有其不同的运行机制，具有不同的特征，但又有一些共同之处。一般认为，现代跨国公司具有如下特征。

（一）跨国性

跨国公司的实体虽分布于多国，在多国从事投资经营活动，但一般仍以一国为基地，受一国大企业的控制、管理和指挥。跨国公司在国外经营可采取子公司、参与公司、分公司等多种形式，但母公司和总公司通过所有权或其他手段对这些实体行使决定性的控制。

（二）具有全球战略目标

具有全球战略目标是跨国公司区别于其他企业的重要特征之一。跨国公司是以整个国际市场为追逐目标，在世界范围内有效配置生产力，充分利用各国和各地区的优势，以实现总公司利润的最大化。根据全球战略目标，跨国公司总公司在制定每一项重大决策时，总是从全局出发，而不考虑某一子公司一时一地的得失。总公司在评价子公司的业绩时，主要考虑其对总公司的贡献程度，而不一定是其自身赢利的多寡。计划是实现全球战略目标的主要途径，内部一体化是实现全球战略目标所必备的基本条件。

（三）公司内部的相互联系性

跨国公司是由分布在各国的诸实体所组成的企业，其内部各实体之间，特别是母公司和子公司之间存在着密切关系，从而使母公司或公司内的某些实体能对其他实体分享知识、资源和分担责任。从跨国公司具有共同的商业目的、中央控制和内部一体化的活动等方面看，跨国公司具有企业的特征，是一个经济实体，但不是一个法律实体。

（四）生产经营体系日趋网络化

随着全球新兴经济体的迅速崛起及统一市场的形成，以及互联网革命带来的时空距离的缩短与拉近，全球市场竞争强度不断加大，产品生命周期越来越短，驱使跨国公司在追逐规模经济性与范围经济性的同时，更加看重速度经济性与网络经济性。在遵循全球本土化战略的思维模式和全球产业价值链最优配置的原则下，越来越多的跨国公司进行了诸如通过兼并收购、战略联盟与战略性外包等手段，将经营重点转向全球产业价值链中附加价值最大的研发与营销服务环节，放弃或退出附加值低的某些制造组装环节，将其转移到全球新兴市场或最适合加工组装的国家、地区，并按照自己的标准合资或发包给经过认证的海外企业。这样，跨国公司全球内部生产经营网络与外部生产经营网络有机融合，形成全球生产经营网络体系，使得跨国公司能够在全球范围内最大限度实现资源的优化配置，跨国公司的速度经济性与网络经济性的优势得以充分释放出来。

（五）生产经营规模庞大

从理论上讲，跨国公司是指从事跨国生产和经营活动的企业。但事实上，国际投资学所研究的跨国公司一般特指大型制造业的跨国公司，这类跨国公司的数量较少，但在国际直接投资领域占据主导地位。跨国公司拥有先进技术、雄厚的资金、多样化产品、良好的商业信誉、覆盖宽广的广告、遍布全世界的分支机构和复合型管理人才等优势，在国际竞争中处于有利地位，其生产能力达到惊人程度，销售额巨大。联合国发表的《2011 年世界投资报告》表明：2010 年，跨国公司创造了约 16 万亿美元的增加值，占全球 GDP 的四分之一。仅其海外分支所创的增加值就占了全球 GDP 的十分之一和全球出口额的三分之一。

（六）国外分支机构众多

为了实现其全球战略目标，跨国公司在世界各地建立有众多的子公司和分支机构，营造了一个集生产、贸易、金融和信息于一体的庞大网络。该网络内部协同运作，与外部进行物质、能量、信息等的交流，并高效率地运转，如日本一些大型综合商社能在数分钟之内了解到某种商品的国际市场最新情报。

（七）经营方式多元化

现代跨国公司的经营面很广，已经由单一产品生产经营向综合性多种经营方向发展。不仅经营商品贸易，而且是技术的主要发明者和传播者，各种信息的提供者，甚至是各国文化和观念的沟通者。从目前来看，除了极少数跨国公司外，跨国公司几乎都实现了经营多元化。有资料统计，在美国最大的 5 000 家工业企业中，有 94％的企业从事多元化战略，全世界最大的 50 家石油公司中，有 46 家实行了多元化。例如美国通用电气公司（GE）是高质量、高科技工业消费产品的提供者，是世界上最大的电器和电子设备制造公司，同时也是世界上最大的多元化服务性公司，被认为是跨行业多元化经营战略的成功典范。GE 共有六大类产业部门，产品品种更是繁多，据称有 25 万多种品种规格。又如海尔集团于 1984 年 12 月开始创业，1992 年实施企业多元化战略，拥有的产业类别达到九大类几十个产业部门。

四、跨国公司的发展阶段

跨国公司的形成,即企业的国际化发展是一个长期努力的过程。西方经济学家根据不同的标准,提出不同的跨国公司发展阶段沦。西方学者罗宾逊提出六阶段论,即国内企业阶段、出口企业阶段、国际化经营企业阶段、多国企业阶段、跨国企业阶段和超国界企业阶段;日本麦金泽公司提出五阶段论,即出口阶段、直接销售阶段、直接生产阶段、当地独立经营阶段和全球一体化阶段;泊尔穆特提出了四阶段论,即国内指向阶段、当地化阶段、区域指向阶段和世界指向阶段;安索夫提出三阶段论,即出口阶段、国外生产阶段和跨国经营阶段。这里主要阐述安索夫的三阶段论。

(一)出口阶段

对外贸易与对外直接投资都是一国企业参与国际经济合作的重要手段,但后者比前者的层次更高。就规模较小的或成立不久的公司而言,一般只能通过对外贸易的方式参与国际经济合作,即处在出口阶段。处在出口阶段的公司,可以通过国内外进出口商或直接收到国外客户订单的方式,出口其生产的产品。如果公司产品的销售情况乐观,则可能成立一个隶属于本公司的小型出口办事处,或与某一家专门的进出口商建立稳定的业务联系。如果公司对外销售额不断扩大,则原有的小型出口办事处或委托进出口商的形式就难以满足业务扩展的需要,而需要建立自己的国外销售部,或在若干国家和地区建立销售分支机构。随着国外销售机构的建立健全、国际市场调研工作的加强,公司产品出口额不断增加,出口额在总公司销售额中所占的比重不断加大,在国际市场上有一定的影响力。

(二)国外生产阶段

如前所述,产品出口是一国较低层次的参与国际经济合作的形式,难以达到占领国外市场的目标。对外贸易要受到诸多因素的限制,如进口国政府的贸易保护主义政策、运输费用、产品供应的及时性和生产比较成本的变化等。基于此,公司只有在进口国当地生产,才能真正达到占领和拓展市场的目标,亦即公司必须进入国外生产阶段。跨国公司在国外生产阶段通常采用的方式是:许可证、与当地生产者签订长期合同、对东道国进行直接投资。一般来讲,一国公司在国外生产阶段一般宜首先采用许可证方式,亦即公司将其使用的专利、专有技术、商标等转让给一家当地公司,收取一定的费用。从理论上讲,这种方式的特点是不需要投资,风险也小。实践证明,这种方式对出让方利少弊多,受让方经营不善时,出让方难以收到预期的效益;当出让方看到受让方经营状况良好时,难免会眼热,这两种状况都会诱使出让方以对外直接投资的方式占领进口国的市场。对出让方而言,与许可证方式相比,以直接投资的方式在国外生产产品,就地销售或向其他国家和地区出口所面临的风险要大得多。东道国的投资环境如何,是影响其投资效益的重要因素;然而,一国公司的第一次对外直接投资又具有十分重要的意义,是其朝着国际化发展的关键性一步。一国公司在国外生产阶段的后期,同时从几个国家和地区的生产基地打入国际市场,由此加强对分散在世界各地的分支机构的管理,充分发挥整体优势,显得尤为重要。公司的发展迫切需要在本国建立一个能适应新要求的管理指挥中心,亦即进入下一个阶段。

（三）跨国经营阶段

大多数经济学家认为，一国公司进入跨国经营阶段的主要标志是，其在世界范围内计划、组织和控制本公司的国际性生产。在这一阶段，公司是从全球范围来考虑其发展战略的，视野更为广阔，采用更为独特的运行机制。关于跨国公司的管理体制、经营战略，在下面各节将作详细的阐述。

五、跨国公司的类型

按照不同的分析角度和划分标准，对跨国公司可以有不同的分类。

（一）按经营项目分类

按照跨国公司经营项目的性质，可以将跨国公司分为以下三种类型。

1. 资源开发型跨国公司

资源开发型跨国公司以获得母国所短缺的各种资源和原材料为目的，对外直接投资主要涉及种植业、采矿业、石油业和铁路等领域。这类公司是跨国公司早期积累时经常采用的形式，资本原始积累时期，英、法、荷等老牌殖民国家的特许公司在 19 世纪时向美国、加拿大、澳大利亚和新西兰等经济落后而资源丰富的国家进行的直接投资就主要集中在种植业、采矿业和铁路。目前，资源开发型跨国公司仍集中于采矿业和石油开采业，如著名的埃克森-美孚公司、英荷壳牌公司。

2. 加工制造型跨国公司

加工制造型跨国公司主要从事机器设备制造和零配件中间产品的加工业务，以巩固和扩大市场份额为主要目的。这类公司以生产加工为主，进口大量投入品生产各种消费品供应东道国或附近市场或者对原材料进行加工后再出口。这类公司主要生产和经营诸如金属制品、钢材、机械及运输设备等产品，随着当地工业化程度的提高，公司经营逐步进入到资本货物部门和中间产品部门。加工制造型跨国公司是当代一种重要的公司形式，为大多数东道国所欢迎。日本丰田作为世界上最大的汽车制造公司，是制造业跨国公司的典型代表。

3. 服务提供型跨国公司

服务提供型跨国公司主要是指向国际市场提供技术、管理、信息、咨询、法律服务以及营销技能等无形产品的公司。这类公司包括跨国银行、保险公司、咨询公司、律师事务所以及注册会计师事务所等。20 世纪 80 年代以来，随着服务业的迅猛发展，服务业已逐渐成为当今最大的产业部门，服务提供型跨国公司也成为跨国公司的一种重要形式。

（二）按经营结构分类

按照跨国公司的产品种类和经营结构，可以将跨国公司分为以下三种类型。

1. 横向型跨国公司

横向型跨国公司是指母公司和各分支机构从事同一种产品的生产和经营活动的公司。在公司内部，母公司和各分支机构之间在生产经营上专业化分工程度很低，生产制造工艺、过程和产品基本相同。这类跨国公司的特点是母子公司之间在公司内部相互转移生产技术、营销诀窍和商标专利等无形资产,有利于增强各自的竞争优势与公司的整体优势、减少交易成本,从而形成强大的规模经济。横向型跨国公司的特点是地理分布区域广泛,通过在不同的国家和地区设立子公司与分支机构就地生产与销售,以克服东道国的贸易壁垒,巩固和拓展市场。

2. 垂直型跨国公司

垂直型跨国公司是指母公司和各分支机构之间实行纵向一体化专业分工的公司。纵向一体化专业分工又有两种具体形式:一是指母子公司生产和经营不同行业的相互关联产品,如自然资源的勘探、开发、提炼、加工制造与市场销售等;二是指母子公司生产和经营同行业不同加工程序和工艺阶段的产品,如专业化分工程度较高的汽车行业与电子行业等的关联产品。垂直型跨国公司把具有前后衔接关系的社会生产活动国际化,母子公司之间的生产经营活动具有显著的投入产出关系。这类公司的特点是全球生产的专业化分工与协作程度高,各个生产经营环节紧密相扣,便于公司按照全球战略发挥各子公司的优势;而且由于专业化分工,每个子公司只负责生产一种或少数几种零部件,有利于实现标准化、大规模生产,获得规模经济效益。

3. 混合型跨国公司

混合型跨国公司是指母公司和各分支机构生产和经营互不关联产品的公司。混合型跨国公司是企业在世界范围内实行多样化经营的结果,它将没有联系的各种产品及其相关行业组合起来,加强了生产与资本的集中,规模经济效果明显;同时,跨行业非相关产品的多样化经营能有效地分散经营风险。但是由于经营多种业务,业务的复杂性会给企业管理带来不利影响,因此具有竞争优势的跨国公司并不是向不同行业盲目扩展业务,而是倾向于围绕加强核心业务或产品的竞争优势开展国际多样化经营活动。

(三) 按决策行为分类

20 世纪 60 年代末,美国经济学家巴尔马特从跨国公司的决策行为出发,将跨国公司分为以下三种类型。

1. 民族中心型公司

民族中心型公司的决策哲学是以本民族为中心,其决策行为主要体现母国与母公司的利益。公司的管理决策高度集中于母公司,对海外子公司采取集权式管理体制。这种管理体制强调公司整体目标的一致性,优点是能充分发挥母公司的中心调整功能,更优化地使用资源,但缺点是不利于发挥子公司的自主性与积极性,且东道国往往不太欢迎此模式。跨国公司发展初期,一般采用这种传统的管理体制。

2. 多元中心型公司

多元中心型公司的决策哲学是多元与多中心,其决策行为倾向于体现众多东道国与海外子公司的利益,母公司允许子公司根据自己所在国的具体情况独立地确定经营目标与长期发展战略。公司的管理权力较为分散,母公司对子公司采取分权式管理体制。这种管理体制强调的是管理的灵活性与适应性,有利于充分发挥各子公司的积极性和责任感,从而受到东道国的欢迎。这种管理体制的不足在于母公司难以统一调配资源,而且各子公司除了自谋发展外,完全失去了利用公司内部网络发展的机会,局限性很大。在跨国公司迅速发展的过程中,东道国在接受外来投资的同时逐渐培养起民族意识,经过多年的积累和发展,大多数跨国公司的管理体制从集权和本民族为中心转变为多元中心型。

3. 全球中心型公司

全球中心型公司既不以母公司也不以分公司为中心,其决策哲学是公司的全球利益最大化。相应地,公司采取集权与分权相结合的管理体制,这种管理体制吸取了集权与分权两种管理体制的优点,事关全局的重大决策权和管理权集中在母公司的管理机构,但海外子公司可以在母公司的总体经营战略范围内自行制订具体的实施计划、调配和使用资源,有较大的经营自主权。这种管理体制的优点是在维护公司全球经营目标的前提下,各子公司在限定范围内有一定的自主权,有利于调动子公司的经营主动性和积极性。

第二节　跨国公司的投资方式及影响因素

一、跨国公司的投资方式

投资方式选择是指跨国公司在从事对外投资活动中选择适当的国际市场进入模式。选择适当的投资模式,是对外投资重要决策之一,关系到跨国公司的投入规模、企业控制程度以及赢利水平等方面,甚至影响到投资项目的成败。跨国公司在选择对外直接投资方式时,除根据企业自身实力及优势外,还应根据跨国公司进入国家或地区的文化特点、产业特点、企业产品组合、市场需求状况、企业战略目标、经营水平、政府政策和法令制度等综合因素,制定适当的投资方式进入模式。

随着世界政治和经济环境的不断变化,跨国公司全球战略意识的加强以及国际市场的激烈竞争,国际投资方式呈现多样化趋势。其中包括非股权式投资、股权式合资、独资经营、跨国兼并与收购以及国际战略联盟等方式。

(1) 非股权式投资是指不以持有股份为主要目的的投资方式,包括技术授权、管理合同、生产合同以及提供或租赁工厂设备、合作销售、共同投标、共同承建工程等。其优点是不需要股份投资,也不承担风险,并能在一定程度上取得相当收益。同时,国外企业可以凭借技术、管理和销售能力的优势加强对东道国企业的控制。缺点是由于双方的合作关系难以长期化,短期行为倾向较为严重。

(2) 股权式合资是指按投资国的公司法成立的作为经济实体的公司形式。公司的资本由合资双方按商定的比例投入或认股,企业利润按双方投资资本份额分配。这种双方共担风险、共享收益的股权式合资经营,由于有当地合资人的协助,可以消除因对当地环境陌生所产生的经营上的困难,并且有利于国外销售业务的成长。但是对于实施全球战略的跨国公司来说,由于支配权的问题而会产生系统运转不灵的现象。

(3) 独资经营是指投资者提供全部资金,独立经营,获取全部利润。独资公司在海外具有独立的法律资格,具有自己的组织结构及资产负债表和损益表,享受所在国赋予的权益,在经营范围和业务活动上限制较少。其优点是保证国内母公司具有绝对控制权和经营决策权,可以确保公司整体战略目标的实施,还可避免合资企业中诸如双方经营管理方法、市场目标等方面的不协调以及塑造未来市场竞争对手的不利因素。但是,独资经营的缺点一是易受东道国政治、经济、文化等不确定因素的影响导致较大的经营风险;二是投资额高且周期长,成本效益差且即期利润少;三是难以掌握当地的人文风俗和设立一套符合当地情况的营运组织和管理制度。

(4) 跨国兼并与收购是指跨国公司跨越国界的资本(股权)的购并。跨国购并兼有合资和独资优点,其可以利用目标企业现有的职能机构、生产基地、人才以及流通网络而迅速展开国际经营,尤其是那些具有尖端科技、高级人才、较高国际知名度和完备的销售网络的目标企业。但是,跨国购并需要投资者具有雄厚的财力和国际经营管理能力,同时还面临东道国复杂的法律程序及东道国政府收购的各种干预等不利因素。

(5) 国际战略联盟是指两个或两个以上的跨国公司为了达到某些共同的战略目标而结成的联盟,联盟成员之间相互合作,共担风险。战略联盟的优点是可以提高竞争优势,实现资源互补与共享,避免无谓竞争,以此降低研究开发风险成本,开拓新的国际市场。其缺点一是联盟的企业往往日后会成为新的强劲对手;二是双方企业管理、文化、目标的差异容易造成联盟内协调的困难。

二、影响跨国公司投资方式选择的基本因素

影响对外直接投资方式的主要因素可分为宏观因素和微观因素两个方面。

(一) 宏观因素

宏观因素包括母国和东道国的特点以及两国政府对外投资和吸引外资政策及法规。一是东道国市场。如果东道国市场是发达国家成熟市场,相对的政治、经济因素引起的市场风险低,独资和购并方式优于合资方式。而对于发展中国家,外资政策的限制以及与发达国家相比市场的不完善,投资环境不佳等原因,使得独资经营和购并企业方式并不理想,非股权投资、合资经营及战略联盟方式更具优越性。二是东道国政府对国外直接投资政策。几乎所有国家对外国直接投资都有规定和限制。尤其是对独资经营和兼并与收购更加严格。美国的反托拉斯法案和证券交易委员会对涉及美国的跨国购并行为严加监督。在 20 世纪 80 年代以前,日本政府严格限制外国企业收购日本企业。20 世纪 50 年代中期至 80 年代初,只有两家日本企业为外国企业所收买。澳大利亚政府于 1974 年颁布了《外国接管法案》,德国政府施行反托拉斯政策及"非正式通知",英国、加拿大、法国及一些发展中国家都有专门监督机构对外国兼并加以审批和限制。另外,许多发展中国家对外来投资的行业及所有权结构限制较多。如智利规定外国投资者不准占有一个企业超过 5%的表决权或 20%以上的股权;韩国规定有约 67 个行业禁止外资,181 个行业限制外资。三是母国政府对跨国公司海外业务活动的政策,东道国合伙人合作能力和经营效率以及东道国市场上的竞争者和竞争程度也是考虑的重要因素。

(二) 微观因素

跨国公司自身的经营管理能力是选择投资方式的决定因素。一是跨国公司经营战略。推行全球战略的跨国公司从世界市场安排其资源的来源和产品的生产销售,因此往往采取独资、购并方式,以此获得对海外子公司的绝对控制权;另外,国际战略联盟增加了这种全球化战略的可能性。二是跨国公司在技术、产品、管理及市场销售等方面占有多大程度的优势。优势越大,采用独资和购并方式的可行性越大。三是公司产品战略。母公

司执行产品多样化战略,更宜于采取合资方式,反之,产品品种集中的公司,更宜于采取独资和并购方式实现纵向一体化战略。四是母公司的财务和资源是否充裕。如若不充裕,公司采取合作、合资和联盟方式为宜,以便利用东道国的资源。五是成本与收益分析。直接投资方式的选择还应以成本与收益的大小为基础。理查德·罗宾森教授于 1969 年在其论文《跨越国界的所有权》中提出用成本收益分析法评价合资经营的选择(见表 3-1)。

表 3-1 说明成本与收益的主要因素,及其对跨国公司选择投资方式影响大小的等级。

表 3-1　影响跨国公司投资方式的因素

	影响因素	合作经营	合资经营	战略联盟	跨国兼并	独资经营
成本	投入资本	1	2	3	4	5
	投资管理	1	2	3	4	5
	研发成本	2	3	4	1	5
	企业战略	5	4	3	2	1
收益	收益稳定性	5	4	3	2	1
	政治安全	5	4	3	2	1
	母公司技术保护	1	2	3	4	5
	母公司价值贡献	1	2	3	4	5
	母公司销售作用	1	2	3	4	5

注:等级 1~5 为权数,1 表示最小,5 表示最大。

第三节　跨国公司的组织管理

　　跨国公司的经营活动跨越国内外,以全球市场为目标进行生产和经营,其所面临的经营环境复杂,因而必须建立起既符合跨国公司全球战略,又能适应全球市场变化的灵活而高效的组织管理体制,以适应跨国公司业务经营活动的需要。合理的组织管理体制是跨国公司实施全球战略目标的重要保证,各跨国公司都有其特定的全球战略目标,因而采取不同的组织管理体制。

一、跨国公司组织管理体制设置的原则

　　跨国公司在组织管理体制设置时,一般遵循以下原则。

(一)集权与分权的原则

　　为了实现全球战略目标,跨国公司将子公司的重大经营决策权集中于总公司,根据总公司的总体发展目标来制定子公司的发展目标。但同时也应当看到,跨国公司的子公司遍布世界各地,所面临的投资和生产经营环境千差万别,因而又将一些权力适当分散于子公司,以充分发挥其灵活性和积极性。就某一具体跨国公司而言,集权与分权的范围和程度要视其内外部各种因素而定。

（二）联系与协调的原则

跨国公司经营业务范围广,分支机构众多,为了保证总公司战略目标的实现,在设计组织管理体制时,应充分考虑各部门、各地区纵向与横向之间的联系和协调,避免不必要的扯皮,从而使公司整体有序运行。

（三）精干与高效的原则

跨国公司组织设置的目标是完成其经营管理任务。这就要求各子公司及各机构的设置科学化、经济化和合理化,机构要小,人员要精干,以利于提高工作效率,降低运行成本。

二、跨国公司的管理组织形式

跨国公司采取何种组织形式,决定于其组织管理体制。跨国公司的组织形式包括两方面的内容:一是指其法律组织形式;二是指其管理组织形式。

（一）跨国公司的法律组织形式

跨国公司的法律组织形式是指符合法律要求的、能最有效地实现其经营目标的、明确总公司与其子公司之间所有权关系的组织形式。跨国公司的法律组织形式是名义上存在的,是由有关经济专家和法律专家设计的。跨国公司的法律组织形式要符合东道国的有关法律政策的规定。

根据其法律组织形式,跨国公司包括总公司、子公司、分公司和避税港公司四部分。

(1) 总公司亦称母公司、公司总部,是指通过拥有其他公司的股份而控制其投资与生产经营活动,并使其成为自己的附属公司的公司。事实上,总公司除实行股份控制外,还可通过其他方式(如设备和原材料供应、产品销售、技术转移、资金融通等)来影响子公司。

(2) 子公司是指具有独立法人资格,但投资和生产经营活动受总公司控制的经济实体。子公司拥有自己的公司名称和章程,实行独立经济核算;拥有自己的资产和资产负债表,可独立从事业务活动和法律诉讼活动。

(3) 分公司是总公司在国外的派出机构,是总公司的组成部分,因而不是独立的经济实体。分公司的资产100%归总公司所有,总公司也承担清偿责任。分公司没有自己独立的企业名称和章程,也没有自己的资产和资产负债表。分公司受总公司的委托从事业务活动。

(4) 避税港公司是指总公司为了享受无税或低税的优惠政策而在进税港(亦称避税地)设立的公司。

（二）跨国公司的管理组织形式

跨国公司的组织结构随着企业国际化程度的提高、国际竞争的加剧及国际业务活动类型的变化而变化。在实践中,没有一家跨国公司的组织结构完全符合某一种基本形式,每家公司的特定组织结构通常是包含了不同组织结构基本形式特征的混合体。跨国公司的最佳组织结构应是随着时间的推移、内部条件与外部条件的变更而变化的。跨国公司的组织结构发展经历了从传统组织结构到全球组织结构的演变。传统组织结构又称多样化组织结构,主要包括出口部组织结构、自治子公司组织结构和国际部组织结构。传统组织结构的特点是跨国公司的国内业务和国际业务是相互分离、各自独立的。

传统的跨国企业结构表现出明显的地理边界特征,那些分布于几个不同国家的分支机构的权责几乎完全自治。现在便捷的互联网和其他通信条件消除了这种地理上的障碍,传统的结构难以适应越来越强的全球发展和以跨国界为特征的国际业务。企业的战略发生了改变,更加突出跨国界的竞争,结果使得企业重新检查它们非常关心的组织结构。对于跨国公司结构变迁的考察,将有助于加深对这种调整的性质和对全球企业组织影响的认识。

1. 早期的组织结构

　　跨国企业早期的组织结构主要有:一是出口部门。那些通过出口开始其国际化历程的企业将国外的业务看作是国内销售的简单继续,甚至将出口看作是扩大了的销售。二是国际业务部门。20世纪60年代,许多跨国公司采取了分散的组织结构,即在总经理的领导下把公司的各种国际业务分成了许多自我管理的部门,各个部门配有自己的职员和服务机构。这种分散的形式是一种特殊的具有弹性的结构,这种结构被证明是非常适合于多种类型的公司,它为不同部门的合作提供了利于协调的方式。就是在今天,这种组织形式也是在美国的企业中是运用最广泛的类型之一。

　　在运作大规模的国际性分散企业的能力方面,跨国企业是最有效的国际企业结构。外国子公司在母公司的管理下,极大地减少了对国际中间商的依赖。与母公司在国内的一些企业相比,国外附属企业的反应更接近市场且更便于运作。而且,不论国内的企业还是处于国外的企业都直接向同一个首席执行官汇报工作,这有利于协调。

　　跨国企业早期组织结构是一种简单且高效的结构,其成功之处是根据地理情况来实施分散化经营,克服了在没有现代通信和快捷运输可利用的情况下的远距离管理困难。这些国外子公司的所有权是国际性的,但其管理在功能和性质上是国家性的。因此,这些跨国的企业被称为多国国内企业或多国当地企业。随着信息技术的飞速发展和企业从众多国家收集处理信息能力的提高,企业开始寻求与传统的国际竞争者不同的目标和战略,以克服早期跨国企业管理其国外业务时所面临的困境。多国国内型的跨国企业已经逐渐地被以全球为中心的企业或跨国家的企业所替代。这种变化使得跨国企业不再是一个松散的地方企业集合,而是以广泛的全球性合作和世界性的观点将其视为国际化的企业网络来管理。

2. 全球化的组织结构

　　20世纪60年代中期以后,跨国公司的规模迅速扩大,国际业务量猛增,随着经济全球化的发展和国际互联网在国际商务活动中的广泛使用,传统的组织结构已经无法适应复杂的国际管理的需要,越来越多的跨国公司,特别是拥有众多子公司和股东的大企业的组织结构呈现出网络化发展的趋势,开始采用全球性的组织结构。全球组织结构又称一体化网络组织结构,跨国公司内部网络结构是以企业内部各部门、人员为节点,组成联合体所构成的一种网络关系。其共同特征就是从整个公司利益出发,企业将国内业务和国际业务视为一个整体,大大加强母公司的集中决策作用,按照层级制原则设立组织机构。欧洲的一些跨国公司由于国内市场狭小,对国外市场依赖程度高,很多公司没有设置国际业务部而直接采用全球性组织管理形式。全球性结构最主要的一个特征是在企业中不存在国内和国外内在结构的分离,从而避免了在企业的最上层国内单位占多数的局面。

这样,全球性组织结构就又有了多个国际性总部的特点,尤其是在位于世界不同地方的全球区域型结构中更是如此。

根据一体化程度的不同,跨国公司的组织结构又分为区域一体化组织结构和全球一体化组织结构。全球一体化组织结构大体可以分为五种类型:全球职能式结构、全球产品式结构、全球区域式结构、全球矩阵式结构和全球网络组织式结构。

(1) 全球职能式结构。各级行政单位除主管负责人外,还相应地设立一些职能机构。如在经理下面设立职能机构和人员,协助经理从事职能管理工作。这种结构要求行政主管把相应的管理职责和权力交给相关的职能机构,各职能机构就有权在自己业务范围内向下级行政单位发号施令。因此,下级行政负责人除了接受上级行政主管人指挥外,还必须接受上级各职能机构的领导。全球职能式结构的优点是能适应现代化工业企业生产技术比较复杂,管理工作比较精细的特点;能充分发挥职能机构的专业管理作用,减轻直线领导人员的工作负担。但缺点也很明显:它妨碍了必要的集中领导和统一指挥,形成了多头领导;不利于建立和健全各级行政负责人和职能科室的责任制,在中间管理层往往会出现有功大家抢,有过大家推的现象;另外,在上级行政领导和职能机构的指导和命令发生矛盾时,下级就无所适从,影响工作的正常进行,容易造成纪律松弛,生产管理秩序混乱。全球职能式结构示意图如图 3-1 所示。

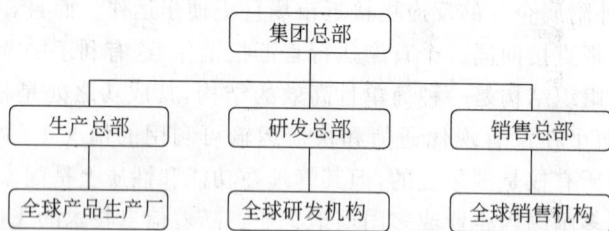

图 3-1   全球职能式结构示意图

(2) 全球产品式结构。致力于全球目标的企业逐渐以全球性业务为中心,这种企业典型的类型是以产品为基础的。企业是根据它的主要产品或服务来组织的,负有全球性责任的产品经理对每一种主要的产品或服务群负责。以这种方式组成的全球企业是由许多全球性业务组成的,每一种业务都致力于管理某种世界性产品或服务。和全球区域结构相比,这种结构的企业把权力从一个区域移向具有世界性眼光的执行官手中,目的是达到世界范围内的更好地协调。企业负责全球性业务的经理们有能力站在整个世界的角度来审视市场和其竞争者并能相应地做出反应。埃克森美孚、壳牌、道达尔等跨国石油公司都采用这种组织结构(见图 3-2)。石油石化业界称这种组织结构为全球为导向的专业化公司结构。

这种组织结构也存在明显的缺陷:一是带有地域重叠性。对于某些重点地区,各专业化公司都设有地区公司。比如壳牌在勘探与生产公司、天然气与电力公司这两个专业化公司内都设有亚太地区总部;道达尔集团也在其勘探与开发公司、炼制与销售公司内都设有亚洲公司,这样都造成地域机构的重叠。二是一体化发展协调存在问题。从组织结构上看,在地区上中下游一体化协调方面,没有一个权威的地区公司统一协调。

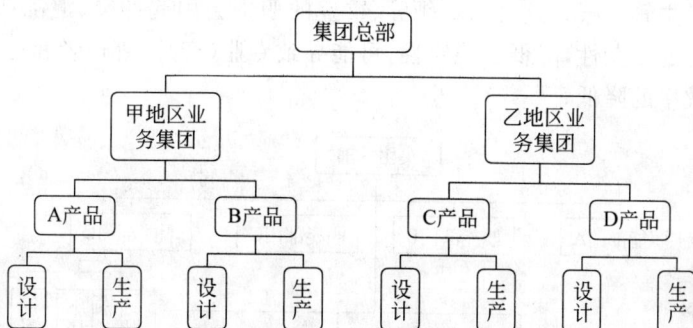

图 3-2　全球产品式结构示意图

（3）全球区域式结构。全球区域式结构使企业摆脱国家障碍，按照主要的地理区域进行划分，每一个主要的地区都有自己的总部和执行官。在每个区域的首席执行官下面，企业将以国家为单位做进一步划分。在这一类型的企业中，国家的界限没有完全消失，但已退居次要位置，每一个国家的企业经理向所在地区的执行官汇报工作，地区执行官负责协调处于这一区域内的所有公司的事务。整个公司的首席执行官只需监督少数的几个地理区域，并较好地与负责不同区域的为数不多的几个经理保持密切的联系（见图 3-3）。其缺陷在于旧的组织结构中各公司被国家所分开，而现在又简单地被地理界线所分隔。

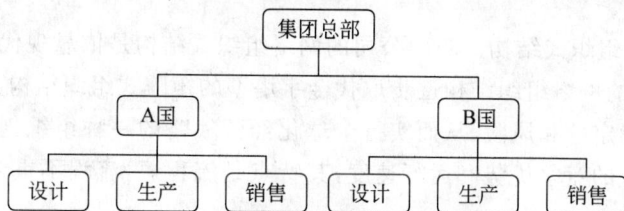

图 3-3　全球区域式结构示意图

（4）全球矩阵式结构。每一种组织结构都是特定的优势和劣势之间的妥协，伴随着每一次改变的是优先权的改变。企业的某些部分被加强，往往是以另外部分被削弱为代价的。全球性结构更强调广泛的全球观察和协调，但这样做的同时，它们极有可能牺牲反应的灵敏性和减弱对一些领域的注意力。为了避免出现这些负面影响，更好地利用全球化的优势，一些企业采用了能给多个组织平等的优先权的结构形式，其中使用频率最高的是矩阵式结构，这种结构尤其是产品部门化和区域部门化相融合的二维矩阵结构，是跨国企业经营的基本模式。采用这种结构的目的是为了更好地协调企业的活动，无论是在所经营的各不同国家之间还是在围绕几种产品而形成的几个全球产品部门之间。各部门的经理不仅向负责某一特定产品群的全球产品经理而且向各国的当地企业的总部汇报工作。

如 BP、BASF 等公司就是这种典型的全球矩阵式组织结构（见图 3-4）。全球矩阵式组织结构的特点是，既包括对当地适应性、国别反应能力的考虑，又有对全球性产品、营销利益和全球效率的考虑。它为公司同时实施地方性战略和全球战略提供了理想的组织保证。但矩阵结构形成了多重领导，如同一个经理可能既向某区域主管汇报，同时又向某特定的专业(产品)主管汇报。这种双重领导、重叠的职责会引起冲突、混乱和责任的丧失,从而增加了管理的复杂性,降低了稳定性,可能导致专业(产品)管理者和地区管理者之间的一致性决策效率的降低。

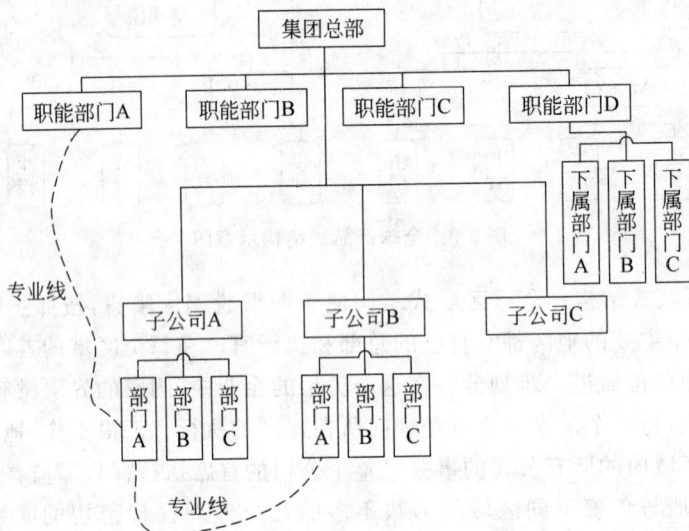

图 3-4　全球矩阵式结构示意图

(5) 全球网络组织式结构。跨国公司的网络组织式结构是依靠现代信息技术实施管理,以横向扁平型的网络组织结构逐步取代金字塔型的矩阵式组织结构,这样可以减少跨国公司经营的不确定性和风险,从而实行全球化经营战略的一种组织创新。网络化管理的诞生提高了企业的竞争优势和运行速度,其特点是流程短,流程不重合而使信息充分,失真度小。

跨国公司网络组织是跨国公司为了实现自身的全球发展战略目标而在研发、生产或销售等领域进行合作形成的企业网络组织。这个网络不单单表现为一个简单的公司内部网,还是一个通过子公司当地商业网络的嵌入来实现的公司外部联系。其核心是通过人力资源、软技术和信息在跨国公司全球系统内的自由流动,建立一种全新的知识流动与组织管理关系,从而大大提高跨国公司的技术创新能力和整体竞争优势。

网络结构的常见形式:

① 以某跨国公司母国总部为核心建立的网络结构。例如,日本丰田汽车和日本其他汽车生产商在亚洲组织其生产网络,由核心企业(丰田)负责向网络内其他企业传递先进技术和革新方法,要求非核心企业生产的零部件必须符合核心公司的标准,核心企业协调所有活动,以保证高度的一致性。

② 分散的网络结构下,每个合作公司享有某种程度的自治和独立,信息在这些公司之间相互流动。一项革新只要符合现有标准就可以被迅速采纳。该系统有相当的灵活性,能吸收先进技术并推进管理人员的创新和进步。比如,日本电气公司正向这种结构迈进,宣布将以分散方式使公司在全球范围内一体化,而不是通过在日本的公司总部控制网络中的所有企业。跨国公司不管采取哪种形式,其内部关系相对于矩阵型组织结构来说

简单得多,它保持了单向的责任链:一个核心控制点只有一个经理。从而保证了整个系统运行的效率,特别是它着眼于确立丰富的有号召力的公司远景目标;着眼于有效的管理过程而不仅仅是结构上的设计,更关注于发展员工的能力。例如,美国思科公司充分应用互联网,使全球范围内每个竞争领域的成本和赢利等数据及信息变得透明,从而使公司能够充分授权,员工可以快速做出决策,而这些决策在以前只有 CEO 或是财务总监才能做出。

与跨国公司传统组织模式相比较,网络组织模式在组织结构、组织控制模式、资源配置方式、集权分权、子公司角色、冲突解决模式、灵活性、环境氛围、适应环境等诸多方面都有其革新性的差异(见表 3-2)。

表 3-2 传统的跨国公司组织模式与网络组织模式的比较

项　　目	传统组织模式	网络组织模式
组织结构	纵向的层级式结构	纵横交错的网络式结构
组织控制模式	产权控制	资源控制
资源配置方式	母公司统一配置	契约化的配置方式
集权分权	母公司集权程度高	母公司大量分权
子公司角色	消极被动的业务经营单元	积极主动的网络节点
冲突解决模式	管理命令/监管	互赖互惠规范
灵活性	低	高
环境氛围	正式、官僚化	开放、互利
适应环境	静态环境	动态环境

资料来源:赵民杰,姜飞. 跨国公司组织结构演化研究[J]. 经济经纬,2005(2).

第四节　跨国公司的战略管理

任何一个公司的发展都不是盲目的,都有其整体的规划和目标。跨国公司在世界范围内从事生产和经营活动。能否制定出正确的战略,对公司发挥整体优势并取得经营上的成功具有决定性的作用。

一、跨国公司战略的类型

"战略"一词原指军事中有关战斗的谋划,现从一般性意义上讲,是指特定环境下决策或活动中的指导思想,以及在这种思想指导下作出的关系到全局发展的重大谋划。

企业战略一般是指企业的经营战略,企业经营战略即企业为了提高竞争优势,确立战略目标并为实现战略目标而进行的整体规划。跨国公司不同于一般企业,这表现在经营范围和领域、规模、经营环境、组织方式和经营管理方式等各个方面。因此,与一般企业的经营战略相比,跨国公司战略具有其特殊性。

跨国公司战略是指在正确评估公司自身的要素资源和预测目标环境变化的基础上,形成跨国性乃至全球战略目标,并为实现这个目标而进行的整体长远规划。也就是说跨国公司的战略规定着公司发展的方向,决定着公司的竞争范围、所运用的战术和未来发展的趋势。而跨国公司战略所具有的特殊性给跨国公司战略的协调、实施带来了一定程度上的困难,因而明确和加强跨国公司战略管理显得尤为重要。

跨国公司战略管理是指对公司战略的形成、措施的制定和战略实施的整个过程进行计划、组织、指挥、协调和控制的活动,突出表现为战略协调,即各个地区之间的协调,各地区分支机构之间的协调,公司内各职能部门之间的协调和公司中各项政策、各种行动的协调等四方面。事实上,上述四方面不是截然分开、相互对立的,而是相互联系、相互作用的,共同形成一个统一的整体,从而保证跨国公司战略的有效实施。

跨国公司战略从不同角度可进行多种分类。

(1) 按公司战略目标的范围可分为:市场销售战略,即把战略目标局限在投资所在市场,适用于跨国公司初期国外经营活动的实践;供应战略,即国外生产经营活动主要向投资国或第三国提供产品和服务,这一活动涉及双边或多边国家;全球战略,即战略目标扩大到全球范围,以此为基础安排公司投资、生产、销售以及研究与开发等各项活动,合理配置其有限的生产要素,在全球范围内寻找经营机会和利益,实现全球利益最大化。

(2) 按公司战略的性质可分为:攻势战略,即不断扩大投资规模,设立分支机构,掌握市场竞争的主动权;守势战略,也称稳定战略,即以稳健经营为宗旨,很少投资于有风险的项目;撤退战略,也称紧缩战略,是一种针对不同环境而采取的应变性战略。

(3) 按竞争倾向和程度的不同可分为:低成本战略,即通过取得规模经济效益和扩大市场占有率,实现比竞争对手低的成本;产品差异战略,即设计生产出其他公司所没有的独特产品,形成独家经营市场;重点突破战略,即将经营目标定位于市场中的一部分,并由此建立自己的产品在成本或产品差异上的优越地位。

(4) 按战略层次的不同可分为:公司战略,即指导整个公司经营发展活动的规划,它涉及各个部门的综合行动;事业部门战略,即指导事业单位活动的战略规划;职能部门战略,是指事业部门内部各职能部门的行动规划。

(5) 按战略扩张方式的不同可分为推广战略、生产合理化战略。

(6) 按战略职能和内容的不同可分为生产战略、财务战略、市场营销战略、技术战略、人力资源战略等。

二、跨国公司的产品战略

跨国公司的产品在国外是否适销对路,其价格、产量、质量、包装、品牌、商标和维修服务等能否满足国际市场需求,反映了跨国公司的市场竞争力,也是跨国公司赖以生存和发展的物质基础。产品战略是跨国公司对其经营的产品的生产、销售及结构优化的综合安排和长期规划。它包括多国性产品战略、国际专业化生产战略和产品组合战略等。

(一) 多国性产品战略

多国性产品战略是跨国公司根据其经营的特点,把产品看成是不同技术要素的组合,并从不同的角度出发,综合安排其产品在国际间转移和扩散的战略。和国内企业产品战略相比,多国性产品战略不仅从市场营销的角度考虑优化产品线组合,还从产品开发、产品生产和产品销售三个层次考虑产品的国际性转移扩散。其制定过程是:首先将产品战略划分为产品开发、产品生产与产品销售三个层次;其次描述出某项产品的基本状态——母国和东道国两种类型,并在此基础上拟定某项产品从一种基本状态转变为另一种基本状态的连续次序或路线,构成多种可行的产品战略组合,跨国公司则可根据优劣势分析及环境评价,选择正确的多国性产品战略。

美国学者对美国一些跨国公司的产品战略进行的实证研究表明,这些公司都采用多种产品战略,并且随着公司国际化程度的不断扩大,其产品战略的种类亦增多,它们之间呈现正相关关系。

(二)国际专业化生产战略

专业化产品战略是 20 世纪 70 年代以来跨国公司采用的一种新的经营战略。其基本内容是随着国际分工的深化,跨国公司一开始就根据世界先进的科技水平与专业分工,将其资源集中起来,在全球范围内合理安排投资,运用某种专项技术生产某种专用产品,定点生产、定点装配、定向销售。

该战略能充分利用企业在这个特定领域内的优势,扩大产品或劳务的销售额或市场占有率,以获得较好的利润率。采用该战略便于集中整个企业的力量和资源,有条件钻研以致精通有关的技术、市场、用户、同行竞争等方面的情况,以提高企业实力,获得某种竞争优势。同时,在发展中需要追加的资源相对较少,业务的高度集中带来了管理上的方便,经营效果也易于评价。

当然,专业化产品战略也有相当多的缺点和风险。由于全部的力量和资源都投进针对某个市场层面的某种产品,一旦市场需求发生变化、技术革新或新的替代产品的出现而需求下降时,企业就会受到严重的冲击。因此,采用专业化战略的企业对此应有所防范,既要有一定的应变能力,又要有在一定时期内对低发展速度、低盈利的承受能力。

(三)产品组合战略

产品组合是一个公司所经营的全部产品系列的组合方式。其中,产品系列是指在技术和结构上密切相关、使用功能相同而规格各异并满足同类需求的一组产品。产品组合战略是跨国公司对其产品按一定标准进行分类和评价,实行不同的产品系列战略安排,以保持公司产品组合长期动态优化的活动。具体来说,它包括两种形式:一种是单纯化战略,另一种是多样化战略。

所谓单纯化战略就是采取单一产品系列的做法。它主要是由企业以价格为中心开展的竞争战略所决定的。这一战略在 20 世纪 60 年代比较盛行,但自 20 世纪 70 年代世界经济进入低速增长时期后,这一战略的局限性逐渐明显起来。能够弥补单纯化战略不足的是产品的多样化战略。多样化战略就是采取多条产品系列的做法,着眼于产品组合的宽度,向产品的广度发展。在采取多样化的战略时,即扩大产品系列时,要重点考虑以下三方面:一是应尽量考虑产品间的补充关系和替代关系,以便从整体上促进生产和销售。二是应尽量考虑到技术关联和销售关联,加强对原有技术和销售网的利用,以便继承和发扬既有的优势。三是选择适当扩大产品系列的形式。它有下列三种:

(1)水平型,是指增加同一行业的新产品系列的做法;

(2)垂直型,是指在现有产品系列的基础上,增加对原材料、零部件或半成品的生产,改变以往外购的做法;

(3)跨行业型,是指增加与现有产品系列毫无关系的其他行业的产品系列。

对于上述三种类型的选用,要视企业的内外环境而定,不能简单从事。

三、跨国公司的销售战略

跨国公司必须根据世界各地的地理环境、经济水平、消费结构和风俗习惯等情况,采取产销对路的销售战略和措施,通过适当的销售渠道把产品送到顾客的手中。一般来说销售渠道有两种:一种是由公司销售部门或推销人员直接将产品送到消费者手中;另一种是通过批发商或零售商将产品间接交到消费者手中。跨国公司的销售战略主要表现在以下几个方面。

(1)以相同的用途和使用方法产生同样效果的产品,供应国内外所有市场。这种战略的特点是在短时间内比较容易调剂不同市场上的供需余缺,例如某家具跨国公司向世界各地供应规格相同的产品。

(2)对于种类相同、使用方法相同但用途随各国而异的产品,销售战略应有所调整,对销往不同地区的产品稍加改造。例如,自行车的使用方法在各国都相同。美国把自行车视为"运动工具",我国城市视为"交通工具",而缅甸农村则视为"运输机"。

(3)对产品稍加改变,但仍提供相同的用途和使用方法。如美国人喜爱用大型电冰箱,而欧洲人则喜爱小型电冰箱,由于地理位置、风俗习惯的不同,电冰箱在销往不同的国家时,必须根据市场的需求调整产品设计。

(4)双重改变战略。为适应东道国的特殊情况,产品的外观、性能、作用、社会心理印象都要改变,公司必须配备专门的生产设施和营销战略,一般风险性较大。如日本跨国公司设计的许多家用电器产品直销中国市场,其外形设计、功能的特质等都是针对我国市场特点、消费者的心理和消费观念所设计的。

(5)产品创新战略。当产品的用途与国内相同,但由于产品在国外市场不能使用,或超过了消费者的购买力,必须重新设计新产品,采取新的销售战略。如在一些发展中国家,跨国公司生产的最新式自动洗衣机,不如一种改良式的手工操作的洗衣机实用。美国农业机械公司制造的一种喷洒农药的机械性能极佳,却不受非洲农民的欢迎,原因是需要经常添加润滑油和维修,因此,要拓宽市场,必须对公司产品进行重新设计。

四、跨国公司的价格战略

价格战略与产品战略和销售战略同等重要,直接关系到跨国公司在国际竞争中的地位和作用。通过定价,一方面使公司长期获得最大的利润,另一方面以低于产品成本的价格向国际市场渗透,维持和扩大本公司的市场占有率。跨国公司的价格战略有以下两种。

(一)目标市场价格战略

跨国公司的生产由于受到成本、经营目标、市场的竞争、政府干扰等多方面因素的影响,因此必须根据公司的实力优势出发,结合不同市场的具体情况,采用不同的定价战略。对需求量稳定、商业周期变化有规律的产品可采用成本导向定价战略。如建筑业、军火生产、汽车行业多采用这种方法定价。如果跨国公司的产品供给大于需求,同行之间竞争激烈,那么公司可采用需求导向的定价战略。根据各国、各地区的消费者对产品的需求状况制定其价格,与产品的成本无关。这种价格甚至可以低于公司的平均成本的价格,其主要目的是彻底击垮市场上的竞争对手,是跨国公司迅速占领市场的有力手段。而对新产品问世,公司则可根据市场的需求和生产新产品的技术复杂程度采用渗透价格和掠夺价格的战略控制和占领市场。当新产品的技术开发简单时,便以较低的价格推销产品,迅速向市场渗透,抢先占领市场;反之,当新产品的开发技术复杂时,公司就以较高的价格推销产品,凭借技术的优势掠夺竞争市场,谋求超额利润。

(二) 公司内部的转移价格战略

转移定价是指跨国公司内部,在母公司与子公司、子公司与子公司之间销售产品,提供商务、转让技术和资金借贷等活动所确定的企业集团内部价格。这种价格不由交易双方按市场供求关系变化和独立竞争原则确定,而是根据跨国公司或集团公司的战略目标和整体利益最大化的原则由总公司上层决策者人为确定的。

转移定价的方法有两种:一是按"成本加价"基础确定;二是购销双方按"谈判价格"来确定。前者价格同内部成本有着密切的关系;后者则是广泛的战略性限制占统治地位。在国际交易中究竟决定使用何种定价,关键因素在于买方能否从外部得到该产品。如果外部市场不存在,则流行"成本加价"方式。谈判价格或高于市场价格,或低于市场价格,在最高供应价和最低购买价之间浮动。实际使用的转移定价制度,必须与具体子公司的预算或利润目标相联系,从而保持管理的动力。如果转移定价方法影响了一家特定分公司的利润,那么必须把利润以外的其他标准作为其经营目标。实行以成本加价的方法定价十分复杂,一般采用内部成本或外部市场价格作为基础。前一种情况下,如果生产从上一个阶段转移到下一个阶段时,转移的单位是一个成本中心,则按成本为基础确定转移价格;如果单位是利润中心,则以成本加一定百分比的毛利作为定价基础;从事同一类产品生产的单位间横向转移,通常采用成本加管理费作为定价基础。在后一种情况下,一般采用从国际市场取得实际市场价格作为定价基础。同样,谈判价格的确定也十分复杂。例如,技术转让价格的确定有很大的随意性,但最终取决于讨价还价的能力。

五、跨国公司的市场选择战略

跨国公司制定全球战略,就是要决定投资、供应及生产所在地的目标市场,即经营的"战场",并要确定进入目标市场的方式。

(一) 目标市场选择程序

选择目标市场一般要经过如下程序:第一步,要进行市场评估。主要是在收集和整理预测数据、评估基本数据的基础上进行连贯性预测,了解不同国家的经济潜力。评估东道国的总体经济情况,预测市场需求情况,明确市场发展的方向,进行市场机会分析,找出市场机会。第二步,在经过市场评估和对比后,跨国公司可进行市场选择,确定是否进入或扩展该市场,确定市场选择战略。

(二) 市场选择战略模式

美国学者曾提出了一个市场选择的交替战略模式。在这一模式中,他们将竞争性市场选择划分为三个层次:

(1) 市场扩张方式的集中与分散化;

(2) 市场扩张姿态的进攻性与防御性;

（3）市场竞争场所的公司母国、对立国与中立国。

由此出发,他们提出10种可行的基本交替战略,并形象地用军事术语命名,其战略组合见表3-3。

表 3-3　市场选择基本交替战略

市场扩张方式　　姿态　所在地	集　　中		分　　散	
	进攻性	防御性	进攻性	防御性
母国市场	军火工厂	依城固守	不适用	不适用
中立市场	前进基地	环形防卫	钳形运动	后卫运动
竞争对手的母国市场	正面进攻	反击	全面横扫	游击战

在表3-3中,"军火工厂"代表公司受本国政府保护,迅速占领国内市场,条件成熟后向外扩张。"依城固守"表示公司潜力有限,以固守国内市场为目标,适合有一定竞争能力的小公司。发展中国家多采用此战略保护幼稚工业。"前进基地"表示公司先用渐进方式占领国内市场,待条件成熟后,再采取行动进入最终目标市场。其适用于产品成本无明显优势且国内市场狭小的公司。"环形防卫"表示公司地位较强,在防守中带有有限度的攻势。"正面进攻"表示公司集中力量向竞争对手保护程度不高的母国市场发起进攻,先发制人,夺取目标市场份额。其适用于实力强大的公司。"反击"表示公司竞争对手忙于向外扩张,国内实力削弱之际,进攻竞争对手国内市场,削弱竞争对手。"钳形运动"表示公司同时向众多的目标市场进行全面扩张,然后转向最终目标市场。"后卫行动"属于防御性扩张战略,是公司通过向目标市场大量投资来抑制竞争对手的攻势,削弱其市场支配地位。"全面横扫"是具有进攻性的战略,公司具备雄厚的竞争优势,占领众多市场(包括竞争对手的母国市场)。"游击战"属于防御性扩张战略,公司在竞争对手的母国市场进行小范围出击。

案例资料

"雀巢"的全球化战略

一提起"雀巢"这个词,大家就会想到咖啡。其实雀巢是瑞士第一大工业公司,是世界第二大食品垄断组织,总公司设于瑞士韦维,以生产各种高级饮料、食品、营养品著称。它的前身是一家牛奶加工厂,1866年伯奇兄弟以英瑞炼乳工厂名义在瑞士登记。它能够在竞争激烈的环境中生存下来,并成为世界知名品牌,是因为它在不断进行管理创新。

在雀巢产品名称旁边,别出心裁地点缀着一个鸟巢,让人一看到这个商标,看到母雀悉心哺喂幼雀的鸟巢便想到婴儿,想到安全营养的雀巢奶粉,它象征着母爱,象征着温暖与安全。

但谁能想到这个居世界500强之一的企业,曾经经历过一段艰苦的岁月:1997年一场消费者抵制雀巢食品的运动由美国开始蔓延到10个工业国家;1975年到1980年间,公司的平均利润增长仅为2.2%;1979年,雀巢公司所属的美国毛搁实营养公司因销售假苹果汁被罚款 200 万美元;1980 年在阿根廷的公司破产,亏损额达 9 500 万美元。

当公司遇到这些问题时,是如何让公司扭亏为盈的呢?雀巢采用适应全球食品业新需求的战略,不断进行管理创新,取得了一系列成果。

第一,增加新的品种,开辟新的市场。公司推出了不同口味的多种咖啡品种:1938 年发明了速溶咖啡,它是最早开发速溶咖啡的公司;2000 年制成了专为重口味者制作的特溶咖啡;2004 年推出的雀巢谷物早餐有"蛋奶星星"、"可可味滋滋"和"果然多"三个品种等。在各地就地设厂产销,以适合不同地区当地人的口味。

第二,开发速冻食品。单身贵族和双职工家庭日益增加的今天,速冻食品是一个很好的市场。聘请闻名退迹的烹饪大师担任"芬达斯"系列冷冻食品的监厨;以 26 亿美元收购冷冻食品公司 ChefAmerica;2002 年将亚洲市场作为转基因食品的"试验田",在中国销售的产品中 99% 是国内生产的,却绝对没有转基因食品。

第三,购并海外同行。大胆启用公司在瑞士银行的一笔高达 16 亿美元的现金存款,大举收购海外公司;1985 年收购美国三花公司,使其成为雀巢在美国的一个大分公司;1988 年将英国的罗恩切公司及意大利的布笃尼公司收归旗下。这些收购行动加强了雀巢公司对世界食品业的控制。只要是符合公司长期战略的,都可以进行收购,即使在短期内会亏损。2002 年雀巢开始和法国欧莱雅进行更加紧密的合作,生产营养化妆品。

第四,撤销文书作业,成立了新的报告体制。注重"面对面"的交流,认为管理情报应不局限于数字或报告,而必须直接观察并与有关人员面谈,才能了解实情。从不公开承诺公司要达到的财务目标,只向投资者解释它下一步怎么走,为什么要这样走,这是雀巢的策略。

第五,生产猫狗等"宠物"食品。西方社会盛行养宠物,对宠物食品的需求非常旺盛,经营此类食品,必有利可图。现雀巢公司已占领世界"宠物"食品市场的 75%,大力发展的宠物食品、饮用水业务相对而言利润率要稍高一些。未来的增长将来自营养和健康食品业务。

第六,开辟发展中国家市场。雀巢公司在向发展中国家提供更多的食品及就业机会的同时,也获得了新的市场。雀巢在 84 个国家或地区建有工厂,98% 以上的营业收入来自国际市场。

第七,雀巢的欧洲区、美洲区以及亚洲、大洋洲和非洲三大区使用不同的财会、规划和库存软件。1997 年,雀巢美国分公司率先在 SAP 帮助下实施 ERP 项目,代号取为 BEST (Business Exce Uencethrough Systems Technology),预计需要 6 年时间,预算成本为 2.1 亿美元,2006 年或 2007 年新的资源规划系统在整个集团范围内投入运行后,每年可削减数百万美元成本。

雀巢正在努力将自己重新定位为一家健康食品公司。将雀巢从一家食品公司发展成一家"食品、营养和健康"公司是其重要目标之一。它新设了一个营养业务部,目的是发展临床营养(如针对糖尿病人或心脏疾病人的食品)、运动营养(如防止运动员在耐力运动中晕倒的食品)以及婴儿食品等产品。

这一系列激发式的管理创新,终于唤醒了这头世界食品工业的"沉睡的巨狮"。此外,雀巢公司下属的一家法国食品公司为了树立良好的公众形象,总是不厌其烦地处理消费者的来信,甚至对那些无理取闹的信件也极其认真。任何寄给这家公司的消费者服务信的投诉书都会得到回复,消费者在接到回信时感到受宠若惊之外,也增加了对公司的信赖。

为实现雀巢的目标——"执食品及饮料业的牛耳",雀巢在食品研究与开发方面不断地占据领先地位。

在一百多年的发展中,雀巢始终坚持"质量第一"的宗旨,以科技为后盾,不断创新,推出了许多符合消费者要求的营养、卫生、安全的新产品。例如:适合于刚出生1至6个月婴儿的力多精婴儿奶粉和能恩奶粉,6个月以上婴儿的纯谷类或含谷类系列辅助食品,不会引起过敏反应的婴儿奶粉,还有煮完之后不必清洗的"雀巢蒸馏壶"等。

无论男女老少,"味道好极了"这句绝佳的广告词立刻会脱口而出,雀巢食品那甜美芳香的味道马上会浮现于脑海。雀巢公司实施战略性投资计划,以创造优良品质的产品为核心;公司坚持集团的准则,以质量作为成功的基石,不断努力,不断进取。

此外,雀巢公司还在世界各地设立了近20个研究所,专门研究一两种适合当地居民口味的食品,还设置一个"基本研究"单位,专门研究营养成分与健康的关系。为了取得广大消费者的支持,雀巢要求其产品、销售、员工、环境等都建立在良好的质量基础上,实现全面质量管理。它有一整套的系统来负责监控,使制造程序、成品定期检验等都能系统化、制度化。为了让每一个职工了解质量的重要性,雀巢不仅要求直接面对消费者的员工具备相当的质量观念,其他各部门的人也应有相同的"满足消费者"的概念。雀巢各阶层的领导者均须以身作则,以质量为上,并使下属相信,质量关系着公司的未来和个人的职业的保障,以此鼓励员工要勇于承担责任,克服困难,圆满完成工作。也就是说,雀巢的所有员工都是质量的监督与实施者。

(资料来源:熊钟琪. 中外企业管理案例选[M]. 北京:国防科技大学出版社,2005.)

关键术语

跨国公司	股权式投资	非股权式投资	组织管理
职能式组织结构	全球产品结构	全球区域结构	全球矩阵结构
全球网络组织结构	跨国公司战略	产品战略	销售战略
价格战略	转移定价		

思考题

1. 跨国公司的基本特征是什么?
2. 跨国公司的类型是什么?
3. 影响跨国公司投资方式选择的基本因素有哪些?
4. 跨国公司的管理组织形式是什么?
5. 跨国公司的全球组织结构分为哪几种?
6. 跨国公司的产品战略有哪几种?
7. 跨国公司的市场选择战略模式是什么?

第四章

跨国银行

本章要点

在国际投资活动中,跨国银行也起着十分重要的作用。虽然国际直接投资主要是由从事工商业活动的跨国公司进行,但这些公司用于投资的资金来源有很大一部分要依靠跨国银行融通。这些公司的资金运用也在很大程度上要依靠跨国银行的协助。从这个意义上说,国际直接投资能否顺利地进行,是与跨国银行分不开的。本章在对跨国银行概念界定及内涵分析的基础上,介绍了跨国银行的形成与发展,并对跨国银行运营的组织结构及影响跨国银行组织结构的因素进行了介绍与分析,最后提出为了防范金融风险必须对跨国银行进行监管。

学习目标

掌握跨国银行的概念及跨国银行运营的组织形式;了解跨国银行的形成与发展阶段,能够分析影响跨国银行组织结构的因素。

第一节　跨国银行概述

一、跨国银行的概念界定

理论界对跨国银行的定义至今没有形成统一的说法,往往出于不同的研究、分析目的而有所不同,主要有以下几种。

(一) 结构标准

所谓"结构标准"是指跨国银行的定义和划分以银行的结构特征为尺度,其中主要包括"地区分布"、"生产及服务设施"、"所有权"三个标准。

地区分布标准根据银行在不同国家设立机构的广泛性来定义跨国银行。英国马克·卡森(Mark Casson)指出跨国银行是在两个或两个以上国家拥有分支机构的银行,而哈佛大学的"美国多国公司研究项目"(Hardvard Projection American MNE)则坚持必须在6个以上国家设有子公司或附属企业,才算真正的跨国公司(包括跨国银行)。关于地区分布标准,许多学者及国际经济组织都强调"生产及服务设施"这一概念,即跨国银行所拥有的、能够产生收益的资产的分布范围。若一家银行仅同许多国家有着或紧密或松散的金融联系,而不在这些国家进行直接投资以拥有相应的服务设施、开展金融业务,或只拥有财产所有权而没有经营管理权都不能称为跨国银行。

所有权标准是以银行拥有者和高层主管的国籍为标准来定义的,有关的规定也是众说纷纭。美国学者梅森劳基认为跨国银行的股权及管理权必须具备多国性,而麻省理工学院教授金德尔伯格则认为跨国银行的特征是"无国籍性"。美国鲁宾逊教授的观点认为,跨国银行的国际化程度要高于多国银行,多国银行的所有权和管理权主要属于母国公民,而随着国际化程度的加深,该银行所有权日益分散,决策也更加超越单个国家、民族的局限,从而成长为跨国银行。

(二)业绩标准

业绩标准主要以在海外的资产、盈利等项目的绝对额或相对额为指标来定义跨国银行。至于所依据项目的具体数字应是多少,则无统一的说法。如英国的《银行家》杂志评选跨国银行的主要标准是:①资本实力。跨国银行的一级资本必须在 10 亿美元以上。②境外业务情况。跨国银行的境外业务在其全部业务中应占较大比重,且必须在伦敦、东京、纽约这三大国际金融中心设有分支行,开展国际融资业务,具有一定比例的境外工作人员。与这种跨国银行的定义大型化趋势相对应,联合国在《中小规模跨国公司的作用、影响和政策》中,提出了"中小规模"跨国银行的定义。可见,以国外营业额或资产规模来划分一家银行是否为跨国银行,也并不是大家普遍接受的标准。

(三)行为标准

行为标准是根据银行在经营决策时的心态、思维方式和战略取向来定义跨国银行的。美国的帕尔默特教授从价值观和行为方式的角度将银行从国内走向国外直到定位于全球的国际导向的历程分为三个阶段:母国取向(ethnocentric)、东道国取向(polycentric)、全球取向(geocentric)。他认为只有进入"全球取向"时,银行才算真正的跨国银行。1973 年,他又与另外两位学者提出了"区域取向"(regiorentric)的观点,用以解释许多跨国银行在母国总部之外,又到北美、欧盟、东南亚等地设立地区总部,以"区域"为中心开展经营的行为。

(四)联合国所用的定义

作为银行对外直接投资的产物,跨国银行具有跨国公司的基本特征,因此联合国跨国研究中心历来认为跨国银行是跨国公司的一种,其他一些世界或地区性经济组织如欧盟、安第斯公约组织、经济合作与发展组织等也都持此见解。联合国将跨国公司定义为:由在两个或更多国家的实体所组成的公营、私营或混合所有制企业,不论此等实体的法律形式和活动领域如何,该企业在一个决策体系下运营,通过一个或一个以上的决策中心得以具有吻合的政策和共同的战略,企业中各实体通过所有权或其他方式结合在一起,从而使其中一个或更多储备的实体得以对其他实体的活动施行有效的影响,特别是与别的实体分享知识、资源和责任。

综上所述,本书认为跨国银行是指以国内银行为基础,同时在海外拥有或控制着分支机构,并通过这些分支机构从事国际业务,实现其全球经营战略目标的超级银行。

二、跨国银行的内涵

根据上述定义,跨国银行的内涵包括以下四个方面。

（一）跨国银行的产生具有派生性

跨国银行是国内银行对外扩展的产物,它具有商业银行的基本属性和功能。一般来讲,只有那些在国内处于领先地位的银行,才可能以其雄厚的资本、先进的技术、科学的管理、良好的信誉为基础,实现向海外的扩展经营。

（二）跨国银行的机构设置具有超国界性

为了扩展国际业务,跨国银行在海外广泛建立各种类型的分支机构。联合国跨国公司中心认为,只有在至少5个国家或地区设有分行或附属机构的银行才能算作是跨国银行。20世纪70年代以后,西方发达国家金融管制的放松及国际银行业竞争的日益加剧,使得跨国银行在海外的分支机构数目迅速上升。

（三）跨国银行的国际业务经营具有非本土性

跨国银行的业务以国际业务为主,二者又是通过其设在海外的分支机构在当地或国际金融市场上直接进行的,其经营范围比国内银行更宽,经营内容更多,经营形式也更加多样化。总行与国际分支机构之间是所有权与控制权的隶属关系,其经营范围也由传统的信用证融资、托收、汇兑等银行金融服务向证券包销、企业兼并、咨询服务、保险信托等非银行金融服务在内的综合服务方面发展。

（四）跨国银行的战略制定具有全球性

一方面,跨国银行作为一种特殊类型的跨国公司,其战略的制定具有与一般跨国公司相同的特征,即战略制定的全球性;另一方面,它的银行属性要求资金调拨的快速高效性,而20世纪70年代以后,电子通信技术的发展及在金融领域的不断应用,使得跨国银行的全球化经营成为可能。

第二节　跨国银行的形成与发展

跨国银行的发展从最初的萌芽状态到当代的发展,大致可划分为四个阶段,即早期、近代、现代和当代的跨国银行。

一、早期的跨国银行

跨国银行随着商品的国际交换和银行业的发展而出现,最早可追溯到古罗马时代。从12世纪到15世纪,意大利银行一直在跨国银行中居领先地位,业务包括吸收存款、贸易融资、外汇兑换及中短期信贷、工商业投资等,但主要面向当时的贵族或神职人员做抵押贷款,为封建领主筹措战费。16世纪以后,地中海银行业务衰落,金融中心逐渐北移,先是安特卫普,后是伦敦、巴黎成为国际银行业务的中心,但在这一漫长的历史时期中,银行业基本面临政局不稳、战事频繁的恶劣生存环境,所以,跨国银行举步维艰,处于发展的萌芽状态。

二、近代的跨国银行

近代的跨国银行指从法国大革命和拿破仑战争起,到第一次世界大战期间(即1815—1918年)跨国银行的发展。在这一时期经历了跨国银行发展的第一次浪潮。许多当代著名的跨国银行如英国的米德兰银行(Midiand,1836)、标准渣打银行(Standard Chartered,1853)、德国的德意志银行(Deutsche Bank,1870)、美国的花旗银行(Citicorp,1812)和大陆伊诺斯银行(Continentallllinois,1857)、日本的东京银行(Bank of Tokyo,1880)等,都是在这一时期建立的。其中最具代表性的是英国的跨国银行,这些银行总部设在英国,但不从事国内银行业务,而且在建立之初和国内其他银行也没有相互持股关系,它们凭借当时英国在世界的霸主地位建立了广泛的分支机构,到1913年,其海外机构数目已达到1 286家。与此同时,其他主要资本主义国家的跨国银行也有了一定的发展,如法国、德国、荷兰、日本等。这些国家的银行一般与国内银行机构有较密切的联系,其分支机构规模有限,逊于英国。跨国银行的第一次发展浪潮带有强烈的殖民主义色彩,各大银行的分支机构主要分布于其母国的殖民地范围内,通过对"帝国"体系内的贸易融资、零售及投资业务控制影响各殖民地、附属国。

三、现代的跨国银行

现代跨国银行业的时间跨度主要是从第一次世界大战到20世纪50年代末。它的重要特征是英国银行地位的相对衰落和美国银行的崛起。早在19世纪和20世纪初,美国就有几家银行在欧洲、中国、拉美等地设立了分行,但由于美国政府禁止国民银行在国外开设分行,因此从事海外业务的主要是洲特许银行和私营股份银行,其业务量很小。第一次世界大战摧毁了欧洲金融,纽约一跃成为首屈一指的国际金融中心。美国银行海外分行数目迅猛增长,到20世纪20年代后期,已达81家之多,外国政府在美国发行的债券也超过了在英国的发行,美国银行还牵头组织了一些对欧洲政府的财团贷款。到30年代,跨国银行经历了20世纪最为严重的经济危机,接踵而至的第二次世界大战使跨国银行业一蹶不振。

四、当代的跨国银行

从20世纪60年代开始,跨国银行的发展进入了第二次高潮,这是跨国银行发展史上至关重要的一个阶段。自此,跨国银行不断走向成熟,成为世界经济舞台上一支举足轻重的力量。根据跨国银行地域特征的不同,这40余年的发展又可进一步分为四个阶段。

(一)第一阶段:60年代初至70年代初

第二次世界大战后世界经济的恢复,各国经贸交往的扩大以及欧洲货币市场的产生无不促进了金融资本的国际化,以美国跨国银行为首,各工业化国家开始了大规模的海外扩张。据统计,美国在海外经营的跨国银行总数在1960年仅为8家,到1980年已达到139家,海外分行1960年也不过124家,1980年增至789家。从海外分行的资产看,1955年仅为20亿美元,1960年也不过35亿美元,1970年增至526亿美元,1980年达到了4 005亿美元,是1970年的7.6倍多。美国银行还积极参与组建银团银行,1975年全球88家银团中,美国参加了 32 家,占 40％。这一期间,美国跨国银行国外业务的收益也随之猛增,美国 13 家最大跨国银行的国外资产收益在 1970 年共为 1.7 亿美元,1975 年增至 8.3 亿美元,年增长率高达 36.4％。而同期它们的国内资产收益在 1970 年为 8.8 亿美元,1975 年为 9.1 亿美元,年平均增长率仅为 0.7％,可见美国跨国银行海外扩张速度之快、收益之高。从地区分布上,美国银行的海外扩张主要集中于拉美和西欧地区,在开曼和巴哈马群岛等离岸中心也有一定发展。在业务方式上,它们主要以欧洲货币市场和欧洲债券市场为依托从事多种资产负债业务。

(二)第二阶段:整个 20 世纪 70 年代

除美国海外银行快速发展外,其他工业化的国家银行也迅速国际化。英国银行以参加国际联合银行或扩大海外银行股权的方式开始了新一轮的扩张。西德也不甘示弱,1963 年只有 3 家国外分行,到了 1979 年,它已在 34 个国家或地区设立了 75 家分支机构,其银行对外直接投资额在 1961 年为 1.04 亿西德马克,1973 年增至 17.8 亿西德马克,年平均增长率为 26.7％,从 1972 年至 1977 年间,其海外分支机构的业务量增加了 12 倍。到 70 年代末,英国、法国、加拿大的海外分行、附属行、联属行分别达到了 1 101 家、391 家和 295 家。

(三)第三阶段:20 世纪 80 年代到 90 年代

进入 80 年代以后,跨国银行仍在继续发展,但格局有了较大变化。美国在跨国银行业中的地位相对下降,日本的重要性进一步上升,发展中国家的跨国银行业务也有了相当的发展,来自各个国家、各种类型的商业银行、投资银行日趋活跃,资金供应者、使用者和贷款种类呈现出分散化的趋势。

80 年代,日本银行实力空前增强。1987 年全球最大 50 家跨国银行中,日本银行不但数量最多,而且资产总额已占到 1/2 强,前十强中日本银行就占了 7 家,这一变化与日本经济的迅速发展密不可分。特别是 1985 年以来,日元对美元汇率的上升使日本银行业处于更为有利的竞争地位,国际化的步伐也随之加快。西欧银行在此期间也有增强,而美国跨国银行受到发展中国家债务危机的困扰及来自日本、欧洲的挑战,国际地位日渐衰落,其海外资产在 1984 年至 1986 年连续出现负增长。据国际清算银行估计,80 年代末世界主要工业国家的跨国银行资产中,日本银行大约占 35％,美国只占 15％。

80 年代,发展中国家的金融国际化也得到了相当的发展。1975 年,全球最大的 300 家银行中,属于发展中国家和地区的有 22 家,到 1986 年发展到了 41 家。在众多发展中国家的跨国银行中,阿拉伯国家的跨国银行发展较快,它们一般采用与欧洲国家银行组成联合银行的方式进入国际金融市场。例如,以巴黎为基地的阿拉伯法国联盟银行、沙特国际银行、科威特国际银行、海湾国际银行、阿拉伯国际银行等,都已成为国际大型联合银行。巴西银行是发展中国家成功进行跨国经营的又一例证。1986 年,巴西银行拥有资产总额 670.17 亿美元,其中海外资产占 34％,拥有海外分支机构 81 家,其规模在世界跨国银行排行榜中位于第 46 位。此外,后起工业化国家和地区的银行也积极拓展国际业务,如新加坡到 1985 年银行海外分行达到了 42 家,代表处 16 家,我国台湾地区到 1987 年已有 3 家银行在海外分设了 20 余家分行和代表处。韩国 80 年代末海外分支机构也达到了

130 家左右。80 年代我国内地银行的国际化也开始起步,各大银行相继在海外设立了机构。

(四)第四阶段:从 20 世纪 90 年代至今

90 年代,作为世界银行业业务调整和机构重组的必然结果及重要组成部分,各国的跨国银行进入了调整阶段,格局也有了新的变化:日本的银行因国内泡沫经济的影响陷入危机;美国的银行通过调整加上持续十余年的"新经济"为银行的海外发展提供了强劲的动力;欧盟也因经济一体化、货币联盟而使国际银行业务得到强劲增长,广大发展中国家也加速了银行国际化进程,使世界银行业呈现出美、日、欧三足鼎立的多极化发展趋势。

1996 年,世界 1 000 家大银行中美国、欧洲及除日本外的亚洲国家银行核心资本的绝对额和相对额都有所增加,唯有日本的银行核心资本相对额降低了 6%,同年,其税前利润遭受了 178 亿美元的净损失。美国跨国银行为了在日趋激烈的国际竞争中维系和恢复自身优势,经过战略调整,银行的资产质量明显改善,经营状况傲视群雄。1994 年 8 月的《欧洲货币》评出的世界 100 家最好的银行中,美国银行以 39 家占绝对优势,并在前 20 位中占 10 家,前 10 位中占 5 家。花旗银行的发展颇具代表性,80 年代后半期和 90 年代初,美国没有一家银行跻身世界前十大银行之列,花旗银行自 1994 年位居第十位后,名次逐年上升,从 1998 年到 2005 年连续八年位居全球银行之冠。

跨国银行的出现和发展是各国经济不断交往和逐步融合的必然产物,各种宏观经济、政治因素推动或阻碍着银行的跨国扩张,成为各国银行开展跨国经营的外部因素。

第三节　跨国银行的运营

一、跨国银行运营的组织形式

跨国银行是银行国际化的载体,由于受到母国政策和经济发展、东道国环境和政策以及自身实力的影响,其跨国经营表现为不同的组织形式,由低到高逐步发展,体现出跨国银行的成长阶段。

(一)联系行

联系行经常被国内银行用来开展与国际银行业有关的活动,这是由于它们的规模有限,无法提供在国外市场经营的建立成本,或是由于它们与特定外国市场的交易规模不需要在外国市场建立分支机构传递特定服务。联系行是国际银行业活动中最简单的形式,像是国内银行的销售代理参与国际银行活动。它通常促进和执行与海外顾客的交易,如处理银行承兑汇票和信用证,办理证券业务和外币交易等。联系行还可替母行对客户进行信用调查和评估、确认信用证、提供贷款和透支。联系行并不要求从母国跨国界转移资金、管理和技术资源,也不要求在国外设立银行。联系行之间的交易是在市场的基础上进行的,是一种以契约为基础的银行服务。严格地说,联系行不是银行的国外分支机构,而是银行国际化发展成为跨国银行的前奏。

(二)代表处

代表处是跨国银行在国外的一种比较初级的海外分支形式。它负责在东道国搜集商业信息,进行市场调研和市场开发,不从事交易性银行业务(通过交易获取利润的业务),东道国的法律一般也不把代表处作为独立的纳税单位来对待。由于代表处运营成本低廉、退出成本也很小,常常是跨国银行建立海外分支机构的首选,而且随着业务的需要和对东道国环境的熟悉,代表处会升级为分行的形式。其优点是以较低的成本联系当地客户,了解市场信息,为母行进一步设立营业性机构、规避经营失败风险提供有益的参考。缺点是业务范围和职能非常有限,并仍需支付一定的成本。

(三)代理行

代理行是一种介于代表处和分行之间的组织形式,主要从事批发性的国际商业银行业务,为母行或本国的跨国公司融资服务。它能转移和贷出储备资金但不能接受东道国的存款,因为代理行不能接受存款,通常它不受东道国本国银行必须遵守的各种法规影响。代理行的顾客大多是银行和商家,特别是母国公司的附属企业,它主要从事对外贸易融资,例如处理母国和东道国之间的信用证和汇票业务,但在东道国内缺乏广泛的顾客基础和国内存款来源。代理行通常依靠从总行或相关支行转移资金或从东道国的银行间市场借入资金。代理行是国际金融市场中最为常见的分支形式之一,它既能使银行进入庞大的国际信贷市场,为客户提供巨额资金,又能充当母行与国际金融市场之间联系的桥梁。

代理行的缺点一般被认为在发放贷款方面,因为大多数代理行在分析当地客户的贷款需求与另一家银行客户的贷款需求时,常常将当地客户的贷款需求置于优先考虑的位置。为此,人们便将在国外开设代理行作为银行国际化经营的备选方案。代理行虽然具有业务范围较代表处宽,可从事营利性业务,成本较低,无须固定投资,也不用负担员工的工资及福利开支,代理行在代理业务时也无须持有存款准备金等优点,但代理行毕竟是外国银行,在考虑当地客户和另一家银行的客户需求时,难免偏重于当地客户的需求。此外,在业务范围上仍限制较多,难以达到分行或子行的层次。

(四)分行

分行是银行设在国外的部门齐全的分支机构,是母行在法律上和功能上的全面延伸。从法律上讲,分行不是一个独立的公司实体,它是母行的组成部分,受母行的控制,并遵守母行所受的全部法律限制。分行在东道国法律允许的范围内,从事所有的国内和国际业务,包括吸收存款和发放贷款。分行的主要活动是对境外发放信贷,借款人是工业国家的跨国公司、发展中国家的银行和政府。在主要金融中心的外国银行分行还不断参与辛迪加贷款、贷款管理、租赁、项目融资等。同时许多外国分行正在参与或寻求表外业务和收费服务项目,如为跨国公司服务的国际货币管理业务和为公司并购或投资提供咨询援助等。还有一种专业化的外国银行分行是贝壳银行,设在免税区,主要经营欧洲美元的存放款业务。分行在东道国的经营相当广泛,对东道国的其他金融机构形成直接的竞争威胁,因此分行比代理行受到更苛刻的法规要求。同时,分行比其他银行形式需要更高的设立成本和人员要求,而且由于有限的国内分支网络和不熟悉当地市场,外国银行的分行不可能充分吸收存款实现经营的规模经济。经常当借贷市场贫乏时,由于缺乏足够的国内存款基础使得银行的利润率很低。尽管具有不利条件,分行仍是跨国银行最受偏好的组织形式。

但同时,分行的发展和经营安全在很大程度上受制于两个条件:一是总行的经营状况。总行与分行具有一体化的利害关系,若总行运营状况良好,就能为分行的长足发展做后盾;反之,若总行遭遇风险,则分行必受影响。二是母国的有效监管。分行的生存能力很大程度上也取决于母国对总行的监管程度,若母国监管不力,则总行和分行均会陷于莫名的风险之中。以上两个因素都是东道国所无法控制和预防的,因此,东道国总体而言对分行持从严准入的态度,或是禁止跨国银行以分行形式进入。

(五)子行

子行是独立于母行的实体,是根据东道国的法律和规范组成的公司,通常能执行和东道国国内银行一样的所有银行业务。当东道国的法律不允许外国银行开设分行和代理行时,子行的形式经常被采用。银行对东道国的子行有一定的控制权,这取决于所有权的程度,从少数股权到全部股权。对于经营一定的经营规模,子行比分行要求更高的资本化,因为它的贷款限制在自有资本的范围内。

子行的优点是母行拥有全部或大部分股权,往往能够从事分行所不能从事的非传统银行业务,包括投资银行业务。由于子行的法人主体地位,母行不必承担子行的经营连带责任。缺点源于其经营自主权,使总行的控制能力受到一定限制,而且来自总行的各种支持很有限,这在某种程度上影响了客户的选择。鉴于上述原因,东道国对子行一般持宽松的准入态度,即使是不允许分行准入的国家也允许跨国银行以子行方式准入。

(六)合资银行

合资银行具有东道国法人资格,它与子行的区别在于,子行大多由外国银行控股,母行对子行一般拥有绝对的控制权,而合资银行不由跨国银行控股。合资银行是一种折中的准入形式,目的在于获取外国银行的少数股权,降低风险,谋取投资收益,分享东道国金融发展成果,对跨国银行和东道国均有好处。跨国银行以合资方式进入东道国金融市场,有助于了解当地情况和利用当地便利条件,开发和占领新市场,还可享受东道国给予合资企业的多种优惠待遇;东道国以合资方式吸引外国银行准入,有助于减少因外国金融资本过于强大而引发的政治问题和社会问题,不仅对国内金融市场起到了"缓冲器"的作用,还有助于引进跨国银行先进的管理经验和经营技术,增强国内银行的竞争力。因此,合资银行形式得到了东道国和跨国银行的共同青睐,绝大多数许可跨国银行进入的国家都允许合资银行进入,有的发展中国家甚至以投资激励措施鼓励跨国银行以合资形式进入该国金融市场。

二、影响跨国银行组织结构的因素

(一)东道国的法律规章制度

东道国的法律规章制度制约跨国银行国外银行分支机构设立的类型。因为,跨国银行要在东道国从事金融业务须在东道国的法律规章制度的允许下方能展开。

(二)东道国的经济发展政策

东道国的经济发展政策对跨国银行国外分支机构组织类型的影响分析如下:一方面

是否开放、连续、稳定的经济发展政策影响到跨国银行以何种方式来东道国经营决策,同时也决定了跨国银行以何种方式来东道国开展国际银行业务;另一方面在经济发展政策的具体组织中,金融体系的是否健全与金融政策的是否合理决定了国内金融机构的业务范围,同时也决定了跨国银行进入东道国之后的分支机构的金融业务范围等问题。因此,可以说东道国的经济发展政策在一定程度上也会影响跨国银行国外分支机构的类型及其具体组织。

(三)跨国银行分支机构的业务性质

跨国银行究竟以何种方式进入东道国还取决于跨国银行分支机构在东道国所要开展的金融业务的性质。一般来说,跨国银行的具体业务可以大致划分为零售、批发与服务性业务等三方面。其中需要分析的问题有:

(1)零售业务一般包括从非银行客户吸收存款,向小进出口商提供资金,向个人、家庭、小公司及合伙企业发放贷款等。若跨国银行欲在国外从事此类业务,则需要建立跨国银行的国外分行等。

(2)批发银行业务一般是跨国银行首先发展的业务选择,它主要包括与大公司客户、银行、其他金融机构和政府机构进行的大宗交易,如巨额贷款、存款及其他相关业务等。若跨国银行欲在国外从事此类业务,可以考虑设立分行及代理行等。

(3)在跨国银行的业务中,人们有时也将服务性业务视为跨国银行的一项单独业务。它主要包括向跨国银行母行的客户在国外的子公司提供有关的咨询及信息资料等。若跨国银行欲在国外从事此类业务,则可以建立跨国银行的代表处、代理行。

(四)跨国银行的全球战略目标

跨国银行的所有经营活动都要服从于其全球战略目标,国外组织形式的设立也是如此。如跨国银行将某地区列为其战略重点区域,则必然要在该区域建立高层次的分支机构,并大力拓展其对应的业务范围。

第四节　跨国银行的监管

一、东道国对跨国银行的监管

跨国银行东道国监管实质上就是东道国对外资银行的监管,从东道国的角度来讲,所有的跨国银行都属于外资银行,对外资银行的监管措施与手段不同程度反映了东道国对跨国银行监管的政策和原则,其具体监管内容表现在对外资银行市场准入、业务经营及市场退出等方面的监管。

(一)市场准入监管

1.市场准入条件

市场准入是银行监管中最重要一个环节之一,各国都非常重视对这方面的监管,以便在外资银行进入本国市场前做好防范风险措施。世界上绝大多数国家对外资银行进入本国市场都有控制,只是控制程度不同而已。外资银行市场准入监管是指东道国为了维护本国银行业安全与稳定的利益出发,在立法上对外资银行的准入申请实行审批制度,对外资银行的经营资格等具体情况进行审查确认,用以决定是否允许该外资银行进入东道国本国金融市场。市场准入条件不仅是东道国对外资银行实施监管的重要工具,也是各国限制外资银行进入的有效手段。东道国通过设立严格的市场准入条件来阻止规模小、信誉差、运营不良的外资银行进入本国金融市场,维护国内金融秩序的安全与稳定,并且各国政府都将市场准入作为金融监管的第一道屏障。不同国家对跨国银行的各种组织机构设立的条件存在着不同的规定,国别差异较大,但对跨国银行的资金实力、经营状况及审慎管理等方面都十分重视。具体主要表现在以下四个方面。

(1) 最低资本金及总资产限制。资本是公司赖以存活的"血液",它不仅是公司运营的物质基础,也是公司承担债务的担保,对跨国银行而言更是如此。最低资本金及总资产要求,是为了保证那些达到一定金融实力的银行才能进入本国金融市场,从而保护本国存款人和其他债权人的利益。

各国对总资产及最低资本金的规定各不相同,如美国的法律并没有明确规定外资银行的最低资本限额,但《国际银行法》授权货币监理署有权确定具体的数额标准;英国则规定外资银行的最低资本金为 500 万英镑以上的实缴资本并需有与维持业务量相适应的净资产、准备金和资产来源;意大利 1993 年第 385 号法令和意大利中央银行 1999 年第 229 号有关监管条例,对外资银行进入意大利市场的准入条件作了明确规定,指出外资银行的资金投入不得低于意大利中央银行规定的标准(650 万欧元);澳大利亚法律规定不要求外国银行分行在澳大利亚境内维持营运资本,对于外国银行子行,则必须满足核心资本不得低于 5 000 万澳元的要求,且必须随时满足 8% 资本充足率和核心资本充足率不得低于 4% 的基本要求;新加坡于 1993 年 10 月修订后通过的《银行法》规定,外国在新加坡设立分行的资本金最低为 1 000 万新元。

(2) 经营状况及年限限制。经营状况要求包括外资银行总行的总资本,在国际银行业中的地位以及以往的经营记录,是对外资银行总行综合实力的要求;经营年限则要求外资银行具有一定的经营期限,或在东道国必须设立其他形式的机构,该条件设计的初衷是为了保证外资银行有必要的经营经验。

如韩国《银行法》规定,外资银行在韩国设相关业务机构除必须带入 30 亿韩元的资本金外,还应向韩国中央银行递交一系列申请材料。包括申请行所在国银行法的复印件,申请行最近三年的资产负债表年报。若外资银行还想经营外汇业务,除了必须向财政部提交上述材料和文件外,还需要提供外资银行今后三年在从事外汇业务经营方面所可能获得的利润或损及业务前景的预测等其他一些相关资料;英国在《1979 年银行法》、《1987 年银行法》中都规定外国银行在伦敦设立代表处或者参加银团必须达两年时间。

(3) 管理层人员的要求。遵纪守法、沉着稳健、自我约束能力强的管理层人员不仅对一家跨国银行持续、稳定、健康经营有着重要的意义,并且对东道国的金融监管机构正常顺利开展监管工作也发挥着极其重要的作用。所以,世界各国的金融监管机构日益重视对跨国银行管理人员,特别是高级管理人员的从业资格和从业素质等方面进行审查,并将此作为外资银行市场准入的条件之一。

如英国法律规定外资银行的高级管理人员中必须有 1 人具有在伦敦金融市场工作过

的经历;美国在 1991 年《加强对外资银行监管法》规定的外国银行管理资源条件中就包括以下几个方面:外资银行的竞争能力、管理人员和董事的经验及诚信记录、主要股东的诚信记录及遵纪守法记录、从事国际银行业务的管理经验和能力等;德国《银行法》规定外国银行在德国开设分行除了要符合国内银行业有关开业资本和负责人资格要求外,还要求在任命的 2 名负责人中,至少要有 1 名负责人曾在德国境内的银行工作 3 年以上,其他负责人要求在国外有 3 年以上的工作经验,且在德国有从事银行业务 1 年以上的经验。

(4) 母国监管情况的要求。由于跨国银行具有跨越国境、在不同的法律框架及金融市场内经营等特点,因此对外资银行准入的监督管理不可避免要涉及母国监管的问题。倘若母国实行健全完善的金融监管机制,将极大地减少东道国对跨境现场检查的密度,能有效节约监管资源,降低监管成本。随着银行业的不断发展,越来越多的国家要求在外资银行准入条件中规定在准入时需提供母国金融监管制度资料,以此确保该外资银行在母国接受良好监管。如新加坡法律规定除了资本及管理人员要符合要求外,外资银行还必须能够证明母国的中央银行监管有效,能够承担最后贷款人角色。巴塞尔协议也有明确的规定:如果外资银行未受到其母国金融监管机构的充分有效监管,东道国应限制或禁止其进入本国金融市场。

2. 市场准入范围

跨国银行的资本流动性较强,给东道国带来的潜在危险比较高,如果没有对跨国银行的市场准入范围进行任何限制规定,势必会增加金融市场的潜在危险。因此,跨国银行的市场准入范围是东道国对跨国银行进行监管的重要内容,主要包括业务范围的监管和地域范围的监管。

对跨国银行准入的业务范围进行限制,不仅可以保护本国银行的利益,防止跨国银行占据过大的市场份额;而且还可以提高本国金融市场的安全性,减少跨国银行危机的传导性。在实践当中,大多数国家对跨国银行市场准入中业务范围限制的规定主要表现在对其负债业务和资产业务的限制性规定上。为了实行对跨国银行这两类业务的限制,在实践中主要采取以下几种措施。

(1) 限制或者禁止跨国银行吸收当地的存款,尤其是本币存款。如秘鲁相关法律规定禁止外资银行吸收当地货币的定期存款。我国台湾曾规定外资银行吸收的台币定期存款总额不得超过其母国投入台湾资金的 12.5 倍。新加坡 1983 年以后,对外资银行只准发离岸银行执照,以此来禁止外资银行经营新加坡本币业务。

(2) 限制或禁止外资银行进入某个特定市场或经营特定的业务。如美国 1991 年制定的《加强对外资银行监管法》(FBSEA)规定:外资银行既不能经营证券业,也不能经营保险业,投资和信托业务也受到严格限制;如果外资银行未提供给美国以国民待遇,那么在该国银行获得美国金融监管机构批准之前,不得开展任何新业务或在新地区开展新业务。加拿大《银行法》第 524 条第 2 款规定,跨国银行不能进行个人财产租赁业务,且第 544 条也不允许跨国银行以执行人、管理人、官方监护人或信托业务的受托人等身份开展相关业务。

(3) 限制外资银行规模。加拿大法律规定除了美国银行外,外资银行在本国金融市场所占市场份额不得超过 12%;西班牙法律规定外资银行在居民中所吸收存款不得超过其在西班牙资产总额的 40%。新加坡对外资银行贷款总额作出了相应的限制性规定,即个人或团体的贷款不能超过资本金的 30%,大宗货款总额(指超过资本 15% 的贷款)不能超过放款总额的 50%。

除业务范围外,东道国为了保护其本国的金融秩序,避免其本国银行业遭受外资银行的过度冲击,以及外资银行与本国银行在本国某些地域范围内过度激烈竞争,防止外资银行加大其在东道国金融市场上的渗透力度和操纵领域,在操作过程中,为了维护本国利益,在本国金融市场对外开放的同时,往往对外资银行的活动领域也进行了具体的限制规定。如美国 1991 年颁布的《加强外资银行监管法》规定:禁止外资银行跨州设立分支机构,而且也禁止在同一州内同时设立分行或办事处两种分支机构;韩国相关法律也对此作出相关规定,即每个外资银行在韩国开设分行的数目不得超过两家,并且在同一城市只能开设一家分行;我国台湾地区在很长时期内也对外资银行的市场准入进行了地域上的限制,将外资银行的活动范围限定在台北和高雄,并且只能设立一家分支机构,一直到 1990 年底才允许跨国银行可以在台北、高雄和台中地区设立三家分行。

(二)业务经营的监管

仅对跨国银行的准入进行管制难以确保监管目标的实现,即使在市场准入环节中没有出现任何差错,实践中也难以保证跨国银行能稳健经营。在银行业中,业务经营对于跨国银行而言是最为重要的活动,所以,对跨国银行业务经营管理的监管则成为东道国对跨国银行进行监管的重中之重。

1. 资本充足率及流动性监管

资本不充足,银行为了弥补损失,提高赢利水平,必然会孤注一掷涉足高风险经营。因此,对银行实行资本充足率管理很重要,大多数国家都要求跨国银行资本充足率至少要达到巴塞尔协议的要求,即 8%。

发达国家基于审慎监管的考虑,一般要求外资银行达到更高的资本充足率。如英国要求外资银行核心资本充足率不低于 6%,一般应达到 8%,对总资产要求为 12%~15%;而一些新兴市场经济国家考虑到经济波动影响资产价值,从而提出更高的标准。

东南亚主要国家大多要求外资银行资本充足率达到或者高于《巴塞尔协议Ⅱ》的要求的同时还对最低资本金额作出了具体规定。如新加坡要求商业银行一级资本充足率达到 6%、总资本充足率达到 10%;菲律宾要求商业银行必须拥有 10% 的资本充足率等。

流动性是指银行可以在任何时候以合适的价格获取足够的资金来满足其客户随时提取现金需要的能力。各国对跨国银行的流动性监管具有很大的差异性,但均将其作为重要的监管目标之一。

如日本要求外资银行流动性资产所占的比例不得低于其总存款的 30%,1 年以上的中长期贷款的 40% 则必须由其中长期存款和负债作保证;英国虽然没有制定正式指标,但也要求外资银行必须具有应付提存款的能力;新加坡对银行流动性的要求是世界上最严格的,新加坡金融管理局规定的最低流动性资产比率要求是 18%,但也规定商业银行可以逐步采取根据自身风险状况制定的最低流动性资产比率。

2. 存款准备金及利率要求

存款准备金是一种货币政策工具,同时也是常用的管制风险、保障存款安全性的重要制度。存款准备金的比例与外资银行的运营成本和安全性密切相关,因此很多国家要求外资银行交纳一定比例的存款准备金。

如英格兰银行规定商业银行必须按英镑存款减去存入当地英国银行资金后余额的5‰上交存款准备金;加拿大的存款准备金的比例要求为12‰;越南对越盾获取存款和12个月以下的定期存款准备金比率为1%,外币活期存款和12个月以下的定期法定存款的准备金率为7%,存期12个月以上的外币定期存款法定存款的准备金率为3%。

由于银行的收益及回报都与利率的变化有关,所以从根本上说银行总是要面临利率风险。许多国家根据本国的实际情况,对某一部分存款甚至放款利率制定了一个统一的标准或者规定某些品种的存款利率。

如美国在1986年以前规定:外资银行必须和美国国内银行一样都要服从存款利率的管制,对客户存款所付利息不得超过联邦系统规定的限额;在我国香港地区,除了3个月以下50万港元以上的短期存款外,都受银行公会制定的利率协议的限制。

3. 贷款集中度管理及对财务活动的检查监督要求

贷款集中度管理的实质是为了限制银行风险过度集中,合理分散贷款的风险,具有广义和狭义之分。为了分散跨国银行的风险,大多数国家的监管当局都力图限制贷款集中度,各国通常规定对于单个客户的贷款不得超过银行资本或者自由资本金的一定比例。

如美国监管机构对单个借款人的贷款总量作出如下规定:

(1)银行对单一借款人的各类贷款总量不得超过总资本的15%;

(2)如客户有特殊需要,银行可以对单一借款人追加在总资本15%以外,但不超过总资本10%的贷款,但这部分贷款必须由等同于现金的流动性的资产进行抵押。泰国规定商业银行单一贷款限额在任意一天营业结束时不得超过资本金的25%,零售类银行不得超过11%。

为了确保外资银行经营活动并未超出监管的范围,各国主管机构都要求外资银行按时报送各种报表,以便能及时掌握银行资产情况、负债情况及其相关经营管理的数据情况,以便及时进行分析研究,并制定相应的措施。例如,美国相关法律规定,外资银行应当按月、季、年分别向联邦储备体系、货币监理局、联邦存款保险公司等相关管理机构报送财会报告及有关大股东、董事和主要经理人的情况的报告,相关管理机构每年对外资银行进行一次检查。

(三)市场退出监管

1. 存款保险制度

存款保险制度对维护存款人的安全、维护存款人对银行的信心、保障金融机构在失败后稳健退出发挥了重要作用,与此同时还可以减轻政府或中央银行在银行倒闭中承担的风险。多数国家的存款保险是以“领土”为实施保险的基本原则,其存款保险的对象包括本国的国内银行,也包括外资银行。

美国《1933年银行法》最早创立了官办型的存款保险制度,根据1978年颁布的《国际银行法》的规定,外国银行分行只有参加了联邦存款保险,才允许吸收金额在10万美元以下的存款。1991年颁布的《加强外资银行监管法》规定,外国银行在美接受10万美元以下存款需要通过其在美国的子银行进行,而且子银行必须向联邦存款保险公司投保;新加坡从 2006 年开始实施存款保险制度,并要求外资银行应按规定的计算方式在新加坡境内维持足以抵付该行所吸收受保存款的资产。

2. 最后贷款人制度

最后贷款人(LOLR)是一国货币管理最高当局(一般为中央银行)为化解银行风险,向暂时出现流动性困难的问题银行提供紧急援助的一种制度安排。其直接目的是消除集体非理性行为造成的金融恐慌,防止暂时性流动危机向清偿性危机和系统性危机转化。由于监督措施相对于实践的滞后性、银行信息的不透明等原因,即便是最为有效的监督当局,也无法确切地保障个别银行不倒闭,因此最后贷款人制度作为金融安全网的组成部分,对解决银行危机具有不可替代的作用。

美国《联邦储备法》规定,联邦储备当局对向其缴存存款准备金的外国银行驻美国的分支行、代理行或者其附属机构,可以通过合法证券贴现的形式提供法定的贷款,用以缓解该外国银行分支机构由于资本扩张所引起的暂时低下的困境;韩国相关法律规定,韩国中央银行对承担本国银行的海外分支机构承担最后贷款人的责任,而不承担在韩国设立银行分支机构的最后贷款人,并要求该分行的母行和母行所在国家提供相应的救助。

二、母国对跨国银行的监管

(一)跨国银行海外分支机构设立的母国监管

对跨国银行海外分支机构的设立进行审批和监管是母国监管的主要内容之一,相应的监管要求和监管措施对跨国银行海外业务经营活动具有相当重要的影响。与东道国对外资银行的严格监管相比,母国在对本国跨国银行设立海外分支机构的管理上一般采取两种态度:一种较为宽松,一种较为严格。

具体表现在以下几个方面。

(1)最低资本要求。如美国《联邦储备法》就作出如下规定:凡是申请设立海外分支机构的商业银行的自由资本必须超过 100 万美元。同时,为了防止同一银行在海外重复地设立分支机构,避免国际金融风险集中在少数几家银行,《联邦储备法》还作出如下规定:申请者持有的其他主要从事国际金融活动的美国银行或者其他金融机构的股票,不得超过其自有股本的 10%。

(2)必须向本国银行监管机关提供其境外分支机构的业务经营活动与经营管理情况的详细情况。

(3)要求申请设立海外分支机构的银行必须具有一定数量从事跨国银行业务资格和具有相关经验的管理人员。此外母国监管当局还可能考虑是否有利于海外分支机构的扩大及本国经济的发展等因素。

(二)跨国银行海外分支机构业务经营的母国监管

跨国银行所从事的业务活动内容,决定着银行自身的安全与赢利状况,因而也成为管理部门的重点监管对象。通常表现为:把海外分支机构和母行作为一个统一的整体,检查整个银行系统的资本充足率、流动性及单一贷款限额等各项指标;要求母行定期报送其设立的海外分支机构相关财务报表和业务报表,并结合母行的合并报表进行系统分析;考虑到本国银行的海外分支机构主要是在东道国进行经营活动,母国对不在本国从事经营活动的境外分支机构规定业务范围的限制没有多少实际意义。此外,放宽对海外分支机构经营范围的限制有利于增强跨国银行的国际竞争力。因此,多数母国当局倾向于放宽对本国海外分支机构业务经营的限制,最多要求其遵守与本国银行相同的规定。

三、跨国银行的国际监管

(一)跨国银行国际监管的双边协调监管合作

在没有法律约束力的国际条约或国际公约安排下,为避免跨国银行监管过程中,因东道国和母国之间信息不流畅或责任不明确而造成监管上的盲区,最基本的做法就是在不同国家或地区的监管者之间建立双边协调监管机制。

因此,在实践中,产生了许多成功的双边协调监管协议。建立正式双边协调机制的方式主要有两种:一种是谅解备忘录。即两国或地区监管当局之间达成向对方承诺应尽义务的协定,通常包括获取对应机构拥有的相关的官方文件及其他信息条款。另一种是建立金融信息共享协定。一般情况下,可对有关信息内容的共享进行具体说明,如监管信息的定期披露、信息交流,确立统一的监管指标评价标准等。

此外,东道国与母国的监管当局根据具体情况还可以进行一些非正式的联系,如当跨国银行出现经营危机时,东道国和母国建立的较为灵活的非正式监管合作方式,对于及时处理危机的蔓延具有不可低估的作用。

(二)跨国银行国际监管的区域协调监管合作

跨国银行的区域协调监管合作是跨国银行国际监管合作机制的重要组成部分。它实质上是全球竞争进一步加剧的条件下国家间竞争的延伸,能否产生取决于该区域是否存在着较为明显的共同金融利益。

区域协调监管合作对跨国银行的监管具有超国家权力的特征,根据多边协议成立专门的机构行使监管职能。如 1979 年欧盟与成员国中央银行成立的欧盟银行咨询集团;拉丁美洲和加勒比银行监管当局协会、阿拉伯银行监管委员会、东非和南非银行监管组织、中亚和地区性监管组织等。其中,欧盟与北美自由贸易协定的实践最为典型。

1. 欧盟关于跨国银行监管的法律规定

欧盟银行法是以欧洲单一市场的建立为背景,以《欧盟条约》中关于"设立和提供服务自由"等规定作为基础,以一系列欧盟银行法令为主体,并辅以相关共同体规制(包括相关条例和相关的法院判例等)综合而形成的一个关于跨国银行监管的法律体系。这一系列的银行指令共同形成了一套与巴塞尔体制相平行的"布鲁塞尔体制"。在实践中丰富并发展了跨国银行联合监管机制,在对欧盟内部各个国家银行法规的协调规范及各个国家监管机构的联合监管方面发挥着十分重要的作用。这些指令的主要内容有:

(1)确立了以母国监管为主、东道国监管为辅的综合监管原则。从欧盟金融服务法的历史来看,《第一银行指令》最早对母国控制原则的形成作出的相关规定为:为了建立一种制度,使得在一成员国设有总部机构并在其他成员国设有分支机构的信用机构不受其他成员国相关许可标准的束缚,可以通过一系列指令的制定来协调各个成员国有关信用机构设立和经营管理方面的法律、法规和行政规章。上述有关规定是母国控制原则形成的最早法律渊源。该指令还进一步明确了母国控制原则,指出东道国监管机构仅负责监督清偿力、货币政策等对其宏观经济有重大影响的事项。母国控制原则是指由母国监管机构具体负责对在整个共同体内设立的分行及跨境服务所从事的银行业务活动实施有效监管。

（2）确立了"单一银行许可"原则。作为欧盟银行法的一项独有原则的单一银行许可原则是指凡是在欧盟一成员国内获得许可的信用机构，有权在其他成员国境内自由设立分支机构并允许提供经许可的服务，而无须取得东道国的另行许可或授权。单一银行许可原则不仅是《第二银行指令》的一项核心内容，也是欧盟银行业一体化的集中表现。依《第二银行指令》规定：单一许可原则适用范围主要包括跨境分行的设立和跨境提供服务两方面；适用的对象为欧盟信用机构及其子公司。对于银行服务的业务范围，该指令及其附录《相互承认的银行业务活动表》对其作了明确具体的列举，既包含传统的商业银行业务，也包含证券交易的所有形式。单一许可原则的实行，彻底打破了共盟内对银行业的地域限制，放松了对商业银行业务范围的限制，推动了欧盟内银行服务自由化的进程。

（3）确立了互惠待遇原则。互惠待遇原则是指一国依其国内法或国际条约，只有在他国给予本国国民以优惠待遇的条件下才给予该他国国民以相当的优惠待遇。《第二银行指令》在实行"单一银行许可"原则的同时，专门针对第三国银行以子公司或收购股权方式进入欧盟市场的问题作了明确规定，确立了一种以共盟为基准的"互惠待遇"原则。具体表现在《第二银行指令》的第三部分第8、9条，主要涉及成员国就第三国银行在其境内设立海外子公司或者收购股权给予许可的通知程序及其欧盟对第三国的互惠审查程序。从实际运作情况来看，欧盟对第三国的互惠待遇的适用，使其在多边贸易组织体制之内从其他成员国获取更多的市场准入机会，进而帮助其信用机构打开第三国门户、开拓海外市场。

2. 北美自由贸易协定关于跨国银行监管的法律规定

1992年12月，美国、加拿大、墨西哥三国共同签订了北美自由贸易协定（NAFTA），其主要目的是消除关税和非关税壁垒，推动区域内商品、人员及资本流动。但随着投资自由化条款、投资争端解决机制等制度的建立，经济一体化内容已经超越贸易自由化的范围而涵盖了劳务、贸易、投资、金融服务等领域。该协定第十四章对跨国金融机构市场准入规则及国民待遇与最惠国待遇原则等相关问题进行了规定，为三国跨国银行的监管合作提供了依据，虽然统一协调程度比不上欧盟，但其在跨国银行区域协调监管合作方面的意义是显而易见的。

（1）市场准入原则。首先，协定在跨境金融服务贸易市场准入方面所采取的第一选择是维持现状，即某一成员国金融服务站可在另一缔约国开业，从事银行、保险、证券交易和其他金融服务。不对任何金融部门的跨境交易规定限制条件，也不对已有限制增加补充规定。其次，一缔约方可以要求另一缔约方跨境金融服务提供者及其金融工具进行登记，但前提是在不排除对金融服务跨境贸易审慎监管的前提下。

（2）国民待遇及最惠国待遇原则。根据NAFTA第1405条规定，在金融服务方面要求提供无条件的国民待遇，当一缔约方允许跨境金融投资者提供相关金融服务时，它应给予其他缔约方不低于相似情况下给予本国金融服务提供者的待遇。鉴于美国、加拿大是联邦制，不同的州或省适用其各自的金融领域法律法规，就可能出现这么一种情况，即不同的金融机构在不同的州或省设立时,或同一金融机构位于两个或两个以上的州或省时,待遇可能不尽相同。在此情况下,国民待遇意味着外国金融机构提供者或金融机构的外国投资者的待遇不低于同一州或同一省的该缔约方的金融机构或金融投资者的待遇。

NAFTA 第 406 条第 1 款对无条件的最惠国待遇原则进行了规定。各缔约方给予另一缔约方的金融投资者、金融服务机构及跨境金融服务提供者的待遇,应该不低于相同条件下其给予其他任何缔约方或者非缔约方的投资者、金融服务机构及跨境金融服务提供者的待遇。但是,在审慎措施的承认方面,协定的规定实质上是一种有条件的最惠国待遇。一缔约方可以承认另一缔约方或非缔约方的审慎措施,此种承认可以通过担保、协调或基于与他缔约方或非缔约方的协议等方式取得。

(三)跨国银行国际监管的全球协调监管合作

跨国银行全球协调监管合作主要有两项:一项是巴塞尔委员会的建立及其所通过的各种协议和文件;另一项是乌拉圭回合贸易谈判中达成的《服务贸易总协定》(GATS)及其金融附录。

1. 巴塞尔关于跨国银行监管的法律规定

1)巴塞尔协定

1974 年德国赫斯塔特银行和美国富兰克林国民银行的破产,使各国对跨国银行的国际协调监管合作进入实践层面。1974 年 9 月,在国际清算银行的主持下,十国集团及瑞士、卢森堡在巴塞尔举行会议,探讨跨国银行的合作监管问题。1975 年 2 月,由这些国家银行主管机构代表组成的"银行业管理监督管理委员会"成立,又称为"巴塞尔委员会"。该委员会自创建以来,一直在跨国银行监管方面起着主导作用,其宗旨并不是追求各国有关监管法律和政策的统一,而是改善跨国银行业务监管技术,交换各国监管信息,以促进各国间的监管合作。

巴塞尔委员会关于跨国银行的监管的相关规定表现在其制定的一系列协定中。其中包括:

(1) 1975 年的《对银行的国外机构的监管原则》,又称为《1975 年协定》。《1975 年协定》是巴塞尔委员会的第一个文件,也是跨国银行国际协调监管的一块重要基石。该协定对东道国与母国的监管责任进行了划分,并分配了各自监管责任的侧重点,即监督外国银行分支机构的流动性与外国银行子行的清偿能力以东道国监管为主,监管外国分行的清偿力和外国子行的流动性则以母国监管为主,母国与东道国之间应互通信息,密切合作。

(2) 1983 年的《关于银行外国分支机构监管原则的巴塞尔协定的修正》,即《1983 年修正协定》。该协定强调充分监管,引入了综合监管原则,对东道国和母国监管当局的责任予以适当延长和加强。同时采用了"双重钥匙"(即东道国与母国相互评价监管一家跨国银行的质量)方法和"并表监管"原则对跨国银行进行监管。

(3) 1988 年的《关于统一国际银行资本计算与资本标准的协议》。该协议统一了银行合规资本的定义及其资本充足度的最低标准,分别从资本构成、风险加权制度、目标资本比例及关于过渡性安排等方面进行了详细规定,使银行的管理模式从资产负债管理走向风险资产监管,力图消除跨国银行业中存在的不平等竞争根源,增强国际银行体系的稳定性与安全性。

（4）1990 年的《银行监管当局间信息流动协议》。该协议最大的特点在于安排了东道国与母国在信息交流方面的监管责任。强调在跨国银行海外分支机构市场准入审批程序上，加强东道国与母国之间的信息互通。

（5）1992 年通过的《关于监管国际性银行集团及其跨国分支机构的最低标准的建议》，简称《巴塞尔建议》。该建议规定了四项原则，即母国统一监管原则、母国与东道国共同监管原则、信息交流原则及其必要限制原则（即东道国对不符合最低标准的外国银行机构采取必要限制措施）。通过这些原则的制定，确保东道国与母国在跨国银行监管方面的紧密配合，确保所有跨国银行及其分支机构得到最低程度的有效监管。

（6）1997 年的《银行业有效监管的核心原则》。该原则是对墨西哥和东南亚金融危机而做出的直接反应，涵盖了各国在并表监管领域中的实践以及以往各项巴塞尔文件的精神，集中体现在 7 个方面，涵盖了 25 条基本原则。核心原则是一个最低要求，它要求各国银行监管当局必须依据其本国金融体系的实际情况加以强化或补充。该原则对跨国银行的监管具有重大意义，是巴塞尔委员会工作的又一突破。

2）巴塞尔协议Ⅱ

20 世纪 90 年代以后，随着金融领域的不断创新，银行经营复杂程度不断提高，银行规避管制的水平也在不断提升，1988 年资本协议的滞后性及本身固有的缺陷日渐暴露，虽然经多次修改但仍不能完全适应跨国银行业运行环境及监管环境的变化。1998 年巴塞尔委员会决定对旧资本协议进行全面修改，并在 1999 年公布了资本协议Ⅱ的第一次征求意见稿。此后，委员会又分别在 2001 年和 2003 年发布了第二次及第三次征求意见稿，最终在 2004 年 6 月 26 日公布了《统一资本计量和资本标准的国际协议：修订框架》（简称资本协议Ⅱ），并在当天正式通过国际清算银行在网上公布该协议，计划于 2006 年底开始施行。新资本协议并不是对旧资本协议的全盘否定，而是在维持原有资本水平不变的同时，提出了更具风险敏感性及其更为复杂的管理框架及规则，集中表现为互为补充的三大支柱：最低资本要求、外部监督管理机制及市场约束机制。

支柱一规定了资本充足率。新资本协议继承了旧资本协议关于资本定义和 8% 最低资本充足率的规定，监管当局可以适当提高最低资本的要求以符合个别金融机构的管理能力。资本协议改善了风险度量方法，第一次提出操作风险度量方法、维持原有的市场风险度量方法，在保留原有外部评级法的基础上，引入两种内部评级法，即基础内部评级法与高级内部评级法，使资本充足率的计算公式更加准确。

支柱二规定了监管当局的监督检查责任。监督检查责任首次被纳入资本协议框架，巴塞尔委员会认为，银行监管当局必须掌握完善的监管手段，防止银行资本未能满足最低资本要求或存款人存款安全受到威胁时采取纠正措施。其基本原则是银行监管当局应有一套根据风险评估其资本充足率的策略防范，保持银行高于最低标准的资本。当出现异常情况时，能够及早发现并积极干预，及时采取相应的补救措施，进而避免银行的资本低于用于抵御风险所需的最低水平。

支柱三规定了市场约束机制。市场约束具有加强资本合理调节和银行自身进行内部风险控制的作用，从而强化了资本监管，促进银行的安全性与稳健性。

新巴塞尔协议通过增强银行的信息披露来强化跨国银行的市场约束力。新资本协议主要从资本构成、使用范围、资本充足率、风险暴露的评估和管理程序四个领域制定了更为具体的定性及定量的信息披露内容,使银行公司治理更加透明,以更好应对突发事件。

3) 巴塞尔协议Ⅲ

以 2007 年次贷危机为导火索,美国第四大投资银行雷曼兄弟申请破产保护,随即引发了国际金融市场一系列动荡,充分暴露了现有银行业监管体系中存在的诸多不足。现有监管框架未能有效预防商业银行的高杠杆运作,巴塞尔协议Ⅱ对流动性风险、估值模型及信用评价等的风险管理未能与时俱进。在世界经济陷入衰退的两周年之际,通过艰苦的斡旋和谈判,包括中国在内的 27 个国家银行业监管部门和中央银行高级代表在瑞士的巴塞尔召开的巴塞尔银行监管委员会管理层会议上通过了《巴塞尔协议Ⅲ》,其主要在以下几个方面提高了监管要求。

一是资本金比率。普通股最低要求,从当前的 2% 提升到 4.5%,该要求从 2013 年1 月 1 日开始施行,2015 年 1 月 1 日之前得以实现。包括普通股和其他符合要求资本的一级资本金比率将在同一时间从 4% 提升到 6%。

二是资本留存缓冲。留存缓冲的目的为防止一些银行在资本头寸恶化时肆意发放高红利及奖金,确保银行拥有相应的缓冲资金用于在发生金融和经济危机的时候"吸收"损失。为此,巴塞尔协议Ⅲ引入了 2.5% 的资本留存缓冲,即由扣除递延税项和其他项目后的普通股权益组成。虽然银行在危机期间可以利用这一缓冲,但资金比率越是接近最低要求,受到的限制也越大,如若银行的资本留存缓冲比率达不到该具体要求,监管机构有权限制银行排名、分发红利、回购股份。

三是反周期缓冲。巴塞尔协议Ⅲ引入了反周期缓冲的资本要求,这一新的缓冲比率为普通股或者其他能够完全"吸收"亏损资本的 0~2.5%。设置反周期缓冲的目的在于保护银行体系免受信贷激增所带来的冲击,该缓冲仅在信贷增速过快并有可能导致银行系统范围内风险积累的情况下才会生效。所以,在实际操作当中,可以将反周期缓冲作为留存缓冲的延伸。

四是系统重要性银行。对系统中的重要性银行提出 1% 的附加资本要求,以期能够降低"大而不能倒"所带来的道德风险。

除了上述这些基于风险的资本要求外,还有一项并非是基于风险的"杠杆率"要求作为辅助。《巴塞尔协议Ⅲ》要求各个国家对 3% 的一级杠杆率在同一时期进行平行测试。基于该测试结果,在 2017 年上半年对其进行最终调整,并希望在 2018 年 1 月 1 日能够成为新协议的第一支柱部分。同时还引入净稳定融资比率和流动性覆盖比率对银行流动性进行有效监管。

2. WTO 关于跨国银行监管的法律规定

在 WTO 体制下,与银行有关的法律文件主要包括《服务贸易总协定》(GATS)以及相关金融服务的两个附件和 1999 年 3 月 1 日正式生效的《金融服务贸易协定》。虽然这些文件并未对跨国银行监管作出专门的规定,但为跨国银行国际监管合作提供了一些原则性指引。

1) GATS《金融服务附件》

《关于金融服务的附件》是 GATS 金融服务规则的重要法律渊源,GATS 包含两个金融附件:《关于金融服务附件》和《关于金融服务的第二附件》。我们通常所说的 GATS《金融服务附件》仅指前者,《关于金融服务的第二附件》是一份技术性文件,主要针对 WTO 成立后成员方提出最惠国待遇豁免以及修改和撤销原有金融承诺作出程序性的相关安排。《关于金融服务附件》中包含一项重要的实体规则,即"审慎例外"。而对于跨国银行而言,"审慎例外"是一项非常重要的规定,根据这项规定,成员国一方采取的审慎监管措施,可以合法地背离该成员国作出的市场准入承诺及所承担的国民待遇和最惠国待遇义务。

2)《关于金融服务承诺的谅解》

《关于金融服务承诺的谅解》(以下简称《谅解》)针对金融服务的规定主要体现在市场准入和国民待遇两方面。《谅解》对成员国在金融服务部门市场准入方面的具体承诺提出了更为具体、更加广泛的要求。依据《谅解》的规定,成员方应承诺:首先,在公共机构购买金融服务上,应适用国民待遇原则和最惠国待遇原则,逐步消除或减少金融服务的垄断权;其次,应允许非居民跨境提供相关金融服务,允许其他成员国的金融服务提供者在其境内设立或扩展金融商业机构或在其境内依法设立金融服务机构提供新的金融服务;再次,应允许设在其境内的其他成员方金融机构所必需的高级管理人员及专家等相关人员临时入境,不应阻碍金融信息传递或信息处理,努力消除或限制因非歧视措施造成的对其他成员方金融服务提供者的重大不利影响。除此之外,国民待遇方面,《谅解》要求各成员方根据国民待遇原则,允许设在其境内的其他成员方的金融机构使用其公共机构经营的支付和清算系统,获取日常业务活动所能获得的再融资便利及其官方基金。

3)《金融服务贸易协定》

世贸组织成立后,针对乌拉圭回合谈判各方的金融服务自由化承诺进行了更深入的谈判,最终于 1997 年 12 月 13 日在日内瓦达成了新的《金融服务贸易协定》,将全球 95％的金融服务贸易纳入逐步自由化的进程中。《金融服务贸易协定》的主要内容体现在其法律原则上,即市场准入原则和国民待遇原则。主要内容包括以下几项重要内容:一是取消跨边界服务的限制;二是允许外国资本在投资项目中的比例超过 50％;三是允许外国在国内建立金融服务公司并按竞争原则进行服务,外国公司获得与国内公司进入该国国内市场的同等权利。

案例资料

工商银行的国际化发展之路

中国工商银行(Industrial and Commercial Bank of China)成立于 1984 年 1 月 1 日,主要业务包括批发、零售、电子银行和国际业务在内的本外币金融服务。2013 年中国工商银行成为《福布斯》排行榜全球最大企业。截至 2013 年 1 月,工商银行已在全球 34 个国家或地区设立了 200 多家海外机构,并与 132 个国家或地区的 1 453 家银行建立了代理行关系,形成了跨越亚、非、欧、美、澳五大洲的全球经营网络,跨市场与全球化服务能力显著增强。

2012 年,中国工商银行迎来了跨国经营 20 周年。20 年来,与中国改革开放的伟大时代同行,工商银行的国际化经营走过了不平凡的历程,取得了令世人瞩目的成就,在中国金融业的发展史上书写了"扬帆出海"的华彩篇章。

一、走出一条适合自身特点的国际化发展道路

境外机构从无到有,全球服务网络基本建成。从1992年设立第一家境外机构新加坡代表处起步,到2011年末工行已建成覆盖33个国家或地区、由239家境外机构组成的牌照完备、运营高效、服务优良的全球网络,并通过持有南非标准银行集团20%股权实现了战略布局非洲大陆。作为海外经营网络的重要补充,代理行网络从1992年覆盖60个国家或地区的208家银行,发展到今天覆盖136个国家或地区的1 553家银行。期间,工行抓住两次"危"中之"机",实现了海外机构建设的跨越式发展。2000年以前把握亚洲金融危机后的有利时机,以自主申设机构为主,快速进入了韩国、日本等周边市场和德国、卢森堡等欧洲市场。2000—2006年,在申设机构基础上逐步开展并购,先后多次对港资银行与欧资银行进行并购整合,打造了在港经营旗舰工银亚洲,开创了中资银行境外资本运作的先河。2006年以来,工商银行依托股改上市后日益增强的整体实力,积极稳妥地实施自主申设与战略并购并举策略,实现了海外机构布局的大跨越。

境外经营能力由弱到强,可持续发展模式逐步确立。进入21世纪以来,工行境外机构的竞争发展能力有了显著提升。境外机构总资产从2000年的36亿美元增至2011年的1 320亿美元,拨备后利润从3 400万美元增至13亿美元,除个别当年新设机构外,其他境外机构均实现盈利,境外机构资产和利润年复合增长率达到39%左右;资产质量稳定改善,不良资产率从2001年的4.49%降至2011年的0.19%。2011年,工行境外机构净资产收益率(ROE)平均为12.4%,回报水平超过一些欧美大银行;人均资产1.4亿元人民币,人均净利润87万元人民币,超过全行平均水平,体现出较高的经营效率。2009年11月,在我国首次召开的国际监管联席会议选择工商银行作为评价对象,来自10个国家或地区的监管机构对工行的稳健经营成绩给予了较高评价。

境外机构发展从孤岛状态到纳入全球一体化平台,科技优势充分发挥。2003年,工行明确提出"要建立客户、业务、技术、信息的统一平台,形成有机联系的整体网络结构;加快海外数据中心建设,实现海外与国内数据中心对接"的发展目标。2006年,工行在中资同业中率先启动了自主研发的FOVA系统建设,功能覆盖存款、贷款、汇款、银行卡、网上银行、国际结算、贸易融资、金融市场等多个领域。经过几年的不懈努力,FOVA系统已在34家境外机构成功投产,覆盖除工银亚洲外的全部境外机构。工行还从2005年开始积极推动境外机构单证业务集中处理,目前全部境内外机构的国际结算单证业务均已上挂总行单证中心,国际业务集约化经营水平领先国内同业。

重点产品线从境内延伸到境外,全球服务能力不断增强。工行始终围绕"走出去"企业需求特点,依托FOVA平台和境外机构多牌照优势,加快境内重点产品线向境外的延伸,推动全球服务能力提升。截至2011年底,工行支持"走出去"企业贷款余额129亿美元,确立了"走出去"业务大行地位。工银国际先后参与了多个具有全球影响的IPO项目,显著提升了工商银行的国际声誉和市场地位。在中资同业中率先推出了全球现金管理业务,与2 232家客户建立了合作关系,并在我国香港设立了亚太区现金管理中心,与南非标准银行联合搭建了中非现金管理平台。在33家境外机构投产了网银系统,海外网

银个人客户达到 16.2 万户,企业客户达到 1.4 万户,网银客户渗透率接近 30%。在香港建立了统一的境外信用卡平台,9 家境外机构实现信用卡发卡,17 家境外机构实现借记卡发卡。依托银行卡与网银套接模式,境外零售业务实现较快发展,个人客户已达 55.5 万户。工银澳门海外贵金属业务中心已具雏形,工银伦敦实现贵金属实物销售。工银金融的证券清算和证券融资业务模式趋向成熟,证券清算总额超过 20 万亿美元。全球托管网络建设加速推进,基于内外联动的资产管理产品创新持续加快,贸易金融业务逐渐成为新的利润增长点。

国际业务从市场追随者到主导者,经营业绩创历史最好水平。工行境内国际结算量从 1993 年的 340 亿美元发展到 2011 年的超过 1 万亿美元,国际贸易融资发生额稳居四家大型国有银行之首。工商银行把握国家加快推进人民币跨境使用的政策机遇,早布局、早启动,在较短时间内就基本确立了同业领先地位。截至 2011 年末,跨境人民币业务量突破万亿元大关,人民币清算网络覆盖 55 个国家或地区,清算账户数稳居同业第一。跨境人民币业务线已成功拓展到 23 家境外机构,业务范围覆盖贸易、服务、资本及融资等众多领域。

国际化人才队伍建设与时俱进,为国际化战略实施提供了有力保障。从 1992 年派出第一批外派员工以来,经过 20 年的努力,工行已经初步建立起一支数量充足、素质优良、结构合理、国际竞争力较强的国际化人才队伍。截至 2011 年末,境外机构员工总数达到 5 700 余人。2011 年工行启动了国际化人才培训项目,计划用 10 年时间培养 2 000 名左右高端国际化人才,为下一阶段的国际化发展奠定更加坚实的人才基础。工商银行还在中资同业中开创性地提出了"全球雇员管理"理念,并组织了首届荣誉全球雇员评选表彰和各类培训活动,促进了"OneICBC"的文化融合。

二、国际化发展的成功经验

国际化发展 20 年来,工商银行取得的一切成绩和进步的根本原因和基本经验,归结起来主要有以下几点。

(1) 坚持与中国经济全球化进程相匹配的国际化战略。中国银行业的国际化是中国经济全球化的必然结果。1992 年邓小平同志发表"南方讲话",中国改革开放进入新阶段,工行顺应中国外向型经济发展需要,开始从立足国内市场向统筹发展国内国外两个市场的定位转变,提出了"全行办外汇"的发展战略,并选择世界重要转口贸易及海运中心新加坡设立了首家境外机构,随后在亚洲、欧洲设立分行,在美国设立代表处,走出了国际化的第一步。2001 年加入世界贸易组织后,中国经济全球化程度不断加深,国家明确提出要实施"走出去"战略,中资企业海外投资明显加快,工商银行以支持企业"走出去"为己任,提出了"壮大亚洲,巩固欧洲,突破美洲"的跨国经营战略,国际化发展开始提速。2006 年加入世贸组织过渡期结束后,特别是 2009 年人民币跨境使用进入实施阶段,工商银行依托已初步建立的国际化经营基础,实现了全球服务网络和海外业务的大发展。可以说,工商银行在 20 年的国际化过程中,始终坚定贯彻国家对外开放战略,紧扣中国开放型经济发展的需要,把握不同时期的战略机遇,稳步加快了国际化进程。

(2) 坚持自主申设与战略并购并举的国际化战略。20 年来,工行审时度势,在网络和业务拓展策略上始终坚持战略并购与自主申设并举的原则。1993 年以来通过申设方式进入了 29 个国家或地区,实现了低成本、低风险的稳健网络扩展。同时,把战略并购作为推动境外分支机构本地化发展的重要手段,按照风险可控制、成本可接受和机构可整合的原则稳步开展对中小型银行的收购与整合。到目前为止,工行历史上进行的 11 次收购都取得了成功。在 20 年的海外并购历程中,工商银行不仅开创了中资银行海外资本运作的先河,而且创造了股权投资合作的境外网络建设新形式,快速实现或强化了对重点目标市场的覆盖,成功在战略性市场进入了当地主流银行行列。比如,收购印度尼西亚 Halim 银行成就了中国银行业首次跨国并购,入股南非标准银行创下我国企业境外投资单笔金额纪录,收购澳门诚兴银行使当地最大本土银行成为工行集团成员,全面自愿要约收购泰国 ACL 银行使工行迅速进入泰国市场,创造性运用捆绑交易收购东亚银行(加拿大)使工商银行进一步完善了北美布局,收购富通证券(北美)PDS 部门成立工银金融使工商银行开创了海外证券清算业务,收购东亚银行(美国)成功后将使工商银行实现北美零售业务的破冰,收购阿根廷标准银行则探索了中资银行在拉美并购成熟商业银行的道路。

(3)坚持稳健审慎的国际化战略。20 年来,工行认真汲取国际大银行开展跨国经营的经验和教训,在国际化过程中始终把风险控制放在首位,战略上积极、战术上谨慎,绝不把放松风险控制作为加快国际化的条件。在国际化过程中着力建立健全灵活、全面、高效的风险管理体系。指导境外机构和子公司在统一风险管理框架下结合实际做好日常风险管理,实现了对各项业务的全额风险计量和全程风险监控,提升了并表风险管理水平,避免了不同业务单元、不同市场、不同国别之间的风险传递。这些行之有效的做法,促进了境外机构健康、稳健发展,实现了其对总行的利润回报、业务拉动、功能互补和战略协同作用。

(4)坚持科技引领的国际化战略。20 年来,工行始终坚持系统建设、机构建设与业务发展统筹规划、同步推进,建立了多币种、多语言、跨时区的全球一体化科技平台 FOVA。依托 FOVA,工商银行能够在全球范围内提供统一标准的金融服务;能够为境外机构产品创新提供系统支持,增强其业务扩张能力;能够通过系统硬控制提高境外机构风险管理能力;能够实现国内外成熟理念和产品的共享。可以说,FOVA 系统是工商银行这棵大树的根须,不管境外机构所在市场的特点如何,只要有根须,全球分支机构都可以得到整个大树的营养,实现客户、业务、技术和信息资源的共享。

(5)坚持业务发展、文化建设与社会责任统筹的国际化战略。20 年来,工行始终把符合东道国法律、尊重东道国文化、促进东道国繁荣作为全球企业文化建设的基本前提,按照集团化、同一化、市场化、人本化的原则,从战略、制度、产品、服务、品牌、员工、企业形象等文化载体入手,实现了集团文化与当地文化的有机融合,增强了全球雇员队伍的凝聚力,提高了当地市场和客户对工商银行品牌的认同度。鼓励境外机构在促进中国与东道国(地区)贸易投资、支持当地经济社会发展、解决就业的同时,主动承担社会责任,注意环境和知识产权保护,坚持走和谐共赢的国际化道路。

经过 20 年的探索实践,工商银行在全球网络、规模效益、科技平台、服务能力、人才队伍、管理水平、品牌文化等方面的国际化发展上实现了历史性跨越,有力地推动了全行的经营转型和创新发展。

三、国际化发展面临着难得的发展机遇

工商银行 20 年的国际化发展取得了辉煌成就,这是一个里程碑,更是一个新的起点。

展望未来,我国经济将更主动、更全面地融入全球,这为包括工行在内的中资金融机构国际化发展提供了广阔空间和良好条件。

对外投资作为化解国际收支不平衡的重要举措,是我国调整经济结构、实现可持续发展的战略选择,要求中资金融机构必须同步"走出去"提供服务。一方面,我国长期高投资、低消费造成的国内供需失衡使产能过剩成为不少产业的普遍现象,迫切需要通过对外投资加快消化过剩产能。另一方面,我国长期的贸易、投资"双顺差"和外汇储备余额形成了对外金融资产贬值与对外金融负债升值,导致经济福利流失,也需要通过对外投资缓解国际收支失衡。与日本、印度、俄罗斯等对外投资发展迅速的国家相比,我国在通过对外直接投资促进国际收支平衡、化解过剩产能、推动产业结构升级方面还有较大潜力。2010年我国对外直接投资占 GDP 的比重仅为 1‰,远低于处于同一发展阶段的俄罗斯 3.55%的水平。从反映一国国外净要素收入的指标(GNP,GDP)来看,2010 年我国这一指标为304 亿美元,远低于日本 1 427 亿美元的水平。根据"十二五"规划纲要,我国要加快实施"走出去"战略,提高其对国民经济的贡献率;对外直接投资将保持增长,逐步走上资本流入和资本流出更趋平衡的发展道路;对外投资合作的规模和层次也会实现飞跃,形成一批初具规模的大型跨国公司和金融企业集团。"走出去"的关键是要构建我国自己的全球供应链体系、培育自己的跨国公司和跨国金融机构,使得商品、人民币、银行和其他服务形成一个全方位的、协同"走出去"的系统。我国企业"走出去"步伐加快,也必然要求中资银行的金融服务相应从传统的存贷款、结算等服务领域向多元化、综合化的金融服务领域发展。

贸易结构优化升级使我国逐步从贸易大国向贸易强国转变,为中资金融机构国际化提供了持续动力。目前我国已经是世界第一出口大国和第二进口大国,未来对外贸易发展主要呈现出两个方面的特点:一是需求与政策双轮驱动,进口稳定增长。国家实施积极的财政政策,把扩大内需作为我国经济社会发展的战略基点,完善鼓励合理消费的财税和信贷政策措施,将有效地拉动国内消费需求;同时,国家继续把扩大进口作为战略措施来抓,扩大先进技术设备、关键零部件和能源原材料进口,加之政府出台的一系列鼓励进口政策,必将有力地支撑进口增长。二是出口结构调整升级。未来我国货物贸易出口仍有较大提升空间,在大型机电产品出口及大型承包项目上的强大增长动能会不断释放,特别是新兴市场的需求会成为出口的新增长点。随着贸易结构和贸易发展战略的调整,进出口将对我国加快产业升级和技术更新起到巨大催化效应。这也为中资金融机构深化内外联动,抓住跨境客户国际贸易链条的两端,"以内促外"拓展海外客户与业务机会,"以外带内"提升全球贸易金融服务能力带来了新的空间。

人民币跨境使用范围扩大正在为世界货币体系变革积聚力量,也为中资金融机构走向世界提供了更加有利的条件。人民币跨境使用是扩大对外投资、提高开放型经济发展水平的重要支撑,是我国从经济强国走向金融强国的重要战略举措。跨境人民币业务启动两年多来,业务规模和涉及领域加速拓展,境外离岸人民币市场加快形成,国际影响力不断扩大。2011 年我国跨境人民币结算业务量突破 2 万亿元,是 2010 年的 4 倍;跨境人民币投融资业务也出现井喷式增长。香港人民币存款从 2010 年末的 3 000 亿元猛增至2011 年末的 6 000 多亿元;离岸人民币债券市场快速发展,仅 2011 年前 11 个月,香港人民币债券发行量已达 991 亿元,是 2010 年全年发行量的 3 倍,成为全球成长最迅速的债券市场之一。香港离岸人民币市场的快速发展,使得新加坡、伦敦、纽约等国际金融中心期待成为下一个离岸人民币中心,也为中资金融机构的国际化提供了宝贵的机遇。

四、沿着工商银行特色国际化道路继续稳步向前

当前中资银行的国际化发展已进入一个新阶段。下一步,工商银行将主动适应经济金融全球化深入发展的趋势,坚持统筹境内境外两个大局,充分利用两个市场、两种资源,坚定战略、稳扎稳打,努力把国际化经营提高到一个新水平。

(1) 积极服务产业资本全球化。工商银行将紧密跟随中国经济全球化进程,到 2014 年境外网络覆盖的国家和地区达到 40 个以上,基本上形成对与我国主要经贸往来地区全覆盖、与客户金融服务需求相适应的全球经营网络。在这个过程中,工商银行将适应我国对外开放由出口和吸收外资为主转向进口和出口、吸收外资和对外投资并重的新形势,针对我国"进出口贸易型"、"境外投资型"、"对外工程项目总承包与劳务合作型"、"区域管理型"四种不同类型的"走出去"企业,深入研究其各类金融需求,构建全方位服务体系,开展标准化和个性化的综合服务。着力满足重点客户、重大海外并购和投资项目的融资需求,深化银企合作。

(2) 构建世界级的产品线。一是加快建设海外第一华人零售银行和私人银行。坚持差异化策略,力争到 2014 年境外个人客户达到 150 万个。确保网银与 FOVA 同步落地,在移动互联网普及程度较高的市场推出手机银行,建立全球电话银行服务体系,力争到 2014 年基本实现网银系统对境外机构的全覆盖,形成与物理网点相配合的海外零售客户营销服务平台。二是全力打造境外外币清算大行。以推动海外美元、日元、欧元三大外币清算中心建设为核心,按照全球业务运行集中管理、互为备份的思路,加快建立各主要货币连续清算运作机制,打造全球统一运作、安全高效的资金汇划清算平台,为在全球进行不间断资金交易提供保障。三是努力提高综合服务能力,大力推进现金管理、托管、资产管理、贵金属、投资银行和租赁等优势业务向境外机构延伸。

(3) 巩固和扩大境内国际业务优势。把握"十二五"规划提出促进贸易收支基本平衡、大力发展服务贸易和建设国家级外向型经济区域的有利条件,积极开展分层营销、分类管理,加快形成"总量增长、结构合理"的目标客户新体系。着力优化客户需求快速反应机制,加快产品研发,完善创新推广机制,加快构建起"先进完善、灵活多样"的产品创新体制,以产品优势提升竞争优势、发展优势。

(4) 全力推进跨境人民币业务发展。紧紧抓住我国扩大金融对外开放、扩大人民币跨境使用这一千载难逢的机遇,丰富人民币内外联动产品体系,想方设法把人民币优势延伸至全球,全力推进跨境人民币业务的发展。工银亚洲将加大业务创新,不断丰富人民币产品线,尽快建设成为全行境外人民币业务中心,同时充分利用香港人民币离岸市场和在岸市场"两个市场、两个价格"的机会,争取成为全球重要的人民币做市商。具备条件的海外机构全力争取成为人民币清算行,从而形成以香港为主体、其他国际金融中心为侧翼的全球跨境人民币业务营运体系。抓住部分国家外汇储备多元化的迫切需求,积极推进外国央行以人民币作为储备货币,确立跨境人民币第一大行地位。

(5) 进一步夯实风险管理、科技和人才支持保障基础。在已有的条件和基础上,进一步加强风险管理,加大科技和人才保障,为国际化发展提供强有力的支持。一是加强风险管理,适应国际银行业监管新趋势,切实加强对境外各类风险的统一管理。二是加强科技平台建设,按照"OneBank"要求优化 FOVA 系统架构,完善功能,打造境外机构特色业务平台。三是加强人才和企业文化建设。进一步加强国际化人才队伍建设工作,加大境外管理人才培养储备,继续完善对派出董事、监事的任用管理,持续提高附属机构的公司治理与精细化管理水平。加强对境外投资银行、资产管理、私人银行、资产托管等专业条线的人才保障,抓好人才国际化项目建设,建设一支专业人才队伍。进一步强化全球雇员管理,使外籍高管和业务骨干境内学习交流制度化、长期化,促进集团内人力资源有序流动和优化配置。更加系统地指导和组织境外机构开展工商银行企业文化建设,加大工商银行品牌及中华文化传播力度,树立工商银行统一的价值理念和品牌形象,不断增强全球雇员对集团的认同感和归属感,走出一条与东道国政府和人民友好相处、文化包容、和谐共赢的国际化发展道路。

(资料来源:姜建清. 工商银行的国际化发展之路[J]. 中国金融,2012(3).)

关键术语

跨国银行	联系处	代表处	代理行	分行
子公司	结构标准	业绩标准	行为标准	流动性
合资银行	最后贷款人	资本充足率	存款保险制度	巴塞尔协议

思考题

1. 跨国银行的内涵是什么?
2. 跨国银行经历了几个发展阶段?
3. 跨国银行的组织形式主要包括哪几种?
4. 跨国银行组织形式选择的影响因素主要是什么?
5. 东道国对跨国银行的具体监管内容包括哪几个方面?
6. 母国在对本国跨国银行设立海外分支机构的具体要求是什么?
7. 跨国银行的国际监管主要包括哪几个方面?

非银行跨国金融机构

从事金融活动的除了银行外,还包括一些非银行金融机构,如证券公司、证券金融公司、证券投资信托委托公司、保险公司、短期资金公司、租赁公司等。其中,进行跨国经营活动且占主导地位的主要是跨国投资银行、投资基金及保险基金等。本章主要介绍了跨国投资银行、投资基金及保险基金的基本概念、发展历程。

学习目标

掌握投资银行、跨国投资银行、投资基金、保险基金的概念;了解跨国投资银行、投资基金的发展;分析跨国投资银行对我国的影响及启示。

第一节　跨国投资银行

一、投资银行概述

(一)投资银行的定义

投资银行是证券和股份公司制度发展到特定阶段的产物,是发达证券市场和成熟金融体系的重要主体,在现代社会经济发展中发挥着沟通资金供求、构造证券市场、推动企业并购、促进产业集中和规模经济形成、优化资源配置等重要作用。投资银行在不同的国家有不同的名称。投资银行是美国的叫法,在英国以及其他英联邦国家被称为商人银行,而在日本则被称为证券公司。虽然称呼不同,但其实质都是一样的,都是为资金需求者进行融资的现代金融机构。

对投资银行的概念,不同的国家和不同的学者有不同的界定。美国著名的金融投资专家罗伯特·库恩认为,投资银行是指经营一部分或者全部资本市场业务的金融机构。它包括证券发行与承销、公司理财、收购兼并、商人银行业务、基金管理、风险资本运作、私募发行、咨询服务,以及风险管理和风险工具的创新等业务。

最早的投资银行可以追溯到3000年前美索布达米亚平原金匠为商人提供的票据兑现、各类证券抵押放贷、财务顾问等活动。这些活动可以说是投资银行最原始的形态。随着商品经济的发展和国际贸易的兴盛,原先的商人成了"商人银行"。此时的"商人银行"业务和一般商业银行业务没有太大的差别,只是其业务不断向专业化的方向发展。在国际经济贸易不断发展的推动下,国际金融中心先后由荷兰的阿姆斯特丹转移到英国的伦敦。欧洲工业革命的到来又进一步扩大了商人银行的业务范围,它将业务扩展为帮助公司筹集股本金、进行资产管理、协助公司融资,以及投资顾问等。20世纪以来,商人银行业务中的证券承销、证券自营、债券交易等业务的比重有所增大,而商人银行积极参与证券市场业务还是近几十年的事情。在欧洲的商人银行业务中,英国是最发达的,它在世界上的地位仅次于美国,另外德国、瑞士等国的商人银行也比较发达。

现代投资银行的出现主要得益于美国内战期间兴修铁路的热潮。在这次热潮中,为了筹集资金,美国政府发行了大量债券,并通过投资银行进入了欧洲市场,一度成为欧洲证券市场主要的交易对象。相对于美国投资银行的崛起,欧洲投资银行的地位和实力遭到削弱。此时美国著名的投资银行有摩根·塞利格曼、斯培叶、摩顿·罗斯、梅里尔·林奇(即美林公司)、雷曼兄弟公司、歌德曼·萨克斯公司(即高盛公司)等。在此期间,投资银行与商业银行的区别逐渐体现出来,投资银行不能通过发行货币或存款创造来增加货币供应量,而主要充当资本市场的中介,沟通资本需求者和资金供给者,并逐渐成为投资业务的专家。随着投资银行规模实力的提高,许多投资银行家开始直接参与客户公司的经营管理,并不断控制商业银行、信托公司和保险公司,扩大自己的实力和影响范围,从而成为金融寡头。

在第一次世界大战之后,美国经济迅速发展,新兴企业不断崛起,企业债券和股票成为热点,债券和股票市场也得到快速发展。由于通过资本市场融资的成本较低,期限较长,公司的融资途径发生了很大变化,更多地倾向于通过股票和债券市场融资。在这种条件下,投资银行得到了快速的发展,进入了20世纪20年代的繁荣时期。这一时期美国投资银行主营证券承销和分销业务,商业银行和投资银行处于混业经营状态。商业银行通过其控制的投资银行从事投资银行业务,为了追求巨大的利润,它们将储户的资金置于证券市场的大风险之中,使得当时的股市泡沫严重。同时由于缺乏对证券业专门的监管机构,为1929—1933年的金融和经济危机埋下了祸根。

20世纪20年代,美国在巨大的证券泡沫情形下,终于爆发了著名的"大危机"。股市的崩溃带来了世界历史上空前持久和深刻的经济危机,出现了世界金融史上最悲惨的局面。投资银行业遭到重创,陷入萧条。为了重振投资银行业,1933年美国通过了《1933年银行法》。在这个法案中对证券投资活动的布局和渠道作了大规模的调整,制定了证券投资活动的根本原则,引起了美国银行史上最深刻的变革。这些原则被称为《格拉斯斯蒂格尔法》。从此,美国进入投资银行与商业银行分业经营的阶段。

20世纪70年代以来,由于金融业竞争的加剧,分业经营制度下的商业银行面临不利的局面。美国颁布了许多重要的金融法律和政策,放松了对金融业的管制,投资银行进入了快速发展的新阶段,在金融自由化、放松管制的强烈要求下,分业经营模式日益向混业经营模式靠拢。1999年美国《金融现代化法案》的通过意味着美国投资银行、商业银行、保险公司、信托机构的业务界限已不复存在,美国进入混业经营时代。与此相类似,世界其他国家也逐步进入了混业发展阶段。

不过,尽管投资银行与商业银行之间业务交叉与融合已发展到相当程度,但分别从其本源等实质性方面探析,两者之间还是存在一定差异的(见表5-1)。

表 5-1　投资银行与商业银行的差别

项　　目	投　资　银　行	商　业　银　行
本源业务	证券承销	存贷款
功能	直接融资,并侧重长期融资	间接融资,并侧重短期融资
业务概貌	无法用资产负债反映	表内与表外业务
主要利润来源	佣金	存贷款利差
经营方针与原则	在控制风险前提下更注重开拓	追求收益性、安全性、流动性三者结合,坚持稳健原则
监管部门	主要是证券管理机构	中央银行
风险特征	一般情况下,投资人面临的风险较大,投资银行风险较小	一般情况下,存款人面临的风险较小,商业银行风险较大

从市场定位上看,银行是货币市场的核心,而投资银行是资本市场的核心;从服务功能上看,商业银行服务于间接融资,而投资银行服务于直接融资;从业务内容上看,商业银行的业务重心是吸收存款和发放贷款,而投资银行既不吸收各种存款,也不向企业发放贷款,业务重心是证券承销、公司并购与资产重组;从收益来源上看,商业银行的收益主要来源于存贷利差,而投资银行的收益主要来源于证券承销、公司并购与资产重组业务中的手续费或佣金。

（二）投资银行的类型

当前世界上的投资银行主要有以下四种类型。

(1) 独立的专业性投资银行。这种形式的投资银行在全世界范围内广为存在,美国的美林公司、高盛公司、摩根士丹利公司、所罗门兄弟公司、第一波士顿公司,日本的大和证券、山一证券、野村证券、日兴证券,英国的宝源公司、华宝公司均属于此种类型。

(2) 商业银行拥有的投资银行。这种形式的投资银行主要是商业银行对现存的投资银行通过兼并、收购、参股或建立自己的附属公司形式从事商业银行及投资银行业务。这种形式的投资银行在英、德等国非常典型。

(3) 全能性银行直接经营投资银行业务。这种类型的投资银行主要在欧洲大陆,它们在从事投资银行业务的同时也从事一般的商业银行业务。

(4) 一些大型跨国公司兴办的财务公司或大型财团。

（三）投资银行的业务种类

投资银行主要从事的业务有传统业务和新兴业务两类。传统业务主要有证券一级市场上的证券承销业务,二级市场上的证券经纪业务、证券自营业务、证券做市业务,以及企业并购业务。新兴业务主要包括:金融衍生品业务、本金投资业务、咨询业务、资产管理业务和资产证券化业务等。投资银行新兴业务最近几十年发展迅速,对投资银行业务的扩张与竞争力的提升有重要意义。

(1) 证券承销业务。证券承销是指在证券发行过程中,投资银行按照协议帮助发行人推销其发行的有价证券的活动。投资银行主要通过四种方式对证券进行承销,即包销、投标方式、尽力推销、赞助推销。投资银行的承销收益主要来自差价(或叫毛利差额)和佣金。证券承销业务是投资银行最本源性的业务,一直以来都是投资银行最主要的利润来源之一。

(2)证券经纪业务。证券经纪业务是指投资银行等金融机构代理投资者在证券交易市场买卖或转让证券,并收取佣金的活动。从事证券经纪业务的投资基金公司银行称作证券经纪商,是证券交易市场中买者和卖者的集中代表。经纪商按业务范围的不同,主要分为佣金经纪商、交易所经纪商、专营经纪商三种。

(3)证券自营业务。证券自营业务是指以营利为目的,运用自有资金和依法筹集的资金,并通过自己的账户买卖有价证券的行为活动。投资银行的自营业务只为自己的账户买卖证券,从中获利,不接受投资者的任何经营委托,也不向公众承担任何责任。它同投资银行的经纪业务严格分开,由不同的部门负责。

(4)证券做市业务。投资银行在证券二级市场上还充当做市商的角色。做市商是指运用自己的资金账户从事证券买卖,通过不断报价维持证券价格稳定性和流动性,并从买卖差价中获得利润的金融服务机构。做市商是市场流动性的创造者和提供者,也是信息的集中掌握者,承担着价格风险,靠买卖差价获取收入。

(5)企业并购业务。企业并购是企业兼并与收购的统称,是投资银行的核心业务之一。企业并购是投资银行最能创造利润的一项业务,也昭显着投资银行"财力和智力的结合"。在并购业务中,投资银行的业务主要有两种:一种是投资银行充当并购策划和财务顾问业务;另一种是投资银行作为并购的主体,先买下企业,再进行整体转让,或分拆卖出,或包装上市抛售股权,以进行套现。在并购业务中,投资银行推动了企业内部治理结构的改善,促进了企业管理水平的提高,引导着某一产业或行业的发展结构,是对资源的一种优化配置。

(6)项目融资。项目融资是以项目的财产权益作为借款担保的一种融资方式,是为特定项目策划安排一揽子融资的一种融资技术手段。在项目融资中,投资银行的主要服务有:进行项目评估,帮助组建合营项目实体和项目法律机构,制订符合项目需要和贷款人要求的财务计划,制定借贷双方均能接受的有关安全保证的计划措施;为可能的贷款人准备发行证券备忘录,鉴别和选择贷款人并协助进行谈判,安排融资资金的最后来源。

(7)基金管理。投资基金是一种由众多不确定的投资者将不同的出资份额汇集起来,交由专业投资机构进行操作,所得收益由投资者按出资比例分享的投资工具。投资基金实行的是一种集合投资制度,集资的主要方式是向投资者发行股票或收益券,从而将分散的小额资金汇集为一较大的基金,然后加以投资运作。投资基金分为封闭式与开放式两大类。

(8)资产证券化业务。资产证券化是指把缺乏流动性却具有可预测现金流收入的资产转化为在金融市场上可以出售的证券的行为。资产证券发起人把持有的各种流动性较差的金融资产分类整理为一批批资产组合,出售给特定的交易组织(主要是投资银行),进而将其转换成在金融市场上可以出售和流通的证券。资产证券化提供了传统融资方式以外的新型的融资工具。

(9)本金投资业务。投资银行的本金投资业务,是指投资银行运用自由资金或直接支配的资金向外进行投资,以取得收益后达到战略目的的投资行为。它是投资银行利用其他业务的剩余资金,根据自身的需要进行合理运作,以追求最大化收益和实现公司发展战略目标的投资行为。本金投资分为财务性投资、战略性投资和风险性投资三种类型。

(10)证券网上交易。随着互联网的普及和信息时代的到来,在线经纪和网上交易给传统的证券市场带来了革命性的冲击,证券业面临着巨大的变革与挑战。许多大型国际投资银行纷纷进入证券网上交易领域,并且出现了专门经营网上交易的经纪商。

(11)金融衍生品业务。金融创新的主要内容是以投资银行专家为代表的金融从业人员对金融衍生产品的开发和运用,促使资本市场向国际化、高级化方向发展。投资银行的金融衍生产品业务主要包括金融期货交易、金融期权交易和金融互换交易。

(12)咨询业务。投资银行的咨询业务主要是指投资银行以金融顾问或管理顾问的身份向客户提供各种服务的一种业务类型。投资银行利用自身的人才、信息、投资技术、专业技巧等方面的优势,为客户提供有关资产管理、风险管理、流动性管理、投资组合设计、估价等多方面的咨询服务。咨询业务是投资银行业务的精华所在。

(13)资产管理业务。投资银行的资产管理业务是指投资银行接受客户委托,在严格遵循客户委托意愿的前提下,对客户资产进行有效的管理与运营,在保全客户委托资产的基础上,实现其资产增值的新型证券业务。

二、跨国投资银行的产生与发展

跨国投资银行是指在世界各地设立分支机构进行跨国经营的大型投资银行,是投资银行业在国际范围内的延伸。它不仅是国际证券市场的经营主体,而且其活动范围与影响已超出证券业,与跨国商业银行并列成为当代国际金融资本的重要组成部分。

世界经济高度一体化的今天,全球金融市场已经基本上连成了一个再不可简单分割的整体。与此相适应,投资银行已经彻底地跨越了地域和市场的限制,经营着越来越广泛的国际业务。投资银行国际化最早可以追溯到20世纪50年代末60年代初,但当时无论从业务机构还是业务内容来讲,国际化程度都是很低的。真正大规模的全球化浪潮是从80年代初开始的,当时以美国为首的投资银行在全球范围内揭开了扩张的序幕;到90年代,投资银行的国际化更是达到了一个前所未有的高度,美国、日本甚至欧洲的投资银行(证券公司)相互重组整合,国际业务不断膨胀,业务机构也伸向了新兴市场;到了21世纪初,经历了上个世纪末疯狂扩张后,投资银行开始了一个短暂的调整。

(一)萌芽产生阶段(1960年前)

在1960年之前,出现了投资银行开展跨国业务的萌芽。如英国巴林银行曾帮助许多美国铁路债券在伦敦上市。但当时投资银行的国际业务主要通过其在国外的代理行进行,很少有投资银行在海外设立分支机构;其业务种类也比较单一,主要是进行外国债券的推销,并没有形成今天投资银行丰富多彩的业务体系;其开展业务的地区主要局限于欧洲。

(二)起步发展阶段(1960—1980年)

20世纪60年代至70年代,是跨国投资银行的起步发展阶段。在这一时期,世界大型投资银行纷纷在海外设立分支机构,纽约、伦敦、巴黎、东京、日内瓦等金融中心汇集了许多跨国投资银行的分支机构;其国际业务也出现了综合化、一体化的趋向,并致力于开发欧洲债券业务和欧洲股票业务。如第一次典型的欧洲债券发行是由英国的商人银行华宝银行设计并主承销的。

(三) 迅速发展阶段(1980—2008 年)

20 世纪 80 年代以来,跨国投资银行进入了前所未有的迅猛发展阶段。许多跨国投资银行已基本上在世界上所有的国际或区域金融中心设立了分支机构,建立并完善了其全球业务网络,其国际业务体系日益完善。在继续经营国际证券的承销、分销、代理买卖和自营买卖等传统业务的基础上,又在全球范围内开展兼并收购、资产管理、财务咨询、风险控制等活动;其国内业务规模也急剧扩张,在各重要的国际金融市场上,许多跨国投资银行证券交易量已超过本地金融机构;此外,其国际业务管理机制不断完善,许多大型跨国投资银行建立了负责协调管理全球业务的专门机构,如美国摩根士丹利银行的"财务、管理和运行部"、高盛公司的"全球协调与管理委员会"等。

(四) 调整转型阶段(2008 年至今)

经过长期发展,跨国投资银行已形成的业务范围十分广泛,业务品种齐全,产品和服务涵盖股票、债券、基金、保险、期货及各种金融衍生产品,可以为政府、金融机构、高收入的个人群体和公司等多种客户群体提供多样化和差异化的产品和服务,能够满足客户各种层次和不同目的的投资需求。随着固定收益产品、金融衍生品的流行和交易的飞速发展,在高利润的诱惑和激烈竞争的压力下,跨国投资银行大量从事次级贷款抵押债权和复杂的衍生产品的投资,业务结构过于集中于高风险的衍生品领域,不良资产过多。2008年 12 月 21 日,随着高盛和摩根士丹利转型商业银行,曾经叱咤风云的独立跨国投资银行进入了调整转型期。

三、跨国投资银行发生危机的原因分析

(一) 监管制度的漏洞和监管手段的不足

由于跨国投资银行而产生的金融危机的外部原因很多,但是,监管制度的漏洞和监管手段的不足使金融体系的风险逐步积累,是导致此次危机的最主要原因。从总体上看,美国的金融监管制度支持了美国金融业的繁荣兴旺。从 20 世纪 90 年代开始,美国金融业已进入混业经营时代,但监管仍然采取分业监管的模式,监管体制建设滞后,没有及时跟上金融形势和金融创新的发展实际,对金融危机的形成和扩散负有一定的责任。它不仅表现在混业经营与监管体系的矛盾,还表现在监管重点错位,重机构、轻业务,重场内、轻场外,重传统业务、轻创新业务。金融市场的迅速发展使得金融创新层出不穷,产品日趋复杂,资金流动性高,功能监管应当成为金融监管的主要职能。从美国金融体系的监管特征来看,机构监管只针对机构性质,而不过问业务,即对同样性质的机构都采取同样的监管标准而不管其从事什么样的业务,证券公司和对冲基金等金融机构在业务上几乎不受任何实质性的约束。监管机构对证券公司净资本和杠杆率的控制不力。对投资银行准备金的要求,只是考虑列在资产负债表上的资产,而对业务交易簿上持有的金融产品并无要

求。券商自营部分杠杆率很高,券商成为了事实上的对冲基金,高风险业务缺乏更高的资本充足率与之匹配。同时,与次贷相关的衍生品都没有在交易所上市,产品标准不统一,透明度较差,监管机构对场外市场衍生品的监管滞后,使得一旦出现问题就很难及早发现并及时处理。

(二)经营范围过宽,业务结构过于集中于高风险的衍生品领域

投资银行已形成的业务范围十分广泛,业务品种齐全,产品和服务涵盖股票、债券、基金、保险、期货及各种金融衍生产品,可以为政府、金融机构、高收入的个人群体和公司等多种客户群体提供多样化和差异化的产品和服务,能够满足客户各种层次和不同目的的投资需求。

随着固定收益产品、金融衍生品的流行和交易的飞速发展,在高利润的诱惑和激烈竞争的压力下,投资银行大量从事次级贷款抵押债权和复杂的衍生产品的投资,业务结构过于集中于高风险的衍生品领域,不良资产过多。例如高盛公司在近年内,直接股权投资和其他投资所获占到其总收入的80%左右;雷曼兄弟所持有的很大一部分房产抵押债券都属于第三级资产,将30%~40%的难以出售的不良债券都留在了自己的资产表上。在市场情况好的年份,整个市场都在向上,市场流动性泛滥,投资者被乐观情绪所蒙蔽,巨大的系统性风险给投资银行带来了巨大的收益,在对大量金融衍生品的交易中,投行赚取了大量利润。例如高盛和摩根士丹利两家投行在过去十几年中每年的平均净资产回报率高达20%左右,远远高出商业银行12%~13%的回报率。2007年高盛在衍生品和资产证券化产品中的交易比例很大,有80%左右的利润来源于自营等投资业务。可是,当市场崩溃的时候,高风险的衍生品领域的投资将风险成数十倍地放大,某一领域的风险就转化为系统风险,使得美国投资银行难逃厄运。

(三)自有资本少,杠杆率过高

美国的投资银行相对于综合性银行,自有资本和资本充足率更低。为筹集资金扩大业务量,大多用很少的自有资本和大量借贷的方法来维持业务运营的资金需求,借贷越多,自有资本越少,杠杆率就越大。如美林证券的杠杆率为28倍,摩根士丹利的为30倍,雷曼兄弟宣布进入破产保护时,其负债高达6 130亿美元,负债权益比是6 130∶260。这些负债都是从客户或者其他基金借入的大量资金。高杠杆要求较高的流动性与之相匹配,在市场较为宽松时,尚可通过货币市场融资来填补交易的资金缺口,而一旦自身财务状况出现恶化风险,对于公司持有大量的流动性很低的资产,评级公司则降低其评级,融资成本将不可避免地上升,造成投资银行无法融资维持流动性,贝尔斯登便是因此遭挤兑而倒下。同样,评级公司降低雷曼兄弟的评级,也是其彻底破产的重要因素。

(四)"创新"过度,金融衍生产品泛滥,脱离实体经济的需要

投资银行在混业经营发展模式下,已经远离了金融中介这一基本职能。投资银行过去主要为企业充当财务顾问和为拟上市企业承担保荐、股票承销等职能,但近十多年来,投资银行领导了美国的金融创新的主流,各种新的筹资工具和风险管理方式几乎都是由投资银行首先推出的。各种金融衍生品和证券化产品在美国资本市场上非常多,衍生产品链条非常长,通过柜台交易(OTC)受到的监管很少,只要出现对手方买,能够成交就

行。美国次贷发放总量不过 1.2 万亿美元,而经过华尔街投行的多次证券化,形成了百万亿元的金融资产。金融机构无节制的"创新",把次级债券不断拆分、组合,原有的有限的金融资产已经被更多的金融产品所覆盖,金融衍生品链条不断被拉长。过度的衍生产品与基础资产越离越远,基础资产的风险和收益特征完全被掩盖,投资者甚至其他参与者难以有足够的数据和资料来评估基础资产和衍生产品的风险状况和内在价值。

危机爆发前各金融机构为追逐高额利润的短期利益,纷纷参加到复杂金融衍生品的创设、交易和投机中,金融衍生工具过于复杂,销售链条过长,所有参与者都忽视了必要的风险控制,使得很多复杂产品尤其是金融衍生品的市场交易与其分散金融市场风险的初衷互不相关,虚拟经济脱离了实体经济发展的需求。这就违背了虚拟经济与实体经济必须保持一定的适度比例、基础金融资产是金融创新产品存在和发展的前提这一经济学基本规律,当基础资产质量下降时,过度的创新最终转变为金融危机的传导、放大工具。

四、跨国投资银行的发展给中国投资银行展带来的教训及启示

虽然 20 世纪 80 年代以来,为适应经济的发展及市场变化形势,国际投资银行发展具有新的特点,这对中国投资银行的发展具有较强的启示意义,但次贷危机爆发后,美国投资银行深受影响,摩根士丹利、高盛集团、美林证券、雷曼兄弟、贝尔斯登等传统的投资银行经营模式几乎受到了覆灭性的打击。虽然这些传统商业银行的经营模式受到挑战,但对当前中国投资银行而言,还是能给予借鉴和启示。

(1) 业务不宜过度集中。从摩根士丹利、高盛集团、美林证券、雷曼兄弟、贝尔斯登五大投资银行的业务结构特点看,虽然重点有所不同,但多为波动性较强的高风险业务。如破产前的雷曼兄弟,其经营范围分为三个部分:资本市场、投资银行及投资管理,主营业务中资本市场是其最为核心的业务部门,占有雷曼兄弟总资产的 98%,也是其重要收入来源,占其总收入的 60%～70%,而与承销等传统投资银行业务相比,资本市场业务是风险较高的业务板块。高盛集团业务分为三大块:投资银行集团、交易与本金投资集团、资产管理与证券服务集团,其中交易与本金投资集团是其最为核心的业务部门,占其收入来源的 65%～70%。

(2) 建立风险与收益匹配的风险管理体系。投资银行是从经营和管理风险获利的。风险管理能力正是投资银行能够生存并持续发展的核心能力之一。一方面,投资银行应充分认识到风险管理是一个寻找风险与预期收益平衡点的过程,投资银行应从宏观、微观两个层面选择需要和能够管理的风险;另一方面,引入以风险价值为核心的量化风险管理技术,实施以风险资本为核心的风险限额管理,建立风险监测预警体系,从而增加对生存环境和市场运行环境的能动反应。

(3) 建立完善的激励约束机制。投资银行业是高智力、高风险的行业,较高的薪酬具有一定的合理性,但应强调激励有利和约束有效的相匹配,失衡的激励机制容易导致过度追逐短期利益和过度风险。

(4) 募集资金模式应多元化。美国投资银行募集资金的方式主要包括三种:第一,通过隔夜债券回购市场融通短期资金;第二,发行商业票据,票据期限一般为 3～9 个月;第三,发行债券、股票、银行贷款等。因此,美国投资银行较依赖在货币市场上拆借资金来

维持经营工作。从其资产负债表来看,投资银行的负债以短期为主,回购、银行贷款和商业票据融资的比例高达 25.5%,对客户的应付款比例高达 32.2%,长期负债比例仅为 10.8%。如此的募集资金模式极易导致投资银行出现流动性风险,从而导致在金融危机时期易遭受毁灭性打击。

（5）努力寻找自身的业务发展模式。当前,金融自由化及金融全球化速度不断加快,但这并不意味着中国投资银行都应该加快综合化及国际化经营趋势,而应根据自身业务特点及优势,寻找自身的业务定位,从而确定适合自身的业务发展模式和市场地位。

第二节 投资基金

一、投资基金概述

（一）投资基金的定义

投资基金作为统一称谓是我国所独有的,在国外,投资基金的称谓有不同的提法。比如在英国被称为"单位信托基金",在美国称为"共同基金",日本、韩国和我国台湾、香港等地则称为"证券投资信托基金"。简言之,投资基金是汇集不特定多数且有共同投资目的的投资者的资金,以金融资产为专门经营对象,委托专业金融投资机构,以资产的保值、增值为根本目的,根据证券组合投资原理,进行科学性、组合性、流动性投资,借以分散与降低风险,投资者按出资比例分享其收益并承担投资风险的一种投资方式或投资制度。

（二）投资基金的特征

1. 共同投资

即由不特定多数的广大的社会投资者作为投资主体,为了共同的目标和利益,自愿按照一定组织形式(公司型或契约型),将各自分散的小额资金组成具有相当规模的集合式共同基金,以取得在各自分散条件下难以达到的规模经营效益。

2. 专家经营

投资基金募集成功后,交由有专门投资知识和经验的专家管理运用,投资者本身并不直接负责管理,以实现投资效用最大化和风险最小化。

3. 组合投资

为规避证券市场及其他投资项目的投资风险,在集合投资条件下,通过精心计算和按照组合投资理论进行多元化、多样化、多种类的投资来实现这个目的。

4. 以金融资产保值、增值为根本目的

基金投资于有价债券的目的在于获取股利及股息,必要时将证券出售以获得资本得。投资基金的目标旨在投资及其效率,而不以控制所投资的企业为目的。

5. 共担风险与收益共享

最终的投资风险由投资者共同承担,基金投资人按照出资比例共担有限责任,基金管理者并不承担经营风险,也不参与利润分配,只收取必要的劳务费用与适当奖励。

（三）投资基金的类型

1. 按基金的组织形式不同,基金可分为契约型基金和公司型基金

（1）契约型基金又称为单位信托,是指将投资者、管理人、托管人三者作为基金的当事人,通过签订基金契约的形式发行受益凭证而设立的一种基金。

（2）公司型基金是依据基金公司章程设立,在法律上具有独立法人地位的股份投资公司。公司型基金在组织形式上与股份有限公司类似,由股东选举董事会,由董事会选聘基金管理公司,基金管理公司负责管理基金的投资业务。

契约型基金与公司型基金的区别:

① 资金的性质不同。契约型基金的资金是通过发行基金份额筹集起来的信托财产;公司型基金的资金是通过发行普通股票筹集的公司法人资本。

② 投资者的地位不同。契约型基金的投资者既是基金的委托人,又是基金的受益人,即享有基金的受益权;公司型基金的投资者对基金运作的影响比契约型基金的投资者大。

③ 基金的营运依据不同。契约型基金依据基金契约营运基金,公司型基金依据基金公司章程营运基金。

2. 按基金运作方式不同,基金可分为封闭式基金和开放式基金

（1）封闭式基金是指经核准的基金份额总额在基金合同期限内固定不变,基金份额可以在依法设立的证券交易场所交易,但基金份额持有人不得申请赎回原基金。

决定基金期限长短的因素主要有两个:一是基金本身投资期限的长短,二是宏观经济形势。

基金期限届满即为基金终止,管理人应组织清算小组对基金资产进行清产核资,并将清产核资后的基金净资产按照投资者的出资比例进行公正合理的分配。

（2）开放式基金是指基金份额总额不固定,基金份额可以在基金合同约定的时间和场所申购或者赎回的基金。

封闭式基金与开放式基金有以下主要区别:

① 存续期限不同。开放式基金没有固定期,投资者可随时向基金管理人赎回基金单位;而封闭式基金通常有固定的封闭期,一般为 10 年或 15 年,经受益人大会通过并经主管机关同意可以适当延长期限。

② 规模可变性不同。开放式基金通常无发行规模限制,投资者可以随时提出认购或赎回申请,基金规模因此而增加或减少;而封闭式基金在招募说明书中列明其基金规模,发行后在存续期内总额固定,未经法定程序认可不能再增加发行。

③ 可赎回性不同。开放式基金具有法定的可赎回性。投资者可以在首次发行结束一段时间(该期限最长不得超过 3 个月)后,随时提出赎回申请。而封闭式基金在封闭期间不能赎回,挂牌上市的基金可以通过证券交易所进行转让交易,份额保持不变。

④ 交易价格计算标准不同。封闭式基金的交易价格受市场供求关系影响,常出现溢价或折价交易现象,并不必然反映基金的净资产值;而开放式基金的申购价一般是基金单位净资产值加一定的购买费,赎回价是基金净资产值减一定的赎回费,与市场供求情况的相关性不大。

⑤ 投资策略不同。为了应付投资者随时赎回兑现,开放式基金必须在投资组合上保留一部分现金和高流动性的金融商品;而封闭式基金的基金资本不会减少,有利于长期投资,基金资产的投资组合能在有效的预定计划内进行。

3. 按投资目标分类,基金可分为成长型基金、收入型基金和平衡型基金

(1) 成长型基金是基金中最常见的一种,它追求的是基金资产的长期增值。为了达到这一目标,基金管理人通常将基金资产投资于信誉度较高、有长期成长前景或长期盈余的所谓成长公司的股票。成长型基金又可分为稳健成长型基金和积极成长型基金。

(2) 收入型基金主要投资于可带来现金收入的有价证券,以获取当期的最大收入为目的。收入型基金资产成长的潜力较小,损失本金的风险相对也较低,一般可分为固定收入型基金和股票收入型基金。固定收入型基金的主要投资对象是债券和优先股,因而尽管收益率较高,但长期成长的潜力很小,而且当市场利率波动时,基金净值容易受到影响。股票收入型基金的成长潜力比较大,但易受股市波动的影响。

(3) 平衡型基金将资产分别投资于两种不同特性的证券上,并在以取得收入为目的的债券及优先股和以资本增值为目的的普通股之间进行平衡。这种基金一般将 25%～50% 的资产投资于债券及优先股,其余的投资于普通股。平衡型基金的主要目的是从其投资组合的债券中得到适当的利息收益,与此同时又可以获得普通股的升值收益。投资者既可获得当期收入,又可得到资金的长期增值,通常是把资金分散投资于股票和债券。平衡型基金的特点是风险比较低,缺点是成长的潜力不大。

4. 按投资标的分类,基金可分为债券基金、股票基金、货币市场基金和指数基金

(1) 债券基金是一种以债券为主要投资对象的证券投资基金。由于债券的年利率固定,因而这类基金的风险较低,适合于稳健型投资者。通常债券基金收益会受货币市场利率的影响,当市场利率下调时,其收益就会上升;反之,若市场利率上调,则基金收益率下降。除此以外,汇率也会影响基金的收益,管理人在购买非本国货币的债券时,往往还在外汇市场上做套期保值。

(2) 股票基金以股票为主要投资对象。股票基金的投资目标侧重于追求资本利得和长期资本增值。基金管理人拟定投资组合,将资金投放到一个或几个国家,甚至是全球的股票市场,以达到分散投资、降低风险的目的。由于聚集了巨额资金,几支甚至一支基金就可以引发股市动荡,所以各国政府对股票基金的监管都十分严格,不同程度地规定了基金购买某一家上市公司的股票总额不得超过基金资产净值的一定比例,防止基金过度投机和操纵股市。

(3) 货币市场基金以货币市场为投资对象,其投资工具期限在一年内,包括银行短期存款、国库券、公司债券、银行承兑票据及商业票据等。货币市场基金通常被认为是无风险或低风险的投资。

(4) 指数基金是 20 世纪 70 年代以来出现的新的基金品种。其特点是它的投资组合等同于市场价格指数的权数比例,收益随着当期的价格指数上下波动。当价格指数上升时基金收益增加,反之收益减少。基金由于始终保持当期的市场平均收益水平,因而收益不会太高,也不会太低。

5. 按基金资本来源和运用地域分类,基金可分为国内基金、国际基金、离岸基金和海外基金

(1) 国内基金。基金资本来源于国内并投资于国内金融市场。一般而言,国内基金在一国基金市场上占主导地位。

(2) 国际基金。基金资本来源于国内但投资于境外金融市场的投资基金。由于各国经济和金融市场发展的不平衡性,因而在不同国家会有不同的投资回报,通过国际基金的跨国投资,可以为本国资本带来更多的投资机会以及在更大范围内分散投资风险,但国际基金的投资成本和费用一般也较高。

(3) 离岸基金。基金资本从国外筹集并投资于国外金融市场的基金。离岸基金的特点是两头在外。离岸基金的资产注册登记不在母国,为了吸引全球投资者的资金,离岸基金一般都在素有"避税天堂"之称的地方注册,如卢森堡、开曼群岛、百慕大等。

(4) 海外基金。基金资本从国外筹集并投资于国内金融市场。利用海外基金通过发行受益凭证,把筹集到的资金交由指定的投资机构集中投资于特定国家的股票和债券,把所得收益作为再投资或作为红利分配给投资者,它所发行的受益凭证则在国际著名的证券市场挂牌上市。海外基金已成为发展中国家利用外资的一种较为理想的形式,一些资本市场没有对外开放或实行严格外汇管制的国家可以利用海外基金。

6. 按募集对象分类,基金可分为公募基金和私募基金

(1) 公募基金是受政府主管部门监管的,向不特定投资者公开发行受益凭证的证券投资基金。这些基金在法律的严格监管下,有信息披露、利润分配、运行限制等行业规范。例如目前国内证券市场上的封闭式基金属于公募基金。公募基金和私募基金各有千秋,它们的健康发展对金融市场的发展都有至关重要的意义。

(2) 私募基金是指非公开宣传的,私下向特定投资者募集资金进行的一种集合投资。

二、投资基金发展历程

(一) 初创阶段

投资基金起源于英国,19世纪英国产业革命成功,生产力得到了巨大的解放和发展,社会和个人财富迅速增长,国内资金显得十分充裕。于是,许多投资者将目光投向海外市场,以谋求资本的最大增值。一些不法欺诈分子利用投资者的这股海外投资热情以及他们缺乏国际投资知识、无力自行经营的弱点,乘机组建所谓的投资公司,诱使投资者购买其股票,在股票售出之后,即宣告破产倒闭,以骗取投资者的钱财,大量的中小投资者由此受骗上当,大大增加了投资风险。针对这种情况,英国政府于1868年在伦敦设立了《国外及殖民地政府信托基金》,委托具有专门知识的代理人代办投资并分散风险,让中小投资者一样享受投资的收益。该基金是世界上第一家较为正式的投资基金。1879年,英国颁布了《股份有限公司法》。该法令的颁布是基金历史上的一个重大转折点,公司型投资基金取得了合法地位。早期的这些投资股份公司,其发行在外的受益凭证数目规定不变,也不向投资者买回或再卖出,投资者欲出售或买进只能在市场上进行,其价格是依市场供求关系来决定的。这也就是所谓的封闭型基金,投资基金始于封闭型基金,以后才有开放型基金。

投资基金产生于 19 世纪的英国,1868 年组建的"海外和殖民地政府信托投资"被公认为是世界上第一支正式的基金,目的是由政府出面组成投资公司,进行海外投资。最初设立的投资基金都属契约型,19 世纪 70 年代后以公司型基金居多。

第一次世界大战以后,美国经济获得了巨大发展,国内经济空前繁荣,国民收入大幅增长,从而大大刺激了美国的国内外投资活动。不仅资本家热衷于从事证券投资,普通大众也开始热衷于从事证券投资活动,英国的投资信托制度被引入到美国。1921 年 4 月,美国组建了第一家基金组织"美国国际证券信托",其经营运作方式也是依照英国的投资基金。1924 年 3 月 21 日,波士顿成立了"马萨诸塞投资信托基金",与以往基金不同的是,基金公司必须按基金的净资产值持续地出售股份给投资者,而且随时准备赎回其发行在外的股份。它被认为是开放型基金的始祖,真正具有现代意义的第一家美国证券投资基金。

(二) 资本市场基金突出发展阶段(1940—1973 年)

1929 年,由美国首先爆发然后遍及全球的经济危机中,股市崩溃,投资者和投资基金也厄运难逃,许多投资基金纷纷倒闭,特别是封闭型基金受害更深,只剩下十多家勉强维持。投资者开始对投资机构产生不信任情绪,证券投资基金相对处于一个低谷时期。为了复苏经济,保护投资者利益,刺激投资,美国联邦政府和证券管理委员会制定了一系列法律和规章制度,以规范证券投资行为,加强对经济、金融、股市的宏观管理。1933 年颁布了《联邦证券法》,1934 年颁布了《证券交易法》等。为了规范投资基金的运作,1940 年美国还成立了投资公司委员会,即现在的投资公司协会。制定了一部《联邦投资公司法》,开辟了一个崭新的投资基金时代。此后,证券投资基金都被置于严格的管制和监督之下。

第二次世界大战以后,美国经济出现了强劲的发展势头,金元帝国的地位开始形成并得以巩固。证券投资者的信心开始恢复,逐步由储蓄保值型转向增长型投资,投资公司尤其是开放型公司再度开始活跃。到了 70 年代,由于连续的通货膨胀,投资者仍然倾向于高收益、高流动性而且安全的金融资产。直到 1973 年布雷顿森林体系崩溃,投资基金保持着较快的增长,其投资对象主要属于资本市场。

(三) 货币市场基金突出发展阶段(1973—80 年代末)

20 世纪 70 年代,由于石油危机和布雷顿森林体系崩溃,美国国内通货膨胀率上升,因而从 70 年代到 80 年代实行高利率政策,引起国内票据和大额存单等货币市场的繁荣。

美国第一家货币市场共同基金作为银行存款的一个替代物创建于 1972 年,是在市场变化环境下金融创新的一个最好例子。20 世纪 70 年代初,美国对商业银行与储蓄银行提供的大部分存款利率均进行管制,出台了《Q 项条例》。而货币市场工具则是浮动利率,但许多中小投资者无法进入货币市场(因有最低交易额规定)。货币市场共同基金利用这一事实,将许多投资者的小额资金集合起来,由专家操作,这也表明追求利润的企业家能够发现设计不严密的政府法规的漏洞。但由于当时市场利率处于存款机构规定能支付的利率上限以下,货币市场共同基金因其收益并不高于银行存款利率而难以发展,总股份在几年中发展非常有限。

1973 年仅有 4 家基金,资产总额只有 1 亿美元。但到了 70 年代末,由于连续几年的通货膨胀导致市场利率剧增,货币市场工具如国库券和商业票据的收益率超过了10%,远远高于银行与储蓄机构为储蓄存款和定期存款所支付的5.5%的利率上限。随着储蓄机构的客户不断地从储蓄存款和定期存款中抽出资金投向收益更高的货币市场共同基金,货币市场共同基金的总资产迅速扩大,从1977年的不足40亿美元急增到1982年有200多家基金持有2 400亿美元的资产,并在总资产上超过了股票和债券共同基金。因此,货币市场共同基金的迅速发展是市场利率超过银行和其他存款机构管制利率的产物。同时货币市场共同基金能迅速发展并且能保持活力的原因还在于管制较少,货币市场共同基金没有法定的利率上限,而且对提前取款也没有罚款。

货币市场共同基金迅速发展,引起了商业银行和储蓄机构的强烈反应,他们要求国会对货币市场共同基金附加储备要求和其他限制,国会最终虽然没有批准存款机构的要求,但给予商业银行和储蓄机构发行一种新型的金融工具即货币市场存款账户(MMDAS)。它与货币市场共同基金相似,也提供有限的支票签发而且没储备要求,而且收益率几乎与货币市场共同基金一样高。

在银行和其他存款机构以货币市场存款账户的反击下,1982年末和1983年初,货币市场共同基金的总资产开始下降。商业银行和存款机构的这些创新金融工具暂时阻止了资金从银行向货币市场共同基金的流动。但商业银行与存款机构无法承受提供高收益的成本,不久以后,降低了MMDAS的利率。其结果是货币市场共同基金再次迅速发展,80年代末和90年代创造了极大的收益。1987年美国股市大崩溃,导致大量的资金流入货币市场共同基金,其资产总额突破3 000亿美元。1989年和1990年的储蓄和贷款协会危机引起商业银行突然增加它们的存款保险,来保护它们的存款,同时监管当局更加关注存款机构已经出现的高利率。所有这些变化都有利于货币市场共同基金的快速发展,其资产在1991年达到5 000亿美元。1996年大约有650家应税基金,250家免税基金,总资产大约为7 500亿美元,80%以上为纳税的资产。其股份大约占所有金融中介资产的4%,而且在所有共同基金(股票基金、债券基金、货币市场共同基金)总资产中占25%以上。1997年达到1万亿美元。

(四) 投资基金全球化发展阶段(20世纪80年代以后)

20世纪80年代末,随着前社会主义国家纷纷转型,投资基金开始在中国、俄罗斯和东欧等国家或地区蓬勃发展,从此几乎遍及五大洲,进入全球化发展阶段。在美国,共同基金和商业银行、保险公司一起成为驱动美国金融市场的三驾马车。在国际资本市场上,投资基金成为风靡全球的新兴投资方式,扮演举足轻重的角色。

2004年至2010年,全球基金市场普遍进入了爆发式的增长阶段,全球基金市场规模增长了131%。2010年底,全球投资基金资产达到24.7万亿美元,美国和欧洲为世界最大的两个基金市场,两者分别占有全球基金市场48%和32%的份额,13%分散在非洲以及亚太地区,7%则由美国以外的美洲市场所有。在全球基金资产总额中,股票基金仍然占据着最大的比重,截至2010年底,股票基金资产总额占全球资产总额的比重达到48%,货币市场基金所占份额为24%,债券基金所占份额为22%,混合基金占比则为6%。

三、我国投资基金的发展

（一）我国投资基金发展阶段

投资基金作为一种经济组织形式或投资工具在我国境内形成和发展的时间不长,大体经历了四个发展阶段。

1. 萌芽阶段(1987—1991 年)

我国投资基金是从海外国家基金起步的,如 1985 年 12 月成立的中国东方基金,1989 年 5 月成立的新鸿基中华基金等。在此期间,国内开始形成投资基金热,如 1991 年 7 月成立珠信基金和 1991 年 11 月成立南山风险投资基金等。

2. 迅速发展阶段(1992—1993 年)

1992 年初,邓小平南方讲话掀起新的改革高潮,推动了国内投资基金迅速发展。沈阳通发、富民等 6 支基金成立。1992 年 6 月深圳天骥基金——当时最大的封闭型基金成立。1992—1993 年,基金增加到 61 支,遍及全国。

3. 调整阶段(1994—1997 年 11 月)

1993 年下半年,当时一些地方由于集资而仓促设立了不少基金,有许多基金设立审批程序混乱,运作制度极不规范。与此同时,国家加强了宏观经济调控。1993 年 5 月 19 日,人民总行下发紧急通知,要求省级分行立即制止不规范投资基金的做法。此后基金业进入调整阶段。

4. 新基金发展阶段(1997 年 11 月至今)

1997 年 11 月 14 日,国务院证券委员会颁布投资基金管理方面的第一部法规——《投资基金管理暂行办法》,标志着国内证券投资基金的发展进入一个新的历史阶段。以此为分水岭,在此之前成立的投资基金俗称“老基金”。1998 年新基金启动,第一次上网发行开元、金泰、兴华、裕阳、安信,1999 年又上网发行普惠、泰和、同盛、汉盛、景宏,共 10 支规模各为 20 亿元人民币的新基金,总规模 200 亿元人民币。1999 年 6 月和 7 月又发行裕隆、安顺、普丰和兴和 4 支各 30 亿元人民币规模的新基金。

1999 年 9 月上旬,“湘国信”、“巨博”、“湘证”三支基金先后在南方和沈阳证券交易中心摘牌,前两者分别更名为“长阳”、“景博”,并申请上市,拉开了我国证券市场老基金清理规范的序幕。中国投资基金进入“新基金”时代,基金的设立发行、投资运作以及外部监管逐步走向规范化,各基金的投资风格日趋多元化,成长型、平衡型及重组型等品种相继问世。基金管理公司在外部压力和内在激励之下,积极扩容,完善法人治理结构,增强研发力量以提升自己的竞争地位。

（二）当前制约我国投资基金业发展的主要问题

近年来,我国投资基金业快速发展,逐步成为广大投资者的重要理财工具之一。但由于投资基金在我国发展时间较短,还存在以下亟待解决的问题。

1. 管理体制中存在的不足

(1) 基金监管体系有待完善。由于发展时间较短,缺乏管理经验,我国投资基金的各方管理角色对投资基金监管的认识还不深刻全面,造成监管职责不明确、不严格,滞后于基金发展的局面。

（2）法律法规体系亟待健全。作为投资基金的新兴市场，我国相关的法律法规体系对投资基金约束力还不够，对投资者利益保护的相关法律空白，投资基金法律体系建设亟待加强。须进一步完善《投资基金法》，制定《投资者保护法》、《投资顾问法》等法律，以适应我国基金业快速发展的要求。

（3）风险收益极不相称。由于投资基金管理费按固定费率提取，对基金管理公司而言，如果在一定周期内基金投资业绩良好，基金净值大幅提升，投资管理人将多提取管理费用。但如果投资亏损，基金公司还是会提取固定部分的管理费。这种只奖不罚的管理机制难以促进基金业管理水平的快速提升。

2. 基金运作中存在的不足

（1）市场营销能力不足。我国证券投资基金发展时间较短，产品和服务方式简单，营销观念和体系尚未完全建立。基金的投资策略雷同，投资基金的品种少，不能满足投资者需求等问题十分突出。

（2）风险防范意识欠缺。为追求更高收益，部分基金公司疏于风险防范，风险与收益的矛盾日益突出。基金公司及代销机构在销售环节片面宣传收益，对可能出现的风险避而不谈，或者对风险提示不够，没有能够给予客户正确引导。

（3）高级投资人才缺乏。投资基金是建立在"专家理财"基础上的集合投资形式，因此，对投资经理的专业能力和素质提出了较高要求。我国的投资基金发展时间较短，加之没有建立投资基金专业人才的培养机制，使得具有丰富证券投资经验的高级专业人才十分缺乏。

第三节　保险基金

20 世纪 80 年代以来，各国证券市场上出现了一种新情况，即个人投资者不断将自己的证券投资事务委托给各类金融机构，从而使得机构投资者的份额和地位日益上升。据机构投资者在美国 1 000 家大企业中的所有权数据显示，从 1987 年到 2000 年，机构投资者持股比例持续大幅攀升，持股数占总股数的平均比例从 46.6% 增至 61.4%。2007 年，这一数字已经上升到空前的 76.4%。按机构投资者所有权最大的公司数量计算，所有权的集中度也突破了先前的数据。1985 年，没有一家公司的机构投资者所有权达到或超过60%，而到了 2007 年，已有 17 家公司的机构投资者所有权达到或超过 60%，其中 6 家公司的机构投资者所有权已达到或超过了 70%。2006 年，养老保险基金管理的资产总额达10.4 万亿美元，占当年机构投资者管理总资产的 38.3%。同时，随着国际证券市场的发展，这些机构的证券投资也日益向海外发展，成为国际间接投资的重要主体。

一、保险基金的概念

保险基金指专门从事风险经营的保险机构，根据法律或合同规定，以收取保险费的办法建立的、专门用于保险事故所致经济损失的补偿或人身伤亡的给付的一项专用基金，是保险人履行保险义务的条件。广义上的保险基金是指整个社会的后备基金体系。从狭义上来讲，保险基金是指由保险机构集中起来的后备基金，由保险机构根据大数法则，经过科学的测算,订出各种不同的保险费率。

保险基金一般有以下四种形式。

(1)集中的国家财政后备基金。该基金是国家预算中设置的一种货币资金,专门用于应付意外支出和国民经济计划中的特殊需要,如特大自然灾害的救济、外敌入侵、国民经济计划的失误等。

(2)专业保险组织的保险基金,即由保险公司和其他保险组织通过收取保险费的办法来筹集保险基金,用于补偿保险单位和个人遭受灾害事故的损失或到期给付保险金。

(3)社会保障基金。社会保障作为国家的一项社会政策,旨在为公民提供一系列基本生活保障。公民在年老、患病、失业、灾难和丧失劳动能力等情况下,有从国家和社会获得物质帮助的权利。社会保障一般包括社会保险、社会福利和社会救济。

(4)自保基金,即由经济单位自己筹集保险基金,自行补偿灾害事故损失。国外有专业自保公司自行筹集资金,补偿母公司及其子公司的损失;我国有"安全生产保证基金",通过该基金的设置,实行行业自保,如中国石油化工总公司设置的"安全生产保证基金"即属此种形式。

二、保险基金的特征

保险基金的特征可以归纳为:

(1)经济性。保险是一种经济保障活动,其保障对象——财产和人身都直接或间接属于社会再生产中的生产资料和劳动力两大经济要素。其实现保障的手段,大多最终都必须采取支付货币的形式进行补偿或给付,而保障的根本目的,无论从宏观的角度还是微观的角度,都是为了发展经济。

(2)商品性。保险体现了一种等价交换的经济关系,也就是商品经济关系。具体表现为保险人通过提供保险保障社会生产的正常进行和生活的安定。

(3)互助性。保险具有"一人为众,众为一人"的互助特性。它在一定条件下,分担了个别单位和个人所不能承担的风险,从而形成了一种经济互助关系。这种经济互助关系通过保险人用多数投保人缴纳的保险费建立的保险基金对少数遭受损失的被保险人提供补偿或给付得以体现。

(4)契约性。从法律角度看,保险是一种契约行为。保险双方当事人要建立保险关系,其形式是订立保险合同。保险双方当事人要履行其权利和义务,其依据也是保险合同。没有保险合同,保险关系就无法成立。

(5)科学性。保险是一种科学管理风险的有效措施。现代保险经营以概率论和大数法则等科学的数理理论为基础。保险费率的厘定、保险准备金的提存等都是以精密的数理计算为依据的。

三、保险基金的作用

(一)分担政府社会安全保障压力

如果没有保险,个人和家庭遇到损失时可能被迫向亲朋好友或向政府求助,保险的目的正是协助稳定个人、家庭和组织机构的财务状况,其方式是补偿财产受到损失或人身受到伤害的人。如果缺乏保险的保障,就可能导致失业率增加、客户无力消费企业的产品或服务,供货商业务减少,政府税收减少但负担却加重。保险作为养老金和年金产品的主要提供者,成为国家社会安全保障体系的重要组成部分。

(二)推动贸易和商务发展

现代经济建立在专业化及其内在的生产效率提高上。贸易和商务专业化要求越高,金融专业化和灵活性就越高。对许多跨国企业来说,许多产品和服务的生产和销售必须投保适当的责任保险,以备由于预想不到的责任疏忽造成损失。这样,如果可供选择的保险产品范围有限,或者没有持续的服务和定价创新,或者保险不充分,贸易和商务必然受到冲击。保险公司也通过增强客户的资信来支撑商务活动,因而银行和其他贷款人通常为贷款抵押物投保,否则不予贷款(或者在贷款利率上附加风险加成)。它们还可能要求在个人贷款时为作为主要收入来源的个人投保人身保险,商业贷款时则作为关键雇员的生命投保,保险业就是通过这种方式成为"商务活动的润滑剂"。

(三)提高金融系统效率

保险公司和其他金融中介机构一样有助于将储蓄资金注入国内投资。保险企业提高金融系统效率的方式主要有以下三种。

(1)作为金融中介,保险公司降低了储蓄者和借款者的交易成本。保险公司将汇集起来的这笔资金以贷款的形式投资到企业或其他活动中,行使中介职能,避免了单个保单持有人极其浪费时间、财力的直接贷款和投资。

(2)保险公司创造资金流动性。它们借入短期资金,放出长期贷款。对保险公司来说借入意味着它们用保单持有人委托的资金进行长期贷款或者其他投资。流动性的创造使得保单持有人可以立即得到损失赔付,而借款人则不必马上偿还贷款。如果所有的个体都从事直接借贷,他们会发现无法接受一部分个人财产形成长期的沉淀资产,保险公司借此减少了直接借贷必然存在的资产沉淀。

(3)保险有助于投资的规模经济。投资是保险行业的核心任务,没有投资就等于没有保险行业。没有保险投资,整个保险行业的经营是不能维持下去的。

目前,发达国家的保险公司在国际金融市场上管理着规模庞大的投资资产,资金运用率超过了90%,所涉及的投资领域包括债券、股票、房地产、抵押或担保贷款、外汇以及各种金融衍生产品等。美国保险公司主要投资的品种为债券和股票。其中,寿险公司主要资产的投资比重分别为68%的债券、23%的抵押贷款和不动产投资以及5%的股票;而在财险公司的总资产中,债券和股票占据了最主要的份额,分别为70%和18%。英国的保险业发展时间最长也最为完善,加之宽松的监管环境,高营利性的投资产品(如股票、抵押贷款等)在其资产结构中占有重要的份额。英国寿险公司主要资产的投资比重为60%的股票、25%的债券、11%的抵押贷款和不动产投资。财险公司的投资结构则为债券(60%)、股票(32%)以及抵押贷款和不动产投资(9%)。

(四)推进资本有效配置

保险公司在收集信息、评估企业、管理项目和经理人员等方面具有优势,因此就更善于有效配置金融资本和承担风险。它们会选择为最有吸引力的企业、项目和经理人员承保和发放贷款,同时监督企业家和经理人员避免某些自身无法接受的风险增加行为。它们鼓励经理人员和企业家按照所有利益方(如顾客、股东、贷款人)的最大利益行事。保险公司通过这些方式显示出市场对有潜力、管理完善的公司的肯定,并推动企业有效配置稀缺的金融资本,提高风险承担能力。

案例资料

五大投行的终结,是不是意味着华尔街的终结?

一直以来,投资银行就是华尔街的灵魂和骄傲,它们一方面从事着证券买卖、为客户提供咨询服务,享受着这些业务带来的高额利润;一方面却比传统银行受到更少的监管。

所谓成也萧何,败也萧何。更少的监管在给了投行更大发展空间的同时,也让它们累积了巨额风险。当次贷危机像飓风一样刮来之时,投行的风险充分暴露出来。华尔街上五大投行——高盛集团、摩根士丹利、美林证券、雷曼兄弟、贝尔斯登,在不到半年的时间内悉数轰然倒塌,推动美国陷入"百年一遇的金融危机之中"。

一、高盛集团、摩根士丹利"变脸"

雷曼兄弟破产,美林公司被美国银行接管,加上此前贝尔斯登公司被摩根大通银行收购,华尔街投行的处境之险已经暴露无遗。为了及时解救华尔街最大的两家投行——高盛和摩根士丹利,避免进一步加剧金融动荡,美国联邦储备委员会宣布,批准高盛和摩根士丹利提出的转为银行控股公司的请求。至此,华尔街前五大投行尽数沉没,美国金融机构正面临20世纪30年代经济大萧条以来最大的格局大调整。

高盛集团和摩根士丹利变身为银行控股公司,意味着它们一方面可以开展储蓄业务吸收存款,另一方面还可以与其他商业银行一样永久享受从美联储获得紧急贷款的权利。高盛和摩根士丹利可以通过这两大融资途径,解决目前面临的流动性严重不足的问题,从而渡过难关。不过,在获得帮助的同时,高盛和摩根士丹利也要付出相当的代价——必须接受更多、更严厉的监管。

知名经济学家、耶鲁大学金融学教授陈志武指出,高盛和摩根士丹利被迫变身,最根本的原因还是流动性严重不足。"从高盛和摩根士丹利这么快变身看,它们的亏损要比外界预想的更大,这迫使它们必须尽快采取应对措施。"

陈志武的说法,或许可以从高盛和摩根士丹利发布的财报瞧见端倪。高盛的财报显示,在到2008年8月29日截止的三个月内,净收入下降为8.45亿美元,而一年前高盛的净收入为28.5亿美元,高盛季度赢利出现其上市以来的最大跌幅;摩根士丹利赢利也有小幅下滑。

受雷曼破产和美林公司被收购的影响,加上投资者对高盛、摩根士丹利前景的担忧,高盛、摩根士丹利两支股票连续暴跌,直到政府出台一系列大手笔救市措施后方才反弹。摩根士丹利股票之后反弹21%,但其董事会周末仍讨论了并购交易,这一事实反映出摩根士丹利和高盛面临的生死存亡问题并未彻底改变。

二、华尔街大变

在批准高盛和摩根士丹利转为银行控股公司之前,美国政府已经出台了一系列救市措施,包括美联储大幅注资、政府接管多个金融巨头,此外美国财长保尔森还公布了总额约 7 000 亿美元的金融救援计划。美国财政部长鲍尔森要求国会授权其采取前所未有的行动,从金融公司手中收购问题资产,根除这场 20 世纪 30 年代以来最严重金融危机的源头。

一向奉行自由市场经济的美国,在面临严重金融危机之时,也不得不伸出政府之手救市,并希望通过加强对金融的监管,来应对当前的困局。

全球知名投资人索罗斯表示,政策制订者放任市场并让其自动调节是导致目前金融危机的主要原因,美国监管部门给了市场活动家过多的自由,任由一个极度铺张的信贷市场发展。索罗斯强调,美国政府的紧急干预措施是必要的,投资银行应该背靠储蓄银行,贷款应该以和货币市场同样的方式受到监督。

美国前劳工部长罗伯特·赖克也对此前的监管不力颇有微词。赖克指出,美国金融体系存在不透明性,金融机构和个人的借贷大大超过了经济增长速度,这必然会导致问题出现。

此前,投行一直处于美国联邦储备委员会(Fed)的严厉监管之外。随着贝尔斯登、美林公司被银行收购,雷曼兄弟的破产,高盛、摩根士丹利变身为银行控股公司,几乎美国所有的金融公司都处于 Fed 的监管之下。而那些变身后的投行的赢利水平也将远不及从前。

加强监管的矛头,直指此前金融机构特别是投行过度依赖杠杆。数据显示,美林公司的杠杆率在 2007 年高峰期达到 28 倍,摩根士丹利的杠杆率为 33 倍,高盛集团也达到 28 倍。相比之下,美国银行和 Wachovia 银行截至 2008 年第二季度的杠杆率为 11 倍。显然,在高盛和摩根士丹利转为银行控股公司之后,相关监管部门将对其金融杠杆进行严密监管,从而降低杠杆风险。此外,商业银行证券部门的杠杆业务,也必然引起监管部门的高度重视。

严格监管下的华尔街,已经不是从前的华尔街了。

三、金融创新面临考验

这次金融风暴,让华尔街一直以来引以为豪的金融创新面临巨大考验。

自 20 世纪 80 年代以来,美国的金融创新加快发展,特别是金融衍生工具方面,而其中华尔街投行又是金融创新的扛旗者。在利润的诱惑下,以及金融衍生工具的支撑下,华尔街投行推出的一个个令人眼花缭乱的金融衍生品成为市场的宠儿,给投机者创造了各种谋利机会,各大投行也收获颇丰。华尔街通过金融创新,屡次成功拯救濒危经济,在这种光环映照下,不少新兴经济体的经济官员、经济学家与市场人士对美国金融创新的追捧几乎到了无以复加的程度。

然而,华尔街在大力进行金融创新的同时,风险评估无法跟上金融创新和金融衍生工具的发展,导致金融机构愈加强大的同时也愈加脆弱,并积累了大量风险。中国人民大学财政金融学院副院长赵锡军教授指出,华尔街的投行在进行金融创新的时候,其风险控制和管理的能力没有跟上。比如说“次级贷款打包”、“次级债券”等都是美国的发明。在美国政府主权信用的担保下,全世界投资者都进入了美国通过金融创新设立的次级债市场。评级公司、担保公司、银行、投行、经济行都在分享次贷这种金融创新带来的利润,而积累的风险却没有引起相关监管机构的足够注意。房地产泡沫一破灭,所谓的金融创新遭遇当头棒喝,而这次的金融风暴,无疑是对此前众多金融创新的秋后算账。

花旗银行(中国)有限公司首席经济学家沈明高指出,监管如果太超前的话,就会扼杀金融创新;如果滞后的话就会出风险。如何监管得当,既不扼杀金融创新,又不出大的风险,实现这一平衡是很困难的。

(资料来源:田志明. 五大投行的终结,是不是意味着华尔街的终结?[N]. 南方日报,2008-09-23.)

关键术语

投资银行	跨国投资银行	投资基金	共同基金	契约型基金
公司型基金	封闭式基金	开放式基金	成长型基金	收入型基金
平衡型基金	债券基金	股票基金	货币市场基金	指数基金
国内基金	国际基金	离岸基金	海外基金	公募基金
私募基金	保险基金			

思考题

1. 投资银行与商业银行的区别是什么?
2. 投资银行的类型包括哪几种?
3. 投资银行的业务种类主要包括哪些?
4. 跨国投资银行发生危机的主要原因是什么?
5. 我国投资基金发展的阶段及主要存在的问题是什么?
6. 保险基金的主要作用有哪几个方面?

第六章

国际投资环境评估

环境是一种资源,也是竞争力和生产力。投资环境作为保证实现投资目标的外部条件是针对投资的流动性而提出的,是投资者在作投资决策时的一个重要参考因素。必须对面临的投资环境进行分析,以求获得一个良好的投资环境。对于国际投资者而言,由于国际投资可能遭遇的风险比国内投资大得多,东道国的投资环境与投资者所熟悉的本国投资环境有很大的差异,其变化程度也有更大的不确定性,加上国际投资行为必然包含的民族差异意识对投资可能产生损害,因此进行投资环境分析尤为重要。本章主要介绍了国际投资环境的概念和特点;国际投资环境评估的内容和方法。

学习目标

掌握国际投资环境的概念、构成因素以及如何分类和特征;了解国际投资环境的评估方法。

第一节 国际投资环境概述

一、国际投资环境的概念

投资环境,顾名思义,是指投资者进行生产投资活动所面临的各种外部因素。投资环境是投资者必须面对的。投资者在不同的地区、不同的国家和不同的时期所面临的投资环境是不同的,从而影响投资资金的流向。国际直接投资环境是指在国际投资过程中,东道国对国际投资产生的各种外部条件或因素相互依赖、相互完善、相互制约所形成的有机统一体。这些外部条件或因素涵盖的面很广,既包括诸如地理条件等客观存在的或自然形成的自然条件,也包括人为产生的基础设施、收入水平、国际收支状况、经济政策等经济因素,以及体现人类文明的管理社会的政治制度等政治因素和有关法律法规方面的法律因素。此外,宗教、语言、风俗和社会习惯等社会文化因素也成为投资者所考虑的因素之一。

国际投资包括国际直接投资与国际间接投资。国际投资环境是否对国际直接投资与国际间接投资都具有同等重要的作用呢? 一般来说,有价证券的间接投资,与投资地的投资环境并无直接联系;持有有价证券的投资者,除在特殊情况下采取转移和调用自己的投资以避免可能发生的风险外,也往往是坐享利息和红利收入,而不去关心投资地点的投资环境问题。而从事直接投资的公司和企业,十分关心和重视直接投资地点的投资环境问题,因为它们要运用资本创建企业并直接从事生产和经营活动,对顺利进行投资和发展以及对间接投资者负有不可推卸的责任。因此,本章主要从国际直接投资的视角来介绍国际投资环境。

二、国际投资环境的分类

从不同的角度可以把国际直接投资环境分为不同的类型。

(一)狭义的投资环境和广义的投资环境

狭义的投资环境和广义的投资环境是从国际直接投资环境所包含的内容和因素的多寡来划分的。狭义的投资环境是指国际投资的经济环境,即一国的经济发展水平、经济发展战略、经济体制、金融市场的完善程度、产业结构、外汇管制和货币稳定状况等。广义的投资环境是指除经济环境外,还包括自然、政治、法律、社会文化等对投资发生影响的所有外部因素。我们在这里研究的国际投资环境主要是指广义的投资环境,因为发达国家之间的投资或者发展中国家投资者对发达国家的投资更多地考虑狭义意义上的投资环境,而发达国家投资者对发展中国家的投资一般从广义上去考虑投资环境。

(二)国家宏观投资环境和地区微观投资环境

按地域划分,可分为国家宏观投资环境和地区微观投资环境。国家宏观投资环境是指一个国家的各种投资环境所有因素。其往往是投资者在投资决策时首先考虑的,它决定了投资的国别流向。地区微观投资环境是指一国某个地区范围内影响投资活动的各种因素。地区微观投资环境是投资者在确定了投资国之后才考虑的,它决定了投资资金在一国内的地区流向。地区微观投资环境也与投资者目标的实现有直接的影响。

(三)国际环境和国内环境

按影响国际投资行为的外部条件形成和波及范围的角度划分,国际投资环境可以分为国际环境和国内环境。国际环境是指与东道国所处的国际环境状况相联系的超国别性因素总和,如所处经济区域、国际政治地位、与其他国家的关系等;后者则指东道国本身的国别性因素总和,如自然条件、经济发展状况、政治状况等。

(四)硬环境和软环境

按照各种环境因素所具有的物质性和非物质性,国际投资环境可分为硬环境和软环境。所谓硬环境是指能够影响投资的外部物质条件或因素,如能源供应、交通和通信、自然资源以及社会生活服务设施等。硬环境一般也被称为物质环境或有形环境。所谓软环境是指能够影响国际投资的各种非物质形态因素,如外资政策、法规、经济管理水平、职工技术熟练程度以及社会文化传统等。软环境一般也被称作人际环境或无形环境。将投资环境分为硬环境和软环境,但两者不是截然分开的。硬环境和软环境是投资环境的两方面,软环境不好,硬环境即使搞得再好,也难以发挥应有的作用;软环境好了,则可在一定程度上弥补硬环境的不足,而且随着投资的增加会促进硬环境逐步完善起来。

(五)自然因素、人为因素和人为自然因素

从各因素的稳定性来划分,可将国际投资环境因素归为三类,即自然因素、人为因素

和人为自然因素（见表 6-1）。其中，人们通常认为，人为自然因素对影响国际投资较为关键。如果东道国的人为自然因素较为缺乏优势，就必须增强自然因素和人为因素作为弥补。

表 6-1　国际投资环境因素稳定性分类

A：自然因素	B：人为自然因素	C：人为因素
a_1：自然资源	b_1：实际增长率	c_1：开放进程
a_2：人力资源	b_2：经济结构	c_2：投资刺激
a_3：地理条件	b_3：劳动生产率	c_3：政策连续性
a_4：……	b_4：……	c_4：……
相对稳定	中期可变	短期可变

三、国际投资环境的特点

国际投资不同于国内投资，对从事国际投资的投资者来说，其所面临的既可能是一个陌生的环境，也可能是一个更为复杂的环境，而且还可能是经常变化的环境，这就决定了国际投资环境具有综合性、系统性、动态性、相对性和不等性特征。

（一）综合性

国际投资环境是由许多因素交织而组成的矛盾综合体，不仅包括经济因素，还包括不属于经济范畴的政治、法制、管理、物质技术、社会文化、自然地理等广泛因素。而每一方面的因素又包含着若干要素的一个系统，并且所有因素都以其特有方式作用于投资。这些众多的因素中，有的对投资的流量、流向、效益起决定作用，有的起次要作用或补充作用。一国的投资环境可能在某些方面具有优势，而在另一些方面却处于劣势，它们都是或多或少地对投资的结果起作用，形成整体"合力"后才具有吸引外资的功能。因此投资者在进行投资决策时，必须对东道国的各种因素进行综合分析，统筹考虑。

（二）系统性

构成国际投资环境的各个因素既有各自独立的性质和功能，又是相互连接、相互作用的，它们共同构成国际投资环境系统。这个系统功能的强弱不仅取决于各个因素的状况，而且还取决于各种因素相互间的协调程度。一方面，投资环境的各种构成因素的相互作用包括正面作用和负面作用。一种有利的环境因素通常会使已有的各种环境因素更好地发挥作用，也会促进其他因素朝着对投资有利的方向发展，进而使整个投资环境得到优化。反之，一种不利的环境因素也会阻碍已有的各种要素发挥作用，对其他因素的变化也会产生负面影响，进而使整个投资环境恶化。例如，若法律因素优良，法律完备，执法公正，法制稳定，这本身就是有利于外部投资的因素，同时，它使政治、经济、社会文化、技术、自然等因素更好地发挥作用，而且对市场经济的发展、社会的进步、技术水平的提高、自然环境的改善乃至政治的稳定性等都会产生正面推动作用。反之，若法律因素恶劣，则对政治、经济、社会文化、技术和自然等因素的作用的发挥和变化会产生负面影响。另一方面，各种环境因素间的相互协调表现为各因素能相互适应和配套，各因素处于各自的合理区间范围内。各因素的相互作用中,正面作用占主导地位。各因素间的正负两种作用的比较情况决定了各种因素的协调程度。

(三) 动态性

国际投资环境永远是一个动态的概念,这种动态性表现在影响国际投资环境的各种因素都处于不断变化之中。一方面,随着时间的推移,国际投资环境的各种构成因素会不断地发生变化,从而使整个投资环境不断地变化。环境因素的变化既有人为的原因,也有自然的原因。如政治因素、法律因素和技术因素的变化是人为的结果;自然因素的变化,有的是自然的结果(如地理位置、地下资源的变化等),有的是人为和自然力共同作用的结果;经济因素和社会文化因素也是人为和自然共同作用的结果。另一方面,随着时间的推移,投资项目会进入到项目周期的不同阶段,从而使得同样的环境因素对同一投资项目的影响力也会发生变化。投资项目的运行过程本身就呈现周期性,如果我们将一个投资项目的周期划分为投资前期、建设期和经营期三个阶段,由于每个阶段的任务和运行规律不同,所以使得每个阶段所需要的主要外部因素不同,也使得同样的环境因素对投资周期中不同阶段的影响力不同,投资环境的优劣相对地发生变化。例如,对生产经营性投资项目而言,项目所生产的产品的市场情况,对投资前期和建设期并无明显的直接影响,但对经营期的影响至关重要。

(四) 相对性

同样的外部条件,对于不同类型的投资、不同行业的投资或生产不同产品的投资会产生不同的影响。也就是说,对不同的投资活动,同样一个投资环境会显示不同的功能作用,对某种投资是较好的投资环境,而对另一投资来说可能是较差的投资环境,这就是国际投资环境的相对性。产生这种相对性的原因是:国际投资本来就是相对投资活动而言的,不同的投资活动所要求的投资环境和受同一环境因素的影响程度是不同的。例如,劳动密集型投资项目,对劳动成本因素反应敏感;技术密集型投资项目,对技术因素反应敏感;资源密集型投资项目,对资源条件反应敏感。国际投资环境的相对性要求投资者在评价和改善投资环境时,不仅要从共性出发,进行总体上的评价和改善,而且应该从特殊性出发,针对具体的投资活动评价和改善投资环境。

(五) 不等性

国际投资环境的各个构成因素的存在状态,对投资环境的优劣所起作用大小是不等的,这就是国际投资环境的不等性。造成投资环境存在不等性特点的主要原因表现在:一是因为各个环境因素的性质和分工不同,从而导致对投资活动的作用方式和作用大小不同。这就意味着,各个因素在完全协调和配套时(例如都处在最佳状态),它们的作用大小是不等的。二是因为在实际的投资运行过程中,各个因素往往处于各自的不同水平上,甚至存在明显的不协调,这也会使各因素在投资环境中的作用大小不同。上述两方面共同决定了在同一时点上,各环境因素对投资环境的优劣所起的作用大小是不等的。尽管对这种作用的大小要进行科学和准确的计算是困难的,但各种环境因素的作用大小是客观存在的。

第二节　国际投资环境评估内容

一个国家或地区吸引外商前来直接投资的所具备的各种外部条件或因素,通常由五大因素构成,即自然环境、政治环境、经济环境、法律环境和社会文化环境,每一项因素又有具体的内涵。这些因素构成了一个有机系统,形成了国际投资环境评估的具体内容。

一、自然环境

自然环境是围绕人们周围的各种自然因素的总和,是人类生活、社会生存和发展的自然基础。自然环境包括气候、人口和地理等三类因素。显然,对于国际直接投资者来说,这些因素中哪一类更重要取决于投资的行业或项目。一个以采矿业为主的跨国公司,为开发利用或控制东道国某一特有的矿产资源,往往是不会顾及该国的人口、气候和自然风光的;而一个商品销往世界各地的制造业公司,在选择投资地时就不能不考虑地理位置因素,同样,一家发展旅游业的公司在进行国际投资时,各国的自然风光及气候便成为十分重要的因素。但从国际直接投资的影响力来看,主要是地理因素和物质资源条件。

（一）气候

对于气候主要研究气温、日照、降雨量、降雪量、风暴以及台风等。气候因素从不同侧面可能对许多行业的投资产生各种影响。气候的差异和变化不仅关系到企业的生产、运输条件,而且影响到消费市场的潜力。例如,气候宜人的地方,可以采用标准化的产品促销,劳动者的劳动潜能和创造力也容易发挥;相反,气候恶劣的地方,促销比较困难,而且还会抑制劳动者潜能和创造力的发挥。另外,气候条件对产品的使用、包装以及功能也会带来影响。如在温度和湿度变化大的地方,必须采取特殊包装,以保持电子、机械产品的精度和性能。企业在不同气候的目标市场进行生产经营活动时,必须充分认识和了解各种气候的特点及可能造成的正面和负面影响。

（二）人口

人口的研究主要包括出生率、死亡率、疾病、人口的增长率和人口密度等。与人口相关的问题包括食物短缺、拥挤、人口迁移、文化水平、污染等。人口因素对直接投资的影响是非常重大的。例如,在人口密度大的国家或地区投资建厂,成本低,而且能扩大东道国的就业,带动东道国的经济繁荣,也有利于跨国经营企业扩大生产规模,增加商品的销量,获取更大的利润。

（三）地理

地理因素包括位置、面积、地形、自然资源等。这些因素对直接投资会产生直接或间接的影响。尤其是对以开发利用资源为动机的投资活动,地理条件的影响力则更大。地理位置是指某一国家或地区对于外在的客观事物在方位上和距离上的空间关系,是投资环境中一个十分重要的因素。理论上,根据不同的研究目的,一般将地理位置分为数理地理位置、自然地理位置、经济地理位置、政治地理位置等四种,其中经济地理位置对国际投资有重要的影响。自然资源指天然存在的,对人类生存和发展起着重要作用的各种资源,包括矿产资源、水资源、各种原材料等。东道国拥有丰富的自然资源尤其是与经济发展密切相关而又十分稀缺的战略资源，可以成为该国的巨大优势，并可弥补投资环境其他方面的不足而吸引大量的国际直接投资。虽然自然资源、地理位置对国际直接投资有很大影响，但在科学技术飞速发展的今天由于新材料、替代材料的产生，通信技术的发展、交通工具的改进，其对国际直接投资的影响已呈现下降的趋势。

二、经济环境

经济环境因素在国际投资活动的众多因素中是最直接、最基本的因素，也是国际投资决策中首先考虑的因素。经济环境包括的内容很多，主要包括经济发展水平、收入水平、基础设施状况、经济政策、贸易及国际收支状况、经济制度及市场体系完善程度等方面。

（一）经济发展水平

一般来说，一国的经济发展水平较高，就意味着该国有较大的市场、较多的机会和较好的经营条件，对外国投资者就有较大的吸引力。对经济发展水平的衡量，是根据一国经济的发达程度，把不同的国家划分为发达国家和发展中国家。发展中国家又分为制成品出口国、原料出口国与石油出口国。经济发展水平不同的国家，其投资需求和市场结构方面有着较大的差异。就工业品市场而言，发达国家偏重于资本和技术密集型产品，而发展中国家侧重于劳动密集型产品。就消费品市场而言，发达国家在市场营销中强调产品款式、性能和特色，品质竞争多于价格竞争。而发展中国家则侧重于产品的功能和实用性，销售活动因受到文化水平低和传媒少的限制，价格因素重于产品品质。经济发展水平的高低所引起的市场结构和投资需求的不同，必然引起各个国家对外资利用规模和结构的差异。

（二）收入水平

收入水平通常用人均国内生产总值或人均国民生产总值来反映。它是衡量经济发展水平的最具综合性的指标，还可用作大致衡量购买力或市场潜力的尺度。在各国所进行的大量的投资环境评估中，人均国民生产总值实际上成了必不可少的主要指标。一般地讲，收入水平高，资本周转率必然高，那么吸引投资的能力便越大，投资收益越高。企业也倾向于到国民生产总值大及增长率高和人均国民生产总值高的国家进行直接投资。因为那里具有广阔的市场、极大的市场容量和很高的消费水平，跨国经营的前景光明。

（三）基础设施状况

基础设施状况包括两个方面的内容：一是工业基础设施的结构和状况；二是城市生活和服务设施的结构和状况。基础设施的好坏是吸引国际直接投资的基本条件。它的内容主要包括：

（1）能源，包括基础能源和水力、电力、热力等供应系统和供应状况；

（2）交通运输，包括铁路、公路、水路和航空运输等方面的条件；

（3）通信设施，包括邮政、广播、电视、电话、电传等方面的设施；

（4）原材料供应系统；

（5）金融和信息服务；

（6）城市生活设施状况，如住房、娱乐、饮食等；

（7）文教、卫生设施和其他服务设施。

基础设施的建设是与国际投资密切相关的外部物质条件，外国投资者是不可能到一个能源供应短缺、交通不便、信息闭塞和生活条件艰苦的地区进行投资的。正因为如此，东道国政府都很重视基础设施的建设和完善。

（四）经济政策

经济政策是国家或政府为弥补或消除市场机制自身缺陷而制定的解决经济问题的指导原则和措施，以促进经济的协调发展。一国的经济政策往往和国际经济有着密切的联系，因而对国际投资也有着较大的影响，主要包括：

（1）外资政策。主要考察对外国资本投资方面（如有关资本抽回、外商股权比例、投资领域、投资方式、经营管理等）有无限制性规定、有无国有化危险等。一国的投资政策直接影响到国际投资的可能性、收益率、持续性等多个侧面。因而投资者在进行国际投资时，首先应考察东道国的外资政策。

（2）贸易政策。贸易政策可分为自由贸易政策和保护贸易政策两类。近几年，各国为了使本国产品能在国际市场上竞争，多致力于出口。其具体做法是由政府机构提供贷款，给予补贴，减免税收，并积极寻求及调查海外市场。国际贸易壁垒或非贸易壁垒给国际贸易造成了障碍，但同时也给国际投资带来了动力和机会。

（3）产业政策。为了国家经济健康快速发展，政府必然要制定产业政策，用来鼓励某些产业或限制某些产业的发展。有些国家还专门列出鼓励或限制外资发展的产业目录。产业政策对国际投资有一定影响，投资者在作投资决策时，必须充分考虑此方面的影响，利用产业政策的优惠，避免对自己不利的产业政策的影响。此外，一个国家的产业政策往往随着经济的发展水平而有所改变，对进行一项较为长期的国际投资而言，对东道国的产业政策的变化趋势作出一定预测也是必要的。

（4）税收政策。税收政策对国际投资者的收益有很大影响。投资者在从事国家投资活动时，对东道国的税收政策必须有充分的了解，如公司所得税、个人所得税、东道国的税收抵免与税收优惠措施等。在其他因素类似的情况下，投资者往往倾向于在税收负担较低的国家进行投资。

（5）外汇政策。国际投资收益大都以东道国货币形式表现，因而东道国的外汇政策对投资真实收益有决定性的影响，关系到资本能否自由进出、利润和其他收益能否汇回的问题。因此这些政策包括货币是否自由兑换、外汇汇出有无限制等。

（五）贸易及国际收支状况

国际直接投资总是以国际贸易为基础并伴随它的进行而发生和发展的。一个国际投资大国，首先应该是一个国际贸易大国。欧美国家如此，日本如此，各新兴工业化国家（地区）亦如此。因此，一国对外贸易规模和水平是决定该国经济的外向度和开放度的实质性因素之一。

一国的国际收支状况在一定程度上反映该国一定时期内的经济实力（特别是金融实

力)的强弱及其发展趋势。国际收支状况表明世界各国的经济往来情况。其中,经常项目反映一国与他国经济交往的物质内容,其平衡标志着该国在对外贸易等方面所处的地位;资本项目反映一国参与国际投资和证券投资状况以及其可支配的国际储备资产的情况,其平衡是判断该国是债权国还是债务国的标志。国际收支状况对投资者来讲相当重要,通过东道国的国际收支平衡状况,外商可以了解东道国的贸易政策、汇率定值以及利率调整等的变化趋势。如果东道国国际收支出现巨额逆差,它就可能采取奖励出口、限制进口的贸易壁垒并辅之以调整汇率和利率等措施,即通过调低本国货币汇率、借以推动出口,或采取提高本国利率的办法,来达到吸引外国资金流入或防止资金流出的目的。这些措施都会影响到外商在东道国的生产经营活动,贸易壁垒减少了占领东道国市场的机会,汇率变化加大了外汇风险,高利率则会增加在当地筹资的成本。

(六)经济制度及市场体系完善程度

经济制度是一个社会实现其经济目标和基本原则所借助的手段体系。它广泛涉及国民经济的组织管理形式、国家与企业的关系、生产要素的配置形式,以及由此而形成的特定经济机制。国际投资运行需要一个合理的经济制度和健全的市场体系作为保障。因为经济制度和市场体系是否完善合理,决定着国际投资者获得经济资源的难易程度和经营利益。商品、资金、劳动力和信息市场不完备,国际投资就难以正常运行。正常的生产和运行需要有一个完善和开放的市场环境。市场体系的完善,意味着各类主要市场如商品市场、金融市场、劳动力市场、技术市场、信息市场等已发育齐全,形成了一个有机联系的市场体系。同时,完善的市场体系也意味着该体系内的每个市场都是规范的。市场的开放程度,是指一国允许外国投资者不受限制地进入本国市场的程度。如果在对一国市场的利用方面不存在本国投资者和外国投资者的差别待遇,则可认为该国的市场有较高的开放度,否则,就被认为开放度不够。对外国投资者来说,一国市场的完善和开放是一个关键的问题。完善和开放的市场是较好投资环境的重要内容,对外国投资者有较大的吸引力。反之,封闭和残缺的市场只会使外商望而却步。外国投资者以后在多数发展中国家遇到的市场问题,一方面是市场不够完善,另一方面是受到较多的限制,从而阻碍了外来投资的进入。

三、政治环境

政治因素直接关系到国际投资的"安全性",甚至每个国际直接投资者的个人安危。政治环境因素一般包括政治制度、政治稳定性、政府状况、政府的对外关系。

(一)政治制度

东道国的政治制度是国际投资环境政治因素形成的基础,涉及国家的管理方式、政权组织形式、政党体系、政府形态、选举制度等。政治制度的重要性不仅在于它构成了政治环境的基础,而且还因为它与经济制度密不可分。政治制度的健全程度以及演变趋势,往往会直接表现在政府对经济活动的管理方式以及干预和控制的程度上,从而对外商的投资和生产经营活动产生影响。如果政府遵循客观规律,投资者不仅可以得到一个稳定的生存和发展环境,而且企业的正常经济行为也不会受到无端的干预。而在一个民主制度不健全的专制独裁的政权下,政府的经济行为往往不受制度约束,不仅企业的正常生产经营活动会受到过多的干预和控制,而且还会因为潜在的政治动荡而给企业的发展带来困难。因此,国际直接投资者在考察东道国政治体制时,更重要的是要看东道国政治体制的健全和完善程度以及政体的形式如何。例如,上海某家日用化工厂曾到加拿大投资创办化妆品厂。虽然加拿大的投资环境十分理想,但由于我方的产品在卫生标准和质量上都不符合当地有关部门规定的指标,且我方派出的经理又不懂当地的政治制度,企业开业不到半年就关闭了。

(二)政治稳定性

政治稳定是一个多重意义上的综合概念,包括国家根本制度的稳固,国家大政方针上的相对连续性、一贯性,利益群体之间无根本性冲突和明显对抗,社会生活、社会治安正常有序;政治体系在运转过程中能保证政令畅通,政治信息的反馈比较及时、准确,绝大多数社会成员的政治认同程度较高。国际投资者在判断一国一定时期内政局稳定性时,通常可考虑以下几个方面。

(1)政治系统的连续性,即国家的政治制度、政权性质没有发生质的变化,国家政治系统正常运转,政治过程按照既定的程序不间断地进行。

(2)国家政治生活的秩序性,即社会政治发展的有序状态,也就是我们所说的安定团结的社会政治局面。它是社会发展的规律性、社会政治生活的秩序性、政府更迭的连续性的统一,即统一于社会的有序发展。

(3)政治局势的可控性,即国家的权力主体(主要是政府)能够完全或基本控制国家政治局势,能够把社会冲突控制在其所允许的范围内,使其不至于酿成严重危害社会政治稳定的后果。

(4)社会政治心理的稳定性,即政治稳定作为政治系统运行的一种表现形态,还需要公民形成较为一致的政治共识、政治认同感和支持感,在社会经济政治发生变革的时候具有一定的心理承受能力等社会政治心理因素。

政治的稳定性表现为政府的稳定性和政策的连续性。一般认为政府的稳定应不受任何内部与外部问题的困扰和动摇,如内部的分裂、反对党派的存在、民族问题、经济困难、潜在的政变因素、不规则的更迭等。政府应具有对付一切冲突的应变能力,如有上述问题的存在,则被认为存在着某种程度的不稳定。当然,上述问题的存在与否,以及能否得到恰当地解决,还取决于政府的宗旨、政策,政府官员的意志和才能等因素。政策的连续性也是与政治稳定性直接相关的另一个重要因素,它既是上述政治稳定性因素的作用结果,又是进一步影响政治稳定性的重要因素。一般而言,政治的稳定性越高,政策的连续性就越强。有时即使政府是稳定的,但由于存在着压力集团如工会、行业公会、环境保护组织等民间团体,为了维护本团体所代表的利益,往往会对政府的政策施加影响、压力,以促使政府调整政策,有的还会直接对外资施加某种压力,也会引起政府政策的改变。每届政府都有各自的施政方针和目标,它是政府各项政治经济政策的集中体现。政府政策的连续性越好,外商在该国的投资就越稳定。政策变化的程度越大,频率越高,政策的连续性越差,就越不利于吸引外资。例如,2000 年以前的塞尔维亚,政局的不稳和政治风险严重影响了吸引外资的成效。但在塞尔维亚实施了一系列开放的外资政策之后,成为巴尔干地区对外资最具吸引力的国家,2000—2007年,塞尔维亚吸引外资总计达150亿美元,每年平均吸引外资十多亿美元。

(三)政府状况

政府状况主要体现在执政者治理国家的能力和政府部门的行政效率。执政者治理国家的能力反映在国家政治经济生活的各个方面:政府对发展教育事业的重视程度;政府是否重视人力资源的开发和利用;政府能否有效地利用本国的自然资源;政府对法制建设的重视程度,是否能够经常有效地维护社会治安;政府对保护环境所做的努力;政府的社会福利和社会保障工作的水平;工资和物价政策及其效果;在公众中保持良好的政府形象的能力;政府对待社会意见的态度;在国际上保持良好的国家形象的能力;处理突发性社会和政治事件的能力;抗御自然灾害的能力;对付外来军事威胁及其他颠覆活动的能力等。通过上述诸方面的考察,可以对一定时期内东道国政府的执政水平作出判断和评估。一般来说,执政者治理国家的能力越强,越能够保持稳定的社会政治环境,投资环境也就越趋于完善,也就越能吸引外资。政府部门的行政效率是与执政者能力密不可分的政治因素。行政效率就是政府效率,政府效率就是政府生产力,它是一种推动社会发展的综合生产力。行政效率可分为三个层次:组织效率(高级决策层所表现的效率)、管理效率(中间管理层所表现的效率)和工作效率(基层工作人员所表现的效率)。这三个层次的效率是相互影响、相互补充的,会直接影响到外商的投资和生产经营活动。

(四)政府的对外关系

政府的对外关系,包括与主要贸易伙伴的关系、在全球的政治经济地位及作用、与邻国的关系、与投资国的关系、与其他国家的关系、在国际组织中的态度及地位。一国政府的对外关系现状和发展前景,同样会影响到外国投资者对该国政治环境的评价。一般来说,一国对外关系良好,而且与越来越多的国家交往密切,关系友好,则外国投资者对该国的政治环境评价就会好些。反之,评价差些,从而影响外资的进入。例如,吴凯波(2010)对中国的外商直接投资和对外贸易关系进行实证研究认为,改革开放30多年来,中国的外商直接投资与进出口表现为一种稳定的长期均衡关系。中国外贸总量从1979年的394.4亿美元,增长到2008年的25 616.4亿美元,我国已经成为世界第三大贸易国。与此同时,外商对华直接投资也在稳步增长,从1979年的6.9亿美元增长到2008年的924亿美元。

四、法律环境

健全和完善的法律制度在国际投资环境中占有极其重要的地位。无论是政治环境,还是经济环境,抑或是社会环境,大都可以通过法律形式表现出来。世界各国无不以维护国家主权和经济利益为前提,制定本国利用外资的有关法律。由于政治制度、经济制度以及社会文化等各方面存在较大的差异,一般来讲,发达国家国力强,资金充裕,技术先进,国际竞争能力强,因而对外资采取比较开放的立法态度,限制性措施比较少,但鼓励性措施也比较少;发展中国家国力弱,资金匮乏,技术落后,国际竞争能力弱,因而对外资的态度往往自相矛盾,一方面鼓励性措施较多,另一方面限制性措施也较多,其目的是大力引进外资的同时,还要保护本国民族工业的发展。法律环境主要包括法律制度和司法实践。

（一）法律制度

法律制度主要体现在法律体系的完善和各项法规的制定上是否具有完备性和稳定性。法律完备性主要是指涉及国际投资的法律文件是否完备、健全。由于各国国情不同,它们在法律上的规定也不同,但一般涉及国际投资的法律包括《公司法》、《外商投资法》、《劳工权利保护法》、《国际商法》、《反托拉斯法》、《税法》、《海关法》等。这些法规从不同方面规定了外国投资的进入、经营等各方面的情况,投资者不仅要详细了解东道国对外投资的立法形式和立法内容,还要对有关法律文件深入分析和研究,以便能在东道国法律允许的范围内从事国际投资活动。法律稳定性是指法律一经颁布,即在一定时期内保持稳定。法律是严肃的,虽然它应该随客观情况的变化而相应作出调整,但稳定性非常重要。对直接投资而言,法制的稳定性尤为重要,因为直接投资是一种比较长期的经济活动,其收益要在投资以后很长时间才能逐步收回。如果一个国家的法律经常变化调整,必然增加投资者风险,使投资者面临的不确定性增加,这很可能会使投资者望而却步。但法律的稳定性也并不是说一国的法律一旦制定便不能再改,恰恰相反,任何一个国家的法律建设都是一个渐进的过程,而法律的变化不应是其基本原则的改变,而只能是对法律不完善之处的完善和健全。

（二）司法实践

司法实践主要强调在法律实施过程中的公允性(公正性)。法律公允性是指法律实施过程中能公正地、无歧视性地以同一标准对待每一个诉讼主体。投资者从事国际投资活动时,在与东道国政府机构和东道国企业发生纠纷时,需要提请仲裁与法律诉讼。只有在一个公正对待外国投资者的国度里,其利益才有可能得到保障。否则,在法律的适用上出现不公平的待遇和有法不依都会使投资者畏缩不前,从而阻碍外资的进入。

五、社会文化环境

世界各国都有其特异的文化、社会背景及教育水平,而且国与国之间差别甚大,一国之间也会因地而异。这种差异必然影响东道国消费者的生活方式、消费倾向、购买态度、购物种类等,而爱好的型式与色彩、流通径路、易接受的宣传方法及文句乃至生产、研究、发展、人事、财务、计划、组织、用人、指导、控制等机能也无一不是一国特异文化的产物。因此,国际直接投资必然受到社会文化环境的潜在制约,且受文化因素的敏感性较之国内投资更大。

（一）语言

语言包括有声语言和无声语言。有声语言指正式的语言或方言。在国际沟通(与当地雇员的沟通、与当地供应者的沟通、与当地顾客的沟通)中,以英语为官方语言的国家约有30个,在商业函电、合同中使用英语作为书面语言的则更广泛。但在国际直接投资中,由于各国语言的差异,会给投资者与东道国政府、机构和个人的沟通带来麻烦。而且,不仅国家之间的语言存在差异,同一国家内部也存在语言分化现象。例如,加拿大官方语言是英语和法语;在瑞士,人们使用法语、德语、意大利语和拉丁罗曼语四种语言;芬兰使用芬兰语和瑞典语;印度则把印地语作为国语,英语作为官方语;新加坡把马来语、英语、华语、泰米尔语都作为官方用语。一般来讲,外国投资者都倾向于到与本国使用同一语言的国家和地区进行投资。无声语言是人类交往的另一种表达方式,包括:

(1)身体语言,如通过面部表情、手势、握手、姿势等表示一定的意思;

(2)空间语言,如通过办公室的大小、装饰不同表示一定含义;

(3)财富语言,以财富表示身份。由于不同的文化背景,无声语言在国际交流中很容易产生误解。例如,在中国,竖起大拇指,表示夸对方很棒,但在有的国家,却是相反的含义;在中国点头表示同意,摇头表示不赞成,而在有些国家却恰恰相反。这是国际投资者要特别注意的。

(二)宗教

宗教是文化的精神基础。世界几大宗教,大致有其主要流行地区。佛教广泛流行于亚洲国家。印度和尼泊尔信奉印度教。伊斯兰教盛行于中东和北非;基督教(包括天主教、东正教和新教)则主要流行于白种人为主的国家;北欧国家(芬兰、瑞典、丹麦、挪威)大多数人信奉新教;南欧(意大利、葡萄牙、西班牙、比利时和法国)和拉美国家居民主要信奉天主教;而英国、美国、加拿大、德国、澳大利亚、新西兰则属混杂基督教;东正教则主要分布于希腊、塞浦路斯、南斯拉夫、罗马尼亚、保加利亚和苏联。宗教对于人的生活态度、价值观、购买动机、消费偏好等都有重大影响。传统上,基督教主张努力工作、节俭、储蓄;佛教和印度教强调精神价值,贬低物质欲望;伊斯兰教禁止食用猪肉、饮酒,并抵制改革,反对妇女抛头露面,且有更多制度和道德规范,如同法律。而同一宗教中不同派别也有差别,如基督教中东正教主张主教以外的其他教士均可婚娶,天主教则不然;佛教中有小乘(南传佛教)和大乘(北传佛教)之分,小乘主要主张自利,大乘强调自利和利他并重。宗教往往会对国际直接投资产生各种直接和间接的影响,海外经营可能遇到宗教日,如伊斯兰教的斋节就需一个月(影响生产经营正常进行)。另外,宗教往往是一个地区文化冲突的根源,如中东阿以之争和印度的印度教和伊斯兰教之争。外国投资者只有充分考虑东道国的宗教环境,尊重其宗教信仰才有可能顺利地进行投资活动。

(三)教育水平

教育水平高低决定一个国家的劳动力素质、技术先进程度、国家文明程度等。没有受过教育的人和教育水平高的人相比较,不仅在读写方面,就连对人的价值观也会产生明显差距。另外,教育水平高的人谋求改善生活欲望及能力都高,对新机器的理解和使用容易学会,对各种宣传媒体容易了解,容易产生效果。根据爱德华·德民森的研究统计:1909年至1929年间,经济扩大的要因是劳动力和资本增加,但1929年至1957年间,促进国民生产增加的要因中劳动力和资本已降至1/3,比率最高的则是"一般教育"和"技术革新"。一国的教育水平高低,一般可以从以下几个方面来考察:一是该国的教育制度和结构是否合理;二是教育的普及程度;三是教育与社会需要的结合;四是一般认字状况;五是基础教育、职业教育和专门教育的状况;六是国民对教育的基本态度。教育水平高,劳动力素质必然高,生产的效率和经济效益就高,投资的收益就好,对国外投资者就有吸引力。反之,则会影响国外投资者的进入。

（四）时间观念

在企业交往中,时间有四种表现形式:一是准时,二是复函时间,三是函复截止日,四是在办公室外的等待时间。各国对时间的看法有所不同。在美国,准时被看成一种美德;迟复意味着没有兴趣;没有截止日的信件表示急件;等待的最高限是 30 分钟。但在拉美国家,准时不被看成美德,信件很少注有截止日,办公室外的等待时间没有限制。在日本,无截止日并不意味着快件,迟复并非不感兴趣,反而意味着正在周密地计划和安排。

（五）家庭

家庭是社会的基本单位,东方人家庭观念较重,而西方国家则强调个人主义倾向。家庭是市场推销者的主要对象。"谁是家庭的购买决定者"是市场研究人员最感兴趣的问题。各国的家庭形态有所差异,家庭每个成员的消费行为也影响到家庭的购买动机、商品选择。

（六）社会心理

社会心理包括民众的一般价值观念、对物质分配的态度、对工商业的一般看法、对经营和风险的态度,尤其是对国外投资者经营活动的态度以及现存的上下级关系和部门间的关系、民族心理和民族意识等。这些因素对外来投资的影响往往是比较微妙的。一般来说,它们影响一国对外资的接纳程度、外资与当地资本合作以及与当地官方和非官方机构合作的状况、外资投资效益和经营成果的分配等。此外,传统习惯(例如,东方国家普遍重视储蓄,储蓄率高,而西方国家储蓄率较低)、国民感情(如抵制洋货、过去是民族的敌人)、与宗主国的关系也是国际投资者应该考虑的社会文化因素。因此,一方面国际投资者应全面了解投资东道国的社会价值观的情况,而投资东道国也应在利用外资的过程中,既要保持发扬本民族的优良文化传统,又要积极吸取其他文化中先进的东西,以有利于本国在经济全球化背景下的文化融合。

上述国际投资环境的各项因素构成了一个有机系统(系统性),形成了国际投资的外在约束条件。在这些因素中,经济环境为基础,政治环境为保障。国家投资环境各要素之间不是互相独立的,而是相互影响、相互渗透的。如经济发展水平会影响人们对自然环境的依赖程度,政治环境和法律环境是建立在一定经济环境之上相适应的,而政治环境和法律环境又会反作用于经济环境。在这个有机系统中,每个要素的变化会引起全体环境要素的变化,从而对国际投资者的决策产生影响。正因为如此,东道国为吸收国家投资就必须对投资环境的各要素进行改善,努力营造国家投资环境的良好氛围。

第三节　国际投资环境评估方法

国际投资环境评估是国际投资者根据国际投资的具体需要对东道国投资环境所作的系统评估,它是国际投资决策的重要依据。上一节我们已经较为全面地分析了国际投资环境的构成因素,对这些因素的分析是国际投资环境评估的基础。但在国际投资环境评估的具体实践中,往往没有必要将所有因素均纳入评估体系,国际投资者可以根据具体的需要选取部分因素,并根据选取因素的重要性赋予不同权重来构建科学合理的评估体系。

国际投资环境评估方法是国际投资环境评估体系的构建和运用,是国际投资环境评估的核心,选择何种评估方法将从根本上影响评估结果和最终的投资决策。

一、冷热对比分析法

1968 年美国学者伊西阿·利特法克和彼得·班廷根据他们对 60 年代后半期美国、加拿大、南非等国大量工商界人士进行的调查资料,在《国际商业安排的概念构架》论文中提出通过 7 种因素对各国投资环境进行综合、统一尺度的比较分析,从而产生了投资环境冷热比较分析法(也称冷热国对比或冷热法)。该分析法的基本方法是:从投资者和投资国的立场出发,选定诸因素,据此对目标国逐一进行评估并将之由"热"至"冷"依次排列,热国表示投资环境优良,冷国表示投资环境欠佳热(见表 6-2)。冷热对比分析法把一国投资环境的好坏归结为以下七大因素。

表 6-2 有关国家投资环境冷热表

国别	冷热度＼因素	政治稳定性	市场机会	经济发展和成就	文化一体化	法律阻碍	实质阻碍	地理及文化差距
甲国	热	大	大	大		小		小
	冷				中		中	
乙国	热	大			大		小	
	冷		中	中		中		中
丙国	热		大	大			小	
	冷	小			中	大		大
丁国	热							
	冷	小	小	小	中	大	大	大

(一)政治稳定性

政治稳定性是指东道国有一个由全民各阶层所组成的,为广大人民群众所拥护的政府。该政府能鼓励和促进企业发展,创造出良好的适宜企业长期经营的环境。一国的政治稳定性高时,这一因素为"热"因素。

(二)市场机会

当对外国投资生产的产品或提供的劳务在东道国市场的有效需求尚未满足时,并且具有切实的购买力,表明东道国市场机会较大,为"热"因素。

(三)经济发展和成就

经济发展和成就指的是目标投资国的经济发展速度快、经济运营良好,经济发展速度快和经济运营良好,经济发展成就就大则应为热因素,反之为冷因素,经济发展速度和经济运营一般,经济发展和成就应为中。

(四)文化一体化

东道国国内各阶层的人民的相互关系以及风俗习惯、价值观、宗教信仰等方面都受到传统文化的影响。东道国文化一体化程度高为"热"因素。

（五）法令阻碍

东道国有独立而繁杂的法律体系，这些法令中有些对外国企业经营起着限制和阻碍的作用。若法令对外国企业经营的阻碍大为"冷"因素，阻碍小为"热"因素。

（六）实质阻碍

东道国的自然条件，如地形、地理位置、气候、降雨量、风力等，往往会对企业的有效经营产生阻碍。实质阻碍高时，为"冷"因素。

（七）地理及文化差距

东道国和投资国距离遥远，文化、社会观念及语言上有差异都会对沟通和联系产生不利影响，妨碍思想交流。地理文化及文化差距大，为"冷"因素。

在上述多种因素的制约下，一国投资环境越好（即越热），外国投资者越倾向于在该国的投资，相反，若一国投资环境越差（即"冷国"），则不利于外国投资者在该国投资。

利特法克和班廷从美国投资者的立场出发，用美国投资者的观念对加拿大、英国等十国的投资环境进行了冷热比较分析，建立的直观形式的冷热比较表如表 6-3 所示。该表所列的加拿大、英国、德国、日本、希腊、西班牙、巴西、南非、印度、埃及等国的顺序就反映了这个十个国家的投资环境在美国投资者心目中的由"热"至"冷"的顺序。

表 6-3　美国观念中的十国投资环境的冷热比较表

国别		政治稳定性	市场机会	经济发展与成就	文化一元化	法令阻碍	实质阻碍	地理及文化差距
加拿大	热	大	大	大	中	小		小
	冷						中	
英国	热	大			大	小	小	小
	冷		中	中				
德国	热	大	大		大	小		
	冷			大		中		中
日本	热	大	大		大	大		大
	冷			大		中		
希腊	热		中	中		中		
	冷	小				小		大
西班牙	热		中	中	中			
	冷	小				中	大	大
巴西	热		中		中			
	冷	小		小		大	大	大

国别		政治稳定性	市场机会	经济发展与成就	文化一元化	法令阻碍	实质阻碍	地理及文化差距
南非	热		中	中		中		
	冷	小			小		大	大
印度	热	中	中		中			
	冷			小		大	大	大
埃及	热		小		中			
	冷	小		小		大	大	大

一般认为,冷热法是最早的一种投资环境评估方法,虽然在因素(指标)的选择及其评判上有失笼统和粗糙,但它却为评估投资环境提供了可利用的框架,为以后投资环境评估方法的形成和完善奠定了基础。

二、投资环境等级评分法

投资环境等级评分法(又称多因素分析法)是目前国际上对国际投资市场的投资环境评价采用最多的一种方法。它是美国经济学家罗伯特·斯托伯于1969年9月在美国《哈佛商业评论》杂志上发表的《怎样分析国外投资环境》一文中提出的。

等级评分法的基本原理是将东道国政府各种政策以及东道国基本经济情况等几项影响投资环境的主要要素按对投资者重要性的大小,确定不同的评分标准,再按各种因素对投资者的利害程度,确定具体评分等级,然后将分数相加,汇总出投资环境的总体评价。分数越高说明投资环境越好,分数越低则表明该地区投资环境越差,当低到一定程度时则表明在当地投资风险加大。具体的评判内容和标准见表6-4。

表6-4 投资环境等级评分法计分表

环境评估因素	评 分
1. 资本抽回(capital repatriation)	0～12
(1) 无限制	12
(2) 只有时间上的限制	8
(3) 限制资本撤回	6
(4) 限制资本及利润撤回	4
(5) 严格限制	2
(6) 禁止资本撤回	0
2. 外商股权(foreign ownership allowed)	0～12
(1) 准许并欢迎全部外资	12
(2) 准许但不欢迎全部外资	10
(3) 准许外资占大部分股权	8
(4) 准许外资最多占半数股权	6
(5) 准许外资占少数股权	4
(6) 外资不得超过股权的30%	2

环境评估因素	评　分
（7）不准外资拥有股权	0
3. 差别待遇与管制程度（discrimination and controls）	0～12
（1）外资企业与本国企业同等待遇	12
（2）对外资企业略有限制，但非管制	10
（3）对外资企业无限制，但有一些管制	8
（4）对外资企业限制及管制	6
（5）对外资企业有些限制，并严加管制	4
（6）对外资企业严格限制及管制	2
（7）禁止外商投资	0
4. 货币的稳定性（currency stability）	4～20
（1）可自由兑换	20
（2）黑市与官价差异少于10%	18
（3）黑市与官价差异在10%～40%	14
（4）黑市与官价差异在40%～100%	8
（5）黑市与官价差异在100%以上	4
5. 政治稳定性（political stability）	0～12
（1）长期稳定	12
（2）依赖主要人物的稳定	10
（3）内部分裂，但政府尚能控制	8
（4）强烈的内在、外在力量影响政治	4
（5）有变动或改变的可能	2
（6）不稳定、极可能有变动或改变	0
6. 给予关税保护的意愿（willingness to grant tariff）	2～8
（1）给予充分的保护	8
（2）给予相当保护，尤其是新的主要产业	6
（3）给予少数保护，以新的主要产业为主	4
（4）很少或不予保护	2
7. 当地资本可用性（availability of local capital）	0～10
（1）具有资本市场、公开证券交易所	10
（2）有一些当地资本及投机性证券交易所	8
（3）有限的资本市场，少数外来资本可供使用	6
（4）极有限的短期资本	4
（5）严格的资本管理	2
（6）高度资本逃避	0
8. 近五年的年通货膨胀率（annual inflation）	2～14
（1）小于1%	14
（2）1%～3%	12
（3）4%～7%	10
（4）8%～10%	8
（5）11%～15%	6
（6）16%～35%	4
（7）35%以上	2

资料来源：罗伯特·斯托伯. 如何分析国外投资环境[J]. 哈佛商业评论，1969（6-11）：102.

表 6-4 中列出了 8 种影响投资的因素,每一项因素中又分 4～7 个优劣程度不等的供评判者选择的项目,并标有分数。这要求投资者先搜集必要的东道国的定性和定量的资料,再将各种情况依表中所列标准评分,最后加总得出总分,然后将这一得分与其他可选择地的得分相比较以选择最佳的投资地点。表中所列因素可以根据投资者对投资环境的要求差异而赋予不同的权重。从表中可以看出,罗伯特·斯托伯认为最重要的因素是货币的稳定性,占整个评分权重的 20%;其次是通货膨胀率,占权重的 14%;再次是外商股权,资本抽回,政治稳定性,外商的歧视和管理程度分别占权重的 12%;最后是当地资金的可供程度与给予关税保护的意愿评分为 10% 和 8%,这反映了不同的因素对政治环境影响的差异性。

运用等级评分法对国际投资环境进行评估,优点在于能清楚地了解需要从哪些方面研究国际投资环境,同时这些因素的评分标准非常具体,评价所需的资料既易于取得,又易于比较。其缺陷是所选择的影响投资环境的因素不够全面,主要侧重考虑外国投资者在投资时与投资相关的影响因素,而对外部因素如自然资源状况、基础设施和税收问题等因素均未考虑,另外在对有些因素的评分标准上也带有一定的主观性。在实际运用中,可根据东道国经济发展状况和投资者自身的情况,增删表中所列的影响投资的因素,而借鉴其基本原理和方法对具体的投资环境进行考察和评分。同时,应随时调整各项因素,而且应注意此结论也只是一般性的投资评价,还应参照其他标准评分。

三、投资环境动态分析法(道氏评估法)

动态分析法是美国经济学家 S. T. 施文蒂曼于 1985 年 8 月在我国杭州召开的"外资在发展中国家的作用"研讨会上提交的《多国公司与东道国环境》论文中,介绍的美国道氏化学公司根据对外投资的实践而总结的一套投资环境评价方法。投资者在评价东道国投资环境时,不仅要看其过去和现在,而且还要评估今后可能发生的变化,以便确定这些变化在一定时期对投资活动的影响。因此,该方法是从动态的发展变化的角度来考察、分析和评价东道国的投资环境。该方法认为在国外投资所面临的风险有两类:

(1) 正常企业风险或称竞争风险。例如,自己的竞争对手也许会生产出一种性能更好或价格更低的产品,从而给本企业造成风险。这类风险存在于任何基本稳定的企业环境中,它们是商品经济运行的必然结果。

(2) 环境风险,即某些可以命名企业环境本身发生变化的政治、经济及社会因素。这类因素往往会改变企业经营所必然遵守的规则和采取的方式,对投资者来说这些变化的影响往往是不确定的,它可能是有利的,也可能是不利的。

动态分析法基于上述风险划分将影响投资环境的诸多因素也划分为两部分:一部分是企业从事生产经营的业务条件,另一部分是有可能引起这些条件变化的主要压力。这两部分又分别包括 40 个因素,具体内容见表 6-5。在对这两部分因素作出评价后,提出投资项目的预测方案的比较,选出具有良好投资环境的场所进行投资就会获得较高的投资利润。

表 6-5　美国道氏公司投资环境评估分析法

1. 企业业务条件	2. 引起变化的主要压力	3. 有利因素	4. 预测方案
估价以下因素： (1) 实际经济增长率 (2) 能否获得当地资产 (3) 价格控制 (4) 基础设施 (5) 利润汇出规定 (6) 再投资自由 (7) 劳动力技术水平 (8) 劳动力稳定性 (9) 投资刺激 (10) 对外国人的态度 …… (40)	估价以下因素： (1) 国际收支结构及趋势 (2) 被外界冲击时易受损害的程度 (3) 经济增长相对于预期 (4) 舆论界领袖观点的变化趋势 (5) 领导层的稳定性 (6) 与邻国的关系 (7) 恐怖主义骚乱 (8) 经济和社会进步的平衡 (9) 人口构成和人口趋势 (10) 对外国人和外国投资的态度 …… (40)	对前两项进行评价后，从中挑出 8～10 个在某个国家的某个项目能获得成功的关键因素（这些因素将成为不断查核的指数或继续作国家评估的基础）	提出四套国家或项目预测方案： (1) 未来 7 年中关键因素造成的"最可能"方案； (2) 如果情况比预期好的"乐观"预测方案； (3) 如果情况比预期糟的"悲观"预测方案； (4) 会使公司"遭难"的预测方案

资料来源：张蔚，徐晨，陈宇玲. 国际投资学[M]. 北京：北京大学出版社，2008：181.

表 6-5 中的第 1 栏是现有情况，第 2 栏是估价政治、经济、社会事件对今后投资环境可能产生的变化（有利的、不利的或中性的）。道氏公司的分析以 7 年为期，因为该公司预期项目决策后的第 7 年是赢利高峰年。这种动态分析最终要评估出将来 7 年中的环境变化，并由此制订出 4 套预测方案（第四栏）以供决策参考：第一套是根据未来 7 年中各关键因素"最可能"的变化而提出的预测方案，即"最可能"预测方案；第二套是假设各关键因素的变化比预期的好而提出的"乐观"预测方案；第三套是假设各关键因素的变化比预期的糟而提出的"悲观"预测方案；第四套是假设各关键因素的变化最坏可能导致公司遭难的"遭难"预测方案。在各预测方案提出后，请专家对某一套方案可能出现的概率进行预测，以供决策时参考。

投资环境动态分析法虽然是道氏公司根据自身投资经验总结出来的，但它较为详尽地列出了影响跨国公司对外资的影响因素，对跨国公司而言颇具代表性。该方法为个别企业进行国际直接投资提供了一个实用性很强的评估东道国投资环境的方法。当然，在具体使用此方法时，可依据不同情况、不同的影响因素和不同的预测时期而改变内容，以便得到更符合实际情况的评价结果。

四、投资障碍分析法

投资障碍分析法是依据潜在的阻碍国际投资运行因素的多少与程度来评价投资环境优劣的一种方法。其基本出发点是：如果在没有考虑优惠的情况下，一国的投资环境是可以接受的话，那么再加上优惠的因素就更可以接受了。因此，判断一国的投资环境是否适合外国投资，只要考虑该国的投资阻碍因素就可以有一个基本的结论，这也是符合企业竞争的一般原则。国际投资者根据投资环境的内容结构，分别列出阻碍国际直接投资的主要因素，并在潜在的东道国之间进行比较，障碍少的国家被认为拥有较好的投资环境。这一方法中包含了以下 10 个方面的障碍因素。

（1）政治障碍。东道国政治制度与投资国不同；政局动荡不稳（包括政治选举变动、国内骚乱、内战、民族纠纷等)。

(2)经济障碍。经济停滞或增长缓慢;国际收支赤字增大、外汇短缺;劳动力成本高;通货膨胀、货币贬值;基础设施差;原材料等基础工业薄弱。

(3)资金融通障碍。资本数量有限;没有完善的资本市场;资金融通的限制较多。

(4)技术人员和熟练工人缺乏。

(5)实施国有化政策和没收政策。

(6)对外国投资者实行歧视性政策。禁止外资进入某些产业;对当地的股权比例要求过高;要求由当地人参与企业管理;要求雇佣当地人员,限制外国雇员的数量。

(7)东道国政府对企业过多的干预。实行物价管制制度;规定使用本地原材料的比例;国有企业参与竞争。

(8)普遍实行进口限制。限制工业制成品进口;限制生产资料进口。

(9)实行外汇管制和限制汇回。一般外汇管制;限制资本和利润汇回;限制提成费用的汇回。

(10)法律和行政体制不完善。外国投资法律不健全;国内法律不健全;没有完善的仲裁制度;行政效率低下;贪污受贿行为严重。

投资障碍分析法是一种宏观层次上的定性分析,它使投资者可以根据阻碍因素的存在与否对投资环境作出一般性评价。该方法的优点在于能够迅速地、便捷地对外资环境作出判断,并减少评估过程中的工作量和费用,但由于该方法根据个别关键因素作出判断,有时会使公司对投资环境的评估失之准确,从而失去一些好的投资机会。

五、闵氏评估法

此评估方法是由香港中文大学闵建蜀教授于 1987 年在我国召开的"中国投资环境比较研究"研讨会上提出的。闵氏评估法是在罗伯特·斯托伯"等级评分法"的基础上发展起来的,它包括两个前后有密切联系而又有一定区别的投资环境评估方法,即多因素评估法和关键因素评估法。

(一)多因素评估法

多因素评估法将影响投资环境的因素分为 11 类,每一类因素又由一组子因素组成(见表 6-6)。

表 6-6　投资环境的影响因素及其子因素

影 响 因 素	子 因 素
1. 政治环境	政治稳定性;国有化可能性;当地政府的外资政策
2. 经济环境	经济增长;物价水平
3. 财务环境	资本与利润外调;外汇价格;集资与借款的可能性
4. 市场环境	市场规模;分销网点;营销的辅助机构;地理位置
5. 基础环境	国际通信设备;交通与运输;外部经济
6. 技术条件	科技水平;适合工资的劳动生产力;专业人才供应

影　响　因　素	子　因　素
7. 辅助工业	辅助工业的发展水平;辅助工业的配套情况等
8. 法律制度	商法、劳工法、专利法等各项法律是否健全;法律是否得到很好执行
9. 行政机构效率	机构的设置;办事程序;工作人员的素质等
10. 文化环境	当地社会是否接纳外资公司及对其信任与合作程度;外资公司是否适应当地社会风俗等
11. 竞争环境	当地的竞争对手的强弱;同类产品进口额在当地市场所占份额

运用该法评估东道国投资环境的具体做法分为三个步骤:首先对影响因素的各子因素作出综合评价;然后,对各因素作出优、良、中、可、差的判断打分;最后计算该国投资环境的总分数。其计算公式为

$$投资环境总分 = \sum W_i = (5A_i + 4B_i + 3C_i + 2D_i + E_i)$$

其中,W_i 为第 i 类因素的权数;A_i、B_i、C_i、D_i、E_i 为第 i 类因素被评为优、良、中、可、差的百分比。

投资环境总分数的取值在 11~55 之间,越接近 55,表明投资环境越佳,越接近 11,则表明投资环境越差。

多因素评估法弥补了罗伯特·斯托伯"等级评分法"的缺陷,具有几个显著的优点:一是所选择的投资环境因素较全面,减少了片面性;二是明确区分了投资环境中各子因素的优劣状况,提高了评估因素的客观性,将使最后的结果更有可比性;三是不仅全面考虑了各种投资环境中的各因素在整个投资环境中的地位和作用,还结合投资项目的性质及投资者自身的实际情况,灵活确定各环境因素的权数,从而实用性更强。当然这种方法与等级评分法一样,只是对投资环境作一般性的评价,没有涉及投资者的特定目标和要求。

(二)关键因素评估法

关键因素评估法从具体投资动机出发,从影响投资环境的一般因素中,找出影响具体项目投资动机实现的关键因素,根据这些因素,对东道国投资环境作出评价,仍采用上述公式计算总平均分数并比较投资环境优劣。具体内容见表 6-7。

表 6-7　关键因素评估法

投　资　动　机	影响投资的关键因素
1. 降低成本	(1)适合当地工资水平的劳动生产率;(2)土地费用;(3)原材料与元件价格;(4)运输成本
2. 发展当地市场	(1)市场规模;(2)营销辅助机构;(3)文化环境;(4)地理位置;(5)运输条件;(6)通信条件
3. 材料和元件供应	(1)资源;(2)当地货币汇率的变化;(3)当地的通货膨胀;(4)运输条件
4. 风险分散	(1)政治稳定性;(2)国有化可能性;(3)货币汇率;(4)通货膨胀率
5. 追随竞争者	(1)市场规模;(2)地理位置;(3)营销的辅助机构;(4)法律制度
6. 获得当地生产和管理技术	(1)科技发展水平;(2)劳动生产率

例如,假设一位国外投资者到国外投资的动机是为了发展外国市场,那么在关键评分表中,与该目标密切相关的关键因素主要有:①市场规模;②营销辅助机构;③文化环境;④地理位置;⑤运输条件;⑥通信条件。如果上述关键因素权重分别为0.4,0.2,0.1,0.1,0.1,0.1,初步选择三个国家和地区作为可能的投资地点,它们的得分如表6-8所示,由此看出,三个地方中C的投资环境最优。

表6-8　关键因素分析表

评分 ＼ 关键因素　国家或地区	市场规模	营销辅助机构	文化环境	地理位置	运输条件	通信条件	评分
A	8	5	6	4	4	5	6.1
B	7	6	5	4	6	4	5.9
C	9	6	6	5	3	4	6.6

资料来源:张蔚,徐晨,陈宇玲. 国际投资学[M]. 北京:北京大学出版社,2008:179.

闵氏的两种投资环境的评估方法各有其特点。具体应用时应相互结合,先用多因素评估法对投资环境进行一般性总体评价,然后再根据特定的投资目标和要求对投资环境进行评价,最后得到一般与特殊相结合的结论。

六、抽样评估法

抽样评估法是指对东道国的外商投资企业进行抽样调查,进而考察东道国投资环境的一种评估方法。东道国政府常常采用这种方法来了解本国投资环境对外资的吸引力,以便及时调整吸引外资的法规和政策。投资国的投资者常常采用这种方法考察东道国的投资环境以及制定灵活的投资策略。

抽样评估法的具体方法是:

(1) 选择或随机抽取不同类型的外资企业。

(2) 列出投资环境评估要素。

(3) 由所选择的外资企业的高级管理人员对东道国的投资环境要素进行评估。

(4) 由投资环境评估活动的组织者进行汇总,并得出投资环境评估结论。

该方法使用过程中,组织抽样评估的单位通常是东道国政府或国际咨询公司。有些发达国家的大学、研究机构专门建立世界上投资地区的案例资料库。例如,美国哈佛大学商学院的跨国公司案例中心,为潜在的投资者提供咨询服务。表6-9是1986年7月美国科世国际咨询公司与中国国际贸易研究所运用抽样调查法对中国的国际投资环境进行评估的结果,当时选择的已在中国投资的各类外国企业共36家。

表6-9　抽样评估汇总表(1986)

评估要素	评估标准			
	非常好	良好	一般	不佳
政策	8家	14家	14家	0家
法律	10家	11家	12家	3家

续表

评估要素	评估标准			
	非常好	良好	一般	不佳
税收/制度措施	7 家	17 家	9 家	3 家
利息	8 家	10 家	16 家	2 家
劳资关系	11 家	18 家	7 家	0 家
劳动生产率	0 家	13 家	19 家	4 家
动力/水供应	0 家	7 家	20 家	9 家
运输/通信	0 家	3 家	9 家	21 家
劳动成本	13 家	15 家	5 家	3 家
市场发展/销售	7 家	11 家	12 家	6 家
人力资源	7 家	11 家	12 家	6 家
投资环境结论	17.9%	32.8%	34.1%	15.2%

资料来源：张蔚，徐晨，陈宇玲. 国际投资学[M]. 北京：北京大学出版社，2008：184.

由表 6-9 可以看出，组织投资者所选择的 36 家外国投资企业普遍认为当时(1986 年)中国的政策、法律环境较好，劳动力成本低，但劳动生产率不高，特别是动力供应和运输、通信条件比较差。最后结论是中国的投资环境中等偏上。

抽样评估法的最大优点是能使调查人员得到第一手的信息资料，它的结论对潜在的投资者的投资决策来说具有直接的参考价值。但是，这种评估法只能对评估要素进行概略的评估，并且带有很大的主观性。所以，其评估结果只具有一定的参考性，而不能对具体的投资决策起到决定性的作用。

七、成本分析法

成本分析法是西方常用的一种评估方法。这一方法把投资环境的因素均折合为数字作为成本的构成。然后比较成本的大小，得出是否适合于投资的决策。英国经济学家拉格曼对此作了深入的研究，提出了"拉格曼公式"。拉格曼认为，将各种投资环境因素作为成本构成代入，可能出现三大类情况：

(1) 若 $C+M^* < C^* + A^*$，便选择出口，因为出口比对外直接投资有利；

若 $C+M^* < C^* + D^*$，便选择出口，因为出口比转让许可证有利。

(2) 若 $C^* + A^* < C + M^*$，便建立子公司，因为直接投资比出口有利；

若 $C^* + A^* < C + D^*$，便建立子公司，因为转让许可证比对外直接投资有利。

(3) 若 $C^* + D^* < C^* + A^*$，便转让许可证，因为转让许可证比对外直接投资有利；

若 $C^* + D^* < C + M^*$，便转让许可证，因为转让许可证比出口有利。

其中，C 代表本国国内生产正常成本；C^* 代表东道国生产正常成本；M^* 代表出口销售成本(包括运输、保险和关税等)；D^* 代表各种风险成本(包括泄露和仿制等)；A^* 代表国外经营的附加成本。

成本分析法综合了各种因素所造成的成本，而且把它和参加国际市场的三种形式结合起来了，是西方投资者经常采用的评估方法。但这种方法只提供了一条崭新的思路，其中各项成本，尤其是直接投资成本 $C^* + A^*$ 应选择什么样的评估指标体系加以定量化计算出来,仍有待于进一步的研究。

八、要素评估分类法(准数分析法)

要素评估分类法是一种定量评估方法。它是将硬环境和软环境因素归纳为八大指标因子,但不是采用求权数再线性相加的方法,而是依据相关性提出如下经济模型:

$$I = \frac{AE}{CF}(B+D+G+H) + x$$

其中:x 是一个随机变量,其值可正可负。八大指标因子中,B、D、G、H 地位基本相同,而 A、E、C、F 的地位较为特殊,投资环境因素中 A 和 E 的改善,能够优化投资环境;C、F 的作用方向相反。这八大指标因子的内涵见表 6-10。按照上述公式求出的准数值"I"越高,表明投资环境越好,预期的投资收益越高。

表 6-10　投资环境要素评估分类表

项目要素	代号	内　涵	评　分
投资环境激励系数	A	政治经济稳定; 资本汇出自由; 立法完备性; 优惠政策; 对外资的兴趣度; 币值稳定	0~10
城市规划完善度因子	B	有整体经济发展战略; 利用外资中长期规划; 总体布局配套性	0~1
税利因子	C	税收标准; 合理收费; 金融市场	0.5~2
劳动生产率因子	D	工人劳动素质; 社会平均文化素养; 熟练技术人员; 技术工人数量	0~1
地区基础因子	E	基础设施、交通、通信、电力; 工业用地; 制造业基础; 科技水平; 外汇资金充裕度; 自然条件; 第三产业水平	0~10
效率系统	F	政府管理科学化程度; 有无完善的涉外服务体系; 咨询体系管理手续; 信息资料提供系统; 配套服务系统	0.5~2

续表

项目要素	代号	内　涵	评　分
市场因子	G	市场规模； 产品对市场占有率； 进出口限制； 人财物供需市场开发度	0～2
管理权因子	H	开放城市自主权范围； 三资企业外资股权限额； 三资企业经营自主权程度	0～2

运用要素评估分类法考察投资环境的主要原则和特点是：以国际资本投向，本地发展战略为主要依据；注意到因素之间的动态和有机关联性；决策者可以比较方便地利用准数从全局高度评估各时期改善投资环境和地区自然条件等优势，最大限度地提高准数值，达到吸引外国资本的目的。

九、国家风险评级法

国家风险评级法是由日本公社债研究所提出的对东道国直接投资环境的风险度的评估方法。其由专家评判、打分，采用的是十五分级制。根据其经验，该所认为，较之复杂的数学模型和计分体系，专家打分法是评定国家风险的最佳方法。

日本公社债研究所每年对 100 个国家或地区进行两次国家风险评级。评级的依据和内容可以概况为政治和社会的稳定性及对外支付能力三个方面。具体又将它们分解为 14 个单项风险，归纳为一个综合风险（见表 6-11）。

表 6-11　国家风险评级内容和尺度

风险种类	风险评分等级
1. 发生内乱和革命的可能性	A. 完全没有；B. 估计没有；C. 有隐约的兆头但估计不会发生； D. 存在危险的兆头；E. 发生的可能性很大（否定发生）
2. 现政权的稳定性	A. 极其稳定；B. 稳定；C. 差不多；D. 存在不稳定方面的因素； E. 投资不稳定
3. 因政权更迭而影响政策的稳定性	A. 根本不会影响；B. 大体上能保持连续性；C. 虽有摩擦，但变动不大； D. 不能改变等级政策；E. 会发生政策变动
4. 工业的成熟程度	A. 高度成熟；B. 比较成熟；C. 差不多；D. 有些不成熟；E. 不成熟
5. 经济活动的理由性	A. 扭曲现象少；B. 扭曲比较少；C. 一般；D. 扭曲性大；E. 极不充分
6. 财政政策的有效性	A. 可以高度评价；B. 可给予一般评价；C. 差不多；D. 不充分； E. 极不充分
7. 货币政策的有效性	A. 可以高度评价；B. 可给予一般评价；C. 差不多；D. 不充分； E. 极不充分
8. 经济增长的潜力	A. 有极其优越的潜力；B. 有优越的条件；C. 差不多；D. 稍显不足； E. 明显缺乏潜力
9. 战争的危险	A. 根本不存在；B. 估计没有；C. 有隐约的兆头，但估计不会发生； D. 存在着危险的兆头；E. 处于一触即发状况（含战争已起）

风 险 种 类	风险评分等级
10. 国际交流中的可依赖度(遵守国际协议、国际合同的态度)	A. 姿态极高；B. 姿态高；C. 过得去；D. 缺乏可依赖的因素方面；E. 完全不可依赖
11. 国际收支结构	A. 极好,可以放心；B. 良好,大体上可放心；C. 尚可；D. 有些担心；E. 极其不好,很不放心
12. 对外支付能力	A. 极好,可以放心；B. 良好,大体上可放心；C. 尚可；D. 有些担心；E. 极其不好,很不放心
13. 外资政策	A. 极为妥善,可以放心；B. 妥善,大体上放心；C. 有些问题,但还可以；D. 存在一些问题,不放心；E. 排外政策随处可见,很不放心
14. 外汇政策	A. 一贯是升势；B. 暂时疲软,趋向于升势；C. 币值能保持稳定；D. 存在着小幅度下跌的可能性；E. 存在着大幅度下跌的可能性
综合风险	A. 完全可以放心；B. 可以放心；C. 存在着令人担心的因素,但问题不大；D. 令人担心；E. 令人十分担心

表 6-11 中单项风险和综合风险都分为 A～E 五级。单项风险的各级分数分别是 A 级 10 分、B 级 8 分、C 级 6 分、D 级 4 分、E 级 2 分。以简单算术平均数求得的 14 个集团的评分值,即为各国单项风险的得分。综合风险的五个级别的标准为:9 分以上为 A 级, 8.9～7.0 分为 B 级,6.9～5.0 分为 C 级,4.9～3 分为 D 级,2.9 分以下为 E 级。不论单项风险还是综合风险,都是以分数的高低排列名次,分数越高,风险越小,分数越低,风险越大。

各单项风险独立地与综合风险同步打分、同时公布。该方法的优点是:

① 各专家集团是在分析了大量资料之后作出单项风险评价的。在这个基础上评价综合风险,可避免主观随意性,能比较真实地反映被评国的实际情况。

② 使用国家风险评级资料的行业不同,目的不同,侧重点也不同。同步打分,同时公布,既能让使用者对一个国家整体风险程度有所了解,又能了解主要风险之所在,易于满足一些投资、融资者或贸易商的重点需要。

十、综合评估法

该方法的基本思想是:运用现代决策分析中的定量方法,为各类评价者提供科学的评价分析方法;模拟各因素变化对投资环境的确切影响,从中找出影响各类外商投资的各个关键因素;同其他地区投资环境进行对比分析,找出各自的优势和不足;预测投资环境的变化趋势,对投资环境进行监测。投资环境综合评估值按公式 $G = \sum W_j U_j$ 计算,其数值越大,表明投资环境越好。其中,G 表示投资环境的综合评分值;W_j 表示第 j 个指标的权重;U_j 表示第 j 个指标的评分值。在具体的应用过程中,需要确定各指标的权重,并对各指标进行打分,最后对投资环境的变化进行预测。

(一)各指标权重的确定

由于东道国与外商个体在吸引外资的目的和动机方面存有差异,导致对投资环境的期望和要求各异,这必然使它们对各指标的重要程度产生不同的看法。这样,它们对投资环境的不同期望和要求,就可以通过对同一指标赋以不同的权重,在评估模型中反映出来。同样地,通过评价者(投资者)对各指标赋以的权重,我们也能看出他们的投资动机及其对投资环境的要求。可见,权重的确定是相当重要和很有意义的,它是投资环境评估中的关键环节。从方法上来看,确定指标权重的方法较多,常用的方法有 AHP 法和专家咨询法。

(二) 各指标的评分

每一指标,不论其为定性还是定量指标,评价者对它的表现水平的评价不可能完全相同。例如,某国的年通货膨胀率为 10%,有些人可能认为它较高,影响了该国经济、社会的稳定发展,对该国的投资环境将产生不良的影响;但另外一些人也可能认为,在该国特定的经济环境下,这属于适度通货膨胀,将促进该国的经济发展,对该国的投资环境将产生有益的影响。因此,在对各指标进行评分时,应充分考虑和综合各方面的意见,对其作出较为客观、公正的评价。具体步骤如下。

规定评价者对第 j 指标的评价结果为优、良、中、差之一。根据评价对 j 指标表现水平的评价,可得到

$$R_j = (r_{j1}, r_{j2}, r_{j3}, r_{j4}),$$

其中,r_{j1} 表示认为 j 指标为优的评价者占全部评价者的比例;r_{j2} 表示认为 j 指标为良的评价者占全部评价者的比例;r_{j3} 表示认为 j 指标为中的评价者占全部评价者的比例;r_{j4} 表示认为 j 指标为差的评价者占全部评价者的比例。综合考虑全部评价者对 j 指标的评价,j 指标的评分可按公式 $U_j = 4r_{j1} + 3r_{j2} + 2r_{j3} + r_{j4}$ 计算。

(三) 敏感度分析

指标评分值的敏感度分析是指当各因素的权重保持不变(W_j 不变)时,各指标评分的变化对投资环境优劣排序的影响和影响程度。应用这一分析方法,可以找出影响投资环境的关键因素(敏感因素),从而能够在改善投资环境时,把有限的时间和财力,用到改善关键因素之上,以利于使改善投资环境的措施尽快收到实效。

十一、投资环境评估中需要注意的几个问题

(1) 需要有各行各业专家的配合。国际投资环境内容广泛,涉及面广,需要多方面的学者、专家参与评估工作。例如,工业经济与技术经济专家,涉外经济的法律专家,财务会计人员、大使馆人员、离退休的外交家等。社会分工将人们的知识领域、专业特长、信息系统作了无形的划分。投资环境评估既是一项管理决策问题,又是一项专业性很强的工作,如果评估者不了解投资的特点、国家的有关法规政策以及投资环境评估的数学理论、模型,就很难作出准确的评估。因此,在评估时,应以专家为主,汇集各方面力量,搞好评估工作。有时,某一个环节上的细小疏忽,也可能在很大程度上改变评估结论。

(2) 一般与特殊、静态与动态、定性与定量方法(指标)相结合。在国际投资环境评价方法中,有些侧重于定性分析,有的侧重于定量计算,有的则是两者的有机结合。定量指标可信度高,因为它是经过调查整理得出的,但是,其中有些指标本身属于"判断性"的"定

性指标"(注意：这里所用指标概念与统计学中的指标不能混为一谈),若勉强进行量化,不仅会使其失去原来的内涵,而且还可能造成一些误解,反而会破坏掉原来的准确性。因此,要将定性与定量方法,定性与定量指标合理结合,不要一味强调"量化",特别要防止把那些本来不宜量化的指标人为量化。

（3）根据变化的情况及时调整模型的相关因素。进行投资环境评估时,所依据的资料必须详细又真实,虚假的资料必然导致错误的判断。同时,一个评估模型,在某个国家、某个时期拟合得很好,但条件改变了,可能会产生新的必须考虑的因素。若墨守成规,死搬硬套,则会得出失真的评估结论。

（4）利用评估结论,优化投资环境。国际投资环境评估的结论,对投资者的投资决策极为重要,对东道国也有重要意义。评估结果不仅能从整体上表明投资环境的优劣,而且还能提供某些具有启发意义的结论。在此基础上,针对存在的问题进行认真的、系统的分析,找出原因,然后再进一步采取措施,弥补薄弱环节,完善和优化投资环境。然后再评估,发现问题,再加以完善和提高,如此反复,这既是一个理论上不断深化的过程,又是一个实践上不断摸索提高的过程。

案例资料

金砖四国投资环境比较

一、政治环境比较

巴西的民主进程漫长而曲折。1988年巴西颁布的《民主宪法》规定,国家的政治权力由行政、立法和司法机构组成,三权鼎立。1989年,全民选举总统的恢复是巴西民主化进程的重要标志。在此之后,巴西的政局总体比较稳定,代议制民主政体基本稳固,政权更迭民主化程度高,是南美洲政治风险最小的国家之一。2002年,劳工党执政联盟的候选人卢拉当选总统,开启了左翼政党领导的巴西政治新时代。卢拉时期,巴西在经济和外交等方面的不俗表现得到了民众的广泛认可。2010年10月31日,迪尔玛·罗塞夫在总统大选中胜出,她的继任有助于卢拉执政理念的延续,以"温和"、"务实"为原则的左翼政权也将得到巩固和发展,但潜在隐患也不容忽视。例如,巴西政府已采取不少措施解决社会贫富差距过大的问题,但严重的两极分化现象并未得到根本性改变。2010年全球和平指数报告显示,巴西在149个国家或地区中排第83位。2010年全球腐败监督机构"透明国际"发布的清廉指数报告显示,巴西在178个国家或地区中排第69位。

自苏联解体后,俄罗斯的国家体制发生了根本性变化:改苏联时期的联邦制为总统制,确立立法、行政和司法三权分立的政治体制。同时,俄罗斯提倡宗教信仰自由,但反对宗教政治化,严格实行政教分离,将不允许宗教参与国家政治生活设立为一项基本国策,力图最大限度地减少宗教力量对政权稳定的影响。俄罗斯从一党制到多党制、从联邦制到总统制、从高度集权到三权分立的政治转轨进程是错综复杂的。作为国家政治活动的核心,俄罗斯的总统权力过大,且其权力未受到实质性的制约,议会等权力较小。对于总统权力的过度依赖,不利于从根源上实现政治体制改革。2010年俄罗斯的全球和平指数排名为第143位。此外,俄罗斯的腐败问题不容小觑,属于腐败程度比较严重、清廉度最低的国家之一。2010年俄罗斯的清廉指数排名为第154位。有关调查结果也显示,腐败是企业在俄罗斯开展经营活动的首要困扰因素,比重高达21.2%。

英国长期的殖民统治对印度社会各个方面造成了深刻影响。独立后,印度沿袭了英国的议会民主制,并在借鉴欧美发达国家民主政治体制基础上,建立了符合本国国情的政治制度。印度的民族、宗教、语言和种姓复杂多样。为了缓解民族矛盾和宗教争端,建立稳定的统一国家,印度坚持联邦制的国家结构。印度的联邦制是多种因素角力的产物,带有浓厚的中央集权色彩。联邦政府是最核心的权力机构,平衡和协调各种政治力量的关系。在史无前例的社会变革中,印度的政治力量逐渐由单一化向多元化发展,由"一党独大,长期执政"转变为"多党竞争,轮流执政"。在2009年的大选中,国大党联盟凭借着过去五年的不俗政绩和由曼·辛格、索尼娅组成的领导核心蝉联执政,预示着印度对外政治和经济政策的稳定性和延续性。印度政局中的不稳定因素主要表现为频繁发生的恐怖袭击事件和印巴关系等。2010年印度的全球和平指数排名为第128位,清廉指数排名为第87位。

中国的国体是工人阶级领导的、以工农联盟为基础的人民民主专政,政体是人民代表大会制度,政党制度是由中国共产党领导的多党合作和政治协商制度。这种政党制度与其他三国的多党制不同,也有别于某些国家的一党制,是在社会实践中发展形成的具有中国特色的社会主义政党制度。完善中国特色社会主义民主政治是一项漫长而艰巨的任务。只有坚持中国共产党的领导,循序渐进地推动政治体制改革,中国才能实现有别于西方的社会主义民主政治。尽管存在不少问题(如地区发展不平衡、贫富差距较大等),但中国政治环境总体良好,政治稳定与现代化建设之间已形成了良性互动。2010年中国的全球和平指数排名为第80位,清廉指数排名为第78位。

二、法律环境比较

巴西关于外国投资的基本法律是《外国资本法》,实施细则是1965年颁布的第55 762号法令。巴西与外国投资有关的法律主要有《外资管理法施行细则》、《劳工法》、《公司法》、《证券法》、《工业产权法》、《反垄断法》和《环境法》等。巴西的外资优惠政策主要包括:给予外国投资者国民待遇;给予外资税收优惠,如免征农用拖拉机、蒸汽锅炉零件等部分资本产品和软件产品等的工业产品税,对西北部和东北部地区的外国投资(合资形式,巴西企业控股)给予税收优惠,对自由港、自由贸易区、保税仓库等自由区的外国投资提供优惠政策,对符合条件的外资中小企业提供税收优惠,与中国、印度和部分欧洲国家签订避免双重征税协定;进一步开放市场,《外国资本法》规定,除核能开发、医疗卫生、养老基金、海洋捕捞、邮政、报纸、电视、无线电通信网络、国内特许航空服务以及航天工业为禁止投资领域外,对石油、天然气和矿产资源开发等领域的垄断逐步放松,电信、电力等行业实行有限制条件的私营化,开放再保险市场;允许在巴西境内生产并向第三国出口的产品申请出口信贷和保险。巴西的法律体系较为完善,但税收负担较重,税法内容较为繁杂。

自苏联解体以后,俄罗斯颁布了本国的宪法,并相继制定了税收、外贸、投资、海关、外汇、出入境管理、劳务、工商登记等方面的一系列法律法规。1991年,俄罗斯推出了第一部《外国投资法》。1999年,新的《外国投资法》出台,并与各联邦的《外国投资法》、《融资租赁法》、《产品分割协议法》、《特别经济区法》等构成了俄罗斯的外资法律体系。《外国投资法》规定，外国投资者对生产领域、交通设施建设或基础设施建设项目进行不少于 10 亿卢布的投资时，给予相应的税收优惠。《经济特区法》规定，对进入经济特区的外资企业给予税收优惠。俄罗斯的地方法律法规也规定，对外国投资实行不同程度的税收优惠。俄罗斯禁止外资进入的行业是赌博业和人寿保险业；限制外资进入国防军工、核原料生产等 42 种战略性行业；鼓励外资进入石油、天然气、交通和通信设备等传统行业。俄罗斯在改善法律环境方面所做的努力收到了一定的成效，但尚有诸多不尽如人意之处。俄罗斯的法律法规多变，连续性较差，税收负担也较重。

印度没有单独的《外国投资法》，与外资有关的法律主要有《外汇管理法》、《公司法》、《仲裁、调解法》和《工会法》，并辅之以构建外资政策体系来规范和引导外资行为。根据现行的外资法律和政策，印度禁止外资进入的行业有零售业（单一品牌除外）、核能、博彩业；限制外资进入的行业主要有电信服务业、保险业、私人银行业、单一品牌零售业、航空服务业、基础设施、房地产业、广播电视转播；鼓励外资进入的行业主要有电力（除核电外）、石油炼化产品销售、采矿业、金融中介服务、农产品养殖、电子产品、电脑软硬件、特别经济区开发、贸易、批发和食品加工等。印度对外资企业实行国民待遇。为提高对外资的吸引力，印度改革了外资准入制度，设置自动批准和政府审批两个渠道。印度现有法律体系的稳定性和约束性较弱。

改革开放以来，中国相继出台多项关于外国投资的专项法律法规，如《中外合资经营企业法》、《中外合作经营企业法》、《外资企业法》、《外商投资产业指导目录》、《指导外资投资方向规定》和《利用外资"十一五"规划》等，从准入制度、投资方式和投资行业等角度引导和规范外资企业的设立和运营。此外，中国适时修订了其他与外国投资相关的法律法规，如《公司法》、《劳动法》和《企业所得税法》等，以推动外国投资法律体系的建设和完善。近年来，中国逐渐取消了外国投资的超国民待遇，如 2010 年 12 月 1 日起内外资企业税制全面统一，宣告了税收政策内外有别时代的终结。根据《外商投资产业指导目录》（2007 年修订），中国限制和禁止外资流入高物耗、高能耗、高污染产业、稀有和不可再生矿产资源开采业。鼓励外资进入现代农业、高新技术产业、装备制造业、新能源和节能环保业、现代服务业和基础设施建设。同时，为了保持引资活力，中国对于外国投资项目给予"土地优惠"，如对用地集约的国家鼓励类投资项目优先供应土地。中国的外资法律体系也存在着一些问题，如数量众多、统一性差。全国人大、国务院及所属各部委、地方政府均颁布关于外国投资的法律法规，但缺乏具有权威性和系统性的《外国投资法》。再如，"双轨制"立法模式，即内外资企业的投资关系分别受到不同法律法规的调整和约束。

三、经济环境比较

1. 宏观经济环境

2000—2009 年"金砖四国"的宏观经济状况总体良好，年均 GDP 增长率均高于同期世界平均水平。就经济增长速度来看，在经历了"迷失的十年"后，巴西经济走势平稳，波动不大，增长速度相对缓慢。苏联解体以后，俄罗斯传统的社会结构和所有制结构被摧毁，原有的经济体系被瓦解，一度陷入严重的经济危机。俄罗斯在 1990—2000 年期间年均 GDP 增长率为−4.7%，是"金砖四国"中唯一出现负增长的国家。普京时期，俄罗斯经济体制改革有序进行，经济复苏势头较为强劲。印度自 1991 年起实行全面经济改革，

GDP 持续保持较高增长速度。"金砖四国"中中国处于领先地位,GDP 持续保持 10% 以上的高速增长。就人均 GDP 的增长速度来看,2009 年巴西、俄罗斯、印度和中国的人均 GDP 分别是 1990 年的 2.6 倍、2.5 倍、3.0 倍和 11.9 倍,而世界同期该指标的平均值为 2.1 倍。再从 GDP 的绝对值来看,"金砖四国"的人均 GDP 水平较低,且内部差异很大。以 2009 年数据为例,巴西和俄罗斯的人均 GDP 与世界平均水平相近,中国人均 GDP 不到世界平均水平的 1/2,印度人均 GDP 仅为世界平均水平的 13.2%。就通货膨胀情况来看,"金砖四国"2000—2009 年均通货膨胀率由小到大依次分别为中国(1.9%)、印度(5.5%)、巴西(6.9%)和俄罗斯(14.0%)。俄罗斯的通货膨胀压力相对较大。

2. 对外开放程度

实行对外开放是一国顺应世界经济发展趋势,提升其在国际分工中地位的必然选择。对外贸易和参与国际直接投资在本国经济中的地位是衡量对外开放程度的两项重要指标。从 1990—2009 年,"金砖四国"的商品和服务进出口增长率差异较大。中国和印度一直保持着高增长率(12.3%～16.2%),对外贸易成为本国经济增长的重要动力;俄罗斯则由较低的增长率或负增长率转变为较高的正增长率,对外贸易在本国经济中的地位日益提高;巴西总体增长率(除 1990—2000 年进口增长率较高外)均保持在 5.7%～6.4% 的较低水平上,对外贸易对本国经济增长的贡献相对较低。巴西对外贸易依存度相对较低(2000 年以后保持在 22%～29%),1990—2004 年呈稳步上升态势,2004 年达到峰值(29%),之后有所回落;俄罗斯对外贸易依存度相对较高(1995—2009 年间保持在 48%～68%),2000 年达峰值(68%),之后有所回落;印度对外贸易依存度起点低,但增速最快,由 1990 年的 16% 上升至 2008 年的 53%,2009 年受国际金融危机影响小幅下滑(46%);中国对外贸易依存度也相对较高(2000 年之后一直保持在 44%～70%),1990—2006 年呈稳步上升态势,2006 年达到峰值(70%),之后有所回落。"金砖四国"较大规模地引进外国直接投资起始于 20 世纪中后期。自 20 世纪 90 年代以来,"金砖四国"在全球直接投资中的地位不断提升,均跻身为最受欢迎的投资目的地,国际金融危机的爆发更促使这一势头在中短期内得到进一步加强。有关资料显示,"金砖四国"引进的 FDI 从 1992 年的 141.5 亿美元增加到了 2009 年的 1 942.8 亿美元,总体上呈现缓慢发展、水平推进到加速上升的发展趋势。以 2009 年为例,巴西、俄罗斯、印度和中国的 FDI 流入量分别为 259 亿美元、387 亿美元、346 亿美元和 950 亿美元,中国的 FDI 流入量约占"金砖四国"总流入量的 1/2。近年来,巴西、俄罗斯和印度引进 FDI 的增长势头强劲,流入量呈跳跃式增长。以 1992—2009 年为考察期,巴西、俄罗斯和印度 FDI 流入量的年均增长率分别为 16.1%、26.6% 和 34.2%,均大于中国 13.4% 的增长率。

3. 基础设施

巴西交通运输业发展不均衡,公路运输是最主要的货物运输方式;铁路运输速度慢,效能低,运力有限;水资源丰富,内河运输凭借着低成本优势发展迅速。俄罗斯基本形成了以铁路、公路、管道为主,水运和空运为辅的多样化现代综合交通运输体系,交通运输设施良好,但区域布局不均衡,远东地区的交通运输条件较差。印度铁路总长 6.33 万公里,仅次于美国、俄罗斯和中国,居世界第四位。水运承担了 95% 的国际贸易量。但印度交通运输设施的整体水平落后:铁路设备老化,公路里程短,运输效率低下,高速公路仅有 200 余公里,内河运输发展缓慢,缺乏世界一流的港口和机场。中国交通运输业发展迅猛,由铁路、公路、空运、水运和管道组成的运输网络四通八达,单项运输系统的规模、范围和生产率指标大多高于其他三国。

巴西以水电为主,受季节因素影响较大。2009 年 11 月 10 日爆发的大面积停电事件,更引发了人们对巴西电力供应系统安全性的质疑。俄罗斯电力供应渠道多样化,煤电、天然气发电、油电、水电、核电等五大电力资源均衡发展。印度以煤电为主,电力供给缺口较大,停电现象频繁,电力不足已成为制约经济发展的重要瓶颈。中国以煤电为主,水电、风电和核电为辅,发电量大于其他三国。

有关资料表明,近 4.04 亿印度人目前仍过着没有电的生活,而中国的这一数字只有 800 万人。"金砖四国"的电力供应情况还可由停电造成的价值损失间接评估。有关资料表明,俄罗斯和中国因停电造成的损失占销售额的比重分别为 1.2% 和 1.3%;巴西居中 (3.0%),印度停电造成的价值损失则高达 6.6%。总体来看,中国和俄罗斯的电力供应充足,印度和巴西的电力供应相对紧张。世界银行提供的资料表明,巴西的信息及通信技术发展水平最高,其次为俄罗斯,二者基本处于上中等收入国家水平;再次为中国,处于中等收入国家水平;印度水平最低,略高于低收入国家水平。世界经济论坛提供的资料也表明,从整体来看,巴西的信息及通信技术发展水平位于 133 个国家的平均水平之上,俄罗斯、印度和中国均低于平均水平。总体来看,中国和俄罗斯的基础设施条件较好,其次是巴西,印度最差。

4. 商业环境

巴西、俄罗斯、印度和中国的企业经营环境排名分别为第 129 位、120 位、133 位和 89 位,均处于全球中下游水平。巴西的企业经营环境排名位于俄罗斯和印度之间,创办企业的时间过长和就业刚性指数过高是其主要的竞争劣势。俄罗斯的企业经营环境较中国稍逊一筹,但二者在许多方面表现近似,竞争优劣势大致相同。印度是"金砖四国"中企业经营环境排名最低的国家,竞争劣势表现为企业破产后清算时间久、回收率低,合同执行时间过长等。但与中国和俄罗斯相比,印度的企业经营环境也具备独特优势,如对投资者的保护强度大,较易获得贷款等。中国的竞争优势主要表现在破产清算年限较短,财产注册登记程序相对简化、时间短,破产企业收回率高等;竞争劣势主要表现在对投资者的保护强度较小等。总体来讲,"金砖四国"现有商业环境总体不甚理想,中国略好于其他三国。

5. 金融市场成熟度

权威研究报告显示,"金砖四国"金融市场成熟度指标的表现差异较大,两极分化现象明显。总体来讲,印度金融市场成熟度最高,在 139 个国家或地区中排第 17 位,竞争优势主要体现在当地资本市场的融资能力和证券监管效率;巴西和中国金融市场成熟度总体相近,分列第 50 位和 57 位,巴西的竞争优势主要体现在银行的稳定性和较好的证券监管效率,中国的竞争优势主要体现在风险资本的可获得性;俄罗斯的金融市场成熟度表现极差,仅排在第 125 位。

6. 人力资本

从每百万人口中研究人员数量等 6 个方面比较研究"金砖四国"的人力资本发展水

平。巴西的人力资本发展水平各项指标平平,并无明显的优劣势,且科学家和工程师的可获得性排名最后;俄罗斯人力资本发展水平整体相对较高,每百万人口中研究人员数量、大学生粗入学率和15岁及以上成人识字率三项指标均排名第一,但创新能力排名最后;印度人力资本发展整体水平落后于其他三国,且两极分化现象严重,科学家和工程师的可获得性排名第一,但每百万人口中研究人员数量、大学生粗入学率、R&D强度、15岁及以上成人识字率均排名最后;中国的人力资本发展水平整体相对较高,R&D强度和创新能力均排名第一,其他四项指标排名居中。

四、自然环境比较

巴西是南美洲国土面积最大的国家,大部分地区属热带气候,南部部分地区为亚热带气候。巴西矿产、森林和淡水资源丰富。有关资料表明,巴西已探明铁矿砂储量为250亿吨,储量、产量和出口量均居世界第一位,且品位多在60%以上;铀矿、铝矾土和锰矿储量均居世界第三位;已探明石油储量达126.22亿桶,天然气3 649.9亿立方米;森林覆盖率为55.7%。巴西拥有世界18%的淡水,人均拥有量为2.9万立方米,水能资源蕴藏量达1.43亿千瓦/年。

俄罗斯是世界上国土面积最大的国家,地域广阔,自然资源十分丰富,气候复杂多样,大部分地区属于温带大陆性气候。有关资料表明,俄罗斯天然气储量48万亿立方米、煤炭储量2 016亿吨、镍储量1740万吨,均居世界第一位;石油储量109亿吨,铝储量4亿吨,黄金储量1.42万吨;非金属矿藏(如石棉、石墨、云母、菱镁矿和金刚石等)储量也很丰富。森林覆盖率为49.4%;水力资源丰富,贝加尔湖是世界蓄水量最大的淡水湖。

印度是南亚次大陆国土面积最大的国家,属热带季风气候。有关资料表明,印度矿产资源丰富,有近100种矿藏资源。云母产量世界第一,煤炭和重晶石产量均为世界第三;主要资源可采储量估计为:煤2 533.01亿吨、铁矿石134.6亿吨、铝土24.62亿吨、石油7.56亿吨、天然气10 750亿立方米;森林覆盖率为22.8%。

中国是亚洲国土面积最大的国家,幅员辽阔,以温带大陆性气候为主。有关资料表明,中国矿产资源丰富,品种齐全,钨、锡、锑、稀土、钽、钛等金属矿产资源探明储量居世界第一位;大多数非金属矿产资源(如菱镁矿、石墨、萤石、滑石、石棉、石膏、重晶石、硅灰石、明矾石、膨润土、岩盐等)探明储量也较为丰富。中国主要自然资源的人均储量较低。截至2010年底,中国石油可采储量为31.4亿吨,天然气可采储量为3.9万亿立方米。截至2002年底,煤炭可采储量186亿吨。森林覆盖率为22.0%。水能资源蕴藏量达6.8亿千瓦/年,居世界第一位。

综合来看,通过对"金砖四国"的投资环境进行定量总体比较可知,"金砖四国"投资环境优劣根据综合得分排名依次为中国、俄罗斯、巴西和印度。就投资环境各子环境来看,巴西政治环境得分最高,中国和印度分列二、三位,俄罗斯最低;印度法律环境得分最高,中国和巴西分列二、三位,俄罗斯最低;俄罗斯经济环境得分最高,中国和巴西分列二、三位,印度最低;俄罗斯自然环境得分最高,巴西和中国分列二、三位,印度最低。

(资料来源:李东阳,鲍洋."金砖四国"投资环境比较研究[J].财经问题研究,2011(7).)

关键术语

投资环境　　　　投资环境分类　　　　硬环境　　　　软环境

经济环境　　　　政治环境　　　　　　法律环境　　　自然环境

社会文化环境　　投资环境因素分析　　投资环境评估

思考题

1. 国际投资环境具有哪些特征？
2. 国际投资环境评析包括哪些内容？
3. 如何评析社会经济环境？
4. 试总结各种国际投资环境评估方法的基本思路和共性。

第七章

国际投资项目选择

本章要点

　　项目是投资者实现其战略目标的基本活动,也是推动国际投资发展的直接动力。项目选择关系到国际投资的成败,很多投资的巨大成功源于正确的项目选择,亦有不少企业的破产或陷入困境是由于项目选择错误所导致的。因此正地选择项目往往比正确的规划、实施项目更具有战略意义。项目选择过程中,项目的可行性研究是必不可少的环节和程序。按照国际惯例,无论进行何种形式的投资活动,都要对投资项目进行事先的分析和评价,即进行投资项目可行性研究。本章首先介绍项目和项目选择的一般概念和重要性;其次重点介绍投资项目可行性研究的程序和注意的问题;最后从企业自身决策的角度介绍如何编写投资项目可行性研究报告。

学习目标

　　掌握投资项目可行性研究的全过程;全面系统了解可行性研究的基本概念和方法,提高实际操作能力;掌握投资项目可行性研究报告的编制程序和方法。

第一节　项目与项目选择概述

一、项目与投资项目

(一) 项目与投资项目的概念

　　项目作为国民经济及企业发展的基本元素,对任何国家及企业的发展都起着至关重要的作用,根据美国项目管理协会(PMI)的统计,全球国民生产总值的四分之一以上是以项目的形式运作的,同时,很多非项目主导的组织也是以项目的形式进行动作。针对企业而言,企业中有组织的活动可分为两种类型,即项目(project)和运作(operation)。企业如要实现其长远的战略目标,首先必须定义组织使命,然后设定实现组织使命的长期目标和短期目标,将组织使命细化为一个个具体的方向或目标,最后再通过一个个不同的一次性任务(即项目)来实现。通常,一个企业最初通过一个项目使企业形成某种提供产品或服务的能力,并在此基础上重复运作,经过一段时间的运作后,又需要通过大修项目、改扩建项目、新产品(服务)开发项目、组织变革项目等,使企业恢复原有的能力或上升到一个新的运作平台。在企业的发展过程中,总是如此不断地重复着项目与运作的交替过程,运作导致企业的量变,项目使企业出现质变,项目是企业实现其战略目标的基本活动,也是推动企业发展的直接动力。

投资是指以收益为目的的各种形式的投入活动。投资项目就是投资者为了达到其特定的目的或取得特定的成果,将一定数量的资金或其他各种形式的资产投入于某一对象或事业的一种活动。除了投资项目以外,还有很多非投资项目,两者的主要区别在于前者一般是指实物性的建设项目,而后者主要是指非实物性的项目,如资产评估、委托理财和希望工程等项目。在这里需要说明的是,投资项目之所以不叫建设项目,其原因在于投资项目可以从资金的角度来把握项目的运作规律,以达到提高资金的使用效率,而建设项目则会使人们更多注意项目实物形态的运作过程,从而忽视在项目运作过程中处于实物形态之上的项目的价值性。

(二)投资项目的特征

1. 目标性

任何投资项目都有最终目标或产品,而这一目标或产品体现在具体实物或效益上,如投资建设办公大楼项目的产品是将大楼建起,投资某产品生产线的项目是使安装好的生产线能产出目标产品。项目在建设过程中,由于设计、施工、成本等原因导致的某些变更,都不会改变项目的最终目标。

2. 一次性

任何项目都有一个投资方案或执行方案,以求达到一个最终的质量和结果。其整个过程都必须按照原定的时间、资金投入量和质量来完成。项目运作的整个过程充分体现了项目的一次性特征。

3. 整体性

一个投资项目往往由若干子项目组成,如一个学校的建设项目由办公楼、教学楼、图书馆、学生宿舍、食堂和操场等若干个子项目组成,其中任何一部分的建设工程都属于这个学校建设项目中的子项目,其各个项目所用资金必须限制在项目预算范围内,其工期和质量必须符合项目的要求,任何一个子项目的超支、拖延或质量不符合设计要求都会影响项目目标的实现。即对项目的生产要素进行最合理的配置才能实现项目的最终目标。

4. 阶段性

虽然任何复杂的项目都是作为项目的一个整体,但任何一个项目总要经过从开始到竣工的过程,其中包括项目的可行性研究、项目准备、项目的施工和项目的验收与试生产等阶段。此外,在项目建设的过程中,由于工作场地、设备安装的关联度和先后顺序等原因,致使整个项目的所有工作不能同时进行,如先建主楼后建配楼,先建楼再装修,然后安装室内设备,最后再绿化及修建围墙等。实际上任何项目投资从开始到结束都会经过一个时间过程,这一时间过程是由若干个阶段组成的。

二、投资项目的选择

组织或个人需要对各种项目机会做出比较与选择,将有限的资源以最低的代价投入到收益最高的项目中,以确保个人或组织的发展,这就是投资项目选择。正地选择项目往往比正确地规划、实施项目更具有战略意义,因为项目的成功并不一定对企业的成功有帮助。项目选择关系到组织的生死存亡,很多企业的兴盛缘于正确的投资项目选择,亦有不少企业的破产或陷入困境是由于项目选择错误所导致的。世界上成功的投资项目选择不乏其例,如海尔整体兼并红星电器公司,投资控投顺德爱德集团与西湖电子强强联手等。项目选择的重大失误也并不罕见,如曾经名噪一时的协和式飞机投资项目,某省投了二三十亿元的"一号"工程"大液晶"项目,某特大型石化企业投资的高碳醇项目等。

(一)投资项目选择的原则

为了正确地选择项目,避免失误,在投资项目选择过程中一般应遵循下列基本原则。

1. 符合发展战略

战略是通过项目来实施的,每一个项目都应和组织的发展战略有明确的联系,将所有项目和组织的战略方向联系起来是组织成功的关键,投资项目的选择必须围绕跨国企业发展战略开展,每个项目都应对企业的发展战略作出贡献。

2. 考虑资源约束

投资项目建议来源于各种需求的变化和解决世界现存问题的动机,很多组织都有超过可利用资源所允许数量的项目建议,日常运作对资源的需求及可用资源的改变、项目依时间的资源消耗等资源约束因素。

3. 优化项目组合

投资项目选择是对一个复杂的系统进行综合分析与判断的决策过程,其影响因素很多。在选择投资项目时,应综合考虑各项目(建议)的收益与风险、项目间的联系、组织的战略目标和可利用资源等多种因素,选择最适合的投资项目组合,使项目组合的整体绩效和价值最大化。

(二)投资项目选择的基本程序

由于受资源的限制,选择合适的投资项目配置是比较困难的,大多数企业可能犯的一个共性的致命错误,就是选择了只对企业长期发展起很小(甚至不起)作用的投资项目。广泛的数据显示,即使在发达国家,也有很多跨国企业未建立明确地将项目选择和战略计划联系起来的程序,跨国公司500强中只有25%的首席执行官相信他们构造的战略与实施之间存在有机的联系、一致性或吻合,法科斯集团[1]调查了280个项目经理,发现他们的组织中有24%甚至没有发布或传达他们的目标,40%的回答者说竞争项目之间的优先级是不明确的,只有17%的回答者承认存在明确的优先级。因此,企业必须有能力避免启动那些对企业长期发展并不重要、未与企业发展战略有效整合的项目,以避免有限资源的浪费。主要的避免方法就是建立一套将投资项目选择与企业战略有机地联系起来的方法,使投资项目选择与优先级密切关联,从而保障战略计划与项目整合成功的选择程序与方法,在将企业资源用于某一投资项目之前,选择程序被用来确定该项目的有效性和可行性,以便企业所选择的任何一个项目都符合其发展战略。投资项目选择的基本程序来源于企业,包括以下4个方面。

---

[1] 科法斯集团(Coface)成立于1946年,是目前全球三大信用保险公司之一,总部设在巴黎。科法斯集团在全球信用保险市场具领导地位,为各国企业提供国内及出口贸易风险保障服务。集团在66个国家或地区设有直属机构,员工人数达4600名。科法斯集团全球拥有350名贸易信用额度评核人员,并根据对全球企业付款状况的专业知识,每季为157个国家或地区的贸易风险作出评估。

1. 判断项目的必要性

在很特殊的条件下,有些投资项目"必须"被选中,否则,企业会失败或遭受严重的后果。例如,政府规定必须实施的环保项目,消除重大隐患的安全项目等。如果 99% 左右的项目评价者认为某一项目必须被实施,则将该项目置于"必须"的类别。对"必须"类项目也需要研究,提出若干种可选择的方案,再从中选择最优方案。

2. 研究项目的可行性

对于非"必须"类项目需要进行可行性研究,研究内容为 SWOT 分析以及技术、经济、财务、社会和环境、组织机构的可行性论证。企业可借助于项目外部与内部因素评价矩阵来对项目进行 SWOT 分析,以确定组织当前的战略与其特定的优势与劣势之间的相关程度,以及组织处理和应付外部变化的能力。

3. 评定项目的优先级

企业中总是存在经可行性研究合格,但又超过可用资源所允许数量的投资项目建议,因此,企业需从众多项目中精选项目,以识别出哪些投资项目具有最大的附加值,进而将稀缺资源分配到比其他替代项目贡献更多价值的那些投资项目上。这就需要一种结构化的投资项目选择过程,以便将项目和企业战略联系起来,控制稀缺资源使用并平衡风险。

4. 选定项目

企业负责人和专家综合考虑各个投资项目被评价的优先级、企业可用资源、项目风险、项目之间的依赖性等因素,决定企业将接受或拒绝哪些投资项目建议,并对每个被选中的项目进行排序,且公布结果,以便保证每个人保持对组织目标的关注,提供有效分配稀缺性资源的依据。

第二节　投资项目可行性研究

一、投资项目可行性研究的概念

投资项目可行性研究是一种项目投资的系统的科学决策分析方法。可行性研究是对确定的投资项目进行调查研究和分析论证,对同一投资项目的几个可供选择的方案在技术、经济、市场等方面,在反复综合分析论证的基础上,选择出最佳的可行性方案,最后提出系统的项目投资建议的过程。可行性研究始于 20 世纪 30 年代,美国在开发田纳西河流域这一大规模国土整治工程时,正式将"可行性研究"作为项目前期论证的名称。这一时期,项目可行性研究的侧重点在工程技术方面。第二次世界大战结束后,可行性研究被西方发达国家普遍采用,其重点逐渐转向以财务分析为核心,并对政治、社会、生态环境等因素进行分析的层面。经过诸多专家的不懈努力,项目可行性研究从理论到实践日趋完善,并逐步形成了一整套较系统的科学研究方法。20 世纪 80 年代,我国开始采用可行性研究这一科学决策手段,并已被全国各行业普遍采用。

可行性研究主要解决的问题主要包括:为什么投资这个项目,项目的产品(劳务)市场状况如何,资源条件如何,项目建设地点应选在什么地方,产品规模多大为宜,采用的生产工艺技术是否先进可靠,项目投资估算和方案比较情况如何,投资赢利水平怎样,风险有多大等有关因素。所有这些方面都要在可行性研究中进行调查研究和综合论证,并得出明确的结论和数据。只要可行性研究做得认真细致,提供的依据准确可靠,就可以避免项目在实施过程中因考虑不周而带来的损失,保证项目投产后能达到预期经济目标。事实表明,可行性研究是项目投资中极其重要的、决定投资项目命运的关键环节。可行性研究不但可以作为投资者决策的依据,而且还是银行或政府贷款(或审批)的依据。

二、可行性研究的步骤

按照国际惯例,无论进行何种形式的投资活动(直接投资或间接投资),都要对投资项目进行事先的分析和评价,即对项目进行可行性研究。依据联合国工业发展组织制定的《工业可行性研究报告编写手册》,项目可行性研究包含以下程序。

(一) 机会研究

机会研究又称为投资机会鉴定,是在一个特定的地区或部门,根据资源情况、市场需求预测及政府部门政策许可的范围内,进行粗略和笼统的估算,分析和选择可能的投资方向,寻找最有利的投资机会。机会研究一般包括一般机会研究和特定项目投资机会研究。一般机会研究的目的是通过研究指明概略的投资建议,研究方式分:地区研究,调查一个特定地区中的投资机会;分部门研究,谋求在划定的某一个部门内的投资机会;以资源为基础的研究,以利用自然资源或以工农产品为出发点,谋求各种投资机会。在对一般投资机会做出鉴别之后,需要进行特定的项目机会研究。特定项目投资机会研究是将某种投资机会的简单设想深化为具体的概略投资建议,即形成"项目建议书",项目建议书是进行可行性研究各项准备工作的依据。项目建议书经过有关部门批准后,就可以进行初步可行性研究。

从研究内容上看,机会研究通常包括:投资项目的自然资源情况、产品的市场需求状况、可替代商品的范围、行业或厂商的竞争情况、生产线的延伸程度、规模经济情况、多种经营的可能性、成本和要素来源情况、出口的可能性、一般投资机会等。以上机会研究工作比较粗略,主要依靠笼统的估计而不是详细的分析。这种粗略的研究所依据的各种数据一般是经验数据和规划数据,也有的是参考现有项目计算得出的数据,其精确度一般为 $\pm 30\%$。对于大中型投资项目,机会研究所用的时间一般为 2~3 个月,所耗费用一般占总投资费用的 $0.1\% \sim 1\%$。对投资机会鉴定后,凡能引起投资者兴趣的项目,就有可能转入下一阶段,即初步可行性研究。

(二) 初步可行性研究

初步可行性研究是投资者初步选择了投资方向后,对初步选择的投资方向进行进一步的分析和论证,从而进一步判断和分析投资项目的生命力。初步可行性研究的目的在于判断该投资项目是否有前途,是否值得进一步深入分析,找出影响项目可行的关键问题或因素,研究结论是否足以证明项目可行,对投资者是否有足够的吸引力,是否支持投资者进入详细可行性研究阶段。

从研究内容上看,初步可行性研究主要包括:市场状况、生产能力和销售策略,人力、动力、原材料等资源状况,建厂地址选择,项目的技术方案和设备的选型,项目的组织管理结构,项目的实施进度,项目的资金筹措、产品的成本估算、盈利率和还贷期估算等的财务分析,项目的不确定性分析。初步可行性研究一般要用 4~6 个月或更多一点时间来完成,各种数据的估算精确程度为 ±20%,所需费用一般占总投资的 0.25%~1.5%。在实际工作中,初步可行性研究通常只应用于大型项目,对于中小型项目以及一些机会适宜、可行性把握比较大的投资项目,如果机会研究所提供的资料、数据足以支持项目进行详细可行性研究,则可省去这一步骤而直接进行项目的可行性研究。

(三) 可行性研究

项目可行性研究是在初步可行性研究的基础上对投资方向的选择从技术上、经济上进行深入而详尽的进一步研究,确定方案的可行性,还必须对多种方案反复权衡比较,从中选出投资少、进度快、成本低、效益高的最优方案。可行性研究将为如何实施投资项目提供指导性依据。可行性研究必须为项目的决策提供政治、经济、环保、社会等方面的详尽情况,并对各种不同的方案进行比较,得出优选结果,论述项目达到目标的可能性及项目结果令人满意的程度等。

可行性研究的内容与初步可行性研究基本一致,但它所需要的资料数据更精确些,对数据的处理精度要求更高些。这一阶段的工作主要是从最优的目标出发,解决项目建设的具体问题,如原材料、厂址、产品品种、生产工艺、投资数额、项目工期和组织机构等。可行性研究各种数据的估算精度为 ±10%,时间一般为 8~12 个月,所需费用占总投资费用的 1%~3%,大型项目占总投资费用的 0.2%~1%。

(四) 编制可行性研究报告

这一阶段的主要任务是将可行性研究的基本内容、结论和建议,用规范化的形式书写成报告,成为最终文件以提交决策者作为最后决策的基本依据。编制可行性研究报告有两个前提,一是做好有关情况的调研,二是做好有关资料的收集。此外,可行性研究的结论应在客观的数据和科学的分析基础上得出,研究报告的内容深度一定要符合大多数国家规定的标准。对从事海外投资的中小企业而言,其可行性研究报告得出的有关结论不仅要符合国家经济和社会发展的长远规划、部门和地区规划,产业和投资政策,国家进出口贸易和关税政策,国家有关土地开发、资源利用、技术工艺等方面的法律规定,也要符合东道国与上述有关的规定。

下面以中外合资(合作)项目为例说明可行性研究报告的主要内容。其主要内容包括:基本情况(包括合营企业名称、法定地址、注册国家、总投资、注册资本和合营企业期限等);产品生产安排及其依据;物料供应安排及其依据;项目地址选择及其依据;技术设备和工艺过程的选择及其依据;生产组织安排及其依据;环境污染治理和劳动安全、卫生设施及其依据;建设方式、建设进度安排及其依据;资金筹措及其依据;外汇收支安排及其依据;综合分析(包括经济、技术、财务和法律等方面的分析)和主要附件(包括合资各方的营业执照副本、法定代表证明等)。本章第三节从企业自身发展及战略规划管理的角度介绍如何编写企业投资项目可行性研究报告。

(五) 项目评估

项目评估是银行、政府部门、金融信贷机构对项目的可行性研究报告做出评审估价。

项目评估和可行性研究都是为投资决策服务的技术经济分析手段，也是投资前期论证和决策过程中两个不同的重要阶段，其内容基本相同，但由于所处角度不同，两者也存在差别：可行性研究是由投资者负责进行，站在投资者的角度考察的问题的重点是更新技术、扩大生产、赚取利润等；项目评估是由银行和金融机构负责，站在银行和金融机构的角度考虑贷款收益和贷款的回收，因此考察问题的重点是基础数据的可靠性、项目方案是否优选、投资估算的误差是否超过允许的幅度、项目投资建议是否切实可行、项目建议有无错误的建议或遗漏、项目的关键方面是否达到期望的研究质量等。项目评估对各种数据的估算精度为±10%，时间一般为1~2个月，所需费用占总投资费用的0.1%~1.5%。

综合以上投资项目可行性研究的程序，可归纳为表7-1。

表 7-1　投资项目可行性研究的程序

可行性研究阶段	投资机会研究	初步可行性研究	可行性研究	评　估
工作性质	项目设限	初步筛选	项目拟定	项目评估
工作内容	选择投资方向	论证初选项目	详细分析项目	综合分析与评估
研究成果	项目投资建议	判明项目前途	编项目可行性报告	确定投资项目
研究成果的作用	初步选择项目依据	进一步分析的依据	确定投资项目依据	确定投资项目
精确度	±30%	±20%	±10%	±10%
费用占总投资比例	0.1%~1%	0.25%~1.5%	0.2%~3%	0.1%~1.5%
工作所需时间	2~3个月	4~6个月	8~12个月	1~2个月

三、可行性研究应注意的几个问题

（一）科学性和公正性

科学性是指用科学的方法和认真的态度来收集、分析和鉴别资料，任何一项经济和技术的评估结果和决策都以科学为依据，并经过认真计算、分析和比较得出。其公正性是指项目可行性研究必须坚持从实际出发和实事求是的原则，即排除主观的意愿和偏见，来得出项目可行性或不可行的科学和公正的结论。绝不能出现任意改动数据的情况，以此来做出主观上有倾向的投资选择。更不应采取先定结论，再编选论据的做法。

（二）综合性和效益性

综合性是指可行性研究涉及多方面的知识、技能和试验手段，需要财务会计学、技术经济学、管理会计、工程经济等社会科学和自然科学等知识。可行性研究须以经济效益为核心，采用静态和动态分析的方法评价拟建项目，从而提出可行或不可行的结论或者提出多种方案供决策者选择。

（三）客观性和合理性

客观性是指根据项目的资金状况、建设条件和技术水平，用科学的方法，根据可靠的数据来做出客观的分析结论。数据资料要求真实可靠，分析要据实必选，据理论证，公正客观。合理性要求可行性研究数据合理、周期合理、收益合理。投资额、生产量、成本费用和销售收入等基础数据一定要比照同类项目，结合当地实际情况认真估算和审核基础数据。周期合理要求可行性项目周期计算不宜过长，如果过长，难以预测环境的变化，进而使计算的各项动态经济指标的可信度降低。此外,基准收益率的确定必须切合实际,偏高或偏低都会使折现计算失真。

(四)简洁性和层次性

可行性研究中的结论和建议,应以简洁的文字总结本研究的要点;建议决策人采用推荐的最优方案,要简述其理由,其中包括推荐方案的生产经营和技术的特点、主要技术经济指标、不确定性分析结论、对项目各个阶段工作的指导意见等。层次性是指可行性研究人员素质层次的高低,其对可行性研究成功与否起着关键的作用。在外部条件一应俱全,程序和方法正确的前提下,论证工作成功与否,最终取决于分析人员的经验和分析水平。即使在外部条件差的情况下,高素质的分析人员可以将项目风险减少到较低的水平;相反,在外部条件较好的情况下,低素质的分析人员也难以获得满意的结果。

第三节　投资项目可行性研究报告[①]

根据联合国工业发展组织的黄皮书《工业可行性研究报告编写手册》的要求,可行性研究报告包括以下内容:概述,项目背景及目标定位,市场及营销分析,原材料等供应方案,建厂地区、厂址选择及环境分析,工程技术方案研究,项目组织管理方案研究,人力资源配置方案研究,项目实施进度及财务预算安排,财务分析评价。可以看出,这些内容主要都是从企业的角度对项目进行的可行性论证,而不是从政府管理的角度进行的可行性分析。

在国际投资的过程中,外资项目往往会受到一国政府的审核。因此,外资企业必须按照政府规定的章节设置、内容、深度要求来编写可行性研究报告,从而使可行性研究报告的内容加入越来越多的政府意志,如不仅要包括环境影响评价、国民经济评价、社会评价、区域经济影响评价等内容,还应包括诸如劳动卫生、安全生产、消防、地震、地质灾害、水土保持等内容。在市场经济的运作体制下,政府对企业此类公共事项的管理,一般都是通过政策法规的手段进行间接管理的,不会要求企业的可行性研究报告中包括这些内容,并通过审批可行性研究报告的方式来履行其公关管理职能。由于认识上的差异,使得投资者对项目可行性研究报告的编写内容及深度的理解越来越趋于复杂化,以至于不同的行业出现了不同版本的属于本行业的投资项目可行性研究报告编写的大纲、指南、手册等,以便把行业管理的规范和要求统统加入到可行性研究报告中。

市场经济体制下,我们认为企业应根据其自身决策的需要,自行决定编写可行性研究报告的内容、形式、深度要求,编写应重点把握以下内容。

一、发展规划与项目建设的必要性研究

市场经济体制下,一方面要从企业战略规划、提升企业核心竞争力的角度论述项目建设的必要性,另一方面也要兼顾从项目自身层次分析拟建项目在实现企业自身发展

---

① 本节根据李开孟的研究《如何编写企业投资项目可研报告》(载《中国投资》,2007 年第 12 期)编写。

战略,满足社会需求,促进国家或地区经济和社会发展等方面的必要性,从区域经济和社会发展层次进一步分析拟建项目是否符合合理配置和有效利用资源的要求,是否符合区域规划、行业发展、城市规划等要求,是否符合国家产业政策和技术政策的要求,是否符合区域经济及社会协调发展的要求等,以进一步确定企业投资项目建设的必要性。

二、市场分析

对于企业投资项目而言,市场分析是整个可行性研究工作的核心内容之一,是对项目是否可行的各个方面进行评价论证的基础和前提,要求对企业投资项目所涉及的投入物和产出物从数量、价格、竞争力及市场风险等多个层面进行分析论证。市场分析应达到如下目的:①为项目建设的必要性提供市场依据。通过市场分析,评价投资项目的产品是否符合社会需求,产品的目标市场定位及获取市场竞争力的可能性。②为项目产品定位提供依据。项目的产出物类型应由市场决定,产品的定位应根据市场需求变化进行调整。③为确定项目规模提供依据。应通过市场分析确定市场需求量,通过竞争对手调查和竞争力分析确定项目建成后的最佳产出规模,使企业在未来能够保持合理的赢利水平和持续发展能力。

三、项目建设方案研究

在企业发展规划及项目建设必要性论证以及市场调查预测的基础上,对项目目标市场、发展定位、产品方案、建设规模等进行确定。在对项目目标进行确认的基础上,就要对实现这些目标的途径及所采取的工程技术方案进行策划、分析和评价。项目建设方案的可行性论证应包括以下内容:项目建设规模及内容分析、技术方案分析、设备方案分析、工程方案分析、厂址方案分析、节能方案分析、节水方案分析、劳动安全措施方案分析、消防措施方案分析、环境保护工程方案分析、项目建设方案总体评价。对于大型或复杂项目的建设方案论证,还应首先进行总体方案分析评价,并将评价结论作为单体方案评价的框架依据。总体方案设计应达到基本确定主要工程技术方案、项目规模等,并为各单体项目提出方案设计要求的深度。

四、项目组织实施方案分析

在对项目建设方案进行可行性研究的基础上,对项目的组织实施方案进行研究论证,以便确定最佳实施路径,包括机构、人员及制度的研究制定等内容。项目组织实施方案是否可行有效,往往对项目预期目标能否实现发挥着重要作用。企业投资项目的组织实施方案分析一般应包括以下内容:项目工期及实施进度及其合理性论证、项目组织机构设计方案分析、项目组织实施所需人力资源配置方案分析、人员培训方案、项目实施招投标方案、项目实施代建制方案。

五、项目建设投资估算

在对项目建设及实施方案等进行研究的基础上,对项目建设投资进行估算,包括建筑工程费、设备及工器具购置费、安装工程费、工程建设其他费用、基本预备费及涨价预备费的估算。投资估算结论是决定项目投资是否合理的重要基础,是计算项目投资效益,决定融资方案的重要基础,因此投资估算应力求准确。要避免过去那种为了获得政府部门的审批、人为地少算和漏算等现象发生。应达到以下要求:

(1) 投资估算的范围应与项目建设的工程内容相一致,工程内容和费用构成齐全,计算合理,不重复计算,不提高或者降低估算标准,不漏项、不少算。

(2) 投资估算指标取值应符合有关部门颁发的关于投资估算的规定。

(3) 选用指标与具体工程之间存在标准或者条件差异时,应进行必要的换算或者调整。

(4) 投资估算精度应能满足可行性研究不同阶段的要求。

六、项目运营期现金流量预测

应在对项目运营期间的运营活动及其前景进行分析预测的基础上对其现金流量进行测算,而不应该根据建设规模或者为了获得理想的评价指标而人为地倒算有关预测数据。测算内容应包括现金流入预测、运营成本及费用测算以及项目运营所需运营资金的估算。现金流量的识别,应考虑沉没成本、机会成本、关联成本及有无对比的增量成本等因素;销售收入的预测,应综合考虑销售数量、预期售价和生产负荷等因素;经营成本的估算,应考虑直接材料费、直接燃料和动力费、直接工资、运营维护及设备再投资等成本费用因素;流动资金的估算,可以参照同类企业流动资金占销售收入、经营成本的比例,或者单位产量占用流动资金的数额,采用扩大指标估算法进行估算,但一般应通过研究制订营销计划,确定各种产出物各年的生产量和销售量以及原材料、燃料动力费、人工费的现金支出数量,通过现金流量预测来分析营运资金的需要量。

七、融资方案分析

应在投资估算确定融资需要量的基础上,分析确认项目的融资主体、资金来源的渠道和方式,研究制定并优化项目的融资方案。在研究项目的融资方案时,应首先确定项目的融资需要量。一般应考虑以下因素。

(1) 根据建设投资估算及资金使用计划,分析用于建设投资的资金需要量。

(2) 根据项目运营期现金流量预测及运营资金余缺情况,分析项目运营期流动资金需要量。

(3) 分析项目建设和生产运营所需资金,并分析哪些需要通过新增融资的方式来解决。

(4) 对于需要新增融资解决的部分,选择确定融资的途径和方式。

(5) 根据上述分析结果,编制资金筹措计划表。资金筹措方案的分析,应重点考虑:企业自筹及配套资金的落实情况,融资渠道和筹措方式的合理性,资金来源可靠性及存在风险,资金筹措计划的合理性,资金到位、利率、汇率、履约信用等融资风险因素及规避对策措施分析。

八、财务现金流量的分析评价

企业投资项目应结合具体项目的特点,进行财务现金流量分析。一般应编制财务现金流量表,计算 FIRR、FNPV 等财务分析评价指标,从项目全部投资及投资者的角度对财务方案进行分析,评价项目投资赢利能力、融资主体的偿债能力及财务生存能力,据以判断项目的财务可行性,为企业投资决策提供依据。需要强调的是,财务评价指标必须计算扣除所得税以后的指标,所得税前的分析评价指标没有实际价值。

九、经济影响分析

经济影响分析主要通过对投资项目所耗费的社会资源及其所产生的经济效果的分析评价以及项目对行业发展、区域影响和国家经济安全等宏观经济影响的分析评价,为判断拟建项目的经济合理性提供依据。对于在行业内具有重要地位的企业投资项目,或者对未来发展具有重要影响的项目,应进行行业影响经济分析,评价拟建项目对所在行业及关联产业发展、结构调整等方面的影响,对产业结构调整、行业技术进步、行业竞争格局及是否可能出现垄断等进行分析评价。对区域经济可能产生重大影响的企业投资项目,应进行区域影响经济分析,重点分析项目对区域经济发展、产业空间布局、当地财政收支、社会收入分配、市场竞争结构以及是否可能导致区域市场垄断等方面的影响效果进行分析评价,为分析投资项目与区域经济发展的关联性及融合程度提供判断依据。对于投资规模巨大的特大型项目和对国民经济具有重大影响的基础设施、科技创新、战略性资源开发等项目,应从整个国民经济发展的角度,进行宏观经济影响分析,如对国家产业结构调整和升级、国家重大产业布局、重要产业的国际竞争力以及对区域之间协调发展的影响分析等。对于涉及国家经济安全的重大项目,应从维护国家利益、保证国家产业发展及经济运行免受侵害的角度,结合资源、技术、资金、市场等方面的分析,进行投资项目的经济安全分析评价。

十、资源、环境评价

企业投资建设活动要符合资源节约、环境保护及建设生态文明等政策、法律、法规的需要,要履行保护资源环境等方面的社会责任。对于高耗能、耗水、大量消耗自然资源的项目,应进行节能、节水、节地、节材等方面的分析评价,分析能源、水资源和自然资源利用效率,提出降低资源消耗的措施;从发展循环经济、资源节约综合利用等角度分析评价资源综合利用情况;对于可能产生重要环境影响的项目,要分析项目可能造成的环境影响及污染物排放是否符合环保政策法规的要求,研究企业履行减少污染排放,强化污染治理,促进清洁生产,提高环境质量等社会责任所需要付出的代价。

十一、征地拆迁、移民安置方案分析

做好征地拆迁和移民安置工作,不仅是企业履行社会责任的需要,也是企业确保其投资建设项目能否顺利实施的客观需要。为确保项目选址合理,提高土地利用效率,确保项目投资建设能够有效节约和合理利用土地资源,维护公众利益,对于占用土地资源明显,涉及征地及移民搬迁的企业投资建设项目,如交通运输、农林水利、能源、城镇基础设施等,应对项目土地利用方案进行分析,评价土地利用是否符合土地利用规划、保护耕地等要求。对征地拆迁及移民安置方案的分析,应提出城镇居民拆迁方案、农村移民安置方案及征地补偿方案、收入恢复及后期扶持计划等,并对方案的合理性、征地拆迁及移民安置可能造成的风险、企业需要负担的责任等进行分析评价。

十二、社会影响评价

对于由于征地拆迁等可能产生重要社会影响的企业投资项目,应从维护公共利益、构建和谐社会、落实以人为本的科学发展观等角度,进行社会影响分析评价。研究论证项目可能导致的各种社会影响效果,通过利益相关者分析,识别利益相关者的需求,目标人群对项目建设内容的认可和接受程度,对各利益相关者的重要性和影响力进行分析评价,确保拟建项目能够为当地社会环境、人文条件所接纳,提高拟建项目与当地社会环境的相互适应性,并在确认项目有负面社会影响的情况下,提出协调项目与当地的社会关系、避免项目投资建设或运营管理过程中可能存在的冲突和各种潜在社会风险、解决相关社会问题、减轻负面社会影响的措施方案,为确保企业投资计划的顺利实施创造良好的社会环境条件。

十三、不确定性和风险分析

提高投资效益、规避投资风险是企业投资项目可行性研究工作所追求的重要目标。企业投资项目的不确定性和风险分析应包括不确定性和风险因素的识别、敏感性分析和临界值分析等不确定性分析、风险概率分析和风险规避对策分析。项目风险分析应包括识别风险、风险估计、风险评价等相关内容。风险识别,应运用系统论的观点对项目全面考察综合分析,找出潜在的各种风险因素;风险估计应通过定性或定量分析的方法,对风险发生的可能性及其对项目的影响后果进行估计;风险评价应通过相应的指标体系和评价标准,评价影响项目成败的关键风险因素,提出对项目风险预警、预报和相应防范对策,为企业投资决策提供尽可能详尽的依据。

十四、多方案比选

对于各类工程建设项目的可行性研究,应通过多方案比选,择优确定最佳建设方案。对于工程目标功能相同的局部方案的比选,或项目目标功能相同的整个方案比选,可采用最小费用比较法。当项目或方案的效果不同时,应采用效益费用流量分析的方法进行多方案比选。对于具有多重目标的多方案比较,应采用多目标综合评价方法,在建设项目各方案的各个部分、各阶段、各层次评价的基础上,谋求建设方案的整体优化,为企业投资决策提供所需的各种信息。

十五、研究结论与建议

企业投资项目的可行性研究是一项十分复杂的系统工程,需要从各个方面对可能影响项目投资建设可行性的诸多因素进行全面系统的分析论证。同时还要在各项分析研究的基础上,进行归纳总结,提出推荐方案,说明所推荐方案的优点,指出可能存在的主要问题和可能遇到的主要风险因素,提出项目是否可行的评价结论;提出被拒绝方案存在的主要问题、主要优点、被拒绝的理由;提出下一步工作和项目实施中需要解决问题的相关建议。

案例资料

安宁市设立村镇银行可行性研究报告

一、基本情况

（一）村镇银行简介

（1）村镇银行是指经中国银行业监督管理委员会依据有关法律、法规批准,由境内外金融机构、境内非金融机构企业法人、境内自然人出资,在农村地区设立的主要为当地农民、农业和农村经济发展提供金融服务的银行业金融机构。

（2）村镇银行是独立的企业法人,享有由股东投资形成的全部法人财产权,依法享有民事权利,并以全部法人财产独立承担民事责任。村镇银行股东依法享有资产收益、参与重大决策和选择管理者等权利,并以其出资额或认购股份为限对村镇银行的债务承担责任。

（3）村镇银行以安全性、流动性、效益性为经营原则,自主经营,自担风险,自负盈亏,自我约束。村镇银行依法开展业务,不受任何单位和个人的干涉。

（4）村镇银行不得发放异地贷款。

（5）村镇银行应遵守国家法律、行政法规,执行国家金融方针和政策,依法接受银行业监督管理机构的监督管理。

（二）设立村镇银行的意义

村镇银行的设立将促进农村金融体系的完善和农村金融服务水平的提高,促进城乡金融和城乡经济的协调发展,促进社会主义新农村与和谐社会的构建。设立村镇银行是解决我国现有农村地区银行业金融机构覆盖率低、金融供给不足、竞争不充分、金融服务缺位等"金融抑制"问题的创新之举,对于促进农村地区投资多元、种类多样、覆盖全面、治理灵活、服务高效的新型农村金融体系的形成,进而更好地改进和加强农村金融服务,支持社会主义新农村建设,促进农村经济社会和谐发展和进步,具有十分重要的意义。

二、安宁市村镇银行定位

安宁市村镇银行立足于自主开展各项业务,主要为当地农民、农业、农村和社区经济发展提供金融服务。村镇银行是以安宁市城乡居民和社区中小企业、个体工商户为主要服务对象的零售银行。

三、安宁市金融运行情况和农村金融发展及需求状况

（一）金融运行情况

2007年,在国家宏观调控力度不断加强的情况下,安宁市金融运行总体平稳。各项存款稳定增长,存款结构变化明显,企业存款较快增加,储蓄存款增速下降,各项贷款有所下降,票据融资回落,现金投放增加。

1. 货币信贷运行基本情况

（1）存款。2007年末，金融机构各项存款余额100 961万元，比年初增加109 642万元，增长12.8%。其中，企业存款余额318 608万元，比年初增加93 110万元，增长41.29%；储蓄存款余额458 594万元，比年初减少24 111万元，下降4.99%。

（2）贷款。2007年末，金融机构各项贷款余额647 172万元，比年初减少59 107万元，下降8.37%。其中，短期贷款余额365 524万元，比年初增加20 657万元，增长5.99%；中长期贷款267 630万元，比年初减少68 231万元，下降20.32%。票据融资余额14 019万元，比年初减少11 532万元，下降45.13%。

（3）现金。2007年末，全市金融机构现金收入173 067万元，现金支出185 203万元，收支相抵，净投放现金12 136万元。全市金融机构累计收入现金1 825 057万元，同比增加449 423万元；累计支出现金1 952 566万元，比去年同期增加480 481万元，累计净投放现金127 509万元，同比增加18 395万元。

2. 货币信贷运行主要特点

（1）储蓄存款余额持续负增长态势，受资本市场影响，储蓄存款年负增长，定期储蓄下降，活期储蓄流动性不断增强。2007年末，安宁市金融机构人民币储蓄存款余额458 594万元，比年初减少24 111万元，下降4.99%。其中活期储蓄余额213 291万元，比年初增加24 068万元，增长12.72%；定期储蓄余额245 303万元，较年初减少48 179万元，下降16.42%。2008年初以来，受股市热潮影响，居民理财投资观念发生较大变化，相对于保险、国债而言，资本市场获利的诱因以及商业银行提高中间业务的服务水平和加大基金托管业务宣传力度，致使储蓄存款流入资本市场，有的甚至提前支取定期储蓄申购基金、购买股票，盛况空前，这就意味着储蓄存款增速放缓和活期化的情况不可避免，在资本市场持续走好的背景下，居民的理财意识逐渐从苏醒阶段进入爆发阶段，居民储蓄向股票、基金流动。

（2）企业存款有所增加，活期存款增加较多。2007年末，企业存款比年初增加93 110万元，增长41.29%，其中活期存款284 609万元，增长49.70%。企业存款的主要原因是企业生产销售情况良好，产销率提高，实现销售收入增长，资金周转加速，企业销货款回笼较好，部分企业生产资金逐步到位，转存资金增加，致使企业存款开始回升。

（3）各项贷款大幅减少。2007年末，银行业金融机构各项贷款减幅为8.37%，武钢集团以现金入股，成为昆钢股份的第一大股东，持股比例为48.41%。武钢集团进入昆钢股份公司后，划来大量资金偿还昆钢股份公司的贷款。

（4）薄弱环节的信贷投放有所增加。2007年12月末，农业贷款增速77.99%，比年初增加10 935万元。乡镇企业贷款增速为95.20%，比年初增加44 139万元；个人消费贷款增速为25.32%，比年初增加12 742万元，金融机构改善对薄弱环节的金融服务取得积极进展。2007年配合农村产业结构调整，注重支持高效农业，重点支持农民发展林果、烤烟、花椒、养殖等支柱产业，12月末，发放农户小额信用贷款2 106万元，有力扶持了种养殖产业基地、小区发展，使零星分散的产业向专业化、区域化、基地化、集约化方向发展，形成了各具特色的产业格局。虽然薄弱环节有所增加，但贷款基数小，要彻底解决中小企业融资难的问题尚需时日。

（二）农村金融发展现状

农村银行业网点少、产品单一、服务门槛过高、办结程序过长，远不能适应新农村建设发展需要。

（1）真正的农村银行业服务网点，因国有银行股改和撤乡并镇而萎缩，农业银行从乡镇大都撤出机构网点，向安宁市区集中，现保留太平镇、温泉镇、草铺镇共3个网点农村信用社从村庄大盆撤销信用代办站，向乡镇所在地和安宁市区集中。村级金融服务成为空白点，乡镇金融业务几乎由农村信用社独家垄断，乡镇金融竞争很不充分，城乡金融服务的覆盖率差距拉大。给农民在适应市场而引发的金融服务需求满足变得相对困难。

（2）当前农村信用社提供的金融服务产品仍然是"老三样"存贷汇，诸如基金、股票、保险和信托理财等现代金融产品在农村仍未打开市场。即使是"老三样"中的贷款需求，也因有些农村金融服务机构未能正确处理好发展业务与管控风险的关系，以及2009年以来中央决定执行从紧的货币政策，对地方法人金融机构实行贷款规划控制，全年信贷增量为5亿元规模，使农民因缺乏资金而失去了诸多发家致富的良好商机。

（3）金融服务尤其是贷款需求服务因信贷抵押担保、评估登记条件门槛过高而使农民望而却步。如目前农村的农民住房、土地使用权等受地理位置限制而使其抵押资产评估价值过低，不能满足抵押担保的需要，以及宅基地不能作为抵押物等因素，使农民融资供求链断裂。

目前我市银行业机构基本属于公有资本控股的银行，因而规模较大的银行业资本乐于向大中型企业开展批发业务。截至2008年7月末，大中企业贷款余额为40.08亿元，占全部贷款的46.46%，支持"三农"贷款余额为22.97亿元，占全部贷款的26.63%。由于"三农"产业属于低利领域，额小、分散而成本高，加之银行业机构追求商业利润最大化的经营文化日益浓厚，信贷资金经营的批发性、趋利性更加突出，即使是农村信用联社，也因为安宁经济发展特点而使其信贷支农规模不足，按照人民银行支农贷款（小农业）统计口径，安宁市农村信用联社支农贷款占比不足50%，这样使得农村地区尤其是经济发展落后乡镇的信贷资源呈萎缩趋势，严重制约了市域"三农"经济和新农村建设的发展。

（三）农村金融需求分析

1. 农民个体对农村金融平台的需求

近年来，安宁市农村经济发生了很大的变化，随着产业结构的调整，农村住户不仅在结构上发生了很大的变化，而且在总量上也占有绝对比重。2007年末，我市城镇农业人口12.32万人、3.83万户。农户对金融资金的需求除了总量巨大外，还呈现出以下特点。

（1）投融资的经济意识逐渐增强。近年来，融资行为在农户中的普及程度逐年提高，以2005年、2006年、2007年来看，农户贷款余额分别为644万元、1368万元、2017万元，这说明农民的市场经济意识的增强及对小农型自给自足经济意识的摆脱。

（2）二元主体对资金需求个性化。在幅员辽阔的农村，金融需求的主体有农民、从事非农的个体经济、私营业主，农民又可以分为自耕型农民和出租型农民，有小规模农户和规模较大的农户。其中，自耕型农民最为基本的金融需求为存款需求，生产规模较大的自耕农民存在短期的生产性贷款需求；出租型农民不独立从事生产经营活动，其需求主要是存款和非农业经营贷款需求；个体私营业主最主要的需求是短期经营贷款，有些跨地区从事经营活动的个体、私营业主还存在资金结算的需求。

（3）信贷业务的服务需求。

① 政策服务需求。由于社会环境和文化水平等因素的制约，不少农户缺乏应有的金融知识，十分需要金融机构为其提供金融、信贷结算、利率等方面的政策法规知识。

② 信息服务需求。农民还希望金融机构提供良种、生产、加工、经营、销售、市场、科技等信息，即需要在增产增收时提供全方位金融服务。

③ 理财服务需求。目前农村的投资渠道狭窄，农民对积余的货币进行合理投资就需要正确运用储蓄、国债、保险等投资工具，增强规避风险能力，增长理财知识，合理进行消费，以期获得最佳的投资理财收益。

④ 管理服务需求。农户在生产经营中普遍缺乏财会知识，迫切需要搞好经济核算，加强经营管理，提高赢利水平。

⑤ 金融工具的多样化需求。由于农村金融需求主体的多元化以及需要的金融服务全面化，从而也就相应地需要多样化的金融工具满足不同主体的金融需求。近年来，随着农村经济的不断发展，农村居民的就业结构也发生了很大变化，兼业经营、劳务输出、跨地区流动增多。他们对金融服务产生了多样化的需求，不仅需要流动资金，也需要长期投资资本，不仅需要信贷服务，还需要汇兑、结算、保管、转账、咨询、代理等中介服务。而农村金融机构提供的金融服务单一，缺乏金融电子化产品和金融创新，从而使得农村金融服务供需矛盾突出。

2. 乡镇企业对农村金融平台的需求

安宁市农村的乡镇企业的发展出现了"异军突起"的局面，成为农村经济的重要支柱和国民经济的重要组成部分。2007年末，全辖乡镇企业为7 096个，乡镇企业增加值为20.56亿元，占一、二、三产业合计增加值的20.73%。如此大规模的企业存在就昭示着巨大的资金需求。然而近些年以来，乡镇企业从农村正规金融机构贷款越来越难。从安宁市金融机构发放的贷款中给予乡镇企业的情况来看：首先，2005年、2006年、2007年，乡镇企业贷款余额分别为2.14亿元、4.55亿元、9.05亿元。占全辖贷款比重分别为3.53%、6.44%、13.98%。其次，与农户类似，乡镇企业大部分的资金也来源于民间金融。根据2007年末我市乡镇企业数量和乡镇企业贷款余额，计算得到平均每个企业仅从正规金融机构得到的贷款额为12.75万元，与所需资金相去甚远。

四、市场前景分析

（1）由于农村地区相对封闭保守，农民的储蓄观念非常传统，缺乏理财观念。以非银行（尤其是非国有商业银行）民资企业为发起人的村镇银行，在吸纳存款时与国有商业银行相比缺乏令农民信服的资金实力，吸储难度较高，由此对村镇银行的放贷等经营业务和资金流动性、资本充足率造成不利影响。

（2）2008年7月末农村信用合作社发放农户小额信用贷款为9 122户，覆盖率占全部农户的23.83%，贷款覆盖率低，村镇银行可以通过简化审批程序、给予优惠利率、深入村镇一线现场办理业务等方式获取巨大的农村市场占有率。

（3）信贷总资金投入不足，农村资金外流严重。统计数据显示，2007年我市农业增加值占户的比重是6.3%，但农业贷款在整个金融机构中所占的贷款余额却只有4.5%。

2005—2007 年,农业和乡镇企业两项贷款合计占金融机构贷款总额的比重分别仅为 5.22%、9.47%、18.48%。同时,农村存贷差却在逐年扩大。2005 年,全市农户存款大于贷款 8.2 亿元,到 2007 年这一差额扩大到 14.52 亿元。这使得农村资金大量流出。安宁市村镇银行的经营模式也可以为吸收城镇居民闲置资金,使城市资金流向农村,面向农村,服务农民,反哺农业。

（4）金融机构对农户贷欲满足率不高,民间借贷发挥了主渠道作用。2007 年末,农民每人从银行和农村信用社借入资金 163.7 元,通过民间借贷借入 4 608 元（根据安宁市统计局农村住户抽样调查数据测算得来）,分别占借入资金总量的 3.44% 和 96.58%。民间借贷规模约为 5.7 亿元。安宁市村镇银行可抓住民间借贷这一市场份额,组织有效信贷投入,满足农户对日常生活和生产经营的资金需求。同时,也促进了村镇银行的自身发展,提高了赢利能力。

（5）农村信贷品种不够丰富,小额信贷尚不能满足农户需要。农业产业化在全国的推广和农业龙头企业产、供、销模式的形成,使农村个体生产规模扩大,生产形式发生了变化,农户小额信贷无法满足农民发展规模化种植、养殖业和发展农产品加工等产业化经营的需求。目前这些生产经营所需资金量较大,生产周期也较长,有的要三五年,初期投入多、风险大。而农户小额信贷,一是还款期短,一般为半年至一年,有的只有两三个月,与林业、养殖业的生产周期不适应;二是额度太小,一般最高不超过 1 万元。安宁市村镇银行可根据自身资金运营情况,制定期限灵活、额度为 5 万~500 万元的支农信贷产品,支持农户正常开展生产经营活动。帮助信誉好的农业企业,尤其是当地的农业龙头企业发展壮大。

（6）农业银行及农村信用社的贷款利率高而贷款额度小,不能满足大多数农户的贷款需求,而村镇银行在这点上能放宽额度,执行优惠利率,尽量满足农户用于投资、经商、办厂的资金需求,成为信贷支农的有力补充。

五、未来业务发展规划

安宁市村镇银行自身应当结合实际,针对农村、农民开发出方便、灵活的金融产品,例如农户种养两业贷款、农户小额信用贷款、政府贴息扶贫贷款等。形成自身独有特色,不断增强赢利能力,把村镇银行打造成具有"农"字特色、机制灵活、竞争力强、可持续发展的精品银行。

六、业务发展目标

（一）经营机制

安宁市村镇银行实行自主经营、自担风险、自负盈亏、自我约束的经营管理机制,依法开展业务活动,依法接受中国银行业监督管理委员会云南银监局的监督管理。

（二）目标市场及资金投向

安宁市村镇银行的目标市场主要是农户和乡镇企业,也包括产值在 5 万元至 500 万元之间的中小企业;大力发展各类灵活便捷的信贷产品和结算产品,为进行小型经营的农民、农业生产企业提供存款、贷款、结算业务和贸易金融等。在充分满足市域内农户、农业和农村经济发展资金需求的同时,富余资金可投放当地其他产业、购买政府债券和金融债券、办理同业存放或向其他金融机构融资。

（三）网点布局

安宁市农村经济相对薄弱,农村资金流入城市的现象较为严重。如果单纯从服务农村经济的角度考虑,将村镇银行设在经济条件较差的偏远村镇,势必导致村镇银行存款来源少,业务发展慢,经营绩效差,最终会影响村镇银行可持续发展和支农效能的发挥。安宁市村镇银行设置于经济发达、人口密集的政治、经济、文化中心连然镇。采取村镇银行加农村合作组织的形式,将村镇银行市场业务覆盖到辖内所有村镇。

（四）业务规模

目前政策许可村镇银行经营业务是宽广的,而对于新开设的安宁市村镇银行来说,要达到规定的业务项目规模,还需要走过相当长的一段摸索过程和村镇金融市场培育过程。安宁市村镇银行发展初期重点立足于吸收公众存款,发放短期、中长期贷款和办理国内结算业务,以提高资本充足率、资金流动性和开拓农村金融市场。但也可以预期只要农村金融业务品种需求达到规模化,调整或增加经营业务范围是有可能的。

七、财务发展目标

（一）赢利能力

村镇银行的赢利方式主要为信贷业务赢利和中间业务赢利。

1. 信贷业务

信贷业务收益主要来自于存贷款利差。根据调查数据来看,2007 年安宁市农户和中小企业民间融资规模分别为 5.7 亿元和 76.67 亿元(根据安宁市统计局农村住户抽样调查数据和中国人民银行民间借贷专项调查数据测算得到),以央行 1 年期存、贷款基准利率为例,则上述两项民间融资一年的利差收入将高达 2.22 亿元,安宁市村镇银行如获得 1/10 的份额,其人均利润率将达到安宁市金融业的平均水平。

2. 中间业务

就目前国内商业银行中间业务发展情况来看,中间业务所创造的非利息收入仅占全部收入的 10％左右。作为新设立的村镇银行,中间业务应作为今后发展的重点,以创造新的利润增长点。

（二）利润分配预案

(1) 按 15％的比例提取法定盈余公积金。

(2) 按 20％的比例提取一般准备。

(3) 按 15％的比例提取奖励基金(劳动分红基金)。

(4) 剩余部分用于向股东分配利润。

八、风险管理目标

（一）内部控制

见《商业银行内部控制指引附件》。

（二）风险控制策略

村镇银行应按照国家有关规定,建立审慎、规范的资产分类制度和资本补充、约束机制,建立健全内部控制制度和内部审计机制,提高风险识别和防范能力,对内部控制执行情况进行检查、评价,并对内部控制的薄弱环节进行纠正和完善,确保依法合规经营。建立健全财务、会计制度。条件成熟时,可引入外部审计制度。村镇银行开展业务,依法接受银行业监督管理机构监督管理。

（三）呆账准备提取方案

1. 呆账准备的分类和计提规定

应对承担风险和损失的全部债权、股权资产计提呆账准备,包括一般准备和资产减值准备。呆账准备由村镇银行统一计提。

（1）一般准备是指按照一定比例从利润中提取或从其他渠道取得的用于弥补尚未识别的可能性损失的准备,村镇银行按照当年实现的净利润,在利润分配时计提。一般准备的余额不低于风险资产年末余额的1%。

（2）资产减值准备是指对债权和股权资产预计可收回金额低于账面价值的部分提取的,用于弥补特定损失的准备,包括贷款损失准备、坏账准备、长期投资减值准备、其他金融资产减值准备。

① 贷款损失准备是对信贷资产进行分类后,按照贷款损失程度计提的用于弥补专项损失的准备。计提贷款损失准备的会计科目为各项贷款、银行承兑汇票垫款、银行卡透支、贴现、拆放银行业、拆放金融性公司等。计提比例为关注类2%,次级类25%,可疑类50%,损失类100%。如果正常类贷款有风险,也可根据风险程度计提贷款损失准备。

② 坏账准备是对可能产生的坏账损失计提坏账准备。计提坏账准备的会计科目为拆放银行业、拆放金融性公司等科目的应收利息、其他应收款、存放其他同业款项、短期投资、存放境外同业款项、存出保证金、待处理抵债资产、调出调剂资金等。计提的比例为计提该项减值准备所包含的风险资产年末余额的1%。

③ 长期投资减值准备是对预计可能产生的长期股权资产和债权投资损失计提减值准备。计提减值准备的会计科目为入股村镇银行资金、长期投资不含采用成本与市价孰低法或公允价值法确定期末价值的证券投资和购买的国债本息部分的投资。计提的比例为计提该项减值准备所包含的风险资产年末余额的1%。

④ 其他金融资产减值准备是对预计可能产生的其他金融资产损失计提的减值准备。计提减值准备所包含的会计科目是其他金融资产。计提的比例为计提该项减值准备所包含的风险资产年末余额的1%。

2. 呆账准备提取的要求

（1）应按照相关规定足额计提呆账准备。一是按照五级分类计提贷款损失准备;二是按照其他风险资产提取坏账准备、长期投资减值准备和其他金融资产减值准备;三是按照利润分配的要求计提一般准备。

（2）在制定计提资产减值准备计划时,首先按照贷款五级分类原则对信贷类资产足额计提贷款损失准备,其次根据非信贷资产风险状况计提坏账准备、长期投资减值准备、其他金融资产减值准备。有条件的信用社对于非信贷资产的预计损失要按照五级分类计提减值准备。

（3）对于贷款损失准备缺口较大,难以做到足额提取的村镇银行,要根据自身经营状况,合理确定呆账准备分年度的计提比例。

（四）风险处理预案

1. 信贷风险

信贷风险管理的内容：一是加强信贷管理，提高信贷资产质量，揭示贷款的实际价值及风险程度，实施以正常、关注、次级、可疑、损失的贷款五级分类法，按核心定义，严格五级分类的操作和认定程序，切实提高贷款分类的准确性。考虑的重要因素包括：①借款人的还款能力；②借款人的还款记录；③借款人的还款意愿；④贷款的担保；⑤贷款偿还的法律责任；⑥银行的信贷管理。二是完善授信管理制度和管理信息系统，对贷款质量、大额授信、集团客户授信和行业集中度风险进行重点监测。三是对单一客户的贷款余额不得超过本社资本净额的5%，对单一集团企业客户的授信余额不得超过资本净额的10%，贷款质量指标必须符合《中华人民共和国商业银行法》和银监会的有关规定。四是根据贷款加权风险权重计算贷款风险度，贷款风险度 $= \sum$ 贷款加权风险权重额 $\div \sum$ 贷款金额 $< 30\%$。

2. 市场风险

市场风险管理的内容：村镇银行应对业务和产品中的市场风险因素进行分解和分析，及时、准确地识别所有交易和非交易业务中市场风险的类别和性质。尽可能准确计算可以量化的市场风险和评估难以量化的市场风险。尽量对所计量的银行账户和交易账户中的市场风险特别是利率风险在全行范围内进行加总，以便理事会和高级管理层了解总体市场风险水平。加强利率风险管理，高度关注央行利率、汇率政策动向以及市场资金需求及其价格信号，建立灵敏有效的产品定位机制。

3. 流动性风险

流动性风险管理的内容：流动性资金比率确保指标在安全所限定的范围内。流动性比率公式为：流动性资产 $-$ 流动性负债 > 0；流动性资产 $+$ 半流动性资产 $-$ 流动性负债 > 0（非流动性负债）。

(1) 监测流动性结构指标，包括流动负债到期结构分析。

(2) 持有资金来源的多样性以及足够的备用资金来源。

(3) 监测村镇银行对大额客户存款的依赖性。

4. 运营风险

运营风险管理的内容如下。

(1) 为重要业务环节在事件发生时提供应急资源（包括场所、设施、人员、资料和流程等）。

(2) 保证业务的及时恢复和持续进行。

(3) 保护员工和客户安全。

(4) 保持对客户的服务水准。

(5) 保护我社的声誉和市场份额。

(6) 减轻信用社的经济损失。

5. 合规性风险

建立合规性的理念，合规是创造价值，要求全面进入工作描述、全面进入从个人到整体的评核指标。

（资料来源：娄忠东，缪源.安宁市设立村镇银行可行性研究报告[J]. 时代金融,2009(3).)

关键术语

项目	可行性研究	机会研究	初步可行性研究
项目评估	市场分析	项目组织方案	项目实施方案
经济影响分析	财务分析评价	社会影响分析	

思考题

1. 投资项目的特征有哪些？
2. 什么是投资项目可行性研究？
3. 可行性研究包括哪些程序？
4. 如何编写投资项目可行性研究报告？

第八章

国际投资决策

本章要点

投资决策是企业经营管理的重要环节,也是投资活动成功的关键和前提。投资决策是在对投资过程诸多因素分析、论证的基础上产生的。跨国企业在进行跨国投资活动时,首先遇到的是国际经营方式的选择。此外,一个企业从国内企业转变为跨国企业,再发展为具有全球战略的跨国公司,必然要进行对外直接投资活动,而其决策者在进行对外直接投资的决策时,面临更加复杂的国际环境,这要求投资者必须根据一定的方法作出谨慎的决策。本章首先介绍了三种国际经营方式的概念以及选择的影响因素;其次阐述了国际经营方式选择的原则和方法;最后针对国际直接投资,介绍了投资决策分析的具体方法。

学习目标

理解国际经营方式的内涵;熟悉国际经营方式选择的影响因素和方法;了解国际直接投资决策过程、分析方法和程序。

第一节　国际经营方式选择

一、国际经营方式概述

(一)国际经营方式的内涵与发展

国际经营方式是企业跨国经营活动中所采取的方式和方法。跨国界的经营活动主要包括以下几种方式:商品在国际间的交换,即国际贸易;特许,包括商标、专利权、专有技术及具有财产价值的知识产权的使用;劳务输出,包括市场广告、法律服务、财务信息咨询、保险、货物运输、会计以及管理技术咨询等服务的输出;国际间接投资,包括证券及不动产投资等;国际直接投资。

从历史发展来看,国际化经营经历了一个不断向更高层次演变的过程。这一过程大致可以分为三个比较典型的阶段。

(1)初始发展阶段。这个阶段是从19世纪至第二次世界大战之前。1865年,德国拜尔化学公司在美国纽约州投资开设了一家苯胺工厂;1866年,瑞典制造炸药诺贝尔公司在德国汉堡开设了炸药厂;1867年,美国胜家缝纫机公司在英国的格拉斯哥建立了缝纫机装配厂,从而拉开了跨国经营活动的帷幕。但是企业国际化经营活动的主要特点是,活动方式主要以进出口贸易为主,跨国投资的方式较少且所涉及的国家和行业也十分有限,此时的跨国投资主要被当作各发达国家的企业保卫各自海外市场的防卫手段。

（2）高速发展阶段。这个阶段是第二次世界大战以后到 20 世纪 80 年代。随着科技的迅猛发展、国际分工的不断深化以及世界市场的不断扩大,各国企业纷纷以主动的姿态开展国际化经营。这一阶段突出的特征在于,国际化经营的产物——跨国公司逐渐成为世界经济的核心组织者和最主要的经济活动主体。对外直接投资成为企业国际化经营的主导方式,其发展速度远远超过了国际贸易。在这一阶段,虽然发达国家企业在国际化经营中继续保持领先地位,但一些新兴工业国家和发展中国家的跨国公司也纷纷崛起,并成为国际化经营中的一支重要的新兴力量。

（3）全球竞争阶段。20 世纪 80 年代,尤其是 90 年代以来,随着经济一体化步伐的加快,各国经济相互联系与相互依赖的程度不断加深,几乎所有的国家都被纳入到国际分工体系中;同时,由于信息技术的革命和各国市场的日趋开放,国家间、企业间的竞争日益激烈。当今,跨国公司已经成为国际化经营活动最主要的载体。通过国际直接投资,跨国公司实施全球战略并形成全球一体化的生产体系,在世界范围内开展经营活动。

（二）国际经营方式的分类

从企业经营管理的角度来看,国际经营方式可以分解为三种独特的进入模式。

1. 贸易模式

贸易模式是指跨国经营企业将有形的最终产品销往外国市场,是跨国经营企业对国外市场介入程度最小的一种进入方式。在最终产品的出口中,包括间接出口和直接出口。间接出口是指跨国经营企业使用本国的中间商从事真正的出口活动;直接出口是指跨国经营企业不使用本国的中间商,自己完成出口活动。在直接出口中,跨国经营企业可能使用目标国家的中间商,此时会有两种情况:一是使用直接代理商或者经销商出口,即依靠目标国家的中间商来销售出口商的产品;二是直接由分公司或子公司出口,即依靠跨国经营企业在目标国家设立的销售机构销售出口产品。在第二种情况下,跨国经营企业的分公司或子公司需要在目标国家设立营销机构或进行股权投资,建立独资、合资或合作方式的营销企业。

该模式的优点是进入外国市场方式简单而且风险相对较小。新兴的跨国经营企业往往利用出口来试探外国市场的情况,为进一步的进入做好准备。跨国经营企业可以通过独立的外国中间商出口产品,将产品生产集中于某一地区,从而实现规模经济效益;也可以通过设立在目标市场的国外销售分公司或子公司进行出口,与通过外国中间商出口形式相比,这种方式有助于加强对产品的控制、加强产品信息反馈,并在一定程度上弥补缺乏售后服务的缺陷。

贸易模式是跨国经营企业进入外国市场程度最低的一种方式,该方式也存在一定的缺陷:

（1）贸易和非贸易壁垒的阻碍。东道国政府为了保护本国市场,经常对进口进行限制和干预,因此构成对跨国经营企业出口增长的很大障碍。

（2）信息反馈不及时。当地的代理商、中间商通常对数家外国企业的产品进行销售,从而削弱了对单个出口企业产品的注意力,不利于跨国经营企业扩大产品在目标市场的销路。同时,信息反馈的不及时也影响产品在当地市场的适应性,造成产品的改良和完善得不到保证。

（3）难以满足跨国经营企业全球战略目标的实现。企业参与跨国经营的动机是多元化的，如获取自然资源、获取先进技术、利用当地廉价劳动力等，这些目标不可能通过出口来实现。总地来说，贸易模式限制了跨国经营企业在目标国的活动，具有全球经营战略的跨国经营企业不可能总是满足这一模式。

2. 契约模式

契约模式是指跨国经营企业与目标国家的法律实体之间长期的非股权经济往来，即拥有版权、商标、专利、技术诀窍的跨国经营企业，向国外企业出售（转让）这些资产的使用权，获得提成费或其他补偿费用。在具体运营过程中，契约模式通常表现为以下几种方式。

（1）许可证安排。许可证安排是指跨国经营企业将其拥有的专利、专有技术等无形资产的使用权，以许可证合同的形式向国外其他企业出售转让。许可证合同有时限定领取许可证的外国企业只能在某一市场上使用这些特有资产，以保证发放许可证企业的竞争优势或其经营战略的安排。许可证的有效期一般在 3~10 年或更长，其费用可按总销售收入的一定比例（一般是 3%~8%）逐年提取，也可一次性总付。另外，许可证费用还经常作为参与许可证购买企业股权的形式。

（2）特许专营。特许专营又称管理合同，与许可证安排相似，但在动机、服务及期限方面有所区别。在特许专营中，许可方不但授权被许可方使用企业名称、商标及技术，而且在组织、营销及总的经营管理方面协助被许可方，以保证被许可方企业的质量控制和特有知识的有效使用。

（3）国际合作。国际合作方式通常有：交钥匙工程，由跨国企业承包一揽子综合项目，如承建生产设施、提供人员培训等，项目完成后便能正常运转而转交给东道国乙方；国际合作开发，是资源国通过招标方式与中标的一家或几家外国企业签订合作合同，明确各方的权、责、利，联合组成开发公司对资源国石油等矿产资源进行开发的一种非股权参与经营方式；国际合作生产，一般是指跨国经营企业以技术、专利、管理或销售服务等协助国外企业进行生产，国外企业用获得这些服务所制造的产品或部分利润，作为报酬支付给跨国经营企业。

通常情况下，规模较小且又有独特经营优势的企业，比较倾向于契约进入模式，因为这些企业缺乏国际经营人才，尤其是缺乏资金，无法进行对外直接投资，转而采用契约方式进入来发挥其技术优势或适用优势，从而拓展其跨国经营业务。该模式的优点表现在：

（1）经营风险小。从企业经营风险的角度来看，许可证安排比直接投资风险小。因此，新兴的跨国经营企业在向外国市场扩张的过程中，经常采用许可证安排，并以此作为从出口到对外直接投资的一种过渡性进入方式。许多资金不足或缺乏国外投资经验的企业，往往也选择许可证安排来进入国外市场，以避免直接投资风险。

（2）增加无形资产的收益。在许多国外市场中，防止专利和商标等无形资产被盗用的最好方法，莫过于使用这种专利和商标。如果不能以直接投资方式进入，可以采取许可证安排方式进入，可以有效保护专利和商标的所有权，也可以增加无形资产的收益。

（3）促进商品出口。许可证安排中，受证方常常获准直接采用发证方的商标或同时采用双方的商标，这样可以提高发证方在当地市场上的知名度，有助于发证方的各种产品向当地市场出口。同时,许可证安排还规定发证方提供必要的零部件和机器设备,进一步扩大相关商品的出口。

(4)进入市场便利。由于东道国国际投资政策的不同,一些国家对外国直接投资和外国产品进口采取严格的限制措施,契约模式可以克服这种市场障碍从而迅速进入东道国市场。例如在国际交往中,东道国对许可证安排通常没有严格的限制。

(5)开拓国外市场。企业跨国经营过程中,由于市场规模较小,一方面,合作方由于资金缺乏而希望用产品抵偿引进技术的费用;另一方面,一些东道国由于市场规模较小,不能使跨国经营企业实现规模经济。如果利用当地原有类似产品的生产企业,采用契约模式进入并与之合作,提供特有的技术与经营管理服务,可以扩大跨国经营企业的活动范围,迅速开拓国外市场。

契约模式的缺点主要表现在:

(1)控制程度低。契约模式往往以非股权的方式参与跨国经营过程,因此,与直接投资比较,该模式对合作方的控制程度较低,从而给跨国经营企业带来一定的风险。例如,许可证安排中,受证方为了在合同有效期限内获得最大的利润,常常重视产量而对产品的质量和售后服务不予重视,可能影响发证方的信誉。

(2)培育潜在的竞争对手。在许可证安排中,经过多年经营已在当地市场建立起良好的信誉时,极易成为发证方的竞争对手,如果发证方在东道国进行直接投资以谋求更大的收益时,常常被迫与受证方进行竞争。因此,契约模式可能成为跨国经营企业进一步扩张的障碍。

(3)适用条件上的限制。在实际的跨国经营过程中,有很多条件也会限制契约模式的运用,例如东道国市场状况、技术壁垒等。因此,并不是所有具备独特技术优势的企业都可以采取许可证安排,也不是任何能带来跨国收益的经营都需要使用契约进入模式。

3. 直接投资模式

直接投资模式是指跨国经营企业通过对外直接投资,在国外建立生产性企业从而进入东道国市场。该模式往往以所有权为基础参与跨国经营。根据所有权参与的程度,可以分为独资经营模式,即跨国经营企业根据东道国法律,经过东道国政府批准,在其境内设立的全部所有权为跨国经营企业所有的一种经营方式;合资经营模式,即跨国经营企业经东道国政府批准,依照东道国法律,与当地企业共同出资、共同经营、共负盈亏、共担风险的部分股权参与的经营方式。此外,在跨国经营过程中,跨国经营企业可以用设立新企业收购当地企业的方式进行直接投资。

从利弊分析的角度来看,直接投资模式与前两种模式不同的最大特点是进行股权参与,因而能够对进入东道国市场以及参与跨国经营拥有更大的控制权,从而在较大程度上弥补了前两种模式的缺陷和不足。例如,以直接投资模式的进入,缩短了生产和销售在时间和空间上的距离,减少了货物运输成本,能及时获得市场信息的反馈,能更好地提供售后服务,能保护商标、专利、专有技术等的秘密和有限制的使用,能跨越东道国所设置的障碍壁垒,获得东道国政府更多的鼓励性优惠等。直接投资模式在增强控制权的同时,必然使跨国经营企业动用较多的资本,并由于在东道国进入的深度和广度较前两种方式更深更强,因而也就具有更大的风险和较少的灵活性,这正是在进行国际投资决策时,必须谨慎、科学论证的原因。

（三）国际经营方式的特征比较

综上所述，每一种国际经营方式所隐含的所有权控制程度、技术扩散风险、资源投入、投资风险等均有所不同。结合希尔（Hill,1990）所作的总结，我们可以对各种不同的方式进行比较（见表8-1）。

表 8-1　不同国际经营方式的特征比较

经营方式 ＼ 特征	控制程度	资源投入程度	技术扩散风险程度	投资风险
出口	低	低	低	低
许可经营	低	低	高	低
合资企业	中	中	中	中
全资子公司	高	高	低	高

表 8-1 中的控制程度是指操纵企业资源，进行运营和战略决策的权力；资源投入是指企业跨国经营所需投入的各种资源，包括无形资产和有形资产；技术扩散风险是指企业专有知识被其他企业不正当利用的危险。

二、国际经营方式选择的影响因素

影响企业国际市场经营方式选择的因素是复杂多样的，可分为外部因素和内部因素。表8-2列举了各种外部因素和内部因素对国际经营方式选择的影响，其中"√"表示该因素与该种方式在一定程度上的适合关系，可以作为跨国经营企业进入东道国选择经营模式的参考因素。

表 8-2　国际经营模式选择的影响因素

影响因素 ＼ 进入方式	一般适合				
	间接出口和代理商/经销商出口	许可贸易	分公司/子公司出口	股权投资/生产	服务合同
外部因素（外国）					
销售潜力小	√	√			
销售潜力大			√	√	
多数竞争	√		√		
寡头垄断竞争				√	
营销基础条件差			√		
营销基础条件好	√				
生产成本低				√	
生产成本高	√			√	√
限制进口政策		√		√	√
自由进口政策	√		√		
限制投资政策		√	√		√
自由投资政策				√	

续表

进入方式　影响因素	一般适合				
	间接出口和代理商/经销商出口	许可贸易	分公司/子公司出口	股权投资/生产	服务合同
地理距离小	✓		✓		
地理距离大		✓		✓	✓
经济活跃				✓	
经济停滞	✓	✓			✓
外汇管制严	✓	✓			
外汇管制松				✓	
汇率下降				✓	
汇率上升	✓	✓			
文化差异小				✓	
文化差异大	✓	✓			✓
政治风险小				✓	
政治风险大	✓	✓			✓
内部因素（本国）					
市场大				✓	
市场小	✓		✓	✓	
多数竞争	✓				
寡头垄断竞争				✓	
生产成本低	✓			✓	
生产成本高		✓			
出口促销力量强	✓		✓		
对在海外投资的限制	✓	✓			✓
内部因素					
差异产品	✓		✓		
标准产品				✓	
服务密集产品			✓		
服务产品		✓			
技术密集产品		✓			
需做稍微更改的产品	✓				
需做较大更改的产品		✓	✓		
资源有限		✓			
资源丰富			✓	✓	
参与较少	✓	✓			
参与较多			✓	✓	

资料来源：章昌裕. 国际直接投融资[M]. 北京：中国人民大学出版社，2007：38,39.

（一）外部因素

外部因素包括目标国和所在国的市场、经济、政治和社会文化等方面的因素，它们对于企业的决策均有重大影响。

1．东道国市场

东道国市场情况是跨国企业决定进入方式时首先必须考虑的问题。市场因素包括：

① 市场容量，也即需求状况。如果东道国现有或潜在市场大，则适宜在当地投资办厂，实施本土化战略；如果东道国市场容量小或市场需求波动大，则适宜采取出口形式，对外授权或以其他合同形式进入。

② 市场竞争。在饱和市场或竞争激烈的市场适宜采取对外授权或其他合同进入方式；分散型目标市场（各参与企业都不占支配地位）宜以贸易方式进入，而寡头垄断型市场宜采取直接投资的模式进入。一般来说，市场进入壁垒很高时，企业宜采取合资方式进入。

2．东道国宏观投资环境

东道国的宏观投资环境，即经济、政治、法律等环境，这些因素决定了投资风险。如果东道国的经济规模大，公司产品在该国的市场规模也可能大，因此公司可以考虑对该国市场进行更大的投入；有的国家市场可能还没有成熟，但如果该国的经济发展很有活力，那么公司也愿意承担较高程度的投入，以争取市场渗透，即使其在短期内不能赢利。该国外部经济联系也很重要。国家的国际收支如果长期赤字，汇率不稳定，公司在考虑进入方式时，就不会采用积极的投资模式。若东道国政治稳定，相关法律健全完备，则会激励企业选择直接投资进入方式；反之，则会促使企业更倾向于以出口或合同方式进入。

3．社会文化差异

社会文化差异，主要是指公司所在国与东道国在语言、价值观、生活和做事方式方面的差异。如果文化差异大，公司很难预测在东道国采取何种经营才算恰当，就会花费更多的成本去适应文化的差异。在公司的国际经验不足时，则不会贸然采用投资方式进入。

4．母国的政策支持

如果母国政府采取积极的政策（如税收减免、经济情报搜集等）鼓励出口和对外投资，公司就会采取积极的国际战略。

5．组织影响

在面临进入方式的选择时，存在组织间和组织内的模仿行为。例如，Jane(2002)通过对1 194家日本跨国公司的研究发现，后来者会跟随先入者的进入方式；一个多国经营的公司会在市场进入方式上保持前后一致性。

（二）内部因素

内部因素是指与公司自身条件和所处行业相关的影响因素，包括公司战略、知识因素、公司内部资源投入要素和国际经营经验。

1．公司战略

公司战略对国际经营方式选择有着重要影响。由于跨国公司的目标是全球经营的总价值最大化，而不是单个市场的得失，所以我们必须从战略的角度来考察跨国公司的进入方式选择。追逐全球化战略的公司通常选择高控制模式以通过合理化生产形成规模经济；而追逐多国导向战略的公司给予海外分支机构更多的自主权，该战略倾向于低控制模式。总之，跨国公司在进入外国市场时，所考虑的不一定是对单个市场而言最有效的进入方式,而是着眼于全球效率的最大化。

2. 知识因素

知识因素主要是指知识的价值与知识的隐含性。这里的知识是指企业特有的技术、组织制度等,企业的竞争优势是建立在其知识上的。一般来说,公司的知识竞争优势越明显,且这些知识对公司的价值越大,公司就越倾向于使用控制度强的进入方式,以确保这些知识不被外人利用或扩散;如果公司的比较优势是建立在管理经验、公司文化等非物化因素上,这些隐含的不可言传的知识,即使是对于获得许可经营的企业也很难仿效,采用控制度更高的模式更能够保证这些知识在目标国的恰当应用;如果公司知识必须根据外国市场的特殊需要进行改良,公司希望更靠近这个市场以便及时获得有关的信息,此时公司会更倾向于采用直接投资方式。

3. 公司内部资源投入要素

企业在管理、资本、技术和营销方面的资源越充裕,进入方式的选择空间就越大。实力雄厚的企业更愿意采取直接投资方式进入东道国市场。如果公司缺乏一定的资源,就会寻求合资企业的模式,以获得必要的资源或者采用许可经营不需太多资源投入的形式。而规模较小的企业采取贸易的方式则更符合市场目标。

4. 国际经营经验

若企业对将要进入的市场和产品的情况熟悉,可以直接通过内部发展进入。对于新的但较为熟悉的市场和产品,可以采取购并进入或联合进入。对市场和产品都是新的领域,一般先采取贸易方式进入,逐步积累经验。

第二节　国际经营方式选择方法

一、国际经营方式选择决策的原则

(1) 朴素原则。该原则是指对所有的国外市场采用同样的进入模式。显然,这种决策便于对国际市场营销活动进行统一管理,简单决策。但是,面对多样化的国外市场,这种决策又显得过于僵化。

(2) 实用原则。该原则是对国外目标市场采用可行的进入模式。它与朴素原则正好相反,主要站在国外市场的角度来考虑进入模式,即国外目标市场接受什么模式就采用什么进入模式,它没有考虑企业本身的优势和能力,因此,实用的进入模式未必是最佳的进入模式。

(3) 战略原则。该原则是对每个国外目标市场采用适当的、最佳的进入模式。采用这一原则,企业需要对可供选择的各种模式进行全面系统的比较,从中作出较好的进入决策。

(4) 成本最小化或利润最大化原则。该原则认为企业应该选择经营成本最小或经营利润最大的方式作为企业最恰当的国际市场进入方式。

二、赫奇法

赫奇法体现的是成本最小化原则,即选择经营成本最小的方式作为国际市场的进入方式。赫奇法将跨国经营企业的国际经营成本分为两类,即基本生产成本和特别生产成本。

基本生产成本是指跨国经营企业的边际成本,即跨国经营企业无论在母国还是在东道国进行生产经营都要发生的成本。假设跨国经营企业在母国的基本生产成本为 C;跨国经营企业在东道国的基本生产成本为 C'。基本生产成本是产量的函数,即随着产量的变化而变化。

特别生产成本是跨国经营企业分别采用三种方式进入外国市场时所发生的进出口销售成本、国际经营成本和技术优势损失成本。进出口销售成本包括出口销售成本和进口销售成本,即保险、运输、关税等以及由于母国与东道国的社会文化差异而导致的东道国信息成本。假设进口销售成本为 M,出口销售成本为 M'。国际经营成本指跨国经营企业在对外直接投资时,由于母国与东道国的社会文化差异而产生的信息成本。假设国际经营成本为 I。技术优势损失成本指跨国经营企业发放许可证后为保护它的技术所有权,防止受证方利用许可证交易得到的技术来与自己竞争需要做出努力(如规定许可证协议有关条件)而导致的成本。假设技术优势损失成本为 T。

假设跨国经营企业的销售收入 R 不变,即无论是在外国市场销售产品,还是在本国销售产品,都获得同样的销售收入,则跨国经营企业的利润=R-基本生产成本-特别生产成本。

跨国经营企业在选择国际经营方式时,涉及的成本分别为出口成本、许可证安排成本和直接投资成本。出口成本=$C+M'$;许可证安排成本=$C'+T$;直接投资成本=$C'+I$。

跨国经营企业可以根据成本最小来选择国际经营方式:

(1) 如果:$\begin{cases} C+M'<C'+M' \\ C+M'<C'+T \end{cases}$,则选择出口进入模式。

(2) 如果:$\begin{cases} C'+T<C'+I \\ C'+T<C'+M' \end{cases}$,则选择许可证安排进入模式。

(3) 如果:$\begin{cases} C'+I<T+M' \\ C'+I<C'+T \end{cases}$,则选择对外直接投资模式。

三、净现值法

货币具有时间价值,跨国企业在进行跨国经营时应按照贴现收入和成本之间的差额来计算每种进入方式的净现值,从而选择在整个经营时间内具有最大净现值的进入方式。净现值法的特点是考虑国际经营方式的动态因素,并从中做出最佳选择。在净现值法中,出口销售成本仅定义为跨国经营企业在出口时,由于母国与东道国的社会文化差异而导致的信息成本。出口成本用 M' 来表示(与赫奇法相同),M' 值随着跨国经营企业对东道国市场熟悉程度的增加而逐渐减少,运输、保险、关税既随着时间而变化,又随着产量而变化。因此,在净现值法中,可以将它并入跨国经营企业的边际成本 C 中。

净现值法是从动态角度去评估跨国经营企业对进入方式的选择,因此,运用净现值法必须考虑特别生产成本的变化。在赫奇法中分析的三种特别生产成本,其初始值之间的关系是 $M'<I<T$。因为 M' 只包括了有关东道国产品市场的信息成本,而 I 既包括了有

关东道国产品市场的信息成本,也包括了有关东道国的生产要素市场的信息成本,因此 $M' < I$。具有技术优势的跨国经营企业,一般不愿承担由于不成熟的或定价不合适的许可证交易而使它的技术优势遭到损失的重大风险,因此,通常有 $T > I$。

如果特别生产成本随着时间的推移而逐渐减少,则特别生产成本减少速度的排序是 $T > M' > I$。对于新发明的产品,T 值最大,随着产品成熟,T 值下降得最快。由于对外直接投资的介入程度大于出口介入程度,可以使跨国经营企业更快地熟悉东道国市场。因此,M' 下降的速度大于 I,但小于 T。

以 R 表示最终产品销售收入,以 i 表示贴现率,其他符号与赫奇法中的一致;假设所有变量都发生在时间 t 内,t_0 为时间的初始点;NPV_e、NPV_L、NPV_f 分别为出口、许可证安排、直接投资三种国际经营方式的净现值,则

$$\mathrm{NPV}_e = \sum_{t-t_0}^{t} (R_t - C_t - M'_t) / (1+i)^n$$

$$\mathrm{NPV}_L = \sum_{t-t_0}^{t} (R_t - C_t - T_t) / (1+i)^n$$

$$\mathrm{NPV}_f = \sum_{t-t_0}^{t} (R_t - C_t - I_t) / (1+i)^n$$

(1) 如果 $\mathrm{NPV}_e > \max(\mathrm{NPV}_f, \mathrm{NPV}_L)$,即出口的净现值大于对外直接投资或许可证安排的净现值,企业应选择出口进入模式。

(2) 如果 $\mathrm{NPV}_L > \max(\mathrm{NPV}_e, \mathrm{NPV}_f)$,即许可证安排的净现值大于出口净现值或对外直接投资净现值,企业应选择许可证安排模式。

(3) 如果 $\mathrm{NPV}_f > \max(\mathrm{NPV}_e, \mathrm{NPV}_L)$,即对外直接投资净现值大于出口净现值或许可证安排净现值,企业应该选择对外直接投资模式。

(4) 如果 $\mathrm{NPV}_e < 0$、$\mathrm{NPV}_L < 0$、$\mathrm{NPV}_f < 0$,即出口、许可证安排、直接投资三种国际经营方式的净现值都小于零,则该企业没有选择国际经营方式的机会。

第三节　国际直接投资决策

一、国际直接投资决策概述

国际经营方式选择也是一种国际投资的决策,我们可以理解为广义的国际投资决策。本节主要介绍国际直接投资决策机会的国别选择和方法,即狭义的国际投资决策。

(一)决策与决策要素

决策是某人或单位为解决某个问题或达到某个目标,在几种不同的方案中作出抉择的过程。在投资活动和其他各种社会活动中,投资要根据内外部环境的变化,对投资方向等方面及时作出正确的决策,投资才能得到较高的经济效益;如果决策失误,投资就要亏损。随着经济体制改革的逐步深入,市场竞争愈趋激烈。

一个决策系统通常由四个要点组成:决策者;决策目标;决策变量;状态变量。在投资决策中,决策者多以最佳损益值作为决策目标,如产品的销售利润、投资的回收期等。

用来描述决策者可以采取的行动方案的变量叫作决策变量,例如产品的生产批量、工厂投资规模的大小,它是可以人为进行调节控制的因素。用来描述决策时所面临的各种自然状态的变量叫作状态变量。它是不以人们的意志为转移的,是不可控的因素,但人们可以推断出各种自然状态发生的可能性。决策正确与否取决于决策者对未来可能发生的自然状态的了解程度,取决于提供的决策变量和状态是否准确恰当,取决于使用的决策方法是否科学正确,取决于搜索、处理的决策信息是否完备可靠。

(二)决策程序

为了在错综复杂的情况下作出尽量正确的决策,避免或减少决策的失误,就必须实现决策的科学化和民主化,按照科学的决策程序来进行。

一个科学的、正确的决策不是一次性完成方案选择的瞬间活动,而是一个系统的逻辑分析和综合判断的过程。通常决策过程可以分成以下几个步骤。

(1)提出问题,确定目标。

(2)收集信息,预测未来(预测是决策的基础)。

(3)拟定各种可行方案。

(4)制定标准,分析评价。

(5)方案选优(这是决策分析的关键,不同的方案各有优劣之处。最优方案不可能对决策的所有目标都是最优的,通常以较能满意地实现主要目标而又不妨碍其他目标作为择优标准)。

(6)决策的实施与控制(在实施决策的过程中应随时掌握进展情况,及时取得反馈信息,不断加以修改,直至达到预测目标)。

以上各阶段组成一个有机的整体,它们是相互交叉、重叠展开的,可能要进行多项反馈才能完成。

(三)国际直接投资决策的特点

国际直接投资决策具有与其他一般性决策所不同的特点。首先,国际投资决策是多层次的决策,它包括投资机会决策和投资方案决策;其次,国际投资决策受国际环境的影响很大,投资环境中的不确定因素和风险因素直接作用于投资决策,因而国际投资决策是一种高风险的决策。最后,国际直接投资的项目一般都是较大规模的长期项目,投资项目一经完成,就很难做出可以接受的改变,甚至不可能做出改变,而且新建投资项目一般又有较长的建设周期,所以相应的投资决策也就极为重要。决策者不仅要充分考虑资本的时间价值和资本的长期效益,而且要充分考虑各种相关因素对国际投资决策的影响。投资决策必须建立在充分占有信息和资料的基础之上,并运用科学决策的方法。

二、国际直接投资决策方法

在国际直接投资决策过程中,通常采用定量分析方法和定性分析方法。在定量分析方法中,投资决策又可细分为确定型决策、不确定型决策和风险型决策三种类型。

(一)确定型决策

确定型决策是决策者在对未来发生的情况有充分和确定把握的条件下进行的决策,

其特点是自然状态具有单一性或确定性。在这种确定的条件下,决策者可以迅速地做出抉择。确定型决策的基本方法是优选决策法,但实际上,在国际直接投资决策中基本不存在确定型决策。

(二)不确定型决策

不确定型决策是决策者在对未来将发生的情况完全没有把握的条件下进行的决策,其特点是项目客观条件的多样性及不确定性。在不确定型决策中,决策者并不能确定将来可能发生哪一种情况,也不能确定某种情况发生的可能性究竟有多大,即决策者所面临的客观情况是完全不能确定的。不确定型决策主要有下述几种方法或准则。

1. 悲观决策法(小中取大准则)

这一准则也称 Wald 准则,这是一种保守型决策方法。决策者面对两种或两种以上的可行方案,每一种方案都对应着几种不同的自然状态,每一种方案在每一种自然状态下的收益值或损失值各不相同,且每一种损益值都可以通过科学的方法预测出来。决策者将每一种方案在各种自然状态下的收益值中的最小值选出,然后比较各种方案在不同的自然状态下可能取得的最小收益,从各个最小收益中选出最大者,那么这个最小收益当中的最大者所对应的方案就是采用悲观决策法所要选用的方案。如果决策方案所对应的损益值表现为收益值,那么决策的形式表现为小中取大,如果决策方案所对应的损益值表现为损失值,那么决策的形式则表现为大中取小。采用悲观决策准则,通常要放弃最大利益,但由于决策者是从每一方案最坏处着眼,因此风险较小。该决策法计算公式为

$$a_{ls} = \max\{\min(a_{ij})\}$$

【例 8-1】 某跨国企业为扩大生产能力,拟定了三种扩大生产的投资方案:小批量生产(方案 A_1)、中批量生产(方案 A_2)和大批量生产(方案 A_3),估计市场对该公司的产品未来几年的销售情况会出现高需求(自然状态 S_1)、一般需求(S_2)和低需求(S_3),并估算出三个不同方案在三种需求情况下每年的收益(万元)(见表 8-3)。问应采取何种方案有利?

表 8-3　某跨国公司投资方案损益表

收益　　　状态　方案	S_1	S_2	S_3
A_1	50	40	30
A_2	80	60	20
A_3	120	80	−20

解　用悲观法计算如下。

$$a_{ls} = \max\{\min(a_{ij})\} = \max(30,10,-20) = a_{13}$$

所以确定 A_1 即小批量生产为最优方案。

在实际应用中,当遇到一个情况不明而又复杂的决策问题,一旦决策失误又将造成严重不良后果时,利用这种决策准则较为合理,可以避免犯较大错误。

【例 8-2】 如果有五个方案四个自然状态,自然状态的概率不知道,而它们相应的收益值已知(见表 8-4),应采取何种最优方案。

表 8-4 不同方案的损益表

方案	自然状态			
	S_1	S_2	S_3	S_4
a_1	5	6	4	5
a_2	8	5	3	6
a_3	4	7	3	4
a_4	2	3	9	6
a_5	4	2	3	3

解 采用悲观准则选择最优方案的步骤如下。

(1) 把每个方案在各种自然状态下的最小收益值求出来。

(2) 求各最小收益值中的最大值:

$$a_{ls} = \max\{\min(a_{ij})\} = \max(4,3,2,2,2) = 4 = a_1$$

最大值 4 对应的方案是 a_1,于是便选择 a_1 为最优方案,即 a_1 为最优策略。

当决策矩阵给出损失矩阵时,根据 $a_{ls} = \min\{\max(a_{ij})\}$ 作出投资决策。

2. 乐观决策法(大中取大准则)

这种决策思想与悲观法相反,是按乐观冒险原则评选投资方案的一种简单方法。当决策者对未来决策事件的发展状况比较乐观,又要考虑到不利因素发生的影响时可采用这一方法。它的特点是与小中取大的悲观标准相反,决策时,决策者不放弃任何一个获得最好结果的机会,争取好中最好。具体做法是:对营利性方案而言,先确定各备选方案的最大可能赢利值,然后从中选择一个能获得最大赢利的方案。该决策法计算公式为

$$a_{ls} = \max\{\max(a_{ij})\}$$

在例 8-1 中,如果采取乐观决策法,则

$$a_{ls} = \max\{\max(a_{ij})\} = \max(50,80,120) = 120 = a_{31}$$

确定 A_3 即为大批量生产的最优方案。

在例 8-2 中,如果采取乐观决策法,则

$$a_{ls} = \max\{\max(a_{ij})\} = \max(6,8,7,9,4) = 9 = a_4$$

由此确定 a_4 方案为最优方案。

在实际运用中,当决策者拥有较大实力,即使其所面临的决策问题失败了,对他来说影响也不是很大,这种情况下采用乐观决策法较有利。

当决策矩阵给出损失矩阵时,根据 $a_{ls} = \min\{\min(a_{ij})\}$ 作出投资决策。

3. 折中决策法

折中决策法又叫 Hurwicz 准则,其思想是由于乐观法过于冒险,悲观法又过于保守,因而选取一种折中的方法,决策者根据信息经验和胆识先确定一个乐观系数 $\alpha(0 \leqslant \alpha \leqslant 1)$,计算公式为

$$\max\{\alpha\max(a_{ij}) + (1-\alpha)\min(a_{ij})\} = (\gamma_1, \gamma_2, \gamma_m) = \gamma_l$$

其中,$\alpha=1$ 为乐观法,$\alpha=0$ 则为悲观法。

在例 8-1 中,若取 $\alpha=0.6$,用折中法进行决策,则

$$\gamma_1 = 0.6 \times 50 + 0.4 \times 30 = 42$$
$$\gamma_2 = 0.6 \times 80 + 0.4 \times 10 = 52$$
$$\gamma_3 = 0.6 \times 120 + 0.4 \times (-20) = 64$$
$$\max(\gamma_1, \gamma_2, \gamma_3) = 64 = \gamma_3$$

因此,A_3 为最优方案。

在例 8-2 中,若取 $\alpha=0.8$,则

$$\max\{\alpha\max(a_{ij}) + (1-\alpha)\min(a_{ij})\} = \max\{5.6, 7.0, 6.0, 7.6, 3.6\} = 7.6$$

因此,a_4 为最优方案。

当决策矩阵给出损失矩阵时,根据 $\min\{\alpha\min(a_{ij}) + (1-\alpha)\max(a_{ij})\}$ 作出投资决策。

4. 后悔值决策法

后悔值决策法又称 Savage 准则,决策者在作出决策之后,往往会由于结果与现实不符而产生后悔感,因此,使决策者后悔感降到最低程度也可以作为决策的一个标准。后悔值决策法的基本原理为,将每种自然状态的最高值(指收益矩阵,如果是损失矩阵应取最低值)定为该状态的理想目标,并将该状态中的其他值与最高值相比所得之差作为未达到理想的后悔值。为了提高决策的可靠性,在每一方案中选取最大的后悔值,再在各方案的最大后悔值中选取最小值作为决策依据,与该值所对应的方案即为入选方案。所以,后悔值是收益矩阵中各列的最大元素减去该列中各元素的值,即后悔值为

$$\gamma_{ij} = \max\{a_{ij}\} - a_{ij}$$

矩阵 $\boldsymbol{R} = (\gamma_{ij})_{\max}$ 称为后悔矩阵。求出后悔矩阵后,再从各方案的最大后悔损失值中选出最小的后悔值,所对应的方案就为最优方案,计算公式为

$$\gamma_{ls} = \min\{\max(\gamma_{ij})\}$$

在例 8-1 中,如果采取后悔值决策法,则

后悔值为 $\gamma_{ij} = \max\{a_{ij}\} - a_{ij}$

后悔矩阵为 $\boldsymbol{R} = \begin{bmatrix} 70 & 40 & 0 \\ 40 & 20 & 20 \\ 0 & 0 & 50 \end{bmatrix}$

则 $\gamma_{ls} = \min\{\max(\gamma_{ij})\} = \min(70, 40, 50) = 40 = \gamma_{21}$,因此,$A_2$ 为最优方案。

在例 8-2 中,$\gamma_{ls} = \min\{\max(\gamma_{ij})\} = \min(5, 6, 7, 6, 6) = 5$,因此,$a_1$ 为最优方案。

(三) 风险型决策

决策者面临可能出现的自然状态不是一种,而是两种或两种以上,各种自然状态出现的可能性(概率)是能够预测出来的,这种条件下的决策问题被称为风险型决策,又称为随机型决策。它具有以下主要特征:第一,存在着两个或者两个以上的自然状态,但未来究竟出现哪种自然状态,决策者不能肯定,但是对各种自然状态出现的可能性(即概率),决策者却可预先估计、计算出来。第二,存在着决策者希望达到的明确目标,如收益最大或损失最小。第三,存在着两个或两个以上的方案(即策略)可供决策者选择,最后只选定一

个方案。第四,不同的策略在不同状态下的收益值或损失值可以计算出来。

1. 期望值决策法(期望值准则)

期望值准则是把每个行动方案的期望值求出来,如果决策目标是收益最大,则采取期望值最大的方案,如果决策目标是损失最小,则选择期望值最小的方案。

【例8-3】 在例8-1中,如果通过市场调查预测到未来市场销售情况:高需求的概率为0.3,一般需求的概率为0.5,低需求的概率为0.2,收益不变,决策矩阵如表8-5所示,此时应如何选择方案?

表8-5 决 策 矩 阵

收益 方案	状态 概率	S_1 $P_1 = 0.3$	S_2 $P_2 = 0.5$	S_3 $P_3 = 0.2$
A_1		50	70	30
A_2		80	60	20
A_3		120	80	−20

解 用期望值准则决策,首先计算各方面的期望值:

$$E(A_1) = 50 \times 0.3 + 40 \times 0.5 + 30 \times 0.2 = 41$$
$$E(A_2) = 80 \times 0.3 + 60 \times 0.5 + 10 \times 0.2 = 56$$
$$E(A_3) = 120 \times 0.3 + 80 \times 0.5 + (-20) \times 0.2 = 72$$

由此,A_3 为最优方案。

如果有两个或更多个方案的期望值相同时,再比较该期望与收益值下界之差:

$D_i = E(A_i) - \min(a_{ij})$,此时,$D_i$ 最小的为最优方案。

2. 最大可能决策法

最大可能决策法又称最大可能准则,是在各自然状态中挑选一个概率最大的状态而不考虑其他状态,使之化为一个确定型决策问题。这个准则比较简单,但只有在某个状态出现的概率比其他状态出现的概率大得多,而它们相应的损益值差别不大的情况下使用才有效,否则就不能使用该准则。

在例8-1中,如果三种需求的概率分别是0.5、0.3、0.2,则使用该决策就不恰当。但如果已知概率为 $P_1 = 0.1$,$P_2 = 0.85$,$P_3 = 0.05$,此时可以只考虑概率最大的状态 S_2,在此状态下选择方案,收益最大的为 A_3,故可认为 A_3 是最优方案。

3. 决策树分析法

决策树是在已知各种情况发生概率的基础上,通过构成决策树来求取净现值的期望值大于等于零的概率,评价项目风险,判断其可行性的决策分析方法,是直观运用概率分析的一种图解法。由于这种决策分支画成的图形很像一棵树的枝干,故称决策树。

【例8-4】 有一家跨国公司,由于某项工艺不够好,产品成本较高。现在计划将该项工艺加以改进。取得新工艺有两种途径:一是自行研究,估计成功的可能性是0.6;二是与东道国合作进行技术研发,估计谈判成功的可能性是0.8。不论研究成功还是谈判成功,生产规模都考虑两种方案,一是产量不变,二是增加产量。如果自行研究和谈判都失败,则仍采用原工艺进行生产,并保持原产量不变。

根据市场预测,估计今后五年内这种产品跌价的可能性是 0.1,保持中等价格水平的可能性是 0.5,涨价的可能性是 0.4,各状态下收益矩阵见表 8-6。试用决策树法进行决策。

表 8-6　跨国公司改良工艺损益矩阵表

损益值　概率 ＼ 方案	按原工艺生产	谈判成功(0.8)		自行研究成功(0.6)	
		产量不变	产量增加	产量不变	产量增加
价格低落(0.1)	−100	−200	−300	−200	−300
价格中等(0.5)	0	50	50	0	−250
价格高涨(0.4)	100	150	250	200	600

解　画出决策树,如图 8-1 所示。

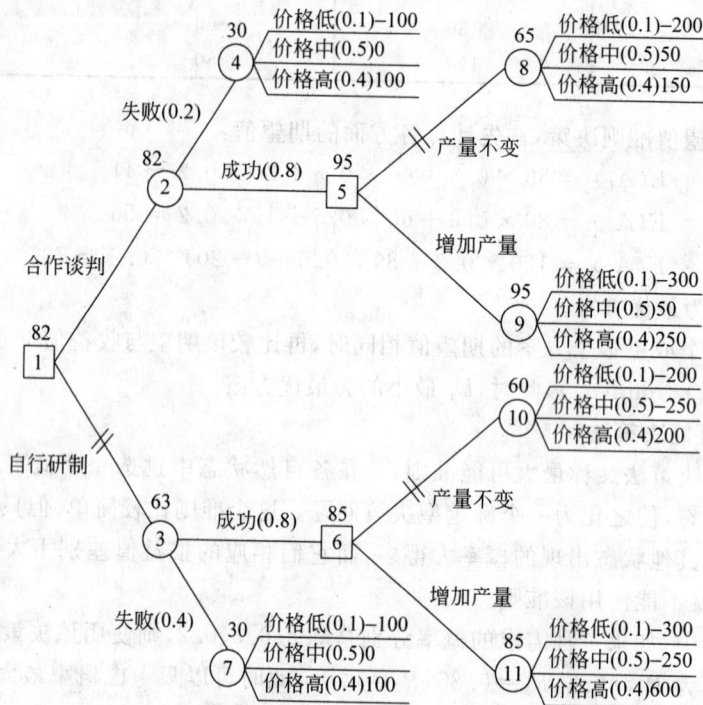

图 8-1　决策树

由图 8-1 可见,通过与东道国合作进行研发的期望收益值较大,因此选择谈判合作方案而舍弃自行研究方案。

利用决策树分析法进行决策,从本质上来说它仍然是一种期望值决策方法。

以上决策方法采用的都是定量分析,其优点在于能够反映出不同事件在量上的差异。这种定量决策主要是利用数学原理和数学工具解决投资决策问题,并可以借助计算机进行数理处理,使决策更为数量化和系统化。但是,定量分析优势的发挥在于相关因素的确定性,如果面对的是一些不确定的、不清晰的相关因素,则定量分析就会显得软弱无力。

在国际直接投资决策中,投资者经常会面临很多形形色色的影响国际投资的因素,如政策变化、政治动荡、人文环境与消费观念变化等。所以，要正确地分析和评价它们对投资的影响作用，并在此基础上做出有利的投资选择，单靠定量决策分析是不够的。对这些问题的解决，需借助于定性决策方法。定性决策是指采用定性分析进行的决策，它是在逻辑分析和推理判断的基础上发展起来的。定性决策主要是依靠决策者的知识、经验和能力进行的决策，因而也被称为决策中的"软技术"。在通常情况下，定性决策更有助于发挥人的智慧在决策中的作用，从而解决投资决策中的行为、战略和社会等方面的问题。所以，国际直接投资决策实际上是定量决策分析和定性决策分析相结合的一种综合型决策。

案例资料

伊莱克斯在亚洲和东欧进行投资

瑞典的伊莱克斯是世界上最大的家用电器(洗衣机、洗碗机、电冰箱、吸尘器等)生产商之一，其 1994 年的销售额超过 135 亿美元。由于瑞典的国内市场比较小，所以伊莱克斯要想发展就必须开发国外市场。到 1994 年，该公司的销售额有 85% 以上是来自国外市场，其中大多数是在西欧和北美。1994 年，伊莱克斯在西欧家用电器市场的占有率达 25%。

伊莱克斯在 20 世纪 90 年代初期进行的一次公司计划审议中得出结论：西欧和北美对家用电器的需求已经成熟。公司在这些地区的未来发展只能来源于替代需求和人口增长所带来的需求，所以销售额的年增长率不可能超过 2%～3%。伊莱克斯的首席执行官里夫·约翰森(Leif Johansson)认为公司过于依赖这些成熟的市场，要想保持公司现在的增长率，必须积极打入新兴的亚洲和东欧市场。公司估计，在未来 10 年甚至更长的时间里，这些地区对家用电器的需求会以每年 20% 的速度增长。于是，在 1994 年，约翰森为伊莱克斯制定了雄心勃勃的发展目标：公司要将其在这些新兴市场的销售额翻一番，即从 1994 年的 13.5 亿美元，或者说其总销售额的 10% 扩大到 1997 年的 27 亿美元。他还制定了另一个目标：到 2000 年，伊莱克斯要成为东南亚地区最大的三个家用电器供货商之一。

除了这些地区明显的发展潜力以外，伊莱克斯做此决定的另一个原因是其主要的全球竞争对手——美国的通用电气公司和惠而浦公司以及德国的西门子公司最近都宣布了类似的计划。伊莱克斯认为它必须尽快行动，否则它将失去在这些新兴市场上赚大钱的机会。

确定发展目标后，伊莱克斯要考虑的就是如何实现这些宏伟目标。成本因素加上进口壁垒使公司把在北美和欧洲的工厂生产的产品直接出口到新兴市场不合算。于是，它在不同国家或地区采取了不同的方法。买进现有的公司、新建工厂、建立合资企业和加强营销等都是可选方法。伊莱克斯准备每年花两亿美元以扩大公司在新兴市场的业务。

1991 年，伊莱克斯购买了匈牙利最大的家用电器生产企业里海尔(Lehel)，由此迈出了打入东欧的第一步。伊莱克斯已决定在俄罗斯、波兰和捷克共和国建立自己的公司。而要在亚洲取得发展，需要公司在更大程度上适应当地的条件。比如，印度和中国关于外国所有权的规定迫使伊莱克斯必须采用与当地公司进行合资的形式。在中国这一世界上发展最快的市场,该公司已建立了压缩机、吸尘器和水净化设备合资生产企业,并决定在1997年之前在中国再建五家生产厂。在东南亚市场,伊莱克斯的重点是推销公司在中国生产的产品而不是在当地生产。

（资料来源：谭力文. 国际企业管理[M].武汉：武汉大学出版社,2009.）

关键术语

国际经营方式	贸易模式	契约模式	国际直接投资
许可证安排	特许经营	国际合作	赫奇法
净现值法	确定型决策	不确定型决策	风险型决策
悲观决策法	乐观决策法	折中决策法	后悔值决策法
期望值决策法	最大可能决策法	决策树分析法	

思考题

1. 分析各种国际经营方式的特征与利弊。
2. 国际经营方式如何选择?
3. 如何进行国际直接投资决策?

国际投资资本运作

投资和融资是国际资本运作的两个基本要素。投资人在做出投资决策后，都要到国际金融市场上进行融资，因此，国际融资是国际投资的重要方面。本章首先介绍了国际融资的概念、特点和分类。其次，在国际直接投资中，以项目进行资金融通是一种重要且有效的筹资方式，如BOT就是一种重要的项目融资方式。本章对BOT的发展、特点、运作流程以及风险进行了分析。最后，风险投资是国际投资中一种新的投融资方式，在现代经济发展中起着举足轻重的作用。本章从风险投资的概念引入，介绍了其发展和特点，重点介绍了风险投资的运作和实务操作。

学习目标

掌握国际融资的概念、特征和分类；掌握BOT模式的概念和特点；掌握风险投资的定义和特点；了解BOT模式的运作流程和风险；了解风险投资的运作机制。

第一节　国际融资概述

一、国际融资的概念

国际融资是指在国际金融市场上，运用各种金融手段，通过各种相应的金融机构进行的资金融通。资金融通包括两方面内容，即资金提供者的资金融出和资金需求者的资金融入。前者是在国际金融市场上，各金融机构运用各种金融工具来提供金融产品或金融服务；后者是企业选择适用于自身特性、经营状况需要，有利于企业资本结构和改善企业财务比例的融资。随着国际资本流动速度的加快，对资金需求的增加，国际融资在国际经营活动中显得越来越重要。

国际投资与国际融资的关系非常密切。投资人在做出投资决策后，都要到国际金融市场上进行融资。第二次世界大战以后，随着国际金融市场尤其是欧洲货币市场的产生与迅速发展，推动了国际融资规模的急剧增长，使其在国际经济关系中的地位不断增强。一个高级的投资者一定是个能灵活运用国际资本的专家。因此，国际融资与国际投资紧密相关，融资与投资是一个经济主体同时扮演的行为角色，两者有机地统一于同一经济主体。

二、国际融资的特点

20世纪90年代以来，国际融资发生了质的变化，呈现出新的特点：

(1) 随着 WTO 多边服务贸易体制的建立,各国主动放松外汇管制,为国际资本流动提供了越来越宽松的国际经营环境。世界贸易组织的一系列协定与协议,要求其成员逐步全方位开放银行、证券、保险和金融信息服务市场,扩大其他成员方金融机构的市场准入范围。随着这些协定的实施,国际融资的领域将会不断扩大,同时也使国际融资领域的竞争更加激烈、更加直接。

(2) 国际金融创新发展极快,金融风险加大。随着技术手段的长足发展以及各国纷纷实行资本自由化,世界各国和地区的金融市场已经结为一体,同步运作。融资活动以电子速度在全球范围内全天候进行,新的金融产品随着金融创新层出不穷,全球资本市场金融扩展超越经济增长的趋势日渐明显,金融资产总量及其增长率与实际生产总量及其增长率之间的差距越来越大。有相当巨额的资金在金融市场上追逐投机利益,造成金融风险的加大,加之各国在经济上的更加相互依赖,一国金融发生变化往往会影响其他国家,甚至波及全球金融市场。

(3) 国际融资日趋证券化和多样化,传统的银行贷款在国际资本市场筹资总额中所占的比例下降。根据西方国家 20 世纪 70 年代的统计,在国际金融市场融资规模快速增长的历史中,以银行贷款为主的国际信贷和国际证券都曾占有重要地位。但从 20 世纪 90 年代以来,国际银行贷款市场融资地位明显衰落,特别是在国际融资增量中,证券化比重迅速上升,并日益成为一种主要的国际融资方式。

(4) 国际债权融资与国际股权融资有机结合。随着经济全球化进程的加速,在一些大型建设项目的融资过程中,将国际债权融资与国际股权融资有机地结合为一体,是近年来国际融资发展的又一种趋势。债权融资与股权融资相结合,不以项目发起人的资信为担保,而以项目投资的自身效益作为偿还资金的来源和融资的保证,使项目的实施具有投融资属性,消除了大型资本项目的建设依赖项目发起人自身融资能力的限制,满足了进入高速发展阶段的发展中国家对资金和基础设施建设的需要。

(5) 发展中国家金融市场的国际化程度提高。对于发展中国家来说,提高本国金融市场的国际化程度具有积极的意义。近些年,一方面由于大量发达国家的机构投资人进入了国际金融市场,尤其是国际证券市场,使发展中国家在投资项目融资时获得了更多的资金来源;另一方面这些发达国家机构投资人的进入,对于发展中国家的金融法律与制度环境改善起到了较大的推动作用,使发展中国家金融市场的国际化程度不断提高。

以上说明,当今国际资金融通全球一体、规模巨大、方式多样、风险较高,这就要求各国通过法律对国际融资进行相互协调、有效充分的监督机制;也要求各金融机构在开展国际融资业务时遵守相关的法律、习惯、惯例和惯行做法,提高法律意识,加强自身管理,以便更安全高效地发挥国际融资的作用。

三、国际融资的分类

(一) 直接融资

1. 国际债券融资

国际债券是指各种国际机构、各国政府及企事业法人遵照一定的程序在国际金融市场上以外国货币为面值发行的债务融资凭证。国际债券从理论上可以分为外国债券和欧洲债券。

(1) 外国债券。外国债券是发行人在外国发行的,以发行地所在国的货币为面值的债券。外国债券具有以下特点:第一,发行外国债券首先要对借款者进行评级。借款者涉及许多机构或公司企业,其信誉程度决定了能否发行债券及借款的数额,资信高的可以获准发行,且发行限额较高。如日本政府规定,发行日元债券,属政府级即 AAA 级,发行数额可不受限制;AA 级的限定只可发行 300 亿日元;未评级的只能发行 100 亿日元。第二,外国债券发行额较大且筹资多国化、多样化。美国规定在美国发行美元债券,规模至少为 5 000 万美元。从世界发行境外债券筹资额来看,相当可观,约占国际筹资额的60%。第三,资金使用无严格限制,但不得干扰债权国的财政金融政策。发行外国债券筹到的资金,对于其具体的用途及使用进度,债权国一般没有特殊要求,但债券毕竟是在外国发行,各国的经济、金融、税收等政策和法令又各异,在发行过程中要熟悉掌握和注意执行当地的法律。第四,外国债券要受外国当地有关金融当局的管理,因此筹资手续相当复杂。例如,在美国发行外国债券要经美国证券交易委员会批准,而且外国债券融资对资信评级、申请手续和报送的资料都要求较严、较细,非常复杂。比较著名的外国债券有外国筹资者在美国发行的以美元为面值的扬基债券,在日本发行的以日元为面值的武士债券等。近年来,随着亚洲经济的快速发展,又出现了一种龙债券,它是以非日元的亚洲国家货币为面值发行的外国债券。

(2) 欧洲债券。欧洲债券是欧洲货币出现之后的产物,是指筹资人在债券面值货币的发行国以外的第三国或离岸金融市场上发行的国际债券。欧洲债券产生于 20 世纪 60年代,最初出现的是欧洲美元债券。20 世纪 70 年代以来,以日元、德国马克、瑞士法郎以及后来的欧元为面值的欧洲债券所占比重逐步增加。目前,欧洲债券在国际债券中占据主导地位。欧洲债券的主要特点表现为:第一,管制松散。欧洲债券市场的所在货币当局,对银行及金融机构、跨国公司、国际金融机构的融资活动管制都很松散。如果在美国纽约市场发行美元债券,美国对此审查相当严格,很难获准;而在欧洲货币市场发行美元债券,手续则较为简单,不需评级机构评级,也不必向任何机构登记注册,而债券注册则只向当地证券交易所提交说明书即可。第二,币种多样化。欧洲债券可以有更多的货币种类选择,而且当一些借款人想展期筹集较大金额的资金时,欧洲货币市场都能满足这些需要,满足货币种类和数量的需要。第三,交易集中。欧洲债券市场的交易全部在证券交易所里成交,美元场外市场要接受证券交易所规章制度的管理和监督。第四,资金调拨方便。欧洲市场是完全自由的市场,不存在限制和标准。加上在欧洲的一些金融中心,银行林立,业务经验丰富,融资类型多,电讯联系发达,银行遍布世界各地,资金的调拨非常方便,若融资后再调换成各种所需货币,可在最短时间内完成调换并调拨到世界各地。

2. 国际股票

国际股票是指世界各国大企业公司按照有关规定在国际证券市场上发行和参加市场交易的股票。国际股票融资的特点表现为:

(1) 永久性。发行股票没有期限的限定,股东在任何情况下都不得要求退股,因此,引进的外资能够成为永久的生产性资金留在企业内,而不至于像一般合资或合作企业一样,会因合同到期或意外变故,外方抽回资金而使企业陷入困境。

（2）主动性。通过股票吸引外资，筹资国可以运用法律和政策性手段约束投资者的购买方式、购买种类、资金进出的方式、税率等，并作出相应的规定，筹资国还可以自主决定哪些行业、企业允许外商投资，哪些不行，从而正确引导投资方向。

（3）高效性。国际股票融资有利于对外发行股票的企业在更高层次上走向世界。国外股票持有者从自身的利益出发，会十分关心企业的经营成果，有利于企业改善经营管理，提高赢利水平。而企业因股票向外发行，无形中提高了国际知名度和信誉，有利于企业开拓产品销售市场，开展国际化经营。一般来说，国际股票可大致分为直接海外上市的股票、存托凭证和欧洲股权三类。

1）直接海外上市的股票

许多大企业通过在成熟的海外证券市场上直接发行股票上市。美国纽约证券交易所、日本东京证券交易所、英国伦敦证券交易所、德国证券交易所、加拿大多伦多证券交易所、澳大利亚证券交易所、新加坡证券交易所等都是外国公司发行股票上市选择的场所。中国企业自20世纪90年代初开始赴海外发行股票，开辟了利用外资的新渠道。中国企业海外上市主要集中在中国香港特别行政区和美国，分别在香港联合交易所、美国纽约证券交易所和美国纳斯达克上市交易，创造了国际证券市场中的中国概念股，成为中国经济的形象代表。

2）存托凭证

存托凭证又称存券收据或存股证，是指国际股票的一种创新形式，是由本国银行开出的外国公司股票的保管凭证。1927年，JP摩根首先发明了存托凭证，以方便美国人投资英国零售商Selfridge的股票。当时，英国法律禁止本国企业在海外上市，Selfridge公司为了获得海外资本，便引入了存托凭证这种金融工具。具体做法是：由美国一家商业银行作为存托人（或存托银行），Selfridge公司把股票存入该银行的海外托管银行，该存托银行便在美国发行代表该公司股票的可流通票证。存托凭证实际上是境外公司存托股票的替代证券，而凭证的持有人是寄存股票的所有人，其所有的权利与原股票持有人相同，因此，存托凭证本质上仍然是股票。存托凭证一般代表公司股票，但有时也代表债券。

3）欧洲股权

欧洲股权是20世纪80年代产生于欧洲的特殊的国际股票形式，是指在面值货币所属国以外的国家或国际金融市场上发行并流通的股票。最早的欧洲股权是英国于1983年在伦敦证券交易所发行的欧洲美元股权。欧洲股权的产生与欧洲债券的发展密切相关，20世纪80年代欧洲债券市场出现了与股权相联系的债券，这种债券可在一定期限内按一定条件转化为股票。因此，这直接促成了欧洲股权的产生。与直接在海外上市的国际股票相比，欧洲股权的发行具有自己的特点。一般来说，前者往往是企业在国内股票市场上市的基础上，选择某一国外金融中心的证券交易所上市国际股票部分；而后者则一般在多个国家的市场上同时发行，由跨国投资银行组成的国际辛迪加进行跨境承销。

（二）间接融资

1. 外国政府贷款

外国政府贷款是由贷款国用国家预算资金直接与借款国发生的信贷关系，其多数为政府间的双边援助贷款，它是国家资本输出的一种形式。政府贷款的特点表现为：第一，贷款条件比较优惠,贷款期限长,利率低。政府贷款具有双边经济援助性质,按照国际惯例,政府贷款一般都含有 25% 的赠予部分。据世界银行统计,1978 年世界各国政府贷款平均年限为 30.5 年,利率为 3%。具体来看,日本政府项目贷款转贷期限一般为 30 年,利率为 2.2% 左右;德国政府贷款转贷期限一般为 20 年,利率为 0.75%～3.25%。第二,贷款与专门项目联系。比如,用于借款国的交通、农业、卫生等大型开发项目。第三,贷款有时规定购买限制性条款。由于带有一些政治因素,借款国有时必须以贷款的一部分或全部购买提供贷款国家的设备。第四,政府贷款的规模不会太大。政府贷款受贷款国国民生产总值、财政收支与国际收支状况的制约,其规模不会太大,而且一般在两国政治、外交关系良好的情况下进行。

2. 国际金融组织贷款

国际金融组织贷款是由一些国家的政府共同投资组建并共同管理的国际金融机构提供的贷款,旨在帮助成员国开发资源、发展经济和平衡国际收支。其贷款发放对象主要有以下几个方面:对发展中国家提供以发展基础产业为主的中长期贷款,对低收入的贫困国家提供开发项目以及文教建设方面的长期贷款,对发展中国家的私人企业提供小额中长期贷款。国际金融组织贷款的特点表现为:第一,贷款条件优惠。国际金融组织的贷款一般利率较低,期限较长,如国际开发协会,主要是对低收入的贫困国家提供开发项目以及文教建设方面的长期贷款,最长期限可达 50 年,只收取 0.75% 的手续费。第二,审查严格,手续繁多。从项目申请到获得贷款,往往需要很长的时间。

3. 国外商业银行贷款

国外商业银行贷款是指从国外一般商业银行借入自由外汇。按照贷款期限的长短不同分为短期贷款和中长期贷款。短期贷款是指企业为了满足对流动资本的需求或为了支付进口商品的贷款而借入资金的一种银行信贷。其特点是期限较短,用途不限,无须担保,形式灵活,手续简便。中长期贷款是指企业为了满足对固定资产投资的需要而向银行取得的贷款,其特点是期限较长,风险较高,借款双方须签订协议并由借款人所在国政府担保。

四、国际融资方式的创新

自 20 世纪 90 年代以来,随着国际金融市场全球化、证券化以及自由化进程的进一步加深,金融领域的创新业务日新月异,国际融资这一业务也不例外,融资方式和融资工具发生了新变化,出现了一些新型融资工具。融资方式的创新扩大了资金来源的渠道,不仅给投资者带来较高且稳定的收益,也提高了投资者资产的流动性,同时也推动了金融管制方式的调整,进而刺激金融机构进一步进行创新活动。

(一) BOT

20 世纪 90 年代以来,伴随投资领域的扩大,国际资本开始选择多种方式介入中国的大型基础设施建设。其中 BOT(built-operate-transfer)投资方式一度成为热点。采用这种投资方式时,投资者和经营者首先从政府或所属机构手中取得项目的建设和经营特许权协议。而后通过投资、融资组建项目公司。公司在特许期限内拥有该项目的所有权、经营权、收益权,待特许期结束后,再将项目无偿地转让给政府机构。BOT 是一种新的创新融资方式,本章第二节将对该方式进行详细分析。

(二) ABS

ABS(assets backed securitization)即资产证券化,是将原始权益人(卖方)缺乏流动性但能够产生可预见未来现金收入的资产构造转变成为资本市场可销售和流通的金融产品的过程。简言之,资产证券化是可以将具备稳定现金流的资产转变为流通证券的过程。从广义上来看,资产证券化主要包括:实体资产证券化,即实体资产向证券资产的转换,是以实物资产和无形资产为基础发行证券并上市的过程;信贷资产证券化,即将一组流动性较差的信贷资产,如银行的贷款、企业的应收账款,经过重组形成资产池,使这组资产所产生的现金流收益比较稳定并且预计今后仍将稳定,再配以相应的信用担保,在此基础上把这组资产所产生的未来现金流的收益权转变为可以在金融市场上流动、信用等级较高的债券型证券进行发行的过程;证券资产证券化,即证券资产的再证券化过程,就是将证券或证券组合作为基础资产,再以其产生的现金流或与现金流相关的变量为基础发行证券;现金资产证券化,即现金的持有者通过投资将现金转化成证券的过程。狭义的资产证券化是指信贷资产证券化。

资产证券化的有关当事人主要包括:发起人,也叫作原始权益人,是证券化基础资产的原始所有者,通常是金融机构或大型工商企业;特定目的机构或特定目的受托人(special purpose vehicle,SPV),是资产证券化的中枢,指接受发起人转让的资产/受发起人委托持有资产,并以该资产为基础发行证券化产品的机构;资金和资产托管机构,为了保证资金和基础资产的安全,SPV需要把资产托管给信誉良好的金融机构,如某个大银行;信用增级机构;信用评级机构;承销人,是指负责证券设计和发行承销的投资银行;证券化产品的投资者,即持有人,包括自然人和机构。资产证券化的三大核心机制是资产重组、风险隔离和信用增级。

资产证券化产品于20世纪60年代末70年代初在美国出现以后,便得到了迅速发展。资产证券化在低成本融资、分散金融机构风险、改善资产负债比例、产品设计多样化等方面的优势几乎无人能及。资产证券化也因此被称为近三十年来金融创新工具中最璀璨的明珠,被金融机构视为最赚钱的工具、最好的风险分散转移工具。不仅如此,资产证券化产品也因为其破产隔离、信用增级等制度设计,被视为最安全的高收益投资产品。资产证券化的优势主要表现为:

(1) 对于发起人的益处。第一,不但给发起人提供了除传统融资方式以外的又一(新的)融资方式,而且为无法借助传统方式融资但又拥有优质资产的企业开辟了一条进入资产市场的新渠道;第二,给发起人提供了转化资产形态、转移资产流动性风险的途径,使发起人在及时取得资产销售收入的同时改善自身的资产负债比例、结构,提高资产收益率。第三,给发起人提供了在股权不受影响、保留完整经营管理权和不增加企业债务负担的条件下,以资产信用进入资本市场、筹集低成本长期资金的途径。第四,给发起人提供了在不公开企业秘密信息和破坏与客户原有关系的条件下,通过资产证券化提供资产管理、权益偿付等服务,增加利润。

(2) 对投资者的益处。第一,资产信用的确定性和信用增级的保障,给投资者提供了一种高质量、低风险的投资工具。第二,规范的证券信用评级,减少了投资者分析评估投资对象的成本支出。第三,资产证券化技术可以提供无限的证券品种和灵活的信用到期日、偿付结构等。给了投资者多样化的选择空间,满足了不同的投资需求。同时,我们也应该看到资产证券化产品作为一种金融衍生工具,天然地具有衍生工具的一切缺陷和风险:市场风险、信用风险、营运风险和法律风险。它实质上是对基础金融工具所代表的价值进行二次虚拟。它处于金融风险体系的"倒金字塔"的顶层,其结构具有十分明显的脆弱性,一般来讲,创造它的初衷是用来降低和分散金融风险的,然而一旦出现投机过度、信息不对称、游资作怪、监管缺失等均会导致衍生工具交易成为最具风险的交易,通过"杠杆效应"数倍甚至数十倍地放大金融风险。

(三)可转换债券

可转换债券(convertible bond)是公司债券的一种,又称可转股、可兑股债或可转换公司债券。它是指可转换为企业股票的债券,即以一种企业债券为载体,允许持有人在规定的时间内,按规定的价格转换为发债公司或其他公司股票的金融工具。可转债兼具筹资和避险的双重功能,比单纯的筹资工具(如股票、债券等)及避险工具(如期货、期权)等更具优势。从国际市场上看,可转债已成为多数发达国家金融资产的重要组成部分,不含可转债的投资组合被认为是不完善的投资组合。

(四)欧洲票据

欧洲票据是在票据发行便利或在欧洲商业票据便利的名义下发行的短期票据。其中票据发行便利又称票据发行融资安排,是 1981 年在欧洲货币市场上基于传统的欧洲银行信贷风险分散的要求而产生的一种金融创新工具。它是指有关银行与借款人签订协议,约定在未来的一段时间内,借款人根据具有法律约束力的融资承诺,由银行购买其连续发行的一系列短期票据并以最高利率成本在二级市场上全部出售,否则由包销银行提供等额贷款以满足借款人筹措中期资金的一种融资创新活动。

相对其他融资创新而言,由于其所发行的是短期票据,比直接的中期信贷的筹资成本要低,借款人可以较自由地选择提款方式、取用时间、期限和额度等,比中期信贷具有更大的灵活性;短期票据都有发达的二级市场,变现能力强;由于安排票据发行便利的机构或承包银行在正常的情况下并不贷出足额货币,只是在借款人需要资金时提供机制以把借款人发行的短期票据转售给其他投资者,保证借款人在约定时期内连续获得短期循环资金,这样就分散了风险。投资人或票据持有人只承担短期风险,而承购银行则承担中长期风险,这样就把原由一家机构承担的风险转变为多家机构共同承担,对借款人、承包银行、票据持有人都有好处。

第二节　BOT 投融资运作

一、BOT 的概念

BOT 是 build-operate-transfer 的缩写,意思是"建设-运营-移交",是社会资本投资参与国家基础设施建设的一种投融资方式。BOT 最早产生于 20 世纪 80 年代初期的国际工程承包市场,那时由于国际工程承包市场的不景气,很多业主无力投资营造工程项目

（多为基础建设项目）。于是，在国际工程承包市场上出现了带资承包方式，即由承包商自带资金承包工程，待工程建设完工后，由承包商自行经营若干年，并用经营所得偿还工程建设款项，偿还完毕后将项目无偿交给业主单位或国家政府。

（一）建设

build 是建设，通常是指投资者根据东道国的法律、法规等，按照一定的出资比例与东道国共同组建股份公司或企业等，这种公司或企业即为双方成立的合资经营公司。BOT方式在投资方面具有形式多样、选择灵活的特点，具体表现为：

（1）允许投资者出资兴办新企业，可以通过购买产权等方式在旧企业占有股份，达到成立合资经营公司的目的。

（2）可以成立股权式的合营公司，可以成立无股权式（即契约式）的经济组织，还可以成立股权加契约式的实体等。

（3）可以成立公司，构成一个独立的实体，具备法人资格，也可以不构成独立的实体，而成为一种不具备法人地位、相对独立的经济组织。

（4）投资比例根据东道国的起点要求，由投资者自主决定，可以独资，也可以合资或合作经营。

（二）经营

operate 是经营，是指企业的运转、操作和管理。经营方式包括：

（1）独立经营。独立经营即由外商独资经营，自负盈亏。这种方式有利于东道国学习外商的先进技术和管理经验。同时，对于东道国来说，仅仅利用税收及使用费和提供材料供应即可增加收入，而且不承担任何经济风险。

（2）参与经营。按照国际惯例，参与经营即由投资者和东道国共同成立股权式的合营企业，合营企业成立董事会，依照合同、规章的规定决定重大问题，并任命或聘任总经理，负责日常的经营管理工作。

（3）委托管理。不参与经营管理，即经合营或合作双方商定，委托所在国一方或聘请第三方进行管理工作，投资方不参与经营。采用这种方式一般都是以固定的收益保障作为前提条件。

（三）财产转移

transfer 是转移，这是采用 BOT 方式与其他方式相区别的一个关键所在。采用 BOT模式，在经营期满后，需将财产转移给东道国。通常情况下，合作经营（契约式或包括契约加股权式的合营企业）投资方大都在经营期满以前，就通过固定资产折旧及分利方式收回了投资，因此在大部分 BOT 契约中都规定合营期满，全部财产无条件归东道国所有，不另行清算。合资经营（股权式）投资双方共同经营，共享利润、共担风险，在经营期限内，即使出现亏损也不允许一方收回其投资资本金。合营期满后，如双方不再继续合资经营，则对财产、债权、债务进行清算并分配剩余财产。对原有企业的处理是转售、有价出让或拍卖。东道国要获得企业，可以用自己应得的一部分剩余财产去折抵，或追加投资去进行购买，BOT 模式认为这是一种买卖行为。在合资经营的 BOT 模式中，经营期满后，原有企业转移给东道国，但是这种转移是一种有条件转移，条件如何，由双方在合资前期谈判中商定。外商独资经营的转移也采用这种有条件转移。

二、BOT 模式的演变

在第一次世界大战之前,各国基础设施建设主要由政府部门来承担。20 世纪 70 年代末到 80 年代初,经济发展、人口增长、城市化等导致对交通、能源、供水等基础设施需求的急剧膨胀,经济危机和巨额赤字使政府投资能力大为减弱,债务危机使许多国家的借贷能力锐减,迫使这些国家逐渐重视挖掘私营部门的能力和创造性,利用私营部门的资金进行基础设施建设,BOT 模式作为一种项目融资方式应运而生。BOT 模式由土耳其总理厄扎尔首先提出,并在土耳其国家公共部门的私营化项目中加以应用。由于这种方式为私人资本参与基础设施建设开辟了渠道,BOT 模式开始在一些国家得到运用并陆续被许多国家付诸实践。尤其是发展中国家,如菲律宾、马来西亚和泰国等,把 BOT 模式看成是减少公共部门借款,同时也作为推动吸引国外直接投资的一种方式。英法海峡隧道、我国香港东区海底隧道、马来西亚北南高速公路、菲律宾那法塔斯电站、澳大利亚悉尼港湾隧道、英国 Dartfold 大桥、泰国曼谷二期高速公路等都是当今世界上颇具代表性的基础设施 BOT 项目。

根据世界银行《1994 年世界发展报告》,通常所说的 BOT 模式至少包括以下三种形式。

(1) BOT(build-operate-transfer),即 BOT 模式的典型定义。

(2) BOOT(build-own-operate-transfer),即建设-拥有-经营-转让。BOOT 的含义与 BOT 模式的典型定义相同,但与 BOT 有以下区别:BOT 模式在项目建成后项目公司只拥有建成项目的经营权而无所有权,而 BOOT 项目在特许期内既有经营权又有所有权。BOOT 方式从建成到移交给政府一般比采用 BOT 模式要长,一般为 20 年到 50 年。

(3) BOO(build-own-operate):即建设-拥有-运营,是指项目公司根据政府授予的特许权,自己融资、建设和经营某项基础设施,但不将此设施移交给政府部门或其他公共机构,即公共产品完全私营化。

在 BOT 项目的实施过程中,由于 BOT 模式在不同国家或地区的广泛应用以及具体项目条件和情况的不同,演变出多种其他形式,主要包括:

(1) BOOST(build-own-operate-subsidy-transfer),即建设-拥有-运营-补贴-移交。

(2) BLT(build-lease-transfer),即建设-租赁-移交。政府只让项目公司融资和建设,在项目建成后,由政府租赁并负责运行,项目公司用政府付给的租金还贷,在租赁期结束后,所有资产再转移给政府公共部门。

(3) TOT(transfer-operate-transfer),即移交-经营-移交。TOT 模式就是根据合同安排,东道国政府将建设好的项目以一定期限的特许经营权和产权,有偿转让给投资者,由其进行运营管理;经营权的受让方全权享有经营该设施及对应资源所带来的收益,双方合约期满之后,投资人再将该项目交给政府。

(4) BT(build-transfer),即建设-移交。由项目公司融资建设,项目建成后立即移交政府运营使用,政府按分期付款的方式收购此项目。

(5) BTO(build-transfer-operate),即建设-移交-运营。

这些 BOT 衍生方式都是在特许经营权条件下演变出来的具体形式,无论在结构上还是基本原则上与典型 BOT 模式并无本质差别,通常将它们统称为 BOT 融资方式。

三、BOT 模式的基本结构与运作流程

一个采用 BOT 模式投资建设的项目,内容涉及投资、融资、建设、运营和转让等一系列活动,参与方主要包括东道国政府、项目发起人、项目公司、贷款人、原材料供应商、保险公司、运营维护商、工程承包商、用户/产品购买商等。

在 BOT 项目所涉及的众多角色中,项目公司是核心,每个角色通过与项目公司签订一系列的合同或协议参与到项目运作过程中。BOT 模式的基本结构如图 9-1 所示。

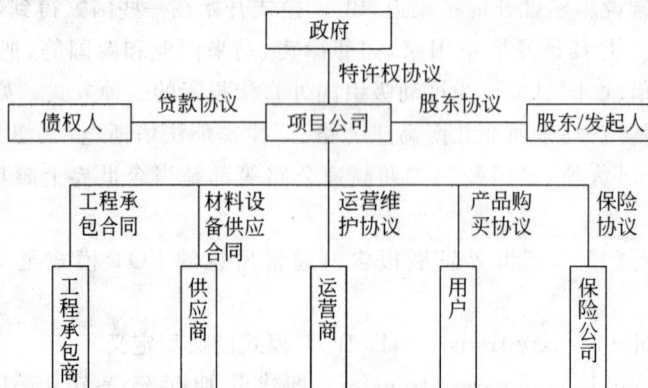

图 9-1　BOT 模式的基本结构

BOT 模式的运作流程大致分为 8 个阶段:

(1) 项目确定阶段。首先确定项目是否必要,然后再重点研究是否需要采用 BOT 模式。

(2) 招标阶段。招标方式包括公开招标、邀请招标或者议标方式。一般而言,政府都要对潜在的投标者进行资格预审。招标文件一般都会提供项目的详细内容,列出必须达到的具体标准,包括规模、时间、履约标准以及项目收入的性质和范围等。

(3) 投标阶段。作为对投标邀请书的响应,一些感兴趣的投资者或发起人通常会组成一个联营体,共同提出一份满足招标文件要求的标书。

(4) 评标阶段。政府组织评标委员会对提交的每一份标书进行评估,选出中标候选人。

(5) 项目开发阶段。中标联营体的成员要组成并依照法律注册项目公司。项目公司同政府就最终的特许权协议进行谈判,并就最后的贷款协议、工程承包合同、供应合同以及实施项目所必需的其他附属合同进行谈判并签署所有上述协议。

(6) 项目建设阶段。在签署以上协议后,建设阶段正式开始。当工程完工并通过规定的验收,项目公司和东道国政府接收了已经竣工的项目设施后,建设阶段便告结束。

(7) 项目运营阶段。项目运营阶段将持续到特许权期满。在这个阶段,项目公司将直接地或者通过与运营商签订合同来运营项目设施。运营阶段一开始即可开始偿还项目

融资债务。

(8) 项目移交阶段。特许权期满时,向当地政府或政府指定的机构或另一公司移交项目设施。当地政府在项目设施移交时关注的问题是确保项目设施处于良好的状态,这样政府便能继续运营使用该项目设施。

四、BOT 模式的特点

与传统的基础设施投融资方式相比,BOT 模式具有如下特点。

(一)BOT 模式是一种项目融资

BOT 模式是以项目资产、项目有关的权益以及未来的运营收益为担保来偿还贷款的项目融资方式。项目融资一般分为无追索权融资和有限追索权融资。无追索权融资方式对贷款人风险太大,一般很少采用。有限追索权的项目融资方式对项目发起人来说,可实现资产负债表外融资,不影响项目发起人的借贷资信能力,对政府来说,可以减少政府债务负担,提高项目的运作效率。BOT 项目资金通常由股本资金和贷款两部分组成,而且股本投资部分所占的比例明显较小。据国际 BOT 特许权项目投融资实践,项目发起人直接投入项目中的资金比例一般不超过项目投资总额的 30%,剩余部分由项目公司通过借款方式筹措。如英吉利海峡隧道 103 亿美元的总投资中,股债比例是 20:80 左右;我国广东沙角 B 电厂是 3:97;而 1997 年原国家计划委员会三个 BOT 试点项目中,该比例均为 30:70。

(二)特许权协议是 BOT 模式的核心

政府在 BOT 项目中不仅是项目管理者,而且也是项目直接参与者。在 BOT 的法律关系中,通常由政府的主管部门或地方政府出面,将基础设施特许给项目公司,政府的特许权对法律关系影响重大,政府的支持程度直接影响着项目的成败,也是与其他项目融资方式的区别所在。

(三)项目参与方较多,前期工作长,融资成本高

BOT 项目的前期工作既涉及政府部门与外商(或非国有机构)之间的谈判与合作,又涉及许多关联机构,如政府的外经、土地、税务、物价、城建、城市规划部门,项目公司、项目投资者、工程承包商、贷款银行、金融机构、保险机构等,其法律主体的多样性和复杂性是其他投融资方式所不具备的。与传统方式相比,项目公司承担了项目绝大部分风险,大型项目需要好几年才能最终签订项目协议,发起人要耗费巨资用于项目前期可行性研究、咨询和顾问费用以及其他开支,因此项目前期成本较高。但正是由于项目前期的多方专业、独立机构的参与,项目的合同框架相对比较完善,因此 BOT 项目设计、建设和运营效率一般较高,用户可以得到较高质量的服务。

(四)BOT 具有市场机制和政府干预相结合的混合经济的特色

一方面,它能够保持市场机制发挥作用,它的大部分经济行为都在市场上进行,政府以招标方式确定项目公司的做法本身也包含了竞争机制。另一方面,政府和项目公司达成的特许权协议使政府自始至终都拥有对该项目的控制权,并且私人投资者的建设和经营也在政府的监督之下。私人投资者经授权,在合同约定的期限内拥有该项目的使用权,

负责该项目的建设和经营;在期限届满时,政府收回特许权,私人投资者将项目无偿转交给东道国政府而无自行处置权。因此,在 BOT 投资方式实行中,所有权与经营权是分离的。

(五)外汇流出引起的外汇平衡问题

由于项目的服务对象主要是项目所在国用户,项目产出的收益基本上表现为当地货币。在采用外资 BOT 模式的条件下,由于项目投入资金大部分为外汇,项目建成后将会有大量外汇流出,直接影响国家的外汇平衡。货币兑汇矛盾是否解决以及解决得好坏将直接影响 BOT 模式的运用和发展。

(六)BOT 模式的应用范围

BOT 模式一般适用于可以通过收费获得收入的具有公益性质的基础设施项目。运用 BOT 模式承建的工程一般都是资本技术密集型、通常为东道国带有垄断性的基础设施项目,包括电厂、交通(隧道、桥梁、机场、港口、公路等)、通信、供水、环保(污水和垃圾处理)等方面。这些项目一般规模较大,所需资金多,技术要求高,建设周期长,经营风险大。

五、BOT 模式的风险①

作为一种复杂的项目融资技术,BOT 项目投资额大,建设周期长,涉及东道国政府、项目公司、银行金融机构、保险公司、工程建设承包商、经营管理公司、设备材料供应商、项目产品(服务)购买者等众多当事人,各方之间合同关系复杂,风险因素较多,风险问题成为其核心问题。BOT 模式的风险可分为系统风险和非系统风险两类。

(一)系统风险分析

项目的系统风险(又称不可控制风险、环境风险)是指项目的生产运营由于受到超出项目公司或项目发起人可以控制范围之外的政治、经济和自然环境的影响而遭受损失的风险。此类风险一般无法准确地预测,只能采取一定的措施来降低或转移。它包括政治、法律、金融、或有等风险,涉及项目的各个方面和各个阶段,项目的选择、建设、生产运营一直到市场销售的全过程中都可能受到系统风险的影响。

1. 政治风险

政治风险一般是指由于东道国的政治状况发生变化而给项目带来的风险。其主要包括:由于东道国发生政变、政权更迭、暴乱,或者东道国政府由于某种政治原因或外交政策的需要,对项目进行征用、没收、禁止设备进口、对项目产品实行禁运、联合抵制和终止债务的偿还等其他政治原因而给项目造成的不利影响或经费超支等风险。政治风险是国际 BOT 项目所面临的最重要的风险,因为它会对所有其他项目风险产生重要的影响。在具有潜在政治风险或政局不稳定的国家进行国际 BOT 项目投资时,投资方可用下列方法来保护自己。

(1)通过与东道国政府签订特许权协议,避免将项目国有化、没收、征用等风险。要求政府提供从属性贷款或出具类似担保性质的"支持信"。这样当项目发生不可抗力风险

① 高析. BOT 项目融资模式风险分析[J]. 水力发电,2002(4).

时,由东道国政府承担此风险。

(2)建立一个由国际投资者和贷款人组成的集团为项目提供融资,这样若该项目设施被东道国政府没收或征用,将使这批国际贷款无法偿还,导致该国对一批国际贷款违约,从而危及东道国的国际信誉,影响其今后的发展,使得东道国在对该项目采取不利措施时谨慎从事。

(3)投保政治风险保险。一些国家设有专门的出口信贷机构,提供政治风险保险。如英国出口信用担保公司(ECGD),德国的海尔梅斯出口信贷保险公司,意大利的国家信贷保险公司(SACE)等。此外,为将国际私人资本引向发展中国家,包括世界银行和亚洲开发银行在内的几家跨国发展银行也开发了有关的担保方案。

2. 法律风险

法律风险指东道国在外汇管理、法律制度、税收制度、劳资关系等与项目有关的敏感性问题方面的立法是否健全,管理是否完善。BOT项目融资在很大程度上依赖于政府的特许经营权、特定的税收政策和外汇政策等,并以特许权协议和相关的政策作为项目融资的重要信用支持。因此在BOT项目中,法律风险就显得尤为突出。项目公司主要通过与东道国政府签订特许权协议及相关的一系列协议达到规避风险的目的。

3. 金融风险

BOT项目的金融风险包括利率、汇率、货币兑换和通货膨胀等风险。汇率和货币兑换风险在外汇管制措施较为严格的发展中国家尤为突出。对金融风险的防范是BOT项目财务结构分析中最关键的问题。

(1)利率风险。利率风险指在项目运营过程中,由于利率的波动直接或间接地造成项目收益受到损失的风险。如果项目公司采用浮动利率融资,市场利率上升会造成生产成本的上升。如果采用固定利率融资,市场利率下降就会造成机会成本的提高。为规避利率风险,BOT项目的贷款银行一般是以某种浮动利率(如伦敦银行同业间拆借利率LIBOR)作为基数,加上一个利差作为项目的贷款利率。

(2)汇率风险。汇率的波动会影响项目的生产成本。如果东道国货币疲软,进口原材料的价格就会上升,进而影响整个项目的造价。汇率的变化对项目公司的债务结构也会产生影响。BOT项目的收入一般是单一币种,而银行的贷款可能是几种货币,这样,其中任何一种汇率变化都会影响项目的偿债能力和实际收入。此外,由于项目的投资回收期、内部收益率、股本回报率、税后净现值等的分析均基于设定的汇率与贴现率,汇率风险也会对项目的财务基础产生不利影响。因此,项目公司预防汇率波动风险的最好办法是与政府签订远期兑换合同,事先把汇率锁定在一个双方都可以接受的价位上。

(3)货币兑换风险。货币兑换风险包括东道国货币的自由兑换和项目利润的自由汇出风险。由于项目公司的境外股东希望将项目运营产生的利润以其本国货币形式或以硬通货形式汇出,贷款银行也希望用和贷款相同形式的货币偿还贷款;同时,项目有可能需用外汇从国外进口项目设备及原材料,但销售产品(如电力)与提供服务(如公路)所获得的则是东道国货币收入,因此出现货币兑换问题。BOT项目的电厂由于涉及外来的大型设备,通常需要相对较大比例的外币,因此外币兑换风险变得尤为重要。为规避货币兑换风险,一般由政府提供货币兑换及汇出担保,以保证必要交易的进行及项目收入的自由汇出。另外,规定项目收入以贷款货币支付,能在很大程度上避免外汇兑换与汇率风险。

(4)通货膨胀风险。通货膨胀可能使东道国的工资和物价水平大幅上涨,导致运营成本上升,对项目的财务可行性带来巨大影响。如果在合同中没有调价条款或调价条款写得太笼统,对于项目公司是一个很大的风险因素。项目公司可与东道国签订协议,将项目产品与服务的价格与东道国的通货膨胀率和当地货币与贷款货币的汇率挂钩。可采用包含通货膨胀率与汇率因素在内的价格调整公式,在通货膨胀率与汇率波动超出一定范围时调整价格,以保证项目产生的现金流足以偿付债务并保证投资收益。

4. 或有风险

除此之外,BOT 项目的系统风险还包括各种自然灾害,如地震、台风、洪水等不可抗力给工程带来的风险。这些风险对于以基础设施为主的 BOT 项目来说也是至关重要的,通常需要某种形式的政府支持来补偿。

(二)非系统风险分析

项目的非系统风险是指与项目的建设和运营管理直接相关的风险,按照项目发展的时间顺序,分为完工风险、生产风险、市场风险等。

1. 完工风险

完工风险指在 BOT 项目进行建设施工阶段,承包商由于种种原因不能在原定计划的工期内完成项目的建设。其结果是:项目不能按照预定计划投产运营,因而不能产生足够的现金流量来支付生产费用和偿还债务,造成贷款偿还延期,贷款利息增加,直至整个 BOT 项目的成本增加。完工风险形成的原因主要是:项目的设计未达到要求;承包商的建设能力不足或资金匮乏;承包商所作承诺的法律效力及其履行承诺的能力不够;政府的干预等。完工风险的控制方法主要有:

(1)与工程建设承包商签订固定总价合同。多数 BOT 项目都是通过交钥匙固定总价合同,将成本超支风险转移给承包商。一般的做法是在合同中加列风险条款,合同总价中包含一部分不可预见费用涵盖这些风险。

(2)选择有能力的承包商进行项目建设。承包商在管理和控制完工风险中起关键作用,交钥匙固定总价合同的有效性很大程度上取决于承包商的信誉和能力。因此,项目公司在选择承包商时必须对承包商的专业背景、技术水平和财务能力做详细的调查,同时要尽量采取公开招标的方式,引进竞争机制。

(3)由项目公司及建设承包商提供完工担保。由项目公司提供完工担保,承诺除原计划内的融资以外,在必要时将进一步提供使项目能于预定日期完工的资金。如项目公司不履行其提供资金的义务,或该项目不能完工,则项目公司应代替借款人偿还贷款。项目的建设承包商找金融保险机构提供履约担保,保证承包商按期完成项目的建设工程,并确保一旦承包商无法继续执行其合同时,由担保机构无条件地按照合同规定向受益人(项目公司)支付一定的资金补偿,或在担保金额范围内支持完成项目。

(4)若完工风险是由于不可抗力的原因造成的,就需要向保险公司投保或和政府共同承担;项目公司可要求承包商按照各种选用合同条款向保险公司投保"工程一切险"、"第三方责任保险"、"人身意外险"、"施工机械保险"等,并允许承包商将保费计入工程成本。

2. 生产风险

生产风险是指项目在试生产运营阶段和生产运营阶段存在的技术、资源储量、能源和原料供应、生产经营和劳动力状况等风险因素的总称。BOT 项目的生产风险直接影响着项目能否按照预定的计划正常运转，是否能产生足够的现金流量。由于项目的现金流量是偿还银行贷款的主要来源，生产风险一般由项目公司和贷款银行来共同承担。

（1）技术风险。技术风险指项目有关各方由于技术原因而给项目造成损失的风险。项目公司在防范和控制此类风险时，应特别注意使用成熟的技术。由于 BOT 项目的投资规模很大，银行贷款的原则是：只对采用经市场证实的成熟技术的项目进行融资。任何采用新技术的项目，如果没有项目公司强有力的技术保证，是不容易得到融资的。即使采用成熟的技术，完工的 BOT 项目在运营期间仍有可能出现技术故障。项目设施一旦投入运营后，如果出现生产效率低或停机等现象，就会危及整个生产流程。因此，在 BOT 项目工程建成后，东道国政府或项目公司一般都要求建设承包商对该项工程提供一个保证期限，通常是在设施建成移交后的 12 个月，以便承包商对其材料和工艺造成的缺陷进行修补，承包商必须对维修工作提供资金来源方面的担保。工程保证期结束，项目正式进入运营期后，技术维修和更新风险一般由负责项目运营的公司通过运营应急费、备用贷款和支持贷款来承担。

（2）能源和原料供应风险。对于依赖于某种能源和原料的 BOT 项目，在项目的生产和运营阶段如果没有足够的能源和原料供应保证（如火力发电项目中的煤炭，供水项目中的原水），则容易形成一个很大的风险因素。能源和原料的供应主要由价格和供应的可靠性两个要素组成。因为能源和原料的成本在整个生产成本中占很大的比重，能源和原料的价格如果发生变化，则项目产品的成本就会随之发生变化，所以能源和原料的价格波动和可靠性都可能会影响整个项目的正常运营。如在电厂项目中，煤价如果提高，电价成本就会上升，在产品的销售协议中如果没有调价指标，项目公司就会承受巨大的经济损失。减少这种风险的一种有效的办法是签订长期的能源和原料供应协议，使项目公司按照一定的价格稳定地获取能源和原料的供应，从而确保项目能够持续稳定地生产运营。项目公司一般希望供应协议中的价格是固定价格，这样未来市场价格上涨的风险就由供应商来消化。如果无法得到长期稳定的能源和原料的供应协议，就采用复杂的、阶段性的供应和储蓄策略。有时项目公司也可建立自己的能源和原料的供应来源，彻底地解决能源和原料的供应问题，使风险最小化。

3. 市场风险

BOT 项目的投资效益主要取决于其产品在市场中的销售情况，市场风险是项目公司必须面对的风险。项目公司主要通过与政府或对项目产品有需要的任何第三方订立销售协议来降低市场风险。销售协议的期限和项目特许期限的要求是一致的，包括"或付或取"（take or pay）销售合同和"提货与付款"（take and pay）销售合同，其担保方式和担保作用各不相同。

（三）风险分配

风险分配是 BOT 项目风险管理的基础。在风险分配中，有两条明确的基本原则可用于政府与项目公司之间、贷款人与股东之间、项目公司与建设承包商及经营承包商之间。第一,承担风险的一方将期望获得相应的回报;第二,将风险分配给最有能力管理和承担这种风险的一方。

多数情况下,由政府承担通货膨胀和汇率变动的风险;项目公司主要承担生产风险、市场风险等较易控制的风险;建设承包商则承担竣工延期和超支的完工风险;运营商将承担运行管理中发生的风险。风险分配主要通过各项目参与方之间签订特许权协议等一系列合同来实现。上述各方还可以与有关方面签订合同,进一步分配自己所承担的风险。

在实施 BOT 项目的早期,应努力致力于降低风险出现的可能性,或致力于减少确已存在的风险所造成的不利冲击。如做好场地调查、市场调查、备用计划等,以适应技术或市场可能出现变化所引起的风险冲击。一旦风险已经适当地进行分配,并且已尽可能地降低了,那么对每一方来说,剩下的问题就是采用最佳方法管理各自承担的风险。

第三节　风险投资运作

一、风险投资的概念与起源

风险投资(venture capital),从广义上讲,包括对一切有意义的开拓性、创业性经济活动的资金投放;从狭义上讲,是指由职业金融家将风险资本投向新兴的迅速成长的有巨大竞争潜力的未上市公司(主要是高科技公司),在承担很大风险的基础上为融资人提供长期期权资本和增值服务,培育企业快速成长,数年后通过上市、并购或其他股权转让方式撤出投资并取得高额投资回报的一种投资方式。本章讨论的是狭义的风险投资。

风险投资作为一种资本组织形态,最早出现于 19 世纪末 20 世纪初期。当时美国和欧洲的投资集团贷款给美国企业,主要以铁路、钢铁、石油及玻璃等新兴工业为主要投资对象,从 1911 年开始投资于计算机产业。到 1946 年,哈佛商学院教授 George Doriot 和新英格兰地区的一些企业家共同组织了美国研究与发展公司(简称 AR&D),他们专门对一些处于早期阶段的非上市公司进行股权投资,从而揭开了现代风险投资的序幕。

我国的风险投资最早萌发于 19 世纪 80 年代初,当时全球正处在一场新技术革命时代。太平洋彼岸的美国"硅谷"以及风险投资对新技术革命的推动作用,已经映入国人的眼帘。但由于缺少相应的体制支持和机制环境,从 19 世纪 80 年代初到 90 年代中期,我国风险投资还处于起步阶段,发展非常缓慢。1998 年,随着知识经济对我国的冲击和影响,越来越多的有识之士意识到发展我国的风险投资对我国经济发展的作用。当今世界各国综合国力竞争的核心,是知识创新、技术创新和高新技术产业化。美国把技术进步视为"经济增长的火车头";日本提出技术立国,经济由贸易型战略转变为技术型战略;欧盟把积极推进科技产业化作为科学政策的主旋律。

目前发达国家的科技进步对经济增长的贡献已达 60%～80%,而我国只有 30% 左右。我国每年有专利技术两万多项,省部级以上科研成果 2.5 万多项,但转化成商品并形成规模效益的仅占 10％～15％。我国要在 21 世纪成为经济强国,也必须要加快科学技术发展并加速高科技的产业化。风险投资作为在市场经济条件下科技成果和高新技术产业化的主要"推进器",对我国科教兴国战略的实施、经济增长方式的转变、综合国力的提高都具有非常重要的现实意义。

二、风险投资的特点

(一)风险投资是一种专业化的权益投资

风险投资不是一种借贷资本,而是一种权益资本;其着眼点不在于投资对象当前的盈亏,而在于他们的发展前景和资产的增值,以便通过上市或出售达到撤资并取得高额回报的目的。因此,产权关系清晰是风险资本介入的必要前提。此外,由于创业投资主要投向高新技术产业,加上投资风险较大,要求创业资本管理者具有很高的专业水准,在项目选择上要求高度专业化,精心组织、安排和挑选,尽可能地锁定投资风险。

(二)风险投资是一种无担保、高风险的投资

风险投资主要用于支持刚刚起步或尚未起步的高科技技术企业或高技术产品,一方面没有固定资产或资金作为贷款的抵押和担保,因此无法从传统融资渠道获取资金,只能开辟新的渠道;另一方面,技术、管理、市场、政策等风险都非常大,即使在发达国家高技术企业的成功率也只有 20％～30％,但由于成功的项目回报率很高,仍能吸引一批投资者进行投机。风险投资往往在风险企业初创时就投入资金,一般需经 3～7 年才能通过撤资取得收益,而其在此期间还要不断对有成功希望的企业进行增资。由于其流动性较小,因此有人称之为"呆滞资金"。

(三)风险投资是一种投资人积极参与的投资

传统的银行信贷只提供资金而不参与企业或项目的管理,风险投资家在向高新技术企业投入资金的同时,还要参与企业或项目的经营管理,提供增值服务,因而表现出很强的参与性。风险投资家与所投资企业结成了一种风险共担、利益共享的共生体,这种共生体关系必然要求风险投资家参与企业的经营管理。如从产品开发到商业化生产,从机构设置到人员安排,从产品上市到市场开拓、企业形象策划等都离不开风险投资家的积极参与。所以,对于风险投资家的素质要求是十分高的,风险投资家不仅要有相当的高新知识,还必须掌握现代金融和管理知识,而且还应当具有丰富的社会经验,风险投资的决策应建立在高度专业化和程序化的基础之上。

(四)风险投资是一种资金循环性强的投资

风险投资通常以"投入—回收—再投入"的资金运营方式为特征,而不是以时断时续的间断方式进行投资。风险投资家在企业的创业阶段投入资金,由于其投资目的是追求超额回报,一旦企业成功、资本增值后,风险投资家就会在资本市场上通过上市、收购兼并或其他股权转让方式撤出资本,实现增值和获得高额利润。风险资本退出企业后,并不会就此罢休,而是带着更大的投资能力和更大的雄心去寻求新的风险投资机会,使高新技术企业不断涌现,从而推进高新技术产业化发展进程。

三、风险投资的类型和运作

（一）风险投资的类型

1. 种子资金

从创业者产生一种新设想、新思路,然后经过研究开发,企业筹建,直到注册登记,正式取得营业执照前的这段时间,成为企业的孕育期。这时高技术创业者的风险主要是技术风险。为了进行技术开发,需要数量不多而又必不可少的资金。没有这笔资金,整个企业就无法启动和诞生。因此,这笔资金又称为"种子资金"或"启动资金"。资金来源大多是创业者个人的积蓄,也有来源于创业者典当或变卖家产,或向亲友借贷的资金,另外还有少量风险投资公司对看好的项目会投入部分风险资本。在此阶段,除了风险创业者和他的"新思想"之外,几乎一无所有。由于这个"新思想"还有待于进一步变成现实商业前景的技术、商品或服务,因此对风险投资者来说是风险最大、困难最多的阶段。一般仅有少量的风险投资者涉足此阶段投资,风险资本的数量也很有限。此时决定投资的风险创业者提供一定的风险资本,并参与制定新产品(或劳务)的开发和经营计划。据统计,在美国这个阶段大约需要一年的时间和大约 30 万美元以下的投资。

2. 创业资金

企业从取得营业执照,购置建设厂房,到研制和生产出自己的产品的这一阶段,称为创建期。这是决定企业命运的关键,也决定企业能否开发和生产出一定的产品,并为这种产品在市场上找到销路。因此,这时候的风险主要是技术风险和市场风险。所需资金称为"创业资金"或"建设资金"。资金的用途主要是建设厂房、购置设备和安装生产设施、购买原材料和进行广告宣传等。这一时期是风险投资发挥作用的关键时刻。如果有新产品问世,其资金来源大多为风险投资公司或风险投资家提供。在此阶段,风险企业已经建立,能制造设想好的商品(或提供服务),并实施经营计划。虽然企业的经营风险仍然很大,前途未卜,但是已经能从企业的技术和商品化的计划中作出较准确的评价。一旦投资者认为这些计划切实可行,他们就会全力以赴地帮助企业经营成功。据统计,在美国这个阶段约需一年时间和约 100 万美元以下的投资。

3. 发展资金

高技术企业从新产品在市场上试销、进行批量生产,到建立规范化的管理体制,直至企业的主导产品在市场上占有一定份额,能保持稳定发展,并具有一定规模的销售量和利润,即进入成熟前的这一时期,称为发展期。该时期所需资金称为"发展资金"或"培育资金"。在发展期内,多数企业管理体制都是作坊式或家长式的。各管理部门的负责人多由创业者自己分担,或由创业者与其亲友共同分担。在这种体制下,企业很难实现规模生产和规模经营。这时企业的风险主要是管理风险,这一阶段是企业从小企业转变为大企业或中型企业的过渡阶段,也是企业成败攸关的转折点时期。企业要完成这一转折,所需的资金量相对增加,风险相对减少。因此,资金来源的渠道比以前更宽广,除个人投资外,风险投资公司、银行、研究机构、企业和事业单位、大公司等都可能参加。但就投资的资金量来说,风险投资公司所占的比重最大。除了参与投资外,风险投资公司还会帮助风险企业从常规资金渠道筹集资金,疏通企业与银行的联系。这一时期的特点是企业的商品(或劳务)已经进入市场,并取得了一定的收入,因此风险降低,但是企业仍然缺乏"商标形象"、完善的生产系统和有力的销售网络。这一阶段企业的主要任务,就是建立和健全具有竞争特性的功能和系统。另一方面,由于企业还没有积累起足够的为企业发展所需的自有资本,又缺乏扩大再生产的其他资金来源和成为一个成熟企业所需的管理技巧,所以,风险投资者的资金和管理支持仍然是必不可少的。这个阶段的最大困难是资金需求量大。据统计,在美国这个阶段一般需要几年时间和几百万美元的投资。

4. 成长资金

高技术企业的发展后期称为成熟期。这时企业产品的销售量和利润都已达到了一定的规模,现代管理体制已经基本建立,企业进入了一个相对稳定的发展时期。为了扩大规模,向多元化的经营方向发展,企业可能已经向市场发行股票。这时候规模大小已经接近传统行业,风险企业已过渡到常规企业,发展所需的资金量增大。仅由个人投资者和风险投资公司提供的资金已经不能满足企业的需求了。对于风险投资者来说,这已经到了风险投资的最后阶段。在西方发达国家,这个阶段通常以企业在市场上开价抛售股票结束。这是风险资本运动的终点,也是关键点。此时,风险投资者完成了他们的投资活动,资本获得了大量增值,他们又会带着新的投资能力四处寻找新的风险投资机会。

在 20 世纪 80 年代中期的美国,一个新的风险企业的整个形成周期一般需要 5～10 年时间,风险投资总额平均为 50 万～70 万美元。据估计,约 20％的风险投资可以获得巨大的成功,约 30％的投资完全失败,约 50％的投资成绩平平。尽管风险投资的收益差别很大,但平均收益率竟高达 20％～35％。到了 2003—2007 年,风险投资的平均收益率仍然高达 33％～38％。

(二)风险投资的运作

风险投资的运作主要包括四个步骤:选择项目,适时投资,培育企业,获利退出。

1. 选择项目①

风险投资的特点决定了影响风险投资项目选择的因素。一般来说,风险投资家所考虑的因素是:管理团队、目标市场、商业计划、产品和服务、竞争能力。

(1)管理团队。风险投资家不会去投资那些只有一个人参与的项目,对那些仅有一人参与而没有合作伙伴的项目,一般会采取拒绝的态度。长期以来,我国习惯于将技术含量和市场前景放在第一位进行评价,而忽略了人的因素。其实人是经济中最为活跃和最重要的因素,是影响创业成败最关键的因素,也是风险评估的最核心部分。人力是最为宝贵的资源,人力资源强大是技术创业成功的必备前提。一个优秀的管理团队的知识结构、经历背景、战略眼光、策划能力、沟通能力、默契程度、执行及应变能力、团队精神等无一不对一个项目的成败造成决定性的影响,它对于项目的技术含量和市场前景也必然有独到的见解,并且其与项目利益也息息相关。

(2)目标市场。从某种角度讲,在具有一个优秀的管理团队的前提下,发现并确定目标市场对项目成功具有极其重要的意义。市场可以说关系到以技术为基础的风险投资的

---

① 乔俊杰. 风险投资项目选择的关键因素分析[J]. 湖北民族学院学报(哲学社会科学版),2004(3):88,89.

最终成败,风险投资并不仅仅是投资,它包括完整的项目评估、开发、推向市场、最终收回投资。所以,风险投资者根据自己的经验和对市场的认识,分析判断待投企业产品(或服务)的市场定位非常关键。一个有效的市场定位包括:一是目标顾客。当新事业能给顾客越高的价值,则创业成功的机会也会越高。二是市场规模。这对以技术为基础的风险投资尤为重要,一般而言,市场规模大者,进入障碍相对较低,市场竞争激烈程度也会略为下降。三是市场渗透率或占有率。基于技术发展和市场研究的准确,有利的市场定位不仅意味着可能出现带来巨大利润的广阔市场,也意味着确立领先优势与获取垄断利润,从而确立竞争优势与市场主动。

(3) 商业计划。一个周密而深入的商业计划是最终获得风险投资的关键。对于风险投资商而言,只有看到了一份切实可行的商业计划时才会放心。商业计划能使风险投资商最终检验项目的风险性、可行性,尤其是技术、财务上的可行性。一份完整的商业计划要求提出一个具有市场前景的产品或服务,围绕着以产品或服务,完成一份完整、具体、深入的商业计划,以描述公司的创业机会,并提出行动建议。完整的商业计划一般包括:执行总结、公司概况、产品或服务、市场分析、竞争对手和营销策略、管理团队、财务预测、资本结构和附录等9个方面。

(4) 产品和服务。只有创造出相对对手具有优势的产品和服务,才能受到顾客的青睐。产品和服务必须具有创新性,才能在市场上立于不败之地。对此应该详细分析:目标顾客群是什么?他们的需求如何?产品和服务为什么能够满足他们?哪些是认识商业价值必要的东西?存在什么样的竞争者或存在哪些尚在发展中的竞争者?

(5) 竞争能力。竞争能力也是风险投资者考虑较多的问题。市场是千变万化的,市场的变化主要反映在行业本身的变化,同时还反映竞争方面的变化。如果企业能够保持强有力的竞争地位,风险投资商就会在退出时获取更大利润,从而风险投资商也更愿意对此项目进行投资。风险投资商一般从替代品、供货商、客户及市场进入屏障等四个大的方面来评价某个项目的竞争能力。

2. 适时投资

根据高技术企业的发展周期,孕育期的不确定性因素最多、风险最大,除风险投资家十分看好并有把握将其培育成长外,一般不在此阶段投资。等到产品及技术有了比较明确的轮廓和发展路线,市场相对明朗、可以预测后,也即在企业的创建期和发展期,风险投资就可以选择介入了。风险投资选择起步阶段介入,占有股份,在企业利润不断上升或产品市场占有率不断扩大之时,也即企业有形资产、无形资产不断增大的阶段将所占股份转让,从而使风险投资获得最大限度的回报。因为此时企业强大的获利能力驱使一些实力雄厚的大型同行业公司乐于按企业原始股的几倍甚至几十倍的价钱收购这种企业的股份。风险投资公司把自己所占的股份的增值转让而变现后,可以将这些资金继续用于其他风险投资项目,周而复始,经过一定周期的运作,获得极其丰厚的回报。

为稳妥起见,在市场、技术、管理不明的情况下,风险投资家一般将预计投资于某企业的资金切块,按实际需要分阶段投入。这样既可以在实践中不断考察受资企业的技术、产品、市场和管理,又可以随时发现严重的问题而及时刹车,避免更大的损失。

3. 培育企业

风险投资一旦将资金投给创业者,就要与之建立密切的联系,在尽可能的范围内向其提供帮助,包括选择企业短缺的人才、融资策划、市场宣传、企业管理机制和利益机制的设计等。为了达到此目的,风险投资家要有广泛的专家网络,包括金融、法律、财务等方面的专家。此外,风险投资家和风险创业者要不断地审时度势,根据不断变化的市场和企业的实际情况调整自己的工作,使之更切合自己的实际。风险投资家和风险创业者在运作企业的过程中一定要注意培育企业的无形资产,包括技术方面的和市场方面的无形资产。只有这样,企业的价值才能被未来的买家所认同,风险投资也才有运作的前提和基础。

4. 获利退出

风险投资最终是要将其在企业中的股份转让。这里的转让包括卖给大公司集团或将企业的股票上市(卖给公众)。这些潜在的买主主要有专营公司收购的金融性公司、大型同行企业集团等。有些企业从一成立其目标就是卖给同行业的某个大型公司,而这些大型买主关心的是小企业的技术对其业务是否有互补作用或其市场渠道是否有利用的价值。因此,小企业一开始就拼命地做技术开发,掌握最尖端、最先进的技术或不惜一切地开拓市场渠道,做到有货即能出,与此同时包装自己,向潜在的买主推销自己,最终按比较理想的价值转让出大部分股份。这种买卖企业股份的行为构成了公司之间股权交易的产权市场和第二股票市场。只有这种产权市场和第二股票市场的交易,风险投资才能真正地存在下去,具有获利的场所。

案例资料

9-1 英吉利海峡隧道融资

连接联合王国和法国的英吉利海峡隧道是迄今为止最大的基础设施工程项目。人们早先对通过商业银行渠道融资来资助如此巨大的工程持有许多疑虑。然而,由5家牵头银行组成的198家国际性银行贷款集团答应为该项目提供50多亿美元的贷款,该交易于1987年11月签署成交,它是一笔带备用贷款便利的18年期贷款。

英吉利海峡隧道的资金筹措是在来源有限的基础上进行的。债务的偿还完全由项目完工后产生的现金流量来实现。该项目完全是一项私营部门的工程。英法两国政府都声明不为该项目承担任何财务上的风险。英吉利海峡隧道集团,简称欧洲隧道集团,是为此项目而建立的私营公司。该公司被授予55年期的隧道租让权,然后由两国政府接收隧道。这一租让权是隧道集团在项目中投入大量股本之后才给予的,显示出该集团对项目的经济可行性充满信心。投入的股本同时也对按时完成项目起着很大的推动作用。

由于项目的性质,欧洲隧道投资极具风险。在正常情况下,如果出现什么问题,可以卖掉项目或项目资产来赔偿部分投资。然而,假若隧道工程失败,英法两国就难以将这一未完工的隧道卖给别人。

隧道项目的融资最初预计为60多亿英镑,使得这一项目成为史无前例的最大投资项目。这60多亿英镑当中的50亿英镑由英国国民威斯特西敏寺银行和法国里昂信贷银行牵头的40家银行以联合贷款形式提供。贷款分三批发放,但条件是先筹集到10亿英镑的股本。股本的首批 4 600 万英镑由 14 家项目原倡导者和主要的放款银行提供。1986 年 10 月又筹集到 2.06 亿英镑股本,其中 0.7 亿英镑来自法国和英国市场。通过发放公共股份于 1987 年底获得 7.7 亿英镑股本。1990 年又发放股权筹集 5.66 亿英镑,现在总股本为 15.88 亿英镑。

以联合贷款形式筹集的 68 亿英镑以下列利息提供。

(1) 第一批 40 亿英镑按伦敦同业银行拆放利率加 1.5% 的水平定息,完工后降到只加 1.25%。

(2) 第二批 23 亿英镑按伦敦同业银行拆放利率加 1.75% 的水平定息,完工后降到只加 1.5%。

(3) 最后 5 亿英镑目前决定的利息为伦敦同业银行拆放利率加 2.5%,完工后降到只加 2.75%。

由于欧洲隧道的最终收益将是法郎和英镑,所以大部分的融资是以法郎和英镑进行的。大部分这类项目都适用于这种融资办法。石油化工项目一般以美元进行融资,大型饭店项目可用各种不同的联合融资办法,因为其客人将是不同国籍的人。全世界的人们都在密切注视着欧洲隧道工程,因为这一隧道的项目融资方式对许多同类项目有很大借鉴意义。

(资料来源:孔淑红.国际投资学[M].北京:对外经济贸易大学出版社,2011.)

案例资料

9-2 马来西亚南北高速公路 BOT 融资

一、项目背景

马来西亚南北高速公路项目全长 912 公里,最初是由马来西亚政府所属的公路管理局负责建设,但是在公路建成 400 公里之后,由于财政方面的困难,政府无法将项目继续建设下去,采取其他融资方式完成项目成为唯一可取的途径。在众多方案中,马来西亚政府选择了 BOT 融资模式。

经过历时两年左右的谈判,马来西亚联合工程公司(UEM)在 1989 年完成了高速公路项目的资金安排,使得项目得以重新开工建设。BOT 项目融资模式在马来西亚高速公路项目中的运用,在国际金融界获得了很高的评价,被认为是 BOT 模式的一个成功的范例。

二、项目融资结构

1987 年初开始,经过为期两年的项目建设、经营、融资安排的谈判,马来西亚政府与当地的马来西亚联合工程公司签署了一项有关建设经营南北高速公路的特许权合约。马来西亚联合工程公司为此成立了一家项目子公司——南北高速公路项目有限公司。以政府的特许权合约为核心组织起来项目的 BOT 融资结构由三部分组成:政府的特许权合约、项目的投资者和经营者以及项目的国际贷款银团。

(一) 政府的特许权合约

马来西亚政府是南北高速公路项目的真正发起人和特许权合约结束后的拥有者。政府通过提供一项为期30年的南北高速公路建设经营特许权合约,不仅使得该项目由于财政困难未能动工的512公里得以按照原计划建设并投入使用,而且通过项目建设和运营带动了周边经济的发展。

对于项目的投资者和经营者以及项目的贷款银行,政府的特许权合约是整个BOT融资的关键核心。这个合约的主要内容包括以下几个方面。

(1) 南北高速公路项目公司负责承建512公里的高速公路,负责经营和维护高速公路,并有权根据一个双方商定的收费方式对公众收取公路的使用费。

(2) 南北高速公路项目公司负责安排项目建设所需的资金。但是,政府将为项目提供一项总金额为1.65亿马来西亚元(6 000万美元)的从属性备用贷款,作为对项目融资的信用支持;该项贷款可在11年内分期提取,利率8%,并具有15年的还款限期,最后的还款期是在特许权协议结束的时候。

(3) 政府将原已建好的400公里高速公路的经营权益在特许权期间转让给南北高速公路项目有限公司。但是,项目公司必须根据合约对其公路设施加以改进。

(4) 政府向项目公司提供最低公路收费的收入担保,即在任何情况下,如果公路交通流量不足,公路的使用费用收入低于合约中规定的水平,政府负责向项目公司支付其差额部分。

(5) 特许权合约期为30年。在特许权合约的到期日,南北高速公路项目有限公司将无偿地将南北高速公路的所有权转让给马来西亚政府。

政府的特许权合约不仅构成了BOT项目融资的核心,也构成了项目贷款的信用保证结构核心。

(二) 项目的投资者和经营者

项目的投资者和经营者是BOT模式的主体,在这个案例中,是马来西亚联合工程公司所拥有的马来西亚南北高速公路项目有限公司。在这个总造价为57亿马来西亚元(21亿美元)的项目中,南北高速公路项目有限公司作为经营者和投资者除股本资金投入之外,还需要负责项目建设的组织,与贷款银行谈判安排项目融资,并在30年的时间内经营和管理这条高速公路。马来西亚联合工程公司作为工程的总承包商,负责组织安排由40多家工程公司组成的工程承包集团,在为期七年的时间内完成512公里高速公路的建设。

(三) 项目的国际贷款银团

英国投资银行摩根格兰福(Morgan Grenfell)作为项目的融资顾问,为项目组织了为期15年总金额为25.35亿马来西亚元(9.21亿美元)的有限追索项目贷款,占项目总建设费用的44.5%。其中16亿马来西亚元(5.81亿美元)来自马来西亚的银行和其他金融机构,是当时马来西亚国内银行提供的最大的一笔项目融资贷款,9.35亿马来西亚元(3.4亿美元)来自由十几家国外银行组成的国际银团。对于BOT融资模式,这个金额同样也是一个很大的数目。

项目贷款是有限追索的,贷款银团被要求承担项目的完工风险和市场风险。然而,由于实际上政府特许权合约中所提供的项目最低收入担保,项目的市场风险相对减轻了,并在某种意义上转化成为一种政治风险,因而贷款银团所承担的主要商业风险为项目的完工风险。项目的延期将在很大程度上影响到项目的收益。但是,与其他项目融资的完工风险不同,公路项目可以分段建设,分段投入使用,从而相对减少了完工风险对整个项目的影响。

项目建设所需要的其他资金将由项目投资者在 7 年的建设期内以股本资金的形式投入。

三、简单评析

采用 BOT 模式为马来西亚政府和项目投资者以及经营者均带来了很大的利益。

从政府的角度,由于采用 BOT 模式,可以使南北高速公路按原计划建成并投入使用,对于促进国民经济的发展具有很大的好处,同时,可以节省大量的政府建设资金,并且在 30 年特许权合约结束以后,可以无条件收回这一公路。

从项目投资者和经营者的角度,BOT 模式的收入是十分可观的。马来西亚联合工程公司可以获得两个方面的利益:第一,根据预测分析,在 30 年的特许权期间内南北高速公路项目有限公司可以获得大约两亿美元的净利润;第二,作为工程总承包商,在 7 年的建设期内从承包工程中可以获得大约 1.5 亿美元的净税前利润。

（资料来源:谢青波,等. 一个成功 BOT 项目融资案例分析[J]. 建筑经济,2009(9).）

案例资料

9-3　阿里巴巴引入风投

一、网商巨擘:阿里巴巴

阿里巴巴集团致力为全球所有人创造便捷的网上交易渠道,提供多元化的互联网业务,涵盖 B2B 贸易、个人零售、支付、企业管理软件和生活分类信息等服务范畴。阿里巴巴集团由中国互联网先锋马云于 1999 年创立。阿里巴巴集团由私人持股,现服务来自超过 240 个国家或地区的互联网用户,在大中华地区、日本、韩国、英国及美国超过 50 个城市有员工 17 000 人。

二、初创业,"天使"垂青

马云于 1988 年毕业于杭州师范学院英语专业,之后任教于杭州电子工业学院。1995 年,在出访美国时首次接触到互联网,回国后创办网站"中国黄页"。1997 年,加入中国对外贸易经济合作部,负责开发其官方站点及中国产品网上交易市场。

1999 年初,马云决定回到杭州创办一家能为全世界中小企业服务的电子商务站点。回到杭州后,马云和最初的创业团队开始谋划一次轰轰烈烈的创业。大家集资了 50 万元,在马云位于杭州湖畔花园的 100 多平方米的家里,阿里巴巴诞生了。

这个创业团队里除了马云之外,还有他的妻子、他当老师时的同事和学生以及被他吸引来的精英。比如阿里巴巴首席财务官蔡崇信,当初抛下一家投资公司的中国区副总裁的头衔和 75 万美元的年薪,来领马云几百元的薪水。

他们都记得,马云当时对他们所有人说:"我们要办的是一家电子商务公司,我们的目标有三个:第一,我们要建立一家生存 102 年的公司;第二,我们要建立一家为中国中小企业服务的电子商务公司;第三,我们要建成世界上最大的电子商务公司,要进入全球网站排名前十位。"狂言狂语在某种意义上来说,只是当时阿里巴巴的生存技巧而已。

阿里巴巴成立初期，公司是小到不能再小，18个创业者往往是身兼数职。好在网站的建立让阿里巴巴开始逐渐被很多人知道。来自美国的《商业周刊》还有英文版的《南华早报》最早主动报道了阿里巴巴，并且令这个名不见经传的小网站开始在海外有了一定的名气。

有了一定名气的阿里巴巴很快面临资金的瓶颈：公司账上没钱了。当时马云开始去见一些投资者，但是他并不是有钱就要，而是精挑细选。即使囊中羞涩，他还是拒绝了38家投资商。马云后来表示，他希望阿里巴巴的第一笔风险投资除了带来钱以外，还能带来更多的非资金要素，例如进一步的风险投资和其他海外资源，而被拒绝的这些投资者并不能给他带来这些。

就在这个时候，现在担任阿里巴巴CFO的蔡崇信的一个在投行高盛的旧关系为阿里巴巴解了燃眉之急。以高盛为主的一批投资银行向阿里巴巴投资了500万美元。这一笔"天使基金"让马云喘了口气。

三、第二轮投资，挺过互联网寒冬

更让他意料不到的是，更大的投资者也注意到了他和阿里巴巴。1999年秋，日本软银总裁孙正义约见了马云。孙正义当时是亚洲首富。孙正义直截了当地问马云想要多少钱，而马云的回答却是他不需要钱。孙正义反问道："不缺钱，你来找我干什么?"马云的回答却是："又不是我要找你，是人家叫我来见你的。"

这个经典的回答并没有触怒孙正义。第一次见面之后，马云和蔡崇信很快就在东京又见到了孙正义。孙正义表示将给阿里巴巴投资3 000万美元，占30%的股份。但是马云认为，钱还是太多了，经过6分钟的思考，马云最终确定了2 000万美元的软银投资，阿里巴巴管理团队仍绝对控股。

从2000年4月起，纳斯达克指数开始暴跌，长达两年的熊市寒冬开始了，很多互联网公司陷入困境，甚至关门大吉。但是阿里巴巴却安然无恙，很重要的一个原因是阿里巴巴获得了2 500万美元的融资。

那个时候，全社会对互联网产生了一种不信任，阿里巴巴尽管不缺钱，业务开展却十分艰难。马云提出关门把产品做好，等到春天再出去。冬天很快就过去了，互联网的春天在2003年开始慢慢到来。

四、第三轮融资，完成上市目标

2004年2月17日，马云在北京宣布，阿里巴巴再获8 200万美元的巨额战略投资。这笔投资是当时国内互联网金额最大的一笔私募投资。2005年8月，雅虎、软银再向阿里巴巴投资数亿美元。

之后，阿里巴巴创办淘宝网，创办支付宝，收购雅虎中国，创办阿里软件。一直到阿里巴巴上市。

2007年11月6日，全球最大的B2B公司阿里巴巴在香港联交所正式挂牌上市，正式登上全球资本市场舞台。随着这家B2B航母登陆香港资本市场，此前一直受外界争论的"B2B能不能成为一种商务模式"也有了结果。11月6日10时，港交所开盘，阿里巴巴以30港币，较发行价13.5港元涨122%的高价拉开上市序幕。小幅震荡企稳后，一路单边上冲。最后以39.5港元收盘，较发行价涨了192.59%，成为香港上市公司上市首日涨幅最高的"新股王",创下香港 7 年以来科技网络股神话。当日,阿里巴巴交易笔数达到14.4 万多宗。输入交易系统的买卖盘为 24.7 万宗,两项数据都打破了工商银行 2006 年10 月创造的纪录。按收盘价估算,阿里巴巴市值约 280 亿美元,超过百度、腾讯,成为中国市值最大的互联网公司。

在此次全球发售过程中,阿里巴巴共发行了 8.59 亿股,占已发行 50.5 亿总股数的17%。按每股 13.5 港元计算,共计融资 116 亿港元(约 15 亿美元)。加上当天 1.13 亿股超额配股权获全部行使,融资额将达 131 亿港元(约 16.95 亿美元),接近谷歌纪录(2003 年8 月,谷歌上市融资 19 亿美元)。

阿里巴巴的上市,成为全球互联网业第二大规模融资。在此次路演过程中,许多投资者表示,错过了谷歌,不想再错过阿里巴巴。

五、风险投资大赚一把

作为阿里巴巴集团的两个大股东,雅虎和软银在阿里巴巴上市当天账面上获得了巨额的回报。阿里巴巴招股说明书显示,软银持有阿里巴巴集团 29.3% 的股份,而在行使完超额配售权之后,阿里巴巴集团还拥有阿里巴巴公司 72.8% 的控股权。由此推算,软银间接持有阿里巴巴 21.33% 的股份。到收盘时,阿里巴巴股价达到 39.5 港元。市值飙升至 1 980 亿港元(约 260 亿美元),软银间接持有的阿里巴巴股权价值达 55.45 亿美元。若再加上 2005 年雅虎入股时曾套现 1.8 亿美元,软银当初投资阿里巴巴集团的 8 000 万美元如今回报率已高达 71 倍。

六、慧眼识珠,矢志不移

软银投资阿里巴巴 8 000 万美元,回报率达 71 倍。软银中国控股公司总裁及首席执行官薛村禾称:"我预测,3～5 年内阿里巴巴的市值将至少是现在的 5 倍。"

软银不是阿里巴巴的第一个风险投资商,却是坚持到最后的那个。1999 年 10 月,马云私募到手第一笔天使投资 500 万美元,由高盛公司牵头,联合美国、亚洲、欧洲一流的基金公司参与。在阿里巴巴的第二轮融资中,软银开始出现。从此,这个大玩家不断支持马云,才使得阿里巴巴能够发展到今天的规模。

2000 年,马云为阿里巴巴引进第二笔融资,2 500 万美元的投资来自软银、富达、汇亚资金、TDF、瑞典投资 6 家风险投资商,其中软银为 2 000 万美元,阿里巴巴管理团队仍绝对控股。

2004 年 2 月,阿里巴巴第三次融资,再从软银等风险投资商手中募集到 8 200 万美元,其中软银出资 6 000 万美元。马云及其创业团队仍然是阿里巴巴的第一大股东,占47% 股份;第二大股东为软银,约占 20%;富达约占 18%;其他几家股东合计约占 15%。

软银不仅给阿里巴巴投入了资金,在后来的发展中还给了阿里巴巴足够的支持。尤其是 2001 年到 2003 年的互联网低谷时期,投资人伴随阿里巴巴整个团队一路挺过来了。

雅虎介入阿里巴巴不过两年,同样获益甚厚。作为阿里巴巴集团的大股东,雅虎间接持有阿里巴巴 28.4% 的股权,其市值高达 73 亿美元;此外,雅虎还以基础投资者身份,投资 7.76 亿港元购买了阿里巴巴新股,购入价格为 13.5 港元每股,占 7.1% 的股份,IPO当天升值到 22.7 亿港币。

而一些风险投资商显然错过了最好的收获期。从阿里巴巴集团的第三轮融资开始,早期的一些风险投资商已经开始陆续套现。1999年阿里巴巴创办之初的天使投资高盛集团因战略调整，退出了中国风险投资市场。其所持股份被新加坡的寰慧投资(GGV)接手。事实上，寰慧投资的创始人托马斯(Thomas)早在1999年就以个人身份投资了阿里巴巴。此后，包括富达等在内的风险投资商又陆续套现。到阿里巴巴上市之前，只有软银一家风险投资商还一直在阿里巴巴的股份中牢牢占据主要地位，其他风险投资商已经全部退出。

薛村禾在接受国外媒体采访时回忆，当时中国B2B领域共有四大公司，除阿里巴巴外，还有8848、MeetChina和Sparkice，而选择阿里巴巴的重要原因是马云及其团队的坚定信念，尤其是18个创业合伙人的精神。薛村禾说："当年我们放弃别的机会，集中精力投资马云这个团队。我们并不是神仙，一眼就能看到阿里巴巴的未来，也只能看到电子商务这个大方向，但为什么最后选择马云这个团队呢？了解他多一点的人就知道，他能把很多人聚在周围，团队非常厉害。风险投资很重要的是判断团队。"软银认为，马云有一种独特的分享意识以及不平凡的领导才能。薛村禾评价称，马云是性格非常饱满的人，非常有远见，如果今天还不是一个世界级的领袖人物的话，他也一定可以成为一个英雄。另外，马云这个人是战略家也是战术家，而且他执行力也很强。

七、各行其道，各司其职

马云的口才很好。马云说："跟风险投资谈判，腰挺起来，但眼睛里面是尊重。你从第一天就要理直气壮，腰板挺硬。当然，别空说。你用你自己的行动证明，你比资本家更会挣钱。我跟风投讲过很多遍，你觉得你比我有道理，那你来干，对不对？"

马云认为："创业者和风险投资商是平等的，风投问你100个问题的时候你也要问他99个。在你面对风投的时候，你要问他投资你的理念是什么？我作为一个创业者，在企业最倒霉的时候，你会怎么办？如果你是好公司，当七八个风投会追着你转的时候，你让他们把计划和方法写下来，同时他们的承诺每年是什么都要写下来，这是互相的约束，是婚姻合同。跟风投之间的合作是点点滴滴，你告诉他我这个月会亏、下个月会亏，但是只要局势可控风投都不怕，最可怕的是局面不可控。所以跟风投之间的沟通交流非常重要，不一定要找大牌。跟风投沟通的过程当中，不要觉得风投是爷、风投永远是舅舅。你是这个创业孩子的爸爸妈妈，你知道把这个孩子带到哪去。舅舅可以给你建议、给你钱，但是肩负着把孩子养大的职责是你，风投不是来替你救命的，只是把你的公司养得更大。"

马云是这样评价孙正义的："他是一个非常有智慧的人。我见过很多风投，但很多风投并不明白我们要做什么，但这个人六七分钟就明白我想做什么。我跟他的区别，我是看起来很聪明，但实际上不聪明。而他是看起来真不聪明，但他是很聪明的人，真正有大智慧的人。"

（资料来源：吴瑕. 中小企业融资案例与实物指引[M]. 北京：机械工业出版社，2011.）

关键术语

国际融资	国际债券融资	外国债券	欧洲债券	国际股票
存托凭证	欧洲股权	可转换债券	欧洲票据	项目融资

风险投资　　风险投资运作　　BOT

思考题

1. 国际融资具有哪些特征？

2. 国际融资方式有哪些？不同的融资方式的特点是什么？比较它们的优缺点。

3. BOT 模式的优势是什么？

4. BOT 模式的风险有哪些？其关键风险是什么？

5. 制约风险投资项目的主要因素有哪些？

6. 简述风险投资的决策程序。

国际投资管理

第十章

本章要点

国际投资管理是国际投资运营的关键环节,而国际投资成败的关键则要看国际投资风险的控制是否得当。本章分别探讨国际投资政策管理、国际投资法规管理和国际投资风险管理。首先,介绍国际投资政策管理,简要讨论投资国的政策管理和东道国的政策管理;①其次,介绍双边性国际法规范、区域性国际法规范和国际性国际法规范;最后,介绍国家风险、金融风险、经营风险、组织风险、技术创新风险等国际投资风险,并重点探讨国家风险、外汇风险的管理和防范问题。

学习目标

理解投资国和东道国政策管理的内容,把握不同国家对国际投资进行政策管理的原因;熟悉国际直接投资法规管理的内容,理解双边性、区域性和国际性国际法规范的内容;掌握国际投资风险的概念和分类,把握国家风险和外汇风险的评估方法,理解国家风险和外汇风险的防范措施。

第一节　国际投资政策管理

一、投资国的政策管理

近年来,越来越多的国家意识到对外投资是企业实现全球化战略的重要手段,是国内经济发展不可或缺的支持。因此,无论是发达国家还是发展中国家,都取得了部分海外直接投资限制,出台了一系列鼓励和保护本国企业海外投资的政策。投资国对外投资政策主要包括三个层次的内容:鼓励性政策、保护性政策和管制性政策。

(一) 鼓励性政策

由于对外投资能给本国带来积极的经济效应,因此,只要与国家其他经济政策不相冲突,几乎所有国家都制定了投资鼓励政策以促进对外投资。一般来说,合理的投资鼓励政策可以有效地克服市场失效带来的问题,帮助投资者减少对外投资的风险,从而达到鼓励对外投资的目的。对外投资鼓励政策主要分为优惠的税收政策、优惠的金融政策以及信息、技术和人才援助政策三大类。

---

① 详细内容参考本书第十一章内容。

1. 优惠的税收政策

许多国家都制定了一系列关于对外投资的税收优惠政策，这些税收优惠政策主要有以下几个方面。

（1）税收抵免。一个国家通常按属地原则和属人原则来确定其税收管辖权，而海外投资活动涉及投资国和东道国两个主权国家，东道国和投资国均可以对投资者征税。这样，一个海外投资者就承担了双重的纳税义务，挫伤了其海外投资的热情。因此，为了避免双重课税，鼓励企业参与国际竞争，许多国家出台了税收抵免政策，允许纳税人从其应纳税额中扣除东道国对该企业已征收的税额。投资国主要通过国内立法和与东道国签订协议两种办法来实行税收抵免政策。由于双边投资协定具有灵活性和便捷性，许多国家通过与东道国签订双边税收协定来实行抵免。截至 2013 年 4 月底，我国已对外正式签署99 个避免双重征税协定，其中 96 个协定已生效，和香港、澳门两个特别行政区签署了税收安排。

（2）税收饶让。税收饶让亦称税收豁免，是指投资国政府放弃对海外投资者的征税权而承认东道国的征税权。也就是说，投资者在东道国纳税后，在本国免除该收入的税赋，不再另征。显然，税收饶让是一种比税收抵免更优惠的纳税政策。在国际直接投资实践中，实行税收饶让的国家往往与东道国签订协定，以明确实行税收饶让的税收项目。目前，日本和德国是实行税收饶让政策的典范，其在与发展中国家缔结双边税收协定时，都含有税收饶让条款。

（3）延期纳税。延期纳税是指投资国对其企业的海外投资收入，在汇回本国前不予征税。实行该项政策，相当于海外企业从母国政府手中取得一笔无息贷款，可以在一定时期内减轻企业负担。但是，延期纳税只能延缓国际双重征税的发生时间，不能从根本上减轻或免除国际双重征税。目前，美国等西方国家在实行税收抵免的同时还采用此办法。

（4）免税。免税是指投资国对海外企业的某些收益免予征税的一项税收政策。目前，实行这项政策的国家尚不普遍，只是一些国家根据本国情况采取的投资鼓励政策，并且在实施中往往附加一些限定条件。如法国规定，海外投资者必须把东道国纳税后的全部所得汇回国内，并在股东之间分配股息，才可以实行免税办法。

近年来，发展中国家为支持本国企业对外投资，也加大对国内企业海外投资的支持力度。例如新加坡政府 1998 年开始规定，开展对外投资的企业可以享受 10 年免缴所得税的优惠，在发展中国家投资开发可以享受双重减税的优惠；马来西亚政府规定，国外投资所得汇回国内的利润减半征税，所得税豁免地区汇回的红利仍可享受免缴所得税待遇，企业投资并营利后，可连续 5 年享受税收减免优惠，市场调研等企业投产前营运开支可以列入成本，免缴所得税等。

2. 优惠的金融政策

金融优惠政策和法规是各国十分重视的一种投资促进政策。金融优惠政策和法规主要包括政府对海外投资企业提供资金支持、股本融资和贷款担保。

（1）资金支持。目前，大多数工业国都设立了特别金融机构，对本国投资者在海外的投资活动以贷款和直接提供资金的方式加以支持。如美国海外私人投资公司、英国英联邦开发公司、德国开发公司、丹麦工业化基金组织、日本进出口银行、加拿大出口开发公司等,都为其国家的对外投资企业提供了大量的信贷额度及相关服务。在经济合作与发展组织(OECD)成员国中,大约有一半国家通过各种类型的发展援助组织为私营企业对发展中国家直接投资项目提供资金支持。

（2）股本融资。股本融资是为投资项目提供资金融通的一种方式,其往往采取少数股权收购形式,并且在项目营运并赢利后向其他伙伴出售其拥有的少数股权。从事股本融资的机构有法国中央经济合作局、英国英联邦开发公司和比利时国际投资联合会等。这些机构提供的股本融资能降低投资风险,并为对外投资提供资金融通。

（3）贷款担保。投资国设立的特别金融机构可以为对外投资企业的贷款进行担保。这样,对外投资企业比较容易获取投资资金。例如,印度进出口银行专门设置了海外投资融资项目,该项目提供的股权融资已占印度对外股权投资的 80%。另外,印度企业在国外组建企业或收购外国企业也可获得股权融资。加拿大出口开发公司、德国开发公司等金融机构,都可以为海外投资企业进行贷款担保,从而促进海外投资企业的发展。

3. 信息、技术和人才援助政策

（1）信息服务。海外投资不同于国内投资,对外投资者往往面临信息不对称问题,其进行决策前很难收集到全面、准确的信息。因此,许多国家通过有关的国家行政、驻外使馆或银行、专门的海外投资公司、海外投资调查研究部门等机构收集、整理东道国的有关信息。例如,美国海外私人投资公司、日本贸易振兴会、芬兰基金会等,都在积极建立对外投资企业资料库,为对外投资者提供信息服务。此外,对外投资促进项目还通过出版物、研讨会、远距离通信会议、交易会、企业管理者和政府官员参加的投资代表团或接待潜在投资东道国代表团来发布信息。具体项目牵线活动效率更高,通过接待潜在的东道国代表团,可以直接为特定投资者寻找特定投资机会。相比较而言,发展中国家向海外投资者提供信息服务起步较晚,但是已经引起了广大发展中国家政府的关注。各国都成立专门的政府服务机构,采取多种形式组织信息采集、建立可靠的信息传播机构和渠道,为企业提供咨询、培训,邀请企业参加国家大型商务洽谈活动。1989 年之后,中国香港特区政府的产业署开始为对外投资的香港企业提供包括培训在内的信息服务。新加坡经济发展局从 20 世纪 80 年代后期也开始通过其海外分支机构为新加坡企业的对外投资提供信息服务。

（2）技术和人才支持。目前,世界各国基本上都设有专门的政府服务部门,为企业对外投资提供技术和人才培训的支持与帮助,其内容包括为企业对外投资项目提供可行性研究支持;为中小对外投资者提供启动支持,包括协助筹措项目资金、准备法律文件、帮助调整技术和培训东道国工人等。例如,越南在 2004 年制定了贸易投资促进计划,并为此拨付 186 亿越南盾(约 124 万美元)的专款。在该计划中,政府着力进行培训,组织和参加投资促进研讨会,建立贸易投资数据库并上网发布等,以协助企业开拓目标市场。再如,世界投资促进机构协会成立于 1995 年,是一个非政府和非营利性组织。该协会自成立以来,一直致力于通过刊物、培训、网络等向会员国提供技术、人才培训等支持,以促进世界各国投资。

（二）保护性政策

由于对外投资往往面临着战争、国有化和被征用等政治风险,因此投资国仅以优惠政策来鼓励投资是不够的,还需要采取海外投资保险制度,减少或避免本国企业海外投资的风险。

1. 海外投资保险制度的由来

海外投资保险制度是以保障本国海外投资的安全和利益为目的,保护和鼓励本国海外投资,由国家分担海外投资保险的一系列法律的总称。1948 年,作为美国实施"马歇尔计划"的产物,美国"经济合作署"首创了海外投资保险制度。但是,当时这项制度仅承保欧洲发达国家的外汇风险。随着美国海外投资规模和投资区域的不断扩大,从 1955 年起,该项制度的保险范围开始扩大到战争、革命、内乱和征用等政治风险,并随之适用于发展中国家或地区。美国海外私人投资公司从 1971 年开始承担海外投资保险业务,并逐渐成为美国私人海外投资保险的专门机构。第二次世界大战后,其他发达国家为了鼓励资本输出,纷纷仿效美国制定了海外投资保险制度。

2. 海外投资保险制度的主要内容

(1) 保险人。美国对外投资保险业务由海外私人投资公司全权经营,海外私人投资公司是直属美国联邦政府的独立机构,其宗旨在于鼓励并保护其私人海外投资,资助美国企业在发展中国家或地区开发新市场。日本的承保机构为通商产业省出口保险部。在德国,海外投资保险申请由联邦经济事务部、财政部和外交部代表组成的部际委员会审查批准,保险业务由"黑姆斯信用保险公司"和"德国信托监察公司"两家国营公司来承办。

(2) 被保险人。在合格投资者的规定方面,美国、德国和日本均要求投保的投资者与承保机构的所在国有密切联系。美国要求,前来投保的投资者必须满足其资产至少 51% 由美国人所有的美国公司或资产至少 95% 为美国人所有的外国公司。德国规定,在德国有住所的德国公民,以及根据德国法律规定,在德国有住所或居所的公司社团有资格投保。日本规定的合格投资者为日本公民或日本法人。另外,三国都规定,合格投资必须以东道国已明确表示同意接纳作为可以承保的先决条件,这是对东道国主权的一种应有的尊重,也是提高当地海外投资安全系数的需要。

(3) 投保范围。在美国,根据有关法律投资保险为政治风险,具体包括外汇风险、财产征用风险、战争风险和营业中断风险。日本海外投资保险的范围同样仅限于政治风险,包括外汇风险、征用和战乱风险。德国的投保范围限于外汇风险、财产征用风险和延迟支付风险。三国的投保范围相似,但是投保方式不尽相同。美国规定,投保者可以同时一并投保,也可以分险单独投保,德国和日本则要求投资者对所有险种综合投保。

(4) 保险期限。各国对海外投资保险期限的规定不尽相同。美国最长为 20 年,规模较大的或敏感性较强项目的财产征用险期限为 12 年以内。日本规定保险期限一般为 5~10 年,其中不包括海外企业的建设期。德国规定,保险期限一般为 15 年,而对于经营期限较长者根据需要期满后再延长 5 年。

(5) 保险金额与保险费。一般来说,美国最大保险金额为投资总额的 90%,对于某些重大的股权投资,则只承保投资额 50%~70% 的财产征用险。德国的保险额一般为 80%~95%。日本保险金额计算分为两部分,即契约保险金额和支付保险额,而实际支付的保险额可以是损失额的 90%,但是不能超过契约保险金额。关于保险费问题,由于美国的海外私人投资公司自负盈亏,保险费相应较高,如果三种主要政治风险一揽子投保,合计保险费约 1.5%；其他大部分国家均对海外投资保险机构提供补贴，因而保险费较低。

（6）赔偿与救济。在赔偿和救济方面，各国均规定了赔偿投保人的条件以及向东道国的代位求偿权。一般的做法是海外投资保险机构在发生所承保的风险之后，先依据一定条件向遭受风险损失的投资者支付赔偿，而后海外投资保险机构代位取得投资者的索赔权利，包括东道国政府的索赔权。

（三）管制性政策

目前，发达国家很少限制对外投资，只是在某些特定经济和政治条件下，制定出一些管理和限制性的法规和政策，力图使本国对外投资服从其总体经济发展目标。相比较而言，发展中国家出于振兴民族经济、维护国家独立的任务，往往倾向于采取限制性管理政策，以便将资金留在国内。但是，近些年来，由于发展中国家实力的增强以及国际经济形势的变化，很多发展中国家开始对限制性政策进行重新评估，放松了对资本输出的限制。

1. 对外直接投资的流量与流向限制

一般来说，发达国家对本国对外投资规模不加限制，只是在特定时期采用临时性的限制措施。例如，1965—1974 年间，美国因为其国际收支恶化而限制了跨国公司的对外投资活动。一些发展中国家对本国对外投资采取审批的方式进行限制。此外，世界多数国家一般对海外投资的区位选择没有太多限制，只是少数国家基于政治、军事、外交和国家安全等目的，才会对本国对外投资做出一些限制。例如，美国限制对古巴、伊朗、伊拉克、朝鲜、利比亚、苏丹、塞尔维亚、黑山以及安哥拉完全独立国家联盟等国家或地区进行投资。

2. 对高新技术输出的限制

随着国际竞争的日益激烈，技术优势不仅对海外投资经营越来越重要，同时也是一国国际竞争力的重要体现。因此，对于标准化技术输出，大多数国家并不反对。但是，对于高新技术、产品核心技术如航空航天等技术的输出往往实行严格限制，或者根本不允许输出。例如，巴黎统筹委员会曾规定，限制成员国向社会主义国家出口战略物质和高新技术。美国 1979 年通过《出口管理法》规定，关于高新技术输出的限制不仅适用于本国公司，同时适用于该公司在第三世界国设立的子公司。

3. 对海外直接投资的外汇管制

墨西哥金融危机之后，一些国家在总结经验教训的基础上开始限制外汇出入，并将投资管理的重点放在外汇管理上。例如，智利在 1990 年采取了一些外汇限制措施，降低对外投资的授权要求，缩短利润汇回和清算后股本汇回的时限。目前，发达国家一般不对外汇的出入有太多的限制，发展中国家则存在对外汇出入的限制。但是，放松对外投资管理措施，积极促进企业对外投资已经成为世界潮流。

二、东道国的政策管理

（一）鼓励性政策

东道国的鼓励政策，主要是指能够吸引外国企业前来投资的各项政策措施。吸引外国投资的鼓励政策大体分为财政优惠政策、金融优惠政策和其他优惠政策三大类。一般来说,发展中国家和经济转型国家倾向于使用财政优惠政策,而发达国家倾向于使用金融优惠政策。

1. 财政优惠政策

财政优惠政策是各国最广泛使用的吸引外国直接投资的优惠政策,其总体目标是降低外国投资者的税收负担。财政政策中使用最广泛的是税收优惠,其中首先是降低所得税,其次是免税期、关税避让、退税、加速折旧等,但不同国家或地区的规定不尽相同。发达国家普遍采用加速折旧和税收减免等手段,而发展中国家实行免税期、进口关税减免和退税等财政优惠措施。

(1) 降低所得税。降低所得税是各国普遍使用的一项财政优惠政策,但是,不同国家或地区之间税率存在较大差别。例如,美国公司所得税率为 46%,日本为 42%,泰国为30%,乌拉圭为 25%,菲律宾为 39.5%,我国为 20%~40%。

(2) 免税期、关税减让和退税。免税期是指在一定时期内,免征外资企业全部或部分所得税和其他税收。关税减让是指对外资企业生产所需进口物品的关税进行减免。退税是指对外资企业出口商品退还一定比例所征税额。发展中国家使用这 3 项优惠政策来吸引外国投资者,发达国家则仅在经济特区运用关税减让和退税。例如,马其顿规定,外国投资者在其投资的前 3 年免除企业所得税,如果外资经营利润用于固定资产投资或环保项目上,则免除其企业所得税;马来西亚政府规定,外资在资本投资庞大、科技含量高、引发广泛关联性并对国家经济产生深远影响的高科技领域投资,将给予 10 年免除所得税的优惠;法国规定,对前来投资的外企,前 3 年如连续营利,则税收全免,第 4~5 年免税50%;我国除普遍降低外资企业所得税外,还对从事农业、林业、牧业和深井开采煤炭资源等利润低的外资企业和技术密集型企业给予更优惠的税收政策。

(3) 加速折旧。加速折旧是指允许外资企业以高于正常情况下的比例计算其固定资产的折旧费。这意味着外资企业每年的固定资产的折旧费要高于正常情况下的数额,而折旧费可以作为成本及费用从企业的税前利润中减除,其结果就是减少了应纳税额的基数,提高了企业的实际利润。因此,加速折旧实际上是政府以减税的方式对外资企业的一种财政补贴。发达国家使用这一优惠政策较为普遍,现在一些发展中国家也开始使用此政策。例如,印度尼西亚规定,在欠发达地区和国家鼓励投资的领域进行投资,企业可以加速折旧,亏损可在 5~8 年内进行抵扣;泰国规定,对用于研发活动的机器配件加速折旧,其成本给予 40% 的抵扣等。

2. 金融优惠政策

东道国吸引外国投资者的金融优惠政策主要包括补贴性贷款、贷款担保、低息贷款与利息补贴、政府赠予和政府提供股权参与援助等。

在发达国家,政府往往利用金融优惠政策来引导外资流向,以促进其特定产业和地区的发展。例如,美国肯塔基州乔治敦市为了配套丰田公司的投资,在土地采购、道路改进和工人培训等方面共配套投资了 1.5 亿美元,而丰田公司的投资额仅为 8.2 亿美元;法国的姆巴奇市对奔驰公司的政府投资额为 1.1 亿美元,而奔驰公司的投资额为 3.7 亿美元;荷兰则规定,对特定地区重要产业的外资项目,国有投资银行将提供由政府担保的贷款并给予不超过 3% 的利息优惠,同时还为有资质的企业提供战略投资基金、研发基金和员工培训补贴等。在发展中国家,为了吸引更多的外资,政府往往实施各种配套措施来给予外资支持,融资优惠政策便是其中重要一项。例如,新加坡政府规定,对于有利于促进产业发展的投资项目,如计算机、飞机零部件、彩色显像管等项目可获得长期低利率的补贴性贷款;土耳其在优先发展区域和工业区设立机构,为研究开发、环境投资和中小企业提供贷款。

3. 其他优惠政策

(1)建立经济特区。经济特区是一个国家或地区为了实现一定的经济技术目标而划定的地理位置优越的区域,在对外经济活动中实行特殊的经济政策和管理体制,以便更好地吸引外资和促进对外贸易。根据各国开放程度和特点不同,经济特区可以称为自由贸易区、出口加工区、经济特区、科学工业园、自由港、自由关税区、自由工业区、自由边境区以及促进投资区等。根据世界银行 2007 年的统计,在全世界有将近 127 个国家,预估将成立或已经成立经济特区数量高达 3 000 多个,其中包括越南、印度、巴西等近年来快速增长的经济体,也包括朝鲜等较为封闭的经济体。近年来,美国、日本、欧盟、韩国等发达市场经济国家或地区,还出现了一种"再办特区"的趋势。各国经济特区发展的实践也证明,经济特区良好的基础设施环境、宽松的管理方式以及极为优惠的政策措施确实对吸引外资、促进进出口贸易产生了积极作用。

(2)鼓励利润再投资。目前,越来越多的国家意识到,引进外资后能否留住现有投资,能否鼓励其进行连续投资成为本国经济持续发展的重要因素。因此,东道国出台了一些政策力图促使外资在初始投资后扩大经营。马来西亚政府规定,对于进行再投资的外国投资者,给予减免 50% 税收的优惠,免税收入分配的红利仍可以享受免税待遇。越南政府也鼓励外资企业用所获利润再投资,再投资于国家鼓励的项目,可退还全部已缴纳的所得税。另外,东道国政府也开始提高服务意识,认真研究分析外国投资者投资转移趋势,改善本国投资环境,力争留住外国投资,并促使其进行连续投资。

(3)放松外汇管制。通常来说,发达国家对外汇使用没有任何限制,而发展中国家往往对于利润、资本的汇出有较严格的限制。近些年来,随着外资竞争的加剧,发展中国家也逐步解除或放宽外汇管制。例如,菲律宾自 1991 年开始,逐步放宽了外汇管制,目前菲律宾经常项目下的外汇业务已无限制,只有在少数资本项目下的外汇进出境需要事先征得中央银行或有关部门的批准,如 500 万美元以上的巨额投资等。印度规定,外资企业的利润在纳税后可以自由汇出。另外,东道国还通过提供廉价的劳动力、鼓励技术人才向外资企业流动等来吸引外国直接投资。

(二)管制性政策

由于外国直接投资者与本国经济利益存在一定差距,因此各国往往出台一些限制措施,引导外商直接投资行为向增进本国国内经济利益的方向发展,并尽可能地减弱外商直接投资的负面影响。

1. 对外国直接投资的审批

通常而言,发达国家普遍对外资的进入采取开放的政策,大部分国家都没有专门的法律或专门的机构对外资进行审查。美国基本上对外资没有审批制度,但是对于威胁到国家安全的产业则进行审查或禁止投资。自 20 世纪 70 年代以来,加拿大、日本等国家也由较严格的外商投资审批制度向自由化方向改革。由于发展中国家经济、技术相对落后，国际竞争力弱，因而往往设立专门的审查机构，对外资进行较为严格的审查。例如，印度外资审核监督制度规定，外国投资者提出投资申请之后，印度全国外资管理委员会要审核其投资活动及其对印度经济发展可能造成的影响。然而，随着引资竞争的加剧，各国开始逐渐简化对外商投资企业的审批手续。

2. 对外国投资者投资领域的管制

通常情况下，除了关系到本国国计民生的特殊部门，发达国家对外资的投资领域较为开放。在英国，外国投资禁止进入军事工业、煤矿开采、飞机制造等领域；加拿大对广播、电信、金融、渔业等领域有特别限制；德国对铁路、公共设施、邮电业、广播电视业等进行限制。而其他未明确规定的，各国都允许外资进入，与本国投资者竞争。相反，发展中国家由于担心国家安全、本国民族工业和幼稚工业的发展，对外国投资的领域限制较多。一些国家明文规定某些重要经济部门不对外资开放。例如，印度不允许外资控制港口、造船、公用铁路、航空运输、海运、供水、供电、原子能开发等行业，禁止外资在军事工业、大麻种植和加工业、天然海绵等产业进行投资。巴西政府禁止外国投资者在报纸和广播电视业进行投资。

3. 对外资股权比例的管制

目前，发达国家只对特定行业或企业规定外资所占比例。例如，美国规定在航空、沿海和内河运输公司中外资的股权比例不得超过25%；加拿大规定在无线电广播电视业外资参股不得超过25%；法国规定在某些重要工业部门的股份比例不得超过20%～40%；荷兰对劳务和自然资源部门的外资参股比例限制在20%以内等。发展中国家或地区除了中国香港、中国澳门等特殊区域外，其他国家或地区政府为了维护本国企业权益、防止外资控制或操纵企业都规定了外资参股的股权比例。例如，墨西哥规定，一般情况下，外国资本不得超过企业注册资本的49%；越南规定，外资投资的股权下限为30%。在一些特殊地区或特殊行业的投资，各国也制定了相应优惠措施，扩大外资参股比例。例如，印度规定在一般领域内外资参股比例一般不超过40%，但在其产品主要满足国内市场需求的高技术领域投资，外资股份可达70%，在其产品全部出口的企业中，外资股份可达100%。

4. 对外资投资期限的管制

许多发展中国家为了能在一定时期内将外资企业的股权全部或部分转为本国所有，对外资的投资期限作了明确规定。例如，智利规定外资投资期限一般为10年，根据营业性质或对国家重要性可延长至20年；印度尼西亚规定，外商投资企业自合法设立起，准许30年的经营期限，若在此期间增加了投资，经政府批准后可以再经营30年，但不能延长第二次。

5. 对外资企业用工的管制

为了保护本国劳动力、提高本国就业率，部分国家制定了外资企业用工标准。例如，墨西哥政府规定，外资企业所雇佣外籍员工与墨西哥籍员工人数的比例不得超过1∶8。智利规定，在股份制公司的一般雇员中，外籍雇员最多只能占其雇员总数的15%；外商投资开办的工厂，除厂长、经理和必要的高级管理人员外，在工程师、技术人员和工人中，外国雇员所占的比例不能超过15%。埃及规定,外资企业所雇佣的外籍员工数量不得超过当地员工的1/3。

(三)保护性政策

为了给外国投资者提供良好的投资环境,保障其合法利益,一些国家对外资合法利益进行保护。保护内容主要包括对外国投资者在东道国领土内投资利益的保护;对外资的征用和国有化及其补偿的规定;关于投资争议解决方式等内容。其中,关于对外国投资的征用和国有化及其补偿的规定,是保护性政策的核心,直接关系到外国投资者的利益。因此,大多数国家一般都规定不征收或国有化外商投资企业。即使在特殊情况下,一国基于国民或民族利益的考虑实行国有化,也必须遵循法律程序,按照适当的标准,给予必要的补偿。例如,我国《外资企业法》规定,国家对外资企业不实行国有化和征收;在特殊情况下,根据社会公共利益的需要,对外资企业可以依照法律程序实行征收,并给予相应的补偿。

第二节 国际投资法规管理

国际投资的有关法规是维护整个国际投资运作的基础,是国际投资持续发展的重要保证。各国及一些区域性、国际性组织均非常重视对于国际投资法规的建设和管理。通常来看,国际投资法是针对国际直接投资而言的,本节所介绍的国际投资法均就国际直接投资而言。

国际投资法是国际经济法的一个分支,它是指调整国际间私人直接投资的国内法规范和国际法规范的综合。其主要内容包括:国际直接投资的内容、效力,对外国投资的保护、鼓励与限制,关于解决投资争议的程序和规则以及对外投资保险等。国际直接投资法规的核心内容是确立有效的鼓励与保护投资的法律环境,对外资进行必要的监督和控制。其中,国内法规范是指各个国家以国家立法形式对其对外投资和吸引外资者对其的投资提供的各种保护、鼓励和限制措施等。本章第二节已经分别介绍了投资国和东道国的保护、鼓励和限制性政策法规,这里不再赘述,本节主要介绍国际投资法规的国际法规范。

由于各国之间,特别是发达国家和发展中国家之间经济地位不同,贫富悬殊,利害对立,国内法规范无论是投资国还是东道国,都有其一定的局限性。任何形式的政府保证,均不能全面保护投资的安全与利益。特别是有些共同问题,例如外国人待遇标准、征用、国有化及其补偿、争议的处理等,往往不是一国国内法规范所能单独圆满解决的。因此,建立一种共同调整机制,即国际法规范显得非常必要。国际直接投资的国际规范包括两个方面:一是双边性规范,即两国间的投资条约;二是多边性规范,即区域性和全球性的多国投资保证条约。

一、双边性国际法规范

双边性投资条约是指两国政府为了保护资本输出国投资者利益,并促进两国间直接投资发展而签署的投资条约。国际直接投资的双边性国际法规范主要包括友好通商航海条约、双边投资保证协议和促进与保护投资协定三种类型。

1. 友好通商航海条约

友好通商航海条约所调整的对象和规定的内容主要为确认缔约国之间的友好关系，双方对于对方国民前来从事商业活动应给予应有的保障，赋予航海上的自由权等。因此，这类条约主要是协调两国间的商务交往关系，其重点是保护资本输出国的商人，而不是资本输出国的所有实业投资者，内容相对广泛。

2. 双边投资保证协议

此协议最早由美国发起，其目的是让缔约国正式确认美国国内的承保机构在有关政治风险事故发生并依约向投保的海外投资者理赔后，享有海外投资者向东道国政府索赔的代位权和其他相关权利。除此之外，这类协议还规定了双方政府因索赔问题发生纠纷时的处理程序。此后，其他国家也效仿美国签订了许多类似协定。

3. 促进与保护投资协定

促进与保护投资协定是欧洲一些发达国家与发展中国家签订的双边投资条约，其中以联邦德国最为典型，故称为德国式的双边投资协定。从 20 世纪 50 年代末开始，联邦德国、瑞士等欧洲国家认识到单纯依靠友好通商航海条约难以有效地保护其海外投资，就创立了促进与保护投资协定这一新的双边投资条约模式。这种协定提取了传统友好通商航海条约中有关外国投资的内容，加以具体化，并融合以美国式投资保证协定中有关投资保险、代位求偿及争端解决的规定，兼采两者之长，能为资本输出国的海外投资提供切实有效的保护，因而一问世便得到各发达国家的竞相仿效和大力推行。除了欧洲国家大量签订此类协定之外，发展中国家之间也签订促进与保护投资协定，我国与外国签订的双边投资条约也是以这种协定为主。值得注意的是，美国自 1977 年以后也开始采用促进与保护投资协定保护国际投资，并于 1982 年制订了第一份用于谈判的样板条约，此后不断进行修订。迄今为止，这类协定已经得到各国的广泛采用。

二、区域性国际法规范

随着区域性经济合作和经济一体化的发展，以前以国家为单位的投资法律规范便趋向于以区域为单位实行多边调整的投资法律规范，以解决区域与区域之间、区域内的国家间关于外国投资的保护问题。区域性国际法规范概括起来主要包括三种情形：

（1）联合国贸易与发展会议的贸易发展理事会提出的"区域投资法典"方案。

（2）联合国区域经济委员会（如亚太经济社会委员会、拉丁美洲经济委员会等）同其他区域国际组织（如阿拉伯联盟、非洲统一组织、美洲国家组织等）协商的有关外国投资的共同措施。

（3）由区域性国际经济组织协调其成员国或一定范围的国家签订的多边条约。

其中，前两种情况在实践及法律效力上作用不大，最后一种则是国际直接投资的重要规范。目前，此类协议主要有联合国经合组织（OCED）1996 年签订的《自由化准则》和1979 年签订的《国际投资和跨国公司宣言》、1998 年的东盟投资框架协议、安第斯集团291 号决议、1994 年的《APEC 不具约束力的投资原则》和阿拉伯国家联盟的《阿拉伯区域内投资保证公司公约》等。另外，许多区域性国际公约也包含直接投资条款，如欧盟的《马斯特里赫特条约》、北美自由贸易区的《北美自由贸易协定》等。

三、全球性国际法规范

迄今为止,国际社会尚未就国际直接投资缔结一项全面规范国际直接投资行为的世界性公约。但是,由于共同利益的存在,国际社会就国际直接投资规范问题也取得了一定的成果。例如,1965 年的《解决国家与他国国民间投资争端公约》(简称《华盛顿公约》)、1985 年的《多边投资担保机构公约》(简称《汉城公约》)、1992 年世界银行和国际货币基金组织下的发展委员会颁布的《外国直接投资待遇指南》、1994 年签署的《乌拉圭回合最终文件》和《世界贸易组织协定》中关于"与贸易有关的投资措施"(TRIMs)。另外,WTO 签署的其他一些协议也对国际直接投资进行规范,如《与贸易有关的知识产权协定》(TRIPs)、《服务贸易总协定》(GATS)和《补贴与反补贴措施协议》(ASCMs)等。这些全球性投资条约均成为国际投资法的重要组成部分。

(一)《华盛顿公约》

《解决国家与他国国民间接投资争端公约》于 1965 年 3 月 18 日在美国华盛顿正式签署,因此也称为《华盛顿公约》。该公约的主要内容是建立一个附属于世界银行的"解决投资争议国际中心"(International Centre for Settlement of Investment Disputes,ICSID)。

《华盛顿公约》是南北双方既斗争又互相妥协的产物。第二次世界大战以后,新独立的发展中国家纷纷对涉及重要自然资源和国民经济命脉的外资企业实行征收或国有化,引起了发达国家与发展中国家之间的矛盾和纠纷。为了解决此类矛盾纠纷,从 1962 年,在世界银行主持下,专家们开始起草《华盛顿公约》草案。经过各类国家的激烈论战和多次修改后,终于在 1965 年正式通过,并于当年 3 月 18 日在华盛顿开放签署。1966 年10 月 14 日,荷兰作为第 20 个国家完成了批准手续,满足了《华盛顿公约》对缔约国数目的最低要求,《华盛顿公约》开始生效,中心也开始运作。

国际投资争端解决中心的宗旨和任务是,制定调解或仲裁投资争端规则,受理调解或仲裁投资纠纷的请求,处理投资争端等问题,为解决会员国和外国投资者之间争端提供便利,促进投资者与东道国之间的互相信任,从而鼓励国际私人资本向发展中国家流动。该中心解决争端的程序分为调停和仲裁两种。但"解决投资争议国际中心"本身并不直接承担调解仲裁工作,而只是为解决争端提供便利,为针对各项具体争端而分别组成的调解委员会或国际仲裁庭提供必要的条件,便于它们开展调解或仲裁工作。"解决投资争议国际中心"可以受理的争端仅限于一缔约国政府(东道国)与另一缔约国国民(外国投资者)直接因国际投资而引起的法律争端。对一些虽具有东道国国籍,但事实上却归外国投资者控制的法人,经争端双方同意,也可视同另一缔约国国民,享受"外国投资者"的同等待遇。

截至 2013 年 6 月底,公约的签字国已达到 158 个。[①] 中国于 1990 年 2 月 9 日签署了《华盛顿公约》,并于 1993 年 1 月 7 日正式核准。在批准文件中,中国指出"中国仅考虑把由征收和国有化产生的有关补偿的争议提交'中心'管辖"。

(二)《汉城公约》

为缓解或消除外国投资者对政治风险的担心,1984 年世界银行重新修订了《多边投

---

① https://icsid.worldbank.org/ICSID/Index.jsp

资担保机构公约》，并于 1985 年 10 月正式通过。多边投资担保机构（Multilateral Investment Guarantee Agency，MIGA）通过直接承接各种政治风险，为海外投资者提供经济上的保障，并且进一步加强法律上的保障。

设立 MIGA 并非为了与官办投资保险机构竞争，而是对其起补充作用。因为国家的投资保险机构受本国政府控制，又受本国法律约束，它们对投保公司国籍问题往往设限制性规定，且其一般对国家的违约风险不予承保。MIGA 在填补海外投资保险业务空白方面发挥了很大作用。MIGA 的优势在于由于成员国均持有一定股份，所以它给吸收外资的每一个国家赋予双重身份，它们既是外资所在的东道国又是 MIGA 的股东，从而部分承担了外资风险承包人的责任。这样，一旦在东道国境内发生的 MIGA 承保的风险事故使有关外资遭受损失，则作为侵权行为人的东道国，不但在 MIGA 行使代位求偿权以后，间接向外国投资者提供了赔偿，而且，作为 MIGA 的股东，它又有必要在 MIGA 对投保人理赔之际，就直接向投资者部分提供赔偿。因此，在实践方面，MIGA 加强了东道国的约束力。另外，作为一个国际性海外投资保险机构，它可以对国家违约险承保，具有一个国家的保险机构无可比拟的优势。

（三）与贸易有关的投资措施

20 世纪 90 年代以来，各国均采取了一系列对外国投资放宽管制的有利措施。因此，建立独立、统一的多边投资法规范成为世界投资领域有待解决的问题。于是，OECD 于 1995 年提议组织建立独立的多边投资法体系。但是，由于发达国家内部在国家安全例外、政府补贴和采购上难以达成一致，缺少发展中国家参与，使得南北利益无法达到平衡，OECD 的努力最终失败。由此，在乌拉圭回合谈判中，仅能对国际贸易产生某种影响或扭曲作用的投资措施（即与贸易有关的投资措施，Trade Related Investment Measures，TRIMs）进行谈判。在 1994 年 4 月，乌拉圭回合谈判的 125 个参与方签署《乌拉圭回合最终文件》和《世界贸易组织协定》，作为一个组成部分的"关贸总协定缔约国关于与贸易有关的投资措施的决定"也随之生效。

TRIMs 协议的宗旨是促进投资自由化，制定为避免对贸易造成不利影响的规则，促进世界贸易的扩大和逐步自由化，并便利国际投资，以便在确保自由竞争的同时，提高所有贸易伙伴尤其是发展中国家成员的经济增长水平。协议的基本原则是各成员实施与贸易有关的投资措施，不得违背《关贸总协定》的国民待遇和取消数量限制原则。根据 TRIMs 协定相关条款，TRIMs 协定适用的范围是东道国政府通过法律或政策实施的对贸易产生不利影响的与货物贸易有关的投资措施，而不是所有的投资措施。也就是说，该协定既不规范与服务贸易有关的投资措施和与知识产权有关的投资措施，也不规范对货物贸易产生积极推动作用的投资措施。

总体而言，TRIMs 协议对与贸易有关的投资措施进行了有效约束和限制，有利于东道国放松对外国投资的管制，从而改善国际投资环境，促进国际直接投资发展。但是，TRIMs 协议是发展中国家与发达国家之间斗争的结果。无论是在 TRIMs 议题谈判动机上，还是在 TRIMs 协议的内容上，都呈现出过渡性特点。过渡性（不确定性）的存在表明，各国仅就此问题达成了暂时妥协，为以后重新修订该协议留出了空间。

（四）《服务贸易总协定》

国际服务贸易对世界各国经济增长、发展及在国际贸易中的重要性日益突出。然而，随着国际服务贸易的不断发展，各国间的摩擦却不断增加，服务贸易中的壁垒也越来越突出。为了减少世界服务贸易流通障碍，解决贸易争端与摩擦，《关贸总协定》第八轮谈判签署了《服务贸易总协定》(GATS)。《服务贸易总协定》于1995年1月1日正式生效，是多边国际贸易体制下第一个有关服务贸易的框架性法律文件。GATS通过"商业存在"概念将投资与贸易紧密联系起来，从而使GATS的各项原则和规则适用于服务贸易内相关投资行为的规范。

《服务贸易总协定》共35条，由前言、范围和定义、一般义务和原则、具体承诺、逐步自由化、组织机构条款、最后条款和5个附录及各国的市场准入承诺单组成。在GATS中，各成员国往往通过在其承诺表中列出各自承担义务方式来达成协定并按此履行义务。也就是说，GATS是通过正面列表承担其相应的协定义务。这样，各缔约国将保有较大的自主权和灵活性，可以根据其具体国情来选择相应水平的协定义务。因此，正面列表承担义务的方式是GATS一大特点，对WTO框架内多边投资协调机制的建立具有重要的借鉴意义。但是，GATS适用范围较窄，仅通过"商业存在"将投资行为纳入服务贸易框架内，而没有涉及投资者与东道国关系中的很多重要层面，如业绩要求、征收和补偿以及跨国公司的限制性商业惯例等。因此，GATS不能成为国际投资领域有效的法律协调机制，更不能替代全球性的多边投资协调机制。

（五）《与贸易有关的知识产权协议》

《与贸易有关的知识产权协议》(TRIPs)是在乌拉圭回合谈判中就贸易领域的知识产权问题达成的成果。TRIPs的目标是保护贸易领域的知识产权。但是，由于技术转让往往发生在跨国公司母公司与其国外子公司或附属机构之间，因此，TRIPs的有关规定在一定程度上也具有协调投资行为的功能。TRIPs本质上没有为国际投资者创设新的实质性权利，而其极具价值的一点是在协议中制定了过渡协议。例如，发展中国家在协议规定情况下可以享有5年过渡期，但此待遇不包括履行国民待遇条款和最惠国待遇条款。

第三节 国际投资风险管理

一、国际投资风险的种类

国际投资风险就是指在进行国际投资的过程中，由于各种不确定因素的存在，使投资项目的实际收益与其预期值之间的差异。差异越大，投资风险就越大。目前通常按风险的重要程度将国际投资风险分为以下几类。

（一）国家风险

国家风险又称政治风险，是指在国际投资中，由于东道国政府在政权、政策法律等政治环境方面的异常变化而给国际投资活动造成经济损失的可能性。国际投资过程中，国家风险是国际投资者面临的最具威胁性的风险，因其发生一般都比较突然，难以识别和预测,单个投资者更难以控制其发展。一般来讲,发展中国家的国家风险较大,发达国家的国家风险较小。

(二) 金融风险

金融风险是指在国际投资中,由于各种不确定因素的变化,导致国际金融市场上各国汇率、利率变动,或国际信用的变动而引起国际投资者资产价值变化的可能性。金融风险主要包括外汇风险和利率风险两类。其中,外汇风险是指因投资东道国汇率变化而导致外国投资者在东道国投资的资产价值发生变化的可能性。这种可能性既可能给投资者造成损失,也可能带来收益。利率风险是指因国际投资所涉及国家的利率变化,直接或间接引起外国投资者资产价值发生变化的可能性。

(三) 经营风险

经营风险是指企业在进行跨国投资的整个过程中,由于市场条件的变化或生产、管理、决策的原因导致企业经济损失的可能性。引起经营风险的因素主要包括:

(1) 价格风险,即由于投资东道国或国际市场商品的价格波动而使企业可能遭受损失的风险;

(2) 营销风险,即由于产品营销发生困难而给企业带来的风险;

(3) 财务风险,即在跨国经营的过程中企业遇到流动资金周转不灵、不能按时偿还债务而发生债务危机等风险。

(四) 组织风险

组织风险是指企业在进行跨国投资经营中,由于组织结构设计、组织运作及组织决策等的不确定性所造成的风险。目前,世界经济发展迅速,企业的组织形式也在不断更新发展,跨国企业能否根据投资的行业、区域来设计和调整其组织结构,并使之良好运作、科学决策,也是其风险管理能力的一个重大方面。

(五) 技术创新风险

技术创新风险是指跨国企业为了维持自身的竞争优势,进行技术创新过程中可能给企业造成经济损失的风险。在当前世界技术变化迅速、产品生命周期极大缩短的情况下,技术创新对每一个跨国企业都非常重要,但由于在技术创新中,从立项、研发再到产品的试验和销售,不仅周期长,投入极大,而且成功率较小,因此其风险有时较大。

以上这些风险始终贯穿于跨国投资的整个过程,而且彼此之间相互作用和相互影响。其中,国家风险和金融风险是由外部不确定因素导致的,可控性差。经营风险、组织风险、技术创新风险部分是由于内部不确定性因素导致的,其管理融于对外投资者日常经营活动的各个环节之中,可控性较好一些。下面将重点讨论国家风险和金融风险中外汇风险的识别与管理。

二、国家风险管理

(一) 国家风险的内容

国家风险的主要内容包括主权风险、征用和国有化风险、战争风险和政策风险。

1. 主权风险

主权风险是指东道国从本国利益出发所采取的不受任何外来法律约束而独立自主地处理国内或对外事务时,给外国投资者造成经济损失的可能性。例如,1979年,美、伊敌对时,双方政府均宣布冻结对方在本国的财产。主权风险不可避免地会给投资者造成极大的损失。

2. 征用和国有化风险

各国的《外国投资法》中,关于征用的解释不尽相同。一般来说,征用是指东道国政府基于国家主权的需要对外国资本予以没收或接管。按照有关国际法的规定,东道国对外国资产实行征用时,应用硬通货向被征用的外国企业进行足额补偿。有些国家也称征用风险为国有化风险。而少数国家(如美国)将东道国政府废弃、拒绝履约和违反投资契约也列为征用。实际中,外国资本被征用后可能得到全额补偿,也可能只是部分补偿。对外国资本征用事件以发展中国家居多,其中拉丁美洲最多,非洲和中东地区次之,亚洲最少。如在20世纪60—80年代发生了很多起征用事件:1969年利比亚接管了美国某跨国公司在本国的油田,1971年接管了所有外资铜矿;1979年伊朗政府国有化了大部分外国企业等。但一些发达国家也曾对外资实行过国有化,如瑞典政府1980年对一家外资造船厂实行了国有化;法国政府则在1981年对一批外国企业实行了国有化。一般来讲,征用给外国投资者带来的损失较大。

3. 战争风险

战争风险是指东道国国内由于领导层变动或社会各阶层利益冲突、民族纠纷、宗教矛盾等引起局势动荡,甚至发生骚乱和内战,或东道国与别国在政治、经济、宗教、民族等问题上的矛盾激化而发生局部战争,从而给外国投资者造成经济损失。如2001年的"9·11"事件导致的阿富汗战争就给阿富汗投资的外国企业造成了经济上的极大损失。一般来讲,东道国发生内乱和战争给投资者造成的损失最大。相比而言,一些落后国家,宗教问题比较多的国家发生战争的风险比较大。

4. 政策风险

政策风险是指由于东道国制定或变更政策而可能给外国投资者造成的经济损失。东道国的土地、税收、市场、产业规划等方面具体政策的变化将影响投资者的决策。

(二) 国家风险的识别与评估

国家风险由于与国家主权行为密切相关,因此投资者需对东道国内部的各种状况进行调查、分析以得出对其国家风险的总体评价,为国际投资活动提供决策依据。目前,国家风险识别和评估主要有以下几种方法。

1. 国际投资风险指数评估法

国际投资风险指数是由国际上一些专门研究国际政治、经济、金融形势的机构提供的关于某个国家或地区风险状况的数量标准。投资者在进行国际投资之前可以先以这些定期发布的国际风险指数作为评估东道国国家风险的参考。目前国际上较有影响的国际投资风险指数有以下几种。

(1) 富兰德指数(FL)。富兰德指数是20世纪60年代末期,美国的F.T.汉厄教授设计的一种考察国家风险程度的评价指数。该指数由美国商业环境风险情报所每年定期提供,是由定性、定量和环境评级体系构成的综合指标。其中,定性评级体系主要考察该国的经济管理能力、外债结构、外汇管制状态、政府贪污渎职程度以及政府应对外债困难的措施五个方面;定量评级体系侧重评估一国的外债偿付能力,包括对外汇收入、外债数量、外汇储备状态及政府融资能力四个方面的评分;环境评价体系包括三个指数系列,即政府风险指数、商业环境指数及社会政治环境指数。三个评级体系在富兰德指数中所占比重分别为50%、25%和25%。富兰德指数以百分制表示,指数越大表明该国的投资风险越小。

(2) 国家风险国际指南综合指数(CPFER)。这是由美国纽约国际报告集团编制的风险分析指数,每月发布一次,分为政治、经济、金融三部分,权数分别为50%、25%和25%。政治指数包括领导权、法律、社会秩序及官僚化程度等13个指标;经济指数包括物价上涨、偿付外资比率及国家清偿能力等6个指标;金融指数包括停止偿付、融资条件、外汇管制损害程度及政府毁约等5个指标。该指数最后以百分制表示,指数越大,表明该国的投资风险越小。

(3)《欧洲货币》国家风险等级表。这是由国际金融界权威杂志《欧洲货币》在每年秋季公布的,侧重于反映一国在国际金融市场上的形象与地位的指数。其所包括的内容有:在外国债券市场、国际债券市场、浮息债券市场、国际信贷市场及票据市场上筹措资本的能力,占20%;进行贸易融资的能力,占10%;偿付债券和贷款本息的记录,占15%;债务重新安排的顺利程度,占25%;二级市场上的交易能力及转让条件,占30%。

(4) 日本公司债研究所国家等级表。它是由日本公司债研究所每年定期公布的国家风险分析结果,为投资者了解各国风险状况服务。该表采用评分制,以0~100分表示,分数越高,表明国家风险越低。国家等级表按14个项目对一个国家逐项评分,主要包括:内乱、暴乱及革命的危险性;政权的稳定性;政策的持续性;产业结构的成熟性;经济活动的干扰;财政政策的有效性;金融政策的有效性;经济发展的潜力;战争的危险性;国际信誉地位;国际收支结构;对外资的政策;汇率政策等。最后根据综合评分确定该国风险等级序列。

2. 国别评估报告法

国别评估报告法是投资者对特定国家的国家风险进行综合评估的一种方法,往往用于大型海外建设项目的投资和贷款之前的综合评估。由于投资主体、投资方式和投资动机不同,各个投资者编制的报告可能会有差异,但各国评估报告的基本内容是一致的,主要包括政府能力评估、经济状况评估、对外支付能力评估、政局稳定性评估。

3. 评分等级评估法

评分等级评估法是指用一组固定的评分标准将考察对象国的各个风险因素加以衡量,从而确定风险分数的方法。这种方法简便易行,而且可在不同国家间进行风险比较,在国际上有广泛的应用。它一般包括以下四个阶段:第一阶段,确定考察风险因素,如负债率、战争次数、人均收入等。第二阶段,确定风险评分标准。分数越高,风险越大。例如,负债率10%以下为1~2分,10%~15%为3分,16%~25%为4分,26%~50%为5分,51%~80%为6分等。第三阶段,将所有项目的分数汇总,确定该国的风险等级。风险等级越高,说明风险越小。第四阶段,进行国家间的风险比较,确定投资的方向。

4. 预先报警系统评估法

这是 1975 年联邦德国经济研究所制定的一系列重要的国家经济指标。通过这种指标系统可以用于观测国家风险状态,以期在国家风险出现之前预先警报,提醒投资者注意。该系统主要由以下指标组成:偿债比率、本金偿还比率、负债比率、负债对出口比率、负债对外汇储备比率、流动比率、偿息额对国民生产总值比率、经常项目收支逆差对出口额比率,物价上涨率、货币供给增长率、财政赤字对国内生产总值比率、国际货币基金借款对本国在该组织份额的比率、货币供给增长率、年固定资产形成额对国内生产总值比率、国际银团对该国贷款的加息率。通常在进行国家风险评估时要有选择地运用其中一部分指标,其中较为常用的有:偿债比率=(外债当年还本付息额÷当年出口商品与劳务额)×100%。一般认为它在 10% 以下表明该国拥有较强的偿还能力,高于 25% 意味着可能面临债务困难。负债比率=(本国全部公私外债余额÷当年 GNP)×100%。一般认为它低于 15% 较好,高于 30% 则易发生债务危机。负债对出口比率=(本国全部公私债务余额÷当年出口商品与劳务额)×100%。一般认为该比率的危险临界值为 100%,且越低越好。流动比率=(外汇储备余额÷月平均进口的外汇支出额)×100%。一般认为相当于 5 个月进口额的外汇储备比较充足,低于一个月进口额的外汇储备则是危险的。

5. 德尔菲评估法

德尔菲(Delphi)评估法亦称专家评估法,是美国著名企业机构兰德公司于 20 世纪 50 年代初发明的,它以希腊神话中太阳神阿波罗的神殿所在地德尔菲命名,即意味着这是一种集众人智慧的评估方法。其基本做法是邀请来自于不同专业,如经济、政治、企业、法律等,且相互没有联系的专家,将其对各种问题的反应进行统计处理,反复测验,最后得出结论。在德尔菲评估法中,大多数专家的意见称"倾向性"意见,它通常被作为主要参考依据;专家意见的集中度叫作"一致性",一致性越高的意见,参考价值越大。

(三)国家风险防范战略

国家风险涉及面广,复杂程度高,变化快,对外国投资者的影响大,即使投资者对其做了准确的识别和分析,也不能阻止其发生,因此在完成对国家风险评估之后,还应对投资活动做出适当的保护措施,以使国家风险给投资造成的损失最小。

1. 投资前的国家风险管理

投资是一项长期经济行为,国家风险防范和规避在投资前就要开始,主要有办理海外投资保险和与东道国政府进行谈判两种。

(1)办理海外投资保险。在许多工业化国家,如美国、英国、日本、德国、法国等,都设有专门的官方机构对私人的海外投资提供政治风险的保险、跨国公司险和转移风险三类。一般程序是:投资者向保险机构提出保险申请,保险机构经调查认可后接受申请并与之签订保险单。投资者有义务不断报告其投资的变更状况、损失状况,且每年定期支付费用。当风险发生并给投资者造成经济损失后,保险机构按合同支付保险赔偿金。

(2)与东道国政府进行谈判。投资者在投资前要与东道国政府谈判并且达成协议,以尽量减少政治风险发生的可能。协议要明确以下内容:子公司可以自由地将股息、红利、专利权费、管理费用和贷款本金利息汇回母公司;产品出口的定价方法,以免日后双方在该问题上产生争议;公司缴纳所得税和财产税参照的法律和法规;产品出口的比例;内销的定价;资产评估方法;在东道国的融资方式;企业职工的雇佣;发生争议时进行仲裁的法律依据及仲裁地点等。

2. 投资中的国家风险管理

东道国的投资环境是一个动态的系统,随时可能发生事先预想不到的事情。因此,外国投资者在投资后的生产经营过程中也应随时采取一些相应的避险措施。

(1) 生产和经营战略。投资者通过生产和经营方面的安排,使得东道国政府实施征用、国有化或没收政策后,无法维持原公司的正常运转,从而避免被征用的风险。

① 控制原材料及零部件的供应。进口原料和零配件虽然运输成本较高,交货时间较长,但它可以保证投入品的来源和质量,免受东道国政府的控制,还可以降低政治风险,因为东道国即便征用该企业,也无法获得生产所必需的原材料和零配件,无法维持企业正常运转。例如美国克莱斯勒汽车公司在秘鲁的汽车组装厂就是因此避免了国有化风险,该公司控制了关键零部件的供应,只有 50% 的汽车零部件在秘鲁制造,其余部分必须从该公司设在别国的子公司获得,致使秘鲁政府不得不放弃征用。

② 控制专利及技术诀窍。投资者将专利、技术诀窍控制在手中,一旦公司被征用,东道国没有专利和技术诀窍,就无法维持原有的正常经营。例如,世界第一品牌可口可乐的子公司遍布 100 多个国家或地区,但其独特的配方被总公司牢牢掌握着。

③ 控制销售市场。通过控制产品的出口市场以及产品运输及分销机构,使得东道国政府接管该企业后,失去产品进入国际市场的渠道,生产的产品无法出口,这样做可有效减少被重用的风险。例如,秘鲁在征用了从事铁矿开发的马可纳公司后发现自己反而失去了产品出口进入国际市场的渠道,结果不得不与马可纳公司重新谈判。

(2) 财务战略。这种战略是在融资、资本结构、股权比例等方面采取灵活措施,从而避免、降低国家风险。

① 积极争取在东道国金融市场上融资。尽管在东道国金融市场融资成本较高,并有可能受到东道国政府紧缩银根使筹资成本提高的影响,但这样可有效地防范政治风险。因为东道国政府对该公司实行歧视性政策或经营上的限制,会影响东道国本身金融机构的利益,因而在采取征用措施时,东道国不得不谨慎考虑。

② 采取适当的股权结构。外国投资者可在遵守东道国相关法律的前提下,逐步出售部分或全部股权给当地投资者,分阶段逐步撤出对外投资的所有权。例如可口可乐公司在国外直接投资项目中,待企业正常运行后将自己的股权转让给其他人,而撤出投资使自己与这些企业的联系从资产纽带变为特许授权经营关系,即不再需要控制生产和经营,而只控制技术和商标的办法。

③ 采取短期利润最大化策略。投资者在尽可能短的时间内,从当地经营中最大限度地提取现金,这些方法包括递延投资维持费用、将投资削减至仅够维持生产所需的最低水平、缩减营销开支、生产低质量商品、制定高价和取消员工培训计划等,从而使短期利润达到最大。这些短期行为显然不利于企业的长期发展。这一策略是一种消极的反应,它几乎表明该公司在当地的投资经营将不会长久,有时反而会加大被征用的可能。因此,投资者必须选择适当措施,以减少风险。

三、外汇风险管理

（一）外汇风险的内容

外汇风险即汇率风险，是指经济主体持有或运用外汇的经济活动中，因汇率变动而蒙受损失或取得收益的可能性。企业在跨国经营中遇到的汇率风险主要有三种：折算风险、交易风险和经济风险。

1. 折算风险

折算风险又称会计风险，是指由于汇率变化而引起海外资产和负债价值的变化，是经济主体在会计处理和外币债权、债务决算时，将必须转换成本币的各种外币计价项目加以折算时所产生的风险。在实际操作中，一般应根据财务报表的分类，将折算风险分为损益表风险和资产负债表风险。企业的现金流量表是在以上两表的基础上编制而成，因而不需要单独考虑其折算风险。例如，美国某公司在英国的子公司的往来账户余额为 200 万英镑。年初时 1 英镑＝1.6 美元，美国母公司在英国子公司账户余额为 320 万美元。年末时美元贬值，英镑升值，1 英镑＝1.55 美元，则年末时，英国子公司账户余额折算成美元只有 310 万美元，英镑余额价值降低了 10 万美元。

2. 交易风险

交易风险是未来现金交易价值受汇率波动的影响而使经济主体蒙受损失的可能性。交易风险又可以进一步分为外汇买卖风险和交易结算风险两类。外汇买卖风险又称金融性风险，是本币与外币之间的反复兑换而带来损失的可能性。交易结算风险又称商业性风险，是一般企业以外币计价进行交易活动时，由于计划中或进行中的交易在结算时所运用的汇率没有确定，由此产生风险的可能性。例如，中国一家公司向美国出口一批价值 2 万美元的物品，计价结算货币为美元，签约时 6 个月内付款，假设在此期间美元贬值，由 1 美元＝8.2 元人民币变为 1 美元＝8.3 元人民币，则上述交易中，虽然在成交签约时并未进行外汇买卖，但是汇率的波动却让中方公司承担了减少 2 000 元人民币收入的风险损失。

3. 经济风险

经济风险是指由于意料之外的汇率波动引起公司或企业未来一定期间的收益或现金流量变化的一种潜在风险。例如，美国一家公司计划在德国投资一家工厂，当时汇率为 1 美元＝1.50 德国马克，因而需要 500 万德国马克（333.333 万美元）。当这家美国公司开始建厂支付原材料费用和工人工资时，德国马克升值了，1 美元＝1.4 德国马克。那么，建成该工厂的成本为 500 万德国马克（357.143 万美元），前后相差 357.143－333.333＝23.810 万美元，这就是经济风险带来的经济损失。

（二）外汇风险的管理

国际投资的外汇风险管理是指国际投资者对外汇市场可能出现的变化作出相应的决策，以避免汇率变动可能造成的损失。对于不同类型的外汇风险，应采取不同的管理方法。

1. 交易风险管理

交易风险的管理一般采用以下几种方法。

(1) 货币选择法。在对汇率变化进行正确预测的基础上,在进行国际投资的交易活动中,选择适当的计价和结算货币币种以规避风险。例如,当从国外进口原材料、零部件时选择用软币(外汇市场上汇率呈现贬值趋势的货币)计价,而出口产品、借贷资本输入时采用硬币(外汇市场上汇率呈现升值趋势的货币)计价。还可以采用多种货币组合法进行计价和结算,以分散风险。

(2) 金融市场操作。当投资者选择好币种并签好交易合同后,还可以利用外汇市场和货币市场长期保值的办法来消除外汇风险。金融市场上各种形式的风险管理工具为跨国投资者提供了现成的技术,主要的方法有:现汇交易法、远期外汇交易法、期货交易、期权交易、借款与投资、外币票据贴现法以及利率和货币互换法等。

(3) 提前或延后支付。提前与延后支付政策是按未来货币变动的预期调整收进应收账款的时间和支付应付账款的时间,以减少外汇风险的技术。一般原则是:在预测外汇汇率将要上升,外汇将要升值时,拥有外汇债权的主体延期收汇,拥有外汇债务的主体提前付汇;相反,在预测外汇汇率将要下跌,外汇将要贬值时,拥有外汇债权的主体要提前收汇,拥有外汇债务的主体要延期付汇。总之,可供选择的交易风险管理方法很多,在具体使用时应比较各种方法的防范成本,争取以最小的成本来达到有效消除交易风险的目的。

2. 折算风险的管理

折算风险的防范通常主要是使用资产负债表保值的方法。其基本的原则就是使资产负债表上的风险资产和风险负债的数额相等,这样汇率变动时对风险资产和风险负债的影响将相互抵销。例如,英国一家跨国公司在美国设立一家子公司,在该子公司的资产负债表上有 60 万美元的净资产,按当时的汇率 1 英镑=1.50 美元折合成公司母国的货币为 40 万英镑。现如果英国母公司预期汇率将变为 1 英镑=1.60 美元,则其在美国的子公司将会产生 2.50 万英镑的折算风险。为了避免这个折算风险,最简单的办法就是母公司先将 60 万美元兑换成英镑或其他将要升值的货币,从而保持美元资产与美元负债的余额相等。

3. 经济风险的管理

经济风险管理的目的是减少由于汇率的意外变动而给企业的业务现金流造成的损失。防范经济风险的根本原则是通过调整销售收入和生产要素的币种组合,使得未来销售收入的变化与生产要素成本变化相互抵销。防范经济风险主要可以采取以下措施。

(1) 营销管理策略。跨国投资企业首先要决定在哪些市场销售自己的产品以及在不同的市场上各自花费多少成本进行市场营销。如果本币对外升值,通常国内产品在国际市场上将处于不利的竞争地位,应当更加注重国内市场。如果本币对外贬值,国内企业不仅在国外市场上占有优势,在国内市场上也拥有优势,企业应同时大力拓展货币升值国市场和本国市场。

(2) 生产管理策略。为避免经济汇率风险,跨国公司应采取生产经营分散化策略将其生产、销售、原材料及零部件的来源地分布到世界各国或地区,同时也将其经营范围深入到各个相关的行业中。首先,实行国际经营多样化,势必在汇率出现意外变化后通过比较不同地区生产销售和成本的变化趋利避害,迅速调整其经营策略,改善竞争条件,增加一些分支机构的生产,减少另一些分支机构的生产,从而达到规避风险的目的。其次,即使在出现经济汇率风险时不调整生产销售情况,也会因生产经营的分散化而使公司现金流向不一致,使一种货币升值的收益弥补另一种货币贬值所带来的损失。例如,德国大众汽车公司就在全世界各国办有许多生产厂,不仅使产品在发达国家、发展中国家都有销售,而且避免了许多经济风险,一石二鸟。

(3)财务管理策略。财务管理策略表现在跨国经营企业的投融资多元化。一方面,从多个金融市场融得资金,如可以利用投资国和东道国的商业银行的信贷,也可以利用国际性和地区性金融机构的贷款,还可以通过发行证券或债券直接使用个人资金。另一方面,拓展在多个国家的投资,则可以创造多种外汇收入,以使大部分的外汇风险相互抵销。

总之,在实施外汇风险管理时,应把实际的对策与相应的金融措施结合起来综合运用,从而最有效地处理企业面临的主要外汇风险问题。在现实中,企业应从自身条件出发,选择适合自身风险管理特定需要的战略,并将它与外汇风险管理的内部金融管理技术与外部金融管理工具有机结合起来,尽量以最小代价实现既定的外汇风险管理目标。

案例资料

10-1 中国吸引外资的特点及未来前景

随着世界经济自由化和全球化的发展,吸引外资逐渐成为发展国家经济的一项重要举措。自改革开放以来,我国也吸引了大量的外资,为社会主义现代化建设作出了突出贡献。在当前形势下,我国吸引外资的现状如何?主要有哪些显著特点?它未来的发展前景又是怎样的?下面我们就通过以下内容进行研究和探讨。

一、当前我国吸引外资的现状

我国改革开放的一个重要内容就是引进外资,外资作为我国经济的重要组成部分,在经济的发展过程中起着不可或缺的作用。外资在中国的发展主要经历了四个阶段,第一阶段为引进阶段,即开创阶段;第二阶段是从 1979 年至 1986 年的调整和发展阶段;第三阶段是从 1987 年到 1991 年的高速发展阶段;第四阶段就是 1992 年以后的发展时期。1992 年至今虽然我国在利用外资方面还存在很多不足,比如利用外资的技术含量低、外资项目的规模小、外资的投向结构不合理等,但就总体而言,我国还是吸引了大量的外资,外资也是朝着持续、协调、健康的方向发展。随着世界经济形势的改变和中国经济结构的调整,我国在吸引外资方面面临着严峻的挑战,据 2007 年 10 月 16 日联合国贸易和发展会议发布的《2007 年世界投资报告——跨国公司、采掘业与发展》报告中可知,2006 年中国吸收外资 695 亿美元,比 2005 年下降了 4%,全球排名也从第三位下降到第五位,但此后几年,中国吸引外资的能力又得到了显著提升。

二、我国吸引外资的特点

目前我国在吸引外资方面出现的一个突出特点就是外资吸引的不平衡,这种不平衡主要体现在三个方面,分别是来源国的不平衡、行业的不均衡、区位分布的不平衡。

(一)来源国的不平衡

世界上重要的投资大国对中国投资而言却是小国,比如英国、法国、德国等欧洲国家,在靠近中国地界的日韩两国是吸引外资的重要来源地，韩国本是对外投资的小国，但是却是对华的投资大国。此外这种不平衡性还体现在前 5 位国家或地区占外资流入总量的75%，前 10 位的国家占据高达 87%，外资来源国的不平衡展露无遗。

（二）行业的不平衡

外资流入行业的排名是这样的，占据第一位的是制造业，第二位是服务业，最后是电气机械及器材业、化学原料及化学制品业和交通运输设备业。外资的 2/3 流入了制造业，其中通信设备、计算机及其他电子设备占据制造业外资的 20%。不到 1/3 的部分流入服务业，在服务行业之中，房地产占据 60%。商务服务和零售批发占据 30%。从以上数据中我们可知，行业在外资利用方面存在严重的差距。

（三）区位分布的不平衡

我国国内本身就存在地区发展不平衡的状况，其中东部地区较为发达，中部地区其次，西部地区则处于相对落后的状态。在外资的利用方面，也呈现出严重的不平衡，东部地区占据 86%，中部 9%，西部 5%。外资主要集中在广东、江苏、上海、山东等省份。外资利用方面的严重差距会进一步导致地区经济发展的不平衡，富者愈富，穷者愈穷，不利于我国经济的健康发展。

三、我国吸引外资的前景展望

（一）投资的方式有所转变

当前外资在中国投资的方式有所转变，日益显著的是独资化倾向的出现。现在独资占据 85%，合资占据 15%。相比较跨国公司进入中国初期以合资为主的方式，独资有了显著的提高，这表明外资企业对中国未来风险预期的降低和投资回报的增长。

（二）中国对外资吸引力会进一步增强

根据对全球跨国公司的调查表明，2010 年至 2012 年最具吸引力的投资国家有中国、印度、巴西、美国、俄罗斯、墨西哥等国家。其中中国、印度、巴西和美国相比其他国家或地区具有更明显的区位优势。此外在对 141 个国家或地区 12 个影响跨国公司区位选择的变量测算中，中国吸引外资的潜力指数持续上升，逐渐从 2000 年的第 49 位上升到 2008 年的第 30 位，排名的大幅度增长表明中国对外资的吸引力与日俱增。

（三）在中国的外资企业获得了丰厚的回报

根据对全国 7 万家制造业规模以上外资企业的经营绩效分析表明，外商投资企业在中国创造的财富和增值逐年上升，在创造大量财富的同时，外资企业也获得了极为丰厚的利润。以汽车行业为例，在世界 500 强跨国公司中的 16 家汽车业中，有 15 家在华投资了69 家生产性企业，其平均资产利润率高达 11.2%。对于很多跨国公司而言，中国已经成为获得投资回报最高的地区。

四、结语

在全球化的时代，吸引外资会给我国带来强大的发展机遇，因此在未来的发展中，我们要运用各种方式吸引外资，进一步推进投资自由化，不断改善投资环境，提高我国吸引外资的地位，利用外资的作用为我国的经济建设作出应有的贡献。

（资料来源：骆敏. 中国吸引外资的特点及未来前景[J]. 中国外资,2012(9).）

案例资料

10-2 智利吸引外资的鼓励政策和措施

智利是拉美地区经济开放度最高的国家,与全球50多个国家签署了24个贸易优惠协定,与美国、日本、中国、韩国等17个国家签署了自由贸易协定。智利自然资源丰富,铜储量、产量和出口量均为世界第一,而且拥有丰富的农业、林业和渔业资源。

2006年,中智自由贸易协定生效以来,中智双边贸易快速增长。2011年,智利是中国在拉美地区仅次于巴西、墨西哥的第三大贸易伙伴,中国是智利在全球的第一大贸易伙伴,第一大出口目的国和第二大进口来源国。

近年来,中国在智利投资企业数量明显增加,但总体数量仍不多。根据我国商务部统计,2011年,中国对智利直接投资额为3 000万美元。

一、智利对外资进入的相关规定

(1) 投资主管部门。智利外国投资委员会代表国家执行第600号法《外国投资法》的有关外资程序,核准自愿提出申请的重大外资投资项目。

(2) 投资行业的规定。智利是一个对外资高度开放的国家。随着20世纪80年代电信和电力行业的私有化,外资可进入的投资行业范围已非常广泛。目前,行业限制主要在国际陆路运输、渔业捕捞、近海航运、电台、媒体印刷等领域。此外,对于边境线内10公里以内土地,原则上不得向外国人出售。

(3) 投资方式的规定。智利对外资进入金额及方式没有限制,外资投资可以为外国货币、设备、技术或信贷。根据第600号法,可以与外资委员会签订合同方式提供保障的重大项目,现汇投资须超过500万美元,以货物或技术等其他方式投资额须不低于25万美元,信贷方式投资不得超过总投资额的75%。

二、智利的鼓励政策和措施

智利对外资实行国民待遇,所有外资一旦合法进入智利便与其国内企业享受完全相同的待遇。

(一) 税收优惠

根据20241号法律,智利对科技研发领域企业给予税收优惠。企业须与在经济部生产促进局登记的大学或者研究机构进行联合研发,项目金额超过100UTM(月度纳税单位,1UTM约合80美元),政府将贷款支持并返还所得税。

(二) 对高科技投资企业或研发中心的资金补助

(1) 可研阶段。智利生产促进局提供最多60%、总额不超过3万美元的资金支持。

(2) 项目启动阶段。智利生产促进局提供最多3万美元的资金支持。

(3) 在职人员培训。智利生产促进局为新员工培训提供最多50%、不超过2.5万美元的年工资。

(4) 设备和技术平台。智利生产促进局提供最多40%、不超过200万美元的资金用于购买设备和技术平台。

(5) 长期财产租用。智利生产促进局为最初5年投资相关租赁提供最多40%、不超过 50 万美元的资金。

（6）专业培训和招聘。智利生产促进局提供最高比例 50％、总额不超过 10 万美元的资金。

（三）开发新能源鼓励政策

（1）贷款便利。含增值税年销售额 4 000 万美元以上的企业投资非常规能源发电、传输分送项目，可通过指定银行向智利生产促进局申请贷款。

（2）对项目研究提供资金补助。对估计投资额高于 40 万美元的投资非常规可再生能源发电项目，补贴启动阶段工程研究费用的 50％，最高比例为预计投资总额的 5％，上限为 16 万美元；首都大区年销售额达 4 000 万美元以上的企业，投资约 48 万美元以上可再生能源发电项目或者其他获得能源委员会认定的发电量小于 2 万千瓦的发电项目，可申请补贴前期研究咨询费用的 50％，上限为 3 300 万比索（约合 7 万美元）。

（资料来源：中国驻智利使馆经商参处. 智利吸引外资的鼓励政策和措施[J]. 中国经贸，2012 (12).)

关键术语

国际投资政策	税收政策	金融政策	鼓励性政策
管制性政策	保护性政策	双边国际法规范	区域国际法规范
全球性国际法规范	华盛顿公约	汉城公约	国家风险
金融风险	外汇风险		

思考题

1. 发达国家与发展中国家对外商投资的立法政策有何不同？

2. 国际投资双边协议包括哪些内容？

3. 优惠政策在吸引外国直接投资中有哪些积极作用？有哪些局限性？

4. 简述国际投资政治风险的管理。

5. 简述汇率风险的防范。

国际投资政策

国际投资政策是影响国际投资规模和水平的重要影响因素,不同国家(地区)不同发展时期对国际投资的需求不同,因此采取的国际投资政策也有较大差异。本章在介绍了国际投资政策对经济、人才、组织等带来的效应的基础上,分析了利用外资政策及对外投资国际政策,并分析了我国国际投资政策。

学习目标

掌握国际投资政策效应;掌握东道国利用外资的主要国际投资政策及对外投资国际投资政策;了解我国主要的利用外资及对外投资政策。

第一节　国际投资政策管理

国际投资政策主要是各国根据国际投资对本国经济社会影响而作出的相应反应,理解和制定国际投资政策必须根据国际投资对东道国和母国经济发展影响而作出不同的决策。国际投资效应是指国际投资对东道国和母国经济发展各方面的影响和作用。这种影响和作用是双重的。在本节中我们从国际投资的资本转移效应、技术与发明能力转移效应、组织和管理技能转移效应、市场进入效应、经济结构调整效应及就业效应几个方面进行阐述,为了解有关国际投资的政策提供理论依据。

一、资本转移效应

国际直接投资的资本转移效应,可分为对东道国的资本转移效应和对投资国的资本转移效应两个方面。

(一)国际直接投资对东道国的资本转移效应分析

一般来说,外国资本投入对东道国的经济发展具有积极的影响和作用。首先,外国资本对东道国的投入,直接增加了东道国的资本流量,这种资源使东道国能够扩大生产,增加产出。同时外国投资带来的乘数效应能拉动东道国的经济增长,促进经济的发展,对东道国的经济起到"输血"的作用。许多发展中国家就是通过引进外资弥补了资金的短缺。另外,国际直接投资进入发展中国家,往往还能带动发达国家向发展中东道国提供援助和贷款。其次,外国资本的注入可以增加或调整东道国的资本存量,改善其资产质量。国际直接投资可以通过投资新建项目或对项目连续追加投资来增加东道国的资本存量,也可以通过兼并收购东道国的企业以增加东道国的资本存量。此外,外国资本通常需要辅助投资者的投资,这也间接地增加了东道国的资本存量。东道国的资产质量也将得到改善。东道国通过吸引外资突破自身自然条件对其经济发展的限制,使资产得到更合理的配置和利用,从而提高全社会经济效益。再次,外国投资可以成为引发东道国国内投资的催化剂,引发相关投资,提高国内投资信心。外国资本注入东道国,往往需要东道国本身的配套资金。这样就丰富了东道国国内投资市场的资源,促进了东道国投资环境的改善。同时还能刺激东道国本国企业的竞争,为其提供发展的动力和机遇。

国际直接投资对东道国的资本转移效应也有一些负面作用。例如,发展中东道国引进外资要付出较大经济代价,承受一定程度的剥削,一些较落后的重要经济部门很容易被控制,阻碍发展中国家民族工业的独立健康发展,加重发展中国家对外国资本的依赖。还可能使发展中东道国外债负担加重,国家主权利益受损等。

(二)国际直接投资对投资母国的资本转移效应分析

国际直接投资的投资国主要是一些资金雄厚经济发达的国家,对这些投资国来说,资本流出的影响和作用大体上是积极的、正面的。发达国家的对外直接投资已有100多年历史,为其经济发展和垄断企业带来了巨额的利润,扩大了国家资本积累的规模和经济实力。投资国资本流出的积极效应表现在如下两点:首先,可以影响资本流量,刺激出口供给。对外投资虽然在短期内会减少母国的资本流量,但长期来说一旦投资进入回收期,巨额利润源源不断流回母国,资本流量和存量得到增加。同时,伴随着资本流出,必然增加东道国对投资国出口品的需求,刺激投资国的出口生产,拉动母国经济增长。据日本经济学家估计,日本对东南亚国家的投资,每1美元可带动0.75美元的商品出口。其次,投资国资本流出可以提高母国的调资能力,增强竞争力,改善国际收支状况。资本转移项目是国际收支的重要组成部分。如果投资母国是贸易顺差国,那么直接投资无疑会有助于国际收支平衡。而当投资母国是贸易逆差国时,只要投资收益大于投资额,则国际收支状况也得到改善。有资料显示,投资国的投资收益一般都大于投资额。

如果投资国对外投资过快过急,出现对外投资膨胀,也会产生一些负面的资金转移效应。例如国内投资增长缓慢,国内投资增长率低于对外投资增长率,对外贸易由顺差转向逆差,国际收支恶化,国内通货膨胀等。美国在20世纪70年代的对外投资是国内制造业投资增长的3倍,大量资本外流使国内储蓄下降,财政收入不足,外债迅速增加。在20世纪80年代中期,美国彻底丧失了世界最大债权国的地位,并沦为世界最大债务国。

二、技术与发明能力转移效应

国际投资对东道国和投资国的技术与发明能力有重要的影响,这就是国际投资的技术与发明能力转移效应。技术与发明能力在一国经济及工业的发展中起着举足轻重的作用,经济学家称之为"发展的命脉"。通过国际直接投资产生的技术和发明能力转移,对世界各国都产生了巨大的意义深远的影响。

(一)外来技术和发明对国际直接投资东道国的转移效应分析

东道国通过引入国际直接投资往往能有效地引进国外的先进技术和研究发明能力。

首先,外资对东道国的注入使东道国可能借助多种方式提高研发能力,获得先进技术和研发成果。例如,东道国借助跨国公司在体系外部建立开发和技术合作网络时能够学习和掌握跨国公司的研发成果;东道国借助外国投资者的非股权投资方式或合作生产方式可获得投资国的先进技术与知识,包括项目设计、产品规格、制造技术、质量监控及管理技能各方面的先进技术与知识。对于发展中国家来说,通过引进外资直接引入国外先进技术,不仅能节省科研费用,而且能节约研发时间,取得跳跃性的发展。利用直接投资是引进新技术的最快最有效的途径,而且常常是尖端技术转让的唯一途径。其次,外国投资对东道国带来的技术和发明能力的提高往往还包括外来投资的溢出效应和外在效应。这些效应指投资主体在从事生产或其他经济行为时自然输出技术及引起技术提高,并非有意转让和传播其技术。这种溢出效应和外在效应的主要形式有在外资企业受训或工作的人员的流动,外资的竞争压力迫使本国企业提高技术,仿效外资企业的新产品和新工艺等。与单纯的技术转让相比,东道国通过直接投资带动的技术引进在适用性、技术的吸收、改进和创新方面都具有无可比拟的优势。如果不可能通过直接贸易和技术转让获得某种技术,例如采取多数参股形式使用的技术一般不向东道国企业转让,这时通过溢出效应和外在效应获得这些技术就显得尤为重要。

(二) 投资母国技术和发明转移效应分析

国际直接投资的投资国在向外投资的同时产生技术与发明的转移,这种转移对投资国也会产生积极的、正面的效应。首先,这种转移将推动投资母国的技术进步和提高研发能力。母国虽然输出了技术,但技术的研究、开发仍集中在母国进行,由于市场的扩大与竞争的压力,将强化新技术的研究开发,促进技术进步,提高发明能力。其次,这种转移将增加母国的技术收入,提高管理技能。投资国输出资金与技术是为了获得利润,其中包括技术使用费收入。随着跨国公司研究开发活动的跨国化和分散化,还可利用其他国家的廉价研究人才,降低研究开发成本。同时,相应的技术管理技能,研究开发的组织技能研究成果的保密、使用、转让等各环节的管理技能都要得到完善和提高。从而,伴随着国际直接投资的技术与发明能力转移对投资母国也同样具有重大积极意义。

三、组织与管理技能转移效应

与技术领域类似,在国际直接投资过程中,跨国公司的企业组织管理技能不仅仅局限于自身,而且通过各种方式把这些技能扩展到东道国和母国的其他企业,形成组织与管理技能转移效应。

(一) 国际直接投资对东道国的组织管理技能转移效应分析

国际直接投资为东道国带来的组织管理技能转移效应表现在:首先,东道国可以借助外国投资者向东道国的供货商、购货商、合用研究机构获得管理技术,提高组织技能。借助跨国公司的人才流动使东道国有关人员获得管理经验,通过东道国企业模仿外国投资企业的管理技术提高组织技能。其次,东道国企业采用外资企业的先进组织管理技能通常会产生示范效应,从而提高一大批企业的管理水平和营运效率,最终提高东道国工业企业的经营业绩。有资料显示现代企业的经营业绩中有 30% 以上取决于组织管理的先进性和科学性。

（二）组织与管理技能转移效应对投资母国的影响分析

对投资国而言,组织与管理技能转移效应的影响首先表现为在对外投资中可从东道国学来较先进的组织管理技能;其次,东道国的市场竞争压力也会迫使投资母国的跨国公司进一步提高自身的组织管理水平,并且最终转移回投资母国。

四、市场进入效应

国际直接投资所带来的国际市场开拓或扩大是一种积极的正面的效应。东道国可借此进入别国市场,投资国也可借此进入东道国市场。可以说国际直接投资的市场进入效应是经济全球化和统一的世界市场形成的催化剂。

（一）国际直接投资对东道国产生的市场进入效应分析

接受国际投资的东道国通过引进外资,为其进入国际市场开辟了道路。首先,外资的进入给东道国带来了符合国际惯例的市场进入渠道,构筑了新的贸易渠道,增强了东道国进入国际市场的能力,促进了出口的扩大。有关资料显示,20世纪90年代,美、日跨国公司在发展中国家的分支机构的出口占发展中国家制成品出口总额的8%,在发达国家的分支机构出口占发达国家制成品出口总额的10%。其所在东道国年出口增长6%~9%。同时外资项目还发挥进口替代作用,减少了东道国对该项目的进口,节约了东道国的外汇。其次,国际直接投资为东道国开辟新的市场,引导出口行为。与东道国企业相比,外资企业具有更高的出口导向性和更高的产品技术含量,其出口产品向技术密集型制成品方向发展,从而为东道国企业传递新的市场信息,引导东道国企业的行为,为东道国开辟出新的国际市场。

（二）国际直接投资对投资母国产生的市场进入效应分析

投资国向外投资的最重要动机和目的,就是占领东道国的市场,争取更大的经济领地,因而对投资国的市场进入效应首先表现在扩大投资国的市场。国际直接投资使跨国公司可以充分利用国际国内资源以增强在国际市场的竞争力。投资国通过国际直接投资可以建立生产、销售一体化的网络,同时降低营销成本和市场进入费用,有利于稳定和开拓国外市场,扩大对外贸易。其次,投资国的资本流出有利于强化跨国公司在国际市场的主导地位,巩固和发展其在国际市场拥有的份额,取得经济上的规模效应。投资国的剩余资本也可避开不景气周期的影响寻求资本增值。投资国对资本流出的调控力度也要随之增强,通过各种政策措施鼓励资本合理流出,并控制资本过度流出可能造成的不利影响。

五、经济结构调整效应

国际直接投资产生的另一个意义重大的效应就是促进东道国和母国的经济结构调整。国际直接投资已经成为调整经济结构的重要手段,对各国经济结构的演化产生重大影响。

（一）国际直接投资对东道国的经济结构调整效应分析

国际直接投资不是单一的资本流动,而是技术、资金和商品的综合转移,因而可为东道国带入一批相互产生积极影响的资源,这些资源与东道国资源相结合,促使东道国经济结构的调整。对于发展中东道国这种效应尤其明显。首先,通过利用发达国家的对外投资,发展中国家形成了一些新兴工业部门,改变了单一生产农矿原料的农业国这种落后的经济结构。例如新加坡通过大量引进外资,已经跻身于"新兴工业化国家"之列。巴西的新兴工业部门如钢铁、汽车、造船、石油化工、电子、航空工业等都是通过引进外资发展起来的。其次,国际直接投资的外部效应和扩散效应使发展中东道国整个工业技术水平和劳动者素质得到提高,促进技术密集型和资金密集型产业的发展,从而促进了产业结构的高级化,改善了整个国民经济结构。进一步说,在新技术革命的背景下,国际直接投资加快了高新技术部门在各国的发展,促进了整个世界包括发展中国家和发达国家产业结构的演进。

(二)国际直接投资对投资国的经济结构调整效应分析

投资国通过对国际投资可以把国内效率较低或附加值相对较小而在国外有比较优势的产业转移到国外,从而使母国的产业结构得到优化。母国会制定相应的产业政策引导国内的经济结构调整。然而,如果母国的跨国公司在向国外扩张时出现资本、技术等生产要素的非合理化流出,就可能造成母国的产业空心化,经济结构失衡,国内物质生产的地位和作用削弱,国内物质产品供给能力落后于需求。因此,国际直接投资对投资国的经济结构调整效应既有正面的作用,也有负面的作用。

六、就业效应

国际直接投资对东道国和投资国的就业状况也会产生重要影响,这就是国际投资的就业效应。这种效应既有正面的,也有负面的。鉴于就业状况是国家的敏感社会政治问题,因而这种效应引起各国政府的高度重视,也是制定投资管理政策时重要的出发点之一。

(一)国际直接投资对东道国产生的就业效应分析

国际直接投资对东道国的就业效应通常表现为创造新的就业机会并提高就业质量。新建企业投资方式直接创造出许多新的就业机会,而兼并收购方式则往往提高就业质量。此外,国际投资的乘数效应也创造出许多间接的就业机会。因为企业之间存在相互依存的连锁关系,一个企业必有许多相关企业与之配合,从而间接增加工作岗位。对于发展中国家,其接受的国际直接投资相当大的比重属于劳动密集型产业和服务业,从而能够产生大量的就业机会。但是,如果国际直接投资进入的是东道国已有一定基础的行业,则行业的竞争可能使一些东道国企业退出市场,造成下岗待业。此外,跨国公司与东道国企业争夺技术人才,也将加重低层次劳动者的就业压力。

(二)国际直接投资对投资国的就业效应分析

投资国通过流出资本可能为跨国公司的连锁企业增加一些间接的就业机会,但通常也会对投资国造成就业机会的丧失。由于国际直接投资引起母国产业结构加速变化,大量资本流出使国内某些工业部门发展减缓甚至停滞,从而排挤出一部分劳动力,造成不可避免的结构性失业。

第二节 东道国利用外资政策

通过对国际直接投资的效应分析,我们看到引入外国投资对于东道国的经济发展意义重大。东道国可以通过引进外来直接投资满足国内投资增长的需求,引进先进技术和管理经验,促进产业结构高级化,提高国内就业水平等。因而东道国往往制定许多优惠政策,为外来投资提供良好的基础设施和服务。同时为避免外来投资的负面效应,各东道国也制定了一系列管理措施。这些政策措施可分为财政政策、金融政策、技术政策、资本政策、人事政策和再投资政策几个方面。

一、东道国对外资的财政管理政策

东道国对外资的财政管理政策包括为吸引外资制定的优惠政策和为保护本国利益制定的管理政策。向外资提供财政策优惠是各东道国最广泛使用的政策。财政优惠政策包括降低所得税率、免税期待遇、减免进口关税、退税、加速折旧等。保护本国利益的财政政策主要有为保护本国税收利益的反避税政策措施等。降低跨国公司对本国投资项目的所得税率是普遍使用的一项财政优惠政策。但并没有统一的固定标准,各个国家、地区之间差别很大。有的是相对于本国企业降低税率,有的是相对于投资国国内税率降低,有的是相对于其他东道国的税率降低等。例如美国对外来投资企业的公司所得税率为 46％,日本为 42％,泰国为 30％等。

免税期优惠是指在一定期限内,免征外资企业所得税。进口关税减免是指对外资企业所需进口的生产物资减免关税。退税是对外资企业出口商品退还一定比例的已征税款。发展中东道国常常运用这三项优惠政策来吸引外国投资者。发达国家东道国则仅对一些特定的地区或加工区实行这些优惠政策。

加速折旧则是在发达国家东道国运用较为普遍的一种政策优惠。加速折旧是允许外资企业以高于正常情况下的数额计算其固定资产的折旧费。这意味着作为企业运营成本及费用的数额增加了,从而减小了税前利润数额,即降低了应纳税额的基数,提高了企业实际利润。因而加速折旧实际是一种减税优惠。

这些财政优惠政策为东道国引进外资发挥了一定的作用。尤其是对于迫切需要外资的发展中国家,为吸引外资竞相提供优惠政策。

这种提供财政优惠的方法的发展趋势是有限度的。一方面,过度的优惠政策可能会使东道国提供给外资企业的优惠超过东道国自身从外资企业获得的收益,从而不可能无限度地提供。另一方面,外国投资者往往更重视政治环境的稳定、基础设施的完善等其他因素,而提供的财政优惠并不是进行投资的决定性因素。鉴于这种态度,一些国家开始采取措施抑制财政优惠的进一步发展。例如印度尼西亚于 1984 年取消了免税期优待,马来西亚则使外国投资者的所得税率与所有企业等同。国际反避税措施是东道国为保护本国利益采取的一种对外资企业的财政政策,用以阻止当前广泛使用的国际避税对本国税收的不利影响。

国际避税是跨国纳税人的一种合法行为,通过资金或货物的跨境流动来减少或免除纳税义务。国际避税的主要方式有两种：利用国际避税地避税和利用转让定价避税。国际避税地是对投资者的资产和利润不征税或征最低税，以及实行大量税收优惠的国家或地区。跨国纳税人通过在国际避税地建立各种公司虚拟营业，并把别处的收入和费用转移到避税地来达到避税目的。转让定价是跨国公司各关联子公司之间收入和费用流动的常用方式。利用避税地和利用转让定价两种方式结合使用，是跨国公司避税的实际运作方式。东道国为反避税，通常采用的政策措施有三种：一是根据国际收入和分配四原则进行征税；二是实行转让定价税制；三是实行避税地对策税制。

国际收入和分配四原则为：独立核算原则；总利润原则；合理原则；合理利润划分安全地原则。具体内容如下：独立核算原则是对关联企业间的交易往来按无关联企业方式进行核算。总利润原则是对跨国关联企业的内部交易不予过问，只到年终时把跨国公司的总利润按合理标准分配到各企业。合理原则是指以经济合理性为基础进行国际间收入分配。合理利润划分安全地原则，是指跨国公司各企业利润划分时只要在有关国家规定的安全地范围内即可予以承认。按照这四项原则征税，尤其是按独立核算原则征税，就堵塞了国际避税的漏洞，这是一项有效的反避税措施。

转让定价税制的具体内容为：若两个以上企业有特殊关系，为防止避税和正确计算各企业所得，税务当局可以在必要时对各企业的所得税进行分配。这也是一项有效的反避税措施。美国于1968年首先制定这一税制，随后，英、德、日、法也相继引入了这一税制。

避税地对策税制是美国于1962年首次提出的，主要内容为：对美国股东拥有50%以上股权的避税地外国公司，凡拥有10%以上股票的美国股东都必须纳税，该项纳税主要针对设在避税地的基地公司的所得，这是一项针对避税地的反避税措施。其他工业国随后也规定了类似税法。

二、东道国对外来投资的金融优惠政策

向外来投资提供金融优惠是东道国吸引外资的另一大类政策措施。金融政策主要包括补贴性贷款、贷款担保、政府赠予和政府提供股权参与援助等。在发达国家，金融优惠政策发挥着重要作用，用来促进一些特定产业和地区的发展。例如美国的许多金融优惠由州政策或市政府提供，金融优惠的总额也相当大。美国肯塔基州乔治敦市为丰田公司在土地采购、道路改进、工人培训等方面共投资1.5亿美元，而丰田的投资额总共只有8.2亿美元。法国的姆巴奇市对奔驰公司的政策投资额为1.1亿美元，而奔驰公司的投资额为3.7亿美元。可见金融优惠的幅度有时是相当大的。发展中东道国则较少采用金融优惠政策。20世纪80年代以来，各东道国的金融优惠政策范围趋向扩大，一些发展中国家也开始利用补贴性贷款、贷款担保和政策赠予的形式提供金融优惠，但优惠的幅度有所降低。某些情况下，政府还提供股权参与援助，这也是金融优惠政策的一种形式。

三、东道国对外来投资的技术管理政策

东道国吸收外资的同时可引进新技术，提高本国技术水平和研发能力，即国际投资所具有的技术与研发能力转移效应。由于这种效应对东道国经济发展有很大意义，东道国

通常制定一系列技术管理政策为新技术的引进、转让提供便利和优惠条件。目前大多数东道国着重于实际技术的有效取得,采取各种政策措施提高本国吸收和使用新技术的能力。东道国对外来投资的技术管理政策主要有吸引外资和技术转让的一般性政策措施以及促进技术扩散的具体政策措施两大类。

吸引外资和技术转让的一般性政策措施包括:首先,营造有利于技术研究开发的环境基础,在外国投资者的投资场所建立科学、文化、通信等便利基础设施(例如高等院校、技术院校、先进的通信网络等),以利于外国投资者在当地安排技术研究与开发。其次,通过融资机构、营销机构和新产品、新工艺检验营造有利于研究成果商业化的经济环境。同时提供获得其他各种服务的便利,包括参与政府发起的研究开发活动的便利。再次,通过知识产权保护的立法工作,强化知识产权的保护,以保护外商进行技术研发获得的成果及利益,营造有利于外商技术研发的法律环境,促进技术研究和技术转让更快更有效和更有序地进行。许多发展中东道国鉴于过去的经验,大力加强了这方面的工作,为外商投资及工业产权提供了切实的法律保护,促进了外资引入的技术与发明效应。

东道国促进技术扩散的具体政策措施包括:

(1)通过劳动者的合理流动,建立完备的设备供应商系统和用户厂商系统,促进外资公司与当地企业的联系、交流与渗透。

(2)通过鼓励当地政府、学校、企业的研究机构与外资公司的联合研究开发促进外资公司的新技术的扩散。

(3)通过建立科学园区并加速其发展来达到本地技术与外来先进技术的融合渗透等。

建立科学园区是一种行之有效且为许多东道国采用的政策措施。科学园区集中了大量的本国和外国的技术力量、研究机构,有利于加强公共研究机构与外资企业的联系,促进技术合作,对新技术的研发、应用、扩散具有相当大的作用。许多世界著名的科学园区如美国的硅谷、苏格兰中部的硅峡、英国的剑桥科技园、马来西亚和新加坡的科技园等,都成了世界最尖端技术的摇篮和集散地。

四、东道国对外来投资的资本管理政策

东道国对外来投资的资本管理政策即对外来投资者的利润和资本汇出的政策。资金外汇问题是跨国公司、东道国、资本输出国最为敏感的问题,既关系到三方的权益,也涉及两国政府间的经济关系,还关系到国际资金的流通问题。一般的原则是允许投资者的资本及利润自由汇出,这样有利于调整投资环境和吸引外国投资者。但在实际运作中东道国为了国家利益和货币政策的需要,对外资公司利润和资本的汇出常加以一定限制,以防资金大量外流。尤其是发展中东道国在这方面的限制通常比发达国家严一些。

对外国跨国公司利润的汇出,发达国家东道国多数奉行自由开放政策,不加任何限制。少数采取规定限额的办法。如希腊规定利润汇出不得超过资本总额的10%~12%。发展中东道国对利润汇出的政策大致有三种类型,第一类原则上允许利润汇出,但有一套具体规定。如泰国规定资本入境后需向指定银行登记,并于7天内卖给指定银行,不得自行保留外汇。需汇出资金时要向中央银行申请审查批准。印度、巴西也有类似规定。第二类对利润汇出在政策上规定了限额。例如安第斯条约组织明确规定外资企业年利润汇

出不得超过收入资本的 20%。玻利维亚规定年利润汇出不得超过投入资本的 15%。第三类采取征收超利润税的办法来控制利润的汇出。如阿根廷对外资参股公司征收的所得税 33%,若纯利润超过注册资本的 12%,则另外征收超额部分的 15%～25% 作为超利润税。对外资公司则征收 45% 所得税,税后净利润仍按上法征收超利润税。

对外资公司资本金的汇回,发展中东道国多数有较严格的政策限制,只有在符合一定的期限、限额及其他条件下才允许抽回资本金。例如伊朗规定投资资本的汇出在可能恶化本国国际收支平衡时只允许汇出应汇额的 30%,在危及本国国际收支平衡时不允许自由汇出。阿根廷规定提汇资本时必须保证公司继续经营,且每年抽回额不得超过总资本的 20%,在投资的前 5 年内不允许抽回任何资本等。菲律宾规定每年汇出的资本不得超过其纯外汇收入等。少数发展中东道国如土耳其允许资本自由汇出,不加限制。发达国家东道国则多数对资本汇出不加限制,只有少数有期限和汇额的限制。

五、东道国对外来投资的人事管理政策

东道国在引进跨国公司投资,由外国人参与本国企业经营的情况下,对企业的经营管理权问题一般都很重视。尤其是发展中东道国,为防止企业权限为外国投资者控制,维护本国经济自主发展,通常规定在允许外国投资者参与经营管理的同时,坚持本国人有进行经营管理的决定性权限。在合营企业中,有的发展中东道国规定董事长或总经理等企业最高决策人应由本国公民担任,外国合营者只能担任副职或技术经理。有的发展中东道国,例如埃及规定董事会中本国董事占大多数。还有的国家如伊朗规定公司董事会成员必须是本国永久居民。但外国投资者往往要求拥有合资企业的经营管理权,为更有利于吸引外资,发展中东道国逐渐放宽了这方面的政策限制。

在员工雇佣方面,对于非技术人员的一般职工,发展中东道国大多数情况下鼓励或要求雇佣本国劳动者,以扩大本国劳动就业的范围和机会,充分利用外来投资的就业效应。而投资者一般也都愿意雇佣当地劳动者,尤其在发展中东道国,雇佣当地劳动力既经济又方便。对于技术人员和经理人员等有一定专业能力的熟练人员的雇佣上,外国投资者出于技术保密等原因倾向于从本国派遣或从东道国境外招聘。而东道国则为了培养本国人才要求外商尽量在当地聘用技术人才,并以政策形式予以规定。如缅甸规定外国投资企业中技术人员必须有 25% 为缅甸人。巴基斯坦规定的这一数额达 50%。而菲律宾规定享受优惠的外资公司在前 5 年内不得雇佣任何外国雇员。新加坡则规定在保证本国工人受到培训的条件下可雇佣外国侨民等。目前很多外国投资者逐渐认识到使用东道国员工带来的语言文化优势,愿意投入专项资金培训东道国员工,并降低高层管理人员中的外国人员比重。发达国家东道国对经营管理权的限制不多,跨国公司的经营管理人员和技术人员正向国际化发展。

六、东道国对外来投资的再投资政策

越来越多的东道国认识到鼓励现有外国企业分支机构在初始投资后扩大经营可以促使其连续投资。为更好地利用这种再投资,为新的潜在投资者起积极的示范作用,东道国往往制定一些激励再投资的政策措施。再投资政策包括对再投资给予进一步免税激励和

改进服务,以及创造更便利的投资条件,防止投资条件恶化、防止投资转移这两个方面。对再投资给予免税激励的发展中国家,较典型的有马来西亚。为鼓励外国投资者在马来西亚的再投资,马来西亚政府规定再投资的50%予以免税;收入利润亦享有免税;对于先进企业再投资生产同类产品或从事类似经营的新项目予以减免税收的优惠。

为改进服务,防止投资转移,许多东道国政府制定了有效的政策,进行了切实的工作。牙买加国家投资促进组织所做的工作是一个很好的例证。这个投资促进组织曾经成功地把本国促销成为有利的投资场所,但政府其他部门的投资审批工作未能做好,导致投资条件恶化,外国投资者纷纷开始转移。此后,国会成立了一个专门的委员会来解决投资审批过程中的问题。问题解决后,外国投资者又开始了新的一轮投资。世界贸易组织在总结了牙买加政府的成功经验后进一步提出,为解决可能导致的投资转移问题,东道国可以组织一个由政府、外国公司和当地员工参加的联合委员会,以督促主管部门改进工作。

第三节　母国对外投资政策

国际直接投资对投资国也产生各种积极效应。各国政府也越来越认识到对外投资政策的必要性,许多国家已放松对外投资的限制,并鼓励企业进行对外投资,采取了促进对外投资的政策。发达国家长期以来为了使本国的过剩资本在海外找到增值出路,同时为了维护和加强其国际竞争地位,需要在海外不断开拓投资市场。所以,发达国家政府大都采用一系列政策措施鼓励和维护本国企业向海外特别是向发展中国家投资。在经济转轨国家和发展中国家,许多国家也实现了外汇政策市场化,改革了对外投资的管理规定,一些发展中国家已开始实施促进对外投资的政策。

一、发达国家对外投资政策

（一）发达国家对外投资政策的演变背景

历史上,只有少数发达国家的企业从事对外直接投资活动,许多其他国家企业缺少进行对外投资所需的所有权优势。因此,争论集中于吸收外国直接投资政策,而资本输出国则努力为其跨国公司寻求东道国开放投资市场、无歧视待遇和投资保护。对外直接投资促进政策有意识或无意识地一般力度都不够,20世纪70年代初,跨国公司被批评为输出就业以后,这类投资促进政策更进一步被抑制了。20世纪70—80年代以来,全球经济条件和跨国公司行为的变化促进了政府对直接投资政策优惠与兴趣的变化。国际经济交往自由化与飞速发展的技术进步(信息技术的推广与使用发展尤其迅速)一起共同促进了经济全球化的发展(金融市场全球化和生产日益全球化)。作为经济全球化的组成部分,越来越多的企业在海外布点,包括一些小的企业和越来越多的相对小型的企业。现在,被保护的、不受外部竞争影响的市场越来越少,发展中国家政府发起民族运动的难度越来越大。相反,进口自由化和吸收外国直接投资自由化增强了国际竞争的压力,这种压力到处可见,参加区域经济一体化的国家的企业感觉尤为明显。这些因素增强了企业对外直接投资的重要性。

作为必要的战略,通过对外直接投资,企业可以获得国外的资源(包括自然资源、劳工、技能与技术)，打进国际市场，增强自己在国内或在第三国市场上的竞争力。这种战略抉择适用于所有的企业，无论企业大小，也无论当地企业或外来企业。在一些国家中，外国企业构成了其对外直接投资相当大的组成部分。结果，越来越多的国家认识到，对外直接投资确实是企业的战略抉择，政府应当对企业开放对外直接投资，而且这种对外投资对国家也有好处，它可以帮助一国获得更多的外汇收入及相应的资源和技术，因此，政府对企业对外直接投资的限制在减少，对外直接投资呈现自由化趋向。但是，直到20世纪90年代中期，不同国家集团间的对外直接投资政策自由化发展仍极不平衡。

许多发达国家取消了外汇和资本管制，一些国家甚至采取了促进对外直接投资的政策。这类促进政策主要体现在其发展援助计划中，目的在于提高国家经济业绩。随着国内对外直接投资政策自由化的完成，发达国家开始强调促进国际协作，努力为对外直接投资提供便利和加强对国际直接投资的保护。如果对外直接投资与其他政策不相冲突，符合国家经济政策，或出于对发展中国家提供发展援助的目的，发达国家一般都允许或支持对外直接投资。以往各国都在不同程度上采取了外汇或资本流动控制制度和项目审批要求来限制资本流出。

20世纪80年代中期以来，发达国家在对外投资方面的改革步伐加快，到90年代初期，几乎所有对外投资和外汇方面的限制实质上都被取消了。例如，英国于1979年取消了外汇管制。欧盟成员国资本流动自由化指南于1990年中期正式生效，它增强了欧盟成员国间的政策协调，促进了法国等一些国家的政策变化。20世纪90年代初期，芬兰、德国、意大利、挪威和瑞典等国家中，对外直接投资限制已不复存在；澳大利亚和新西兰在80年代中后期的外汇管理改革中也对对外直接投资实现了自由化；冰岛、爱尔兰和土耳其也大大放松了对对外直接投资的限制。

(二)发达国家对外投资政策管理

1. 技术与信息的支持

在技术援助方面，许多发达国家为保持本国公司在技术上的领先优势，在政策、资金上提供保障，促成政府与企业、科研院校联合研究开发。为了增强对外投资项目的可行性研究力度，有的国家政府为最终投资决策前的论证提供资助。另外，政府还为中小型跨国公司提供项目开发和启动的支持，包括诸如筹措资金，准备法律文件，根据东道国情况调整技术和人员培训等。

在信息支持方面，主要有三点：一是通过政府有关的媒体向企业提供相关信息，如政府出版物、政府研讨会等；二是由政府牵头组成官员和企业家考察团，外出考察或接待来访的外国团体；第三点是最主要的，由政府部门或相关机构提供包括东道国的宏观经济状况、企业背景、与直接投资相关的法律管理程序等资料。此类机构比较著名的有：美国的海外私人投资公司OPIC，意大利的mondimpresa，日本的贸易振兴会，丹麦的IFU等。荷兰的发展金融公司1989年起制定的促进本国企业对外直接投资计划中，就为荷兰企业对外投资可行性分析提供资金，帮助培训管理人员，出资组织研讨会、招商团等。

2. 提供融资便利

发达国家跨国公司对外投资的资金主要源于商业银行、金融机构和自身资金，但政府及其所属金融机构所提供的扶持性廉价信贷资金也起着重要的作用。许多发达国家都设有专门机构为本国的公司提供融资便利,以增强本国公司的国际竞争力。这种支持并不局限于发展中国家东道国,也包括对其他发达国家的直接投资。就方式而言,各国承担这种业务的金融开发公司一般为本国企业提供贷款和股权融资。它们的参与,不仅为海外投资企业带来了技术和管理经验,还大大提高了投资企业在国际金融市场和东道国金融市场的融资能力。在日本,至少有 8 个机构参与对外直接投资活动,而且大多数与发展援助结合在一起。其中成立于 1995 年的日本进出口银行最具代表性。最初,该银行主要为日本工业出口贷款,并为进口融资。1957 年修改了章程后,它开始为日本公司海外投资项目贷款,对象为外国合作公司或政府,可以和日本金融企业一起提供联合贷款、贷款担保,也可以对在日本境外从事带有公共性质项目经营的企业进行股权融资。1957—1967 年,它为 143 个项目提供了贷款支持,占日本在制造业和非矿产、能源开采业对外直接投资的 20%。而在 1992 和 1993 年,该银行为企业海外投资提供的贷款约占其融资总额的 40%。

在美国,有政府的独立机构、美国进出口银行和美国国际开发合作总署所辖的海外私人投资公司,为其境外美国企业享有股份、参与经营的项目提供资金,为中小型企业的海外直接投资提供中长期贷款。在德国,投资金融公司为德国企业在发展中国家的初始投资、扩张和收购提供贷款,德国经济合作部为中小企业对外投资提供特殊专项贷款,为德国企业在发展中国家兴办合资企业的新技术投资降低了风险;德国的开发公司为德国企业对外直接投资提供金融与咨询服务。在加拿大,其出口开发公司不仅为本国企业提供传统的出口融资,还提供投资保险,并且联合加拿大国际开发署合作从事促进本国企业对外投资的活动。另外,还有英国贸易部下设的出口信贷担保部,英联邦开发公司;法国的外贸保险公司,法国中央经济合作局;瑞典发展中国家工业合作基金;比利时的国际投资联合会等。

此外,为了利用合作集团的实力优势,发达国家组成的经济集团为在发展中国家直接投资提供援助,如 1958 年根据罗马条约组建的欧洲投资银行长期为欧洲在非洲、加勒比、太平洋、地中海地区发展中国家的直接投资提供融资。1988 年开始运行的欧盟投资伙伴计划,为扩大在拉美、亚洲、地中海地区直接投资提供了各类经济融通。

3. 税收优惠

一般来说,跨国公司的所得常面临母国与东道国双重纳税的义务,这对直接投资活动影响很大。发达国家政府为鼓励对外资金投资,往往在所得税和关税两方面实行优惠政策。所得税方面的优惠主要有以下几方面:一是税收抵免,对外直接投资公司已经在东道国交纳的所得税,可以在本国应纳税额中抵扣,这是现代税制中避免双重纳税的重要形式。二是税收饶让或税收豁免,即只承认税源国的征税权,本国放弃此权利,在国外已经纳税者,视同在本国履行了纳税义务,无须再在本国纳税。三是税收延付,即投资国对海外公司的投资收入,在汇回本国前不予征税,这相当于从本国政府获得了无息贷款。四是税收损失退算和税收损失结转,前者指用退税来补偿企业经营亏损的税收减免办法,后者指用结转亏损来抵销未来几年收入的税收减免办法。在关税方面,发达国家主要通过对本国企业国外子公司的产品返销本国给予减免关税的优待,这在相当程度上促进了本公司以追求廉价劳动力为动机的对外直接投资的发展。

4. 投资担保

发达国家中大多数都制定实施投资保障计划(或称为投资保险制度),为本国跨国公司在国外直接投资活动中可能面临的国有化征收、战争、内乱、投资收益汇出管制等风险提供担保。这项制度始于 1948 年美国为了实施"马歇尔计划"而实行的投资保障计划,是第二次世界大战后为促进和保护跨国公司对外直接投资行之有效的一个重要部分。不同的发达国家在实施此项计划时有一定差异,如在美国、芬兰、荷兰、瑞士,此计划仅适用于对发展中国家的直接投资,而在奥地利、英国、瑞典,则适用于本国企业对一切国家的直接投资。总而言之,各国的共同之处都在于:这项计划的性质是对于海外直接投资的政府担保,主要针对外汇险、征用险和战争险三类,只有本国居民才有申请这种保险的资格,申请投资保险的项目必须符合母国的经济利益(如增加母国就业机会、经济收入等)。据统计,在20 世纪 60 年代,美国政府支付给私人公司的符合以上要求的保险金额达 76 亿美元。

二、发展中国家对外投资政策

(一) 发展中国家对外投资的现状

近几年来,发展中国家对外直接投资(FDI)最直观的特征就是其迅速发展。表 11-1显示了 2002 年以来发展中经济体对外直接投资发展的情况。数据表明,发展中经济体对外直接投资自 2002 年以来逐步攀升。2004 年和 2005 年投资分别达到 1 128 亿美元和1 175 亿美元,占全球对外直接投资总额的 13.9% 和 15.1%。2006 年、2007 年、2008 年三年间,发展中经济体对外投资进一步增长,分别达到 2 153 亿美元、2 855 亿美元和2 927 亿美元,占全球对外投资流出量的比重也稳定在 15% 左右的水平。2009 年、2010 年、2011 年三年间,发展中经济体除了 2009 年因为国际金融危机带来的影响有所减少外,还呈现较快的增长,2010 年更是创纪录地达到了 4 000 亿美元。

表 11-1　2002—2011 年发展中经济体对外直接投资流出量　　　　　　10 亿美元

地区 ＼ 年份	2002	2003	2004	2005	2006	2007	2008	2009	2010	2011
全世界	539.5	561.1	813.1	778.7	1 396.9	2 146.5	1 857.7	1 175.1	1 451.4	1 694.4
发展中经济体	49.7	35.6	112.8	117.5	215.3	285.5	292.7	268.5	400.1	383.8
非洲	0.3	1.2	1.9	1.1	7.1	10.6	9.3	3.2	7	3.5
东亚和东南亚	34.7	19.6	75.7	77.5	126.8	179.5	220.4	176.6	243	239.9
南亚	1.7	1.4	2.1	1.5	14.9	17.8	18.2	16.4	13.6	15.2
西亚	0.9	−2.2	7.4	15.9	23.9	48.3	33.7	17.9	16.4	25.4
拉丁美洲和加勒比	14.7	15.4	27.5	32.8	63.6	51.5	63.2	54.3	119.9	99.7

21 世纪以来,发展中国家对外投资发展的另一个显著特点是从单纯绿地投资向跨国并购转变。20 世纪 90 年代,发展中国家对外投资多以较为初级的绿地投资形式进行,且主要是发展中国家之间的相互投资。进入 21 世纪以来,发展中经济体通过跨国并购向海外进军的步伐明显加快,包括到发达国家进行跨国并购,收购发达国家的企业。2008 年全球金融危机以来,这一趋势显著加强。

发展中国家的对外并购主要是由亚洲发展中经济体以及金砖四国等发展中大国引领

的,致使发展中经济体跨国并购占全球跨国并购的比重大幅上升。从金额上看,1987—2005 年间来自发展中经济体的跨国公司在全球跨国并购中的份额从 4％上升到 13％;从并购数目上看,则从 5％提高到 17％。2006 年至 2007 年,发展中经济体跨国并购走上高峰。2008 年,由于全球金融危机的发生,整个国际直接投资大幅度下滑,跨境并购也大幅度下滑。但是,从跨境并购交易额看,发展中国家在全部跨境并购中所占的比重却从 2007 年的 13％上升到 2008 年的 18％。这表明,2008 年的金融危机重创了全球直接投资包括跨境并购的发展,但发展中国家所受的影响小于发达国家,表现为其在全部跨境并购中所占比重明显上升。

发展中国家对外投资发展的又一个显著特点是投资的多样性和投资动因的复杂性。通常,发达国家的跨国公司利用自己在技术、品牌和知识产权等其他方面的优势进行投资。而发展中国家的跨国公司由于常常缺乏明显的垄断优势,故投资基础很多时候不是垄断优势的利用,呈现出复杂性和多样性。对于一些经济发展水平较高的国家的跨国公司来说,有可能利用相对优势到其他发展中国家投资;另一些发展中国家的企业则希望通过到发达国家投资并购学习和获取发达国家的技术、知识、品牌、设备、人才等有形或无形资产;还有一些企业依靠政府的支持以及依赖文化和关系构成的优势进行投资。此外,还有另外两个因素推动发展中国家跨国公司走向国外:一是许多发展中大国(如中国和印度)的快速增长使它们担忧关键资源和经济增长的投入会出现短缺,因而展开对自然资源和能源的海外投资;二是发展中国家的跨国公司越来越意识到自己是在全球经济而不是在本国经济内活动,因此,对国际化抱有强烈愿望。

发展中国家对外直接政策比起发达国家来一般要控制得严一些。这是因为这些国家经济发展需要很多资本和外汇,资金不足和资本流失一直是它们面临的主要问题。又由于缺乏对外投资对本国经济带来好处的实证资料,这些国家的政策制定者往往采取限制性管理政策,以便将投资留在国内。然而近年来,随着经济全球化的发展,越来越多的发展中国家和经济转轨国家对限制性政策进行了重新估价。它们已经认识到,通过公共和私人渠道广泛地进入国际资本市场可以弥补储蓄和外汇短缺的缺口。同时出于占领或扩大市场、获得资源和经济结构调整方面的需要,这些国家采取了市场化的对外投资政策。如韩国和我国台湾省的国际收支出现顺差以后随即放松了对资本外投的控制管理,采取了促进本国本地区企业扩大对外投资的政策。

(二) 发展中国家对外投资政策措施

大体上说,发展中国家和经济转轨国家对外投资政策分为管理政策和促进政策两大类。

1. 管理政策

发展中国家和经济转轨国家的对外投资管理政策通常有计划管理、重点管理、现金流管理和外汇管理四种。

(1) 计划管理是目前许多发展中国家或地区通常采用的管理手段。为了使计划管理适应国际投资发展的需要,一些国家或地区改革了过去全面的计划控制管理的方法,转变为范围缩小的目录单控制的政策。我国台湾省在这方面的改革是一种典型。巨大的外汇储备使我国台湾省于 1987 年取消了绝大多数限制措施,并宣布开始实施广泛的鼓励对外投资的计划。但在此之前,台湾省经历了从严格控制对外资本流动政策到逐步放松政策的过程。1962年台湾省颁布的《对外投资与对外技术合作项目审批和管理规定》对对外投资项目的审批规定了严格的财务金融要求。1979年以后,台湾省两次放松了1962年的规定,目的是为本地区跨国公司获得原材料提供便利。现在,台湾省对对外投资的管理已经采取了范围缩小的目录单控制的政策,只有台湾省确定的目录单上的项目仍需审批。确定目录单的标准有:获得当地产业发展所需自然资源与零部件,改善地区贸易收支平衡,鼓励技术引进,协助当地经济进行产业结构调整。

(2)重点管理是目前一些国家推进国际投资取得成功的一种政策。新加坡在这方面提供了很好的经验。虽然新加坡国土规模很小,劳动力短缺,自然资源匮乏,但其积极推行开放型经济政策并取得了很大成功。从20世纪70年代起,新加坡确定了经济发展的战略重点是建立国际金融中心。以后,政府放宽了对资本流出入的控制。新加坡推行此政策,使其成为一个在自然资源匮乏条件下却取得经济高速发展的国家。

(3)现金流管理是另一种管理政策,以印度为典型。其管理重点是控制现金流量。在最初的对外投资管理中,政府倾向于鼓励企业以机器设备为股本的投资。但是在市场化进程的推动下,印度在1992年对投资政策进行了重大改革。政府认为,只要资本流量能够满足国际收支平衡的需要,投资管理就不必仅限于设备。为了实现流量管理的目标,政府大力鼓励本国企业到国外进行能增强国际贸易竞争能力的投资。凡是这类项目政府都予以放开,与此相关的项目一般在30天内可自动获准。印度的这种管理政策是成功的。它经受了东南亚金融危机的考验,始终保持了国际收支平衡和对外投资的旺盛势头。

(4)外汇管理是一些国家在认真总结墨西哥金融危机教训的基础上采取的一种管理措施,其要点是将对外投资管理的重点放在外汇投资上。智利是采取这种政策的典型国家。智利虽然过去对对外投资没有太多限制,但1990年还是采取了一些重要的改革步骤,政府降低了对外投资的授权要求,延长了利润汇回和清算后股本汇回的时限。现在,对外投资项目额度没有上限,投资融资也没有限制,但进入外汇市场进行与对外投资相关的经营则需获得授权。

由此可见,发展中国家对于对外投资的管理还是多种多样的且较为严格的,但国际收支状况好的国家已经加快了对外投资政策的市场化转变进程。

2. 促进政策

在发展中国家和经济转轨国家中,许多已经开始国际投资政策的市场化进程。在这些国家中除了管理政策之外,还制定和出台了一系列的促进政策。这些促进政策包括:信息与技术援助、税收优惠、金融支持和人才培训。

信息与技术援助是对外投资促进政策最简便的形式。由于各国的具体情况不同,其中包括当地企业与政府关系的性质差异,因此这类促进政策的范围和内容差异极大。许多发展中国家利用现有的对外投资促进机构收集信息,并向国内团体通告对外投资机会,政府还像对新的出口商提供贸易支持一样,为对外投资企业特别是中小企业提供技术援助。例如,新加坡制定了本国企业在国外投资的区域经济一体化计划,专门成立了国际企业发展战略事务局,分析进行对外投资的潜力,帮助新加坡企业抓住项目机会,建立与投资项目间的联系,实施税收与金融优惠政策(包括贴息贷款、业务发展与赠予、营销与投资贴补、培训等),同时还通过政府与政府的共同委员会来促进本国的对外投资。

税收优惠是发展中国家促进国际投资的另一种方法。为了加大鼓励国内企业对外投资的力度,一些国家进一步出台了对企业海外投资亏损注销和免除海外投资收入、红利的税收政策。例如,新加坡政府规定,在海外发展业务可以享受 10 年免缴所得税的优惠,在发展中国家的投资开发可以享受双重减税的优惠;马来西亚政府规定,国外投资所得并汇回马来西亚的利润减半征税,所得税豁免地区汇回的红利仍可享受免缴所得税待遇,企业投资并营利后,可连续 5 年享受税收减免优惠,市场调研等企业投产前营运开支可以列入成本、免缴所得税等。

金融支持是各国都十分重视的一种促进政策。金融政策对国际投资的支持作用是很大的。大多数国家都设置了专门的进出口银行或类似金融机构,通过金融支持促进对外投资。例如,韩国进出口银行除了提供信息服务以外,还提供海外投资信贷。进出口银行为对外投资提供的优惠利率贷款总额可达项目投资额的 90%。中小型企业是这类优惠贷款的主要受益者,大型企业也可获得支持。韩国石油开发公司和矿产资源开发公司大力支持企业开发重要的境外资源。为此类项目提供初始投资和流动资金。韩国进出口银行甚至设立了经济发展基金为海外投资项目提供贷款,这项基金是专门为风险太大或经济效益太低的经济合作项目而提供信贷的。同样地,印度进出口银行也担负着对外投资的促进任务。为了给在国外的合资经营企业提供股权融资,印度进出口银行专门设置了海外投资融资项目。目前,该项目提供的股权融资已占印度对外股权投资的 80%。印度企业在国外举办融资企业或收购外国企业也可获得股权融资。与韩国和印度不同,泰国进出口银行为泰国企业提供金融支持特别注意两个条件:一是对国外分支机构出口泰国二手设备的投资者,银行给予长期优惠贷款,贷款利率不超过伦敦银行同业拆放利率的 2%;二是综合权衡对东道国经济的好处和对泰国贸易扩大与经济增长的利弊,然后才可能参与某些项目的投资。这些情况表明,许多政府都采用促进国内工业发展的优惠金融政策来促进对外投资的发展。

人才培训是一些发展中国家促进对外投资的又一项重要措施。国际投资需要高素质的管理人才。这类人才不仅要熟练地掌握东道国市场的文化语言、竞争策略、销售网络和宏观经济的基本情况,还必须熟悉国际法律、现代通信和全球经济的综合资料。为了扭转目前高级人才匮乏的状况,各国都采取措施加紧了人才的培训工作。中国对外贸易经济合作部与联合国贸易与发展会议跨国公司与投资司合作于 1994 年 9 月制订了一个培训计划,加强对中国企业国际化经营的管理技术培训。这一计划的具体目的在于向中国的跨国经营企业传授正式的企业经营知识,特别是在国外建立分支机构并对其进行管理的知识。这一举措很快引起了各国的关注。目前,类似的培训已在亚洲和南美洲各国铺开。发展中国家和经济转轨国家通过这些促进措施来促进本国的对外投资,对本国经济的发展,对参与全球经济一体化,为本国在国际经济大家庭中争得一席之地起了相当大的作用。

第四节　中国国际投资政策

一、中国利用外资政策

（一）我国利用外资政策演变

改革开放以来，我国利用外商直接投资取得了举世瞩目的成绩。自1992年起我国每年利用外商直接投资额均超过对外借款，成为我国利用外资的主要方式。大量的外商来华投资，对我国的国民经济发展作出了很大的贡献，特别是在对我国经济保持持续高速增长、对促进我国市场化改革和对于促进我国经济国际化等方面，起到了良好的推动作用。在此期间，我国利用外商直接投资的政策也经历了从无到有，从起步和不健全到逐步成熟和完善的过程，我国利用外商直接投资的政策也在不断地调整和改革。

改革开放以来，中国实施的是主动型吸收外商投资政策，具体可以分为三个阶段。

第一阶段，给予外商投资企业大量优惠待遇。主要表现在：一是税收优惠，主要表现为"低"、"免"、"减"三个方面。外资企业的税率大大低于国营企业；外资企业享受减免法人税的待遇。二是土地使用方面的优惠，即在引进外资过程中，国家通过降低土地使用费来对外资企业提供新的优惠。三是免除出口企业在进口设备和原料上的关税，而同类物品对于国内企业的关税在当时则处于过高水平。

第二阶段，逐步取消对外商投资的限制。长期以来，我国对外资企业的出资率只有25％的下限规定而无上限限制，因此，对外资企业放松或取消限制主要表现在行业和国内市场这两个方面。例如，1983年作为合资企业认可进入的领域只有21个行业部门，而到1987年，限制的部门为28个，禁止的部门为14个。目前对外资企业进入的行业有进一步放开的趋势。另外，对外资企业所作的出口规定及其对出口比率的限制也作了根本性变更，从过去的70％下降到40％～0％。这意味着外资企业的绝大部分生产产品被允许在国内销售。

第三阶段，对外商投资企业逐步实施"国民待遇"原则。其含义为一方面取消对外资企业的优惠，同时也进一步取消对外资企业的限制而开放国内市场。这一政策体现在不仅取消了生产高科技产品和进口替代产品外资企业在国内销售比率的限制，而且还开放了以往不允许进入的金融、航空服务和信息服务市场等重要领域。

（二）中国利用外资政策管理

1．税收政策

改革开放以来，中国对外商投资企业实行了优惠的税收激励政策，通过税收杠杆引导外商直接投资的流向。所得税优惠是中国最突出的税收激励政策。2008年《中华人民共和国企业所得税法》出台之前，中国实行的是"内外有别"的企业所得税制度。内资企业实行的是33％的税率（中央政府30％的税率加地方政府3％的税率）。

而外商投资企业所得税征收依据的是1991年《中华人民共和国外商投资企业和外国企业所得税法》及其实施细则，中国政府对外商投资企业给予所得税优惠，实行所谓的"两免三减"政策。

2008年1月1日,《中华人民共和国企业所得税法》正式实施,内外资所得税税率统一为25%,结束了所得税征收"内外有别"的历史。

在新形势下对外商投资企业实行以"产业优惠为主,地区优惠为辅"的所得税优惠政策,对国家鼓励的重点扶持的高新技术企业,减按15%的税率征收企业所得税。为了鼓励外商投资企业投资于广大的中西部地区,对设在中西部地区的鼓励类外商投资企业,也是减按15%的税率征收企业所得税。

除了所得税优惠外,中国还对符合条件的外商投资企业实行免征进口关税和进口环节增值税以及出口退税等优惠税收政策。如在国家鼓励的高新技术产业领域,符合条件的外商投资企业可以享受诸如免证进口关税和进口环节增值税以及出口退税等优惠税收政策。

2. 产业政策

在改革开放初期,中国并没有明确的外商投资企业产业政策,甚至国内经济的产业政策导向也不是很明确。1983年9月,国务院发布《中华人民共和国中外合资企业法实施条例》,其中第三条规定在中国境内设立的中外合营企业,应能促进中国经济的发展和科学技术水平的提高,有利于社会主义现代化建设,允许设立合营企业的主要行业有:能源开发设备制造业、化学工业、电子计算机通信设备制造业、轻纺织食品工业、医药化学工业、农牧养殖业、旅游服务业等。

在1986年中国颁布的《中国国民经济和社会发展的第七个五年计划》中,首次出现了产业政策的提法。中国正式颁布涉及外商投资企业产业政策始于1995年的《指导外商投资方向暂行规定》,1995年6月编制发布了《外商投资产业指导目录》,并随着中国经济发展和产业结构调整的进程,在2002年发布《指导外商投资方向规定》,分别于1996年、1998年、2002年、2004年、2007年、2010年对《外商投资产业指导目录》进行修订。为了加快中西部地区吸引外商直接投资的进程,中国于2000年发布《中西部地区外商投资优势产业目录》,并于2004年、2008年进行修订,积极引导外商投资企业向中西部地区投资。

《外商投资产业指导目录》将外商投资项目分为鼓励类、允许类、限制类和禁止类四大类,具体分类规定了外商投资企业的投资项目。鼓励类项目一般是高新技术项目、出口创汇项目和我国急需引进的瓶颈项目,如节约自然资源、防治环境污染的生态保护项目和国内生产能力不足的新设备新材料项目;限制类项目一般是外商投资企业技术水平一般甚至落后,会造成环境污染或者出于国内民族品牌需要适当保护的产业,如有色金属冶炼项目、名优白酒生产项目和粮食、棉花、植物油、食糖等重要物资的批发、零售和配送项目;禁止类项目一般是涉及国家经济社会军事安全的领域,如对稀土的勘查、开采、选矿项目,对党政军的教育服务项目和武器弹药等军工项目;上述三种项目之外的其他项目为允许类项目。

中国为了促进出口创汇、技术进步和中西部地区的经济发展,还制定了一些特殊的优惠政策。

3. 地区政策

改革开放以来,中国采取了从沿海到内陆,由点、线到面的循序渐进的对外开放战略。

1980年设立深圳、珠海、汕头和厦门四大经济特区。1984年开放大连、天津、青岛、连云港、宁波、福州、广州、湛江等14个沿海港口城市。1985年将长三角、珠三角和福建厦漳泉地区开辟为沿海经济开放区。1988年海南建省,并被批准为第五个经济特区。1990年开放和开发上海浦东新区。1992年,国务院批准的13个内陆边境口岸初步形成了东北、西北、西南三大边境开放地带,随后开放的重庆、岳阳、武汉、九江、芜湖5个沿江港口城市以及11个内陆省会城市和7个边境、沿海省会城市,实行和沿海开放城市同样的利用外商直接投资政策。1999年9月中国政府提出了"西部大开发"战略,2002年11月中国政府提出了"振兴东北老工业基地"的战略思路。2009年10月,中国政府批准实施促进中部地区崛起规划;2009年设立天津市滨海新区;2010年5月中央新疆工作会议上,中央正式批准喀什设立经济特区;2010年6月,重庆"两江新区"正式成立。这样,就形成了以6个经济特区、三个新区为点,沿海开放城市、沿边沿江开放城市为线,东中西部开放带为面的,由点带面、点线面结合的多层次、全方位对外开放格局。

中国吸引外商直接投资的政策实践按地域可以划分为东部和中西部地区。东部沿海地区紧紧抓住20世纪末世界产业转移的机遇,通过加强基础设施建设、制定优惠的引资政策,改善投资环境,积极引进外商直接投资,大力发展进出口贸易,扩大对外开放,经济实现了跨越式发展,人民生活水平显著提高。以广东省为例,2010年广东省国内生产总值超过4.5万亿元人民币,人均国内生产总值达46 990元人民币,折合近7 000美元,已属于中等发达国家收入水平。

中国实行改革开放政策后,东部沿海地区特别是广东、福建两省毗邻港澳台地区,自然地理条件优越,加上工农业基础较好,一开始就成了中国吸引外商直接投资的主要地区,国家也相继制定各种政策措施鼓励东部沿海地区吸引外商直接投资。东部沿海地区吸引外商直接投资活动以经济特区最为典型。东部沿海地区吸引外商直接投资的政策有:

一是土地政策。根据土地用途和目的的不同,土地的最长租用期从20年到50年不等,如商业用地20年,而科教医疗卫生用地可达50年。土地使用费根据不同地区、不同行业和不同使用年限的实际情况确定。

二是企业所得税政策。经济特区内的外商投资企业所得税税率为15%。

三是劳动工资政策。劳动服务费标准:特区合营企业雇佣职工,应按人民币支付劳动服务费,其标准按照企业类别和工种,在签订劳动合同时议定,并根据职工劳动熟练程度,每年递增至15%。

近些年来,由于经济特区经济发展和产业结构升级,原先劳动密集型的加工贸易型的外商投资企业已不再受到青睐,资金雄厚、技术先进的大型跨国公司成为目前经济特区吸引外商直接投资的重点,并出台了一系列政策措施。如深圳市规定在深圳设立独立法人资格符合深圳高新技术产业重点发展方向的研发机构予以最高500万元人民币建设资助。

中西部地区特别是西部地区,由于特殊的自然地理环境和社会经济条件,长期以来对外商直接投资的吸引力不足,使中西部地区的经济发展更加滞后于东部沿海地区。为了缩小地区差距,促进全国经济社会的可持续协调发展,相继提出了"西部大开发"战略和

"中部崛起"战略,在吸引外商直接投资方面通过制定《中西部地区外商投资优势产业目录》和《中部地区外商投资促进规划》等政策文件,有效引导外商投资企业向中西部地区转移和增加投资。与中西部地区外商直接投资有关的政策主要有以下几方面。

一是在西部投资于《中西部地区外商投资优势产业目录》列入的项目的外商投资企业,可以享受《外商投资产业指导目录》中有关鼓励类外商投资项目的政策。

二是在西部地区投资国家鼓励的产业项目的外商投资企业(包括内资企业)可以享受15%的企业所得税税率。

三是鼓励外商投资企业在中西部地区投资符合环保要求的劳动密集型产业、基础设施建设、优势自然资源的综合开发与利用、节水农业、生态环境治理与保护工程建设等领域,防止"两高一资"项目向中西部地区转移。

四是加大中西部地区服务业吸引外资力度,逐步放开电信、金融、旅游、零售等服务业经营范围。

五是在新疆的喀什地区建立经济特区,给予东部经济特区的政策条件,对一些领域的对外开放,允许先行先试;在中部省份安徽的沿江地区建立皖江城市带承接产业转移示范区,积极承接世界和东部地区的产业转移,把引资和产业转移结合起来,鼓励采取境外发行股票、BOT融资、TOT融资等多种形式,多渠道、多途径地扩大境外融资。

二、中国对外直接投资政策

在2000年以前,中国的国际投资政策是以鼓励吸引外资、限制对外投资为主要特征的。1991年原国家计划委员会向国务院递交了《关于加强海外投资项目管理意见》,指出"中国尚不具备大规模到海外投资的条件",同年,原国家计划委员会《关于编制、审批境外投资项目的项目建议书和可行性研究报告的规定》,仅仅允许我国的企业、公司或其他经济组织到我国港澳地区和苏联、东欧各国以投资、购股等方式举办或参与举办非贸易性项目(境外工程承包、劳务合作等)。

从2000年以后,我国从限制对外投资逐渐向放松对外投资管制和鼓励对外投资转变。2000年10月,十五届五中全会《关于制定国民经济和社会发展"十五"计划的建议》明确提出"走出去"战略。2002年"十六大"报告制定了"引起来"与"走出去"相结合的战略方针。在"走出去"战略背景下,中国相继出台了一系列针对对外投资的政策。2004年,国务院做出关于投资体制改革的决定,2006年,七部委下发《境外投资产业指导政策》,2007年,国务院下发《关于鼓励和规范企业对外投资合作的意见》,一系列重大决定为我国对外直接投资打开了大门,各种鼓励和支持政策也接踵而来。

(一)审批与管理制度

1. 行政审批与管理

现行的对境外投资的行政审批与管理制度是根据2004年7月通过的《国务院关于投资体制改革的决定》。该决定指出,企业在投资活动中享有主体地位,企业的投资决策权应该由企业自己行使。政府一律不再实行审批制,将区别情况实行核准制和备案制,并明确规定发改委负责境外投资项目的核准,商务部负责对境外开办企业的核准。

一是发改委和国资委的审批。2004年国家发改委颁布了《境外投资项目核准暂行管理办法》,除了对核准程序和核准条件做了详细规定以外,还对核准权限做了进一步细分。中央企业境外产权管理制度,由企业自己完成,国资委只是起到指导和监督的作用,目前还没有专门的法规。

二是商务部的审批。2009年商务部在2004年两个规定的基础上修订发布《境外投资管理办法》时,对核准权限做了进一步界定。中方投资额在1亿美元以上的由商务部核准,1 000万~1亿美元的地方企业由地方商务主管部门核准。其他只需在商务部的"境外投资管理系统"中按要求填写完全申请表即可获得核准。新办法对境外投资的核准要更为宽松。

2. 外汇管理由外管局审批

在2008年《中华人民共和国外汇管理条例》发布以后,外管局于2009年发布了《境内机构境外直接投资外汇管理规定》。规定正式宣布取消外汇资金来源审查,只需在进行外汇登记时,向外管局说明资金来源情况即可。中国企业境外直接投资的用汇自由度有很大提高。

(二)促进和鼓励制度

我国鼓励和促进企业对外直接投资的具体政策措施大致可以分为四类:信息和技术支持、直接的财政金融支持、投资保险与双边或多边投资保护、税收保护。

1. 信息和技术支持

我国政府机构自身或政府出资创办的对外投资信息咨询机构为对外直接投资提供信息和技术支持服务,降低对外投资的前期成本。国家发改委、外交部、商务部、国家税务总局、各行业协会以及各地方商务部门等提供关于有关东道国的宏观经济状况、投资环境、法律制度、行政管理制度和要素成本等信息。

商务部投资促进事务局作为商务部直属机构和投资政策执行机构,同时作为中国官方投资促进机构(IPA),致力于构建全方位、多层次的投资促进服务体系,为来华投资和对外投资提供系统、高效、快捷的投资促进服务,已经成为国内外政府、机构和企业之间相互沟通的纽带和桥梁。"中国投资指南"作为事务局设立的专为外商来华投资和中国企业对外投资服务的网站,提供大量统计数据、研究报告、政策分析等服务。各驻外使领馆经商参处作为中国政府驻外的经济代表机构,负责对所在国家或地区的中国企业进行支持和管理,并以调查问卷等形式了解经营情况,及时解决发现的问题。该机构网站提供大量东道国第一手信息。

在对外投资的信息统计分析方面,国家建立了对外直接投资统计制度、境外投资联合年检制度、境外投资综合绩效评价制度,不仅让政府全面掌握我国境外投资的发展状况,及时调整政策、正确引导投资方向,还对我国境外投资的趋势性和战略性的问题进行分析研究,为宏观决策提供科学依据。在国别和行业信息提供方面,国家发布《中国对外投资促进国别/地区系列报告》、《国别贸易投资环境报告》、《对外投资国别产业导向目录》。中国出口信用保险公司也定期发布《国家风险分析报告》,对各国风险进行实时监测和研究分析。

另外,国家还通过财政扶持、人员安排等手段,在不同层面设立了一些中介服务机构,为企业境外投资提供便利,这类机构有中国国际投资促进会等。另外一些专业服务机构,包括律师事务所、会计师事务所、投资机构等也为企业境外投资提供大量的信息服务。

2. 直接的财政金融支持

中国为境外直接投资提供直接金融支持的机构主要包括中国出口信用保险公司、中国进出口银行和国家开发银行，这些机构的资本金全部来自国家财政。中国出口信用保险公司主要为境外投资提供投资保险服务、担保服务和各类咨询服务。中国进出口银行作为专业外经贸政策性银行，对各类对外投资合作给予信贷支持，并设立了境外投资专项贷款。国家开发银行则在世界 50 多个国家设立了工作组，为各类投资项目提供信息咨询。

在中央财政对境外投资给予资金支持的同时，部分有条件的地方财政也给予相应资助。北京市财政根据《北京市企业境外投资项目贷款贴息管理办法》，对北京市企业赴非洲开展资源领域合作的中长期贷款、投保中国出口信用保险公司保险的保险费、境外设立生产性项目和对外承包工程劳务合作类项目的中长期贷款和周转金贷款利息等给予补贴，同时对于以推进对外投资为重点工作的北京市中介机构举办的境外投资环境考察活动给予适当的资金补贴。

在外汇管理方面，我国逐步放开了对境外投资的外汇管理，先后出台包括取消境外投资风险审查、取消境外投资汇回利润保证金制度；实行境外投资外汇管理改革试点，给予试点地区一定的购汇额度；允许境外企业产生的利润用于境外企业的增资或者在境外再投资；允许购汇或使用国内外汇贷款用于境外投资等规定。在 2006 年 7 月 1 日，我国还取消境外投资购汇额度限制，并允许境内投资者先行对外支付与其境外投资有关的前期费用。

3. 投资保险与双边或多边投资保护

海外投资保险制度是公认的"促进和保护国际投资普遍行之有效的重要制度"，得到各资本输出国的普遍采用。目前中国的海外投资保险由中国出口信用保险公司承办，主要承保对外直接投资中的汇兑限制、征收、战争及政治暴乱、政府违约等政治风险及部分商业风险，属于政策性保险业务。为强调对境外投资重点项目给予优惠融资和保险支持，中国出口信用保险公司于 2005 年会同国家发改委联合发布《关于建立境外投资重点项目风险保障机制有关问题的通知》，于 2006 年会同国家开发银行联合发布《加大对境外投资重点项目金融保险支持力度有关问题的通知》。2012 年，中国信保的海外投资保险承保金额超过 250 亿美元。

双边投资保护协定是以两国政府为主体做出的关于保护双边投资的承诺。我国与别国签订的双边投资保护协定主要包括以下内容：受保护的投资财产种类；对外国投资者的投资及与投资有关的业务活动给予公平合理的待遇；对外国投资财产的征收、国有化措施及其补偿；投资及其收益的回收；投资争议的解决等。截至 2011 年 6 月，我国已与 130 个国家或地区签订了双边投资保护协定。

4. 税收保护

我国在促进对外直接投资的税收保护方面的主要措施有：纳税人在与中国缔结避免双重征税协定的国家所纳税收给予抵免，对承担援助项目的企业实行税收饶让，对在境外遇到不可抗风险而造成损失的企业给予所得税优惠。截至 2013 年 6 月底，我国已对外正式签署 99 个避免双重征税协定,其中 96 个协定已生效,和香港、澳门两个特别行政区签署了税收安排。这些协定对国内企业和个人到境外从事跨国生产经营的税务处理问题做出了规定。如外国税收抵免、所得税减免优惠、关税优惠等相关的税收保护政策。

案例资料

关于调整进出口与引进外资政策的建议

一、目前我国进出口贸易与引进外资的现状与问题

我国自从改革开放以来,一直采取出口退税、鼓励引进外资的优惠政策,而且各级政府层层考核出口指标与引进外资的指标。这些政策在我国改革开放初期资金短缺的状况下,对我国的经济发展起了功不可没的积极作用,亦使我国成为世界制造大国。由于我国出口产品附加值低,技术含量低,加工贸易链处于低端,消耗了大量资源,还污染了环境;我国大量出口产品,而西方国家却限制对我国的出口,造成我国空有庞大的外汇储备,实际上等于打了白条,而且还迫使人民币升值,通过汇率调整逐步赖账,等于将我国廉价打工的劳动成果再次送给人家;同时又因为外汇不能使用,增加人民币的发行量而造成国内物价上涨,非但如此还吃力不讨好,国际上还出现林林总总的中国威胁论,说我们影响人家就业,对我们实行反倾销,制造贸易摩擦。引进外资亦一样,人家借了我们的钱再来收购国内企业去赢取利润,而且还垄断了我国的粮油零售等产业,影响了我国的经济安全。因此,我认为时过境迁,现在已到了需要调整进出口贸易及引进外资政策的时候了。

二、调整政策的几点建议

(一) 实行对等贸易,减少贸易顺差

实行对等贸易,实现国与国间的进出口额大体对等,亦就是我国出口多少亦要从对方进口相应的我国所需要的产品。目前我国出口产品大都是轻工产品,是老百姓所必需的生活品,物美价廉,在国际上具有很强的竞争力。如果不进口我们的产品,会导致他国物价上涨,因此不必担心他国一点都不进口我们的产品,同时亦要迫使他国卖给我国所需要的产品。即使短时间出口受阻,亦没有什么大问题,白送给外国人用还不如送给自己老百姓用,经济的原则无非是分工不同,相互交换而已,我们 13 亿人口的大国,提高一下老百姓的生活水平、消费水平亦就能自己消化掉了。

(二) 提高引进外资的质量

现在我们国家应该说不缺钱了,因此对于仅拿钱来收购我国企业的应该不予鼓励和支持。为什么我们去收购国外的企业他们不同意,为什么我们不可以限制国外收购我们的企业,特别是利润比较好的企业。现在我国要引进的应该是拥有我们短缺的技术及产品的企业,从而促进我国技术水平的提高。因此建议不要给各级政府下达引进外资硬性的考核指标,而要根据当地经济实际发展需求对待外资,并在一定程度上保护我国经济安全。

(三) 调整进口政策

对于我国紧缺的资源、高尖端技术装备采取免税进口,鼓励企业进口;对于我国不紧缺的或者可能对我国相关产业造成冲击的,采取提高技术门槛,提高关税限制进口,保护

我国产业的发展;对于石油等紧缺资源,应放开进口权,让民营企业亦能进口,改变目前央企垄断进口,造成我们要什么,什么价格就涨的局面。

（四）调整出口政策

除了进出口对等之外,减少贸易顺差,对大宗物资及我国独有的资源要制定统一的合理的出口价格,对于低价出口的非但不能退税,而且采取对差额全额征税的办法,保持价格的稳定与合理,改变目前自相恶性竞争造成我们卖什么,什么价格大跌的局面,维护我国应有的利益。

（资料来源:宗庆后. 关于调整进出口与引进外资政策的建议[OL]. http://shipin. people. com. cn/GB/17268399.html,2012-03-02.）

关键术语

国际投资政策	政策效应	资本转移效应	技术效应
组织和管理技能效应	市场进入效应	经济结构调整效应	
免税期优惠国际避税	财政管理政策	金融优惠政策	
技术管理政策	资本管理政策	人事管理政策	

思考题

1. 国际投资政策主要包括哪几方面的效应?
2. 东道国利用外资主要采用哪几种政策优惠?
3. 发达国家与发展中国家对外投资政策的异同点是什么?
4. 我国利用外资政策的演变及特点是什么?
5. 简述我国对外直接投资政策的演变。

中国国际投资

改革开放以来,中国积极投身于国际经济圈和国际市场,加强与国外的投资交往,逐步成为世界经济整体的有机组成部分,对于发展本国经济和国际经济一体化起了极为重要的作用。本章介绍了我国利用外资及对外投资的发展过程,并分析了我国利用外资和对外投资中存在的问题及困难。

学习目标

了解我国利用外资及对外投资的过程;了解我国利用外资及对外投资存在的问题。

第一节　中国利用外资

新中国成立以来,尤其是改革开放以来,利用外资的方式不断增加,规模也不断扩大。外资的进入弥补了国内生产性投资的不足,引进了大量先进的技术和设备,促进了中国企业管理水平的提高,增加了就业,并使中国经济进一步融入国际经济体系之中,为中国的经济发展作出了巨大的贡献。

一、中国利用外资的历史回顾

第一阶段是从 1950—1965 年,主要是利用苏联的经济援助。新中国成立初期,为尽快恢复和发展经济,我国确立了积极争取外援的战略思想。但当时我国利用外资渠道比较单一,主要是苏联政府提供的援助性贷款和少量合股经营的中外合资企业。中国政府通过与苏联政府签订协议,从苏联取得了 74 亿旧卢布(约合 15 亿美元)、年利率为 2.5% 的长期贷款。这批贷款主要用于第一个五年计划期间的重点项目建设。同时,又从苏联进口 156 项设备,配合国内建设项目,为中国社会主义工业化打下了初步的基础。

在这一阶段,我国利用外资的形式主要是向苏联和东欧国家借款。在此期间,我国利用外资在管理上强调高度集中的计划管理。对国外借款统一由中央政府执行,借回后也统一由中央政府使用。到期时再统一由中央政府负责偿还。中央政府在使用这些借款时将其与国内投资一样列入国家基本建设计划,并按国家建设的大中型项目的管理程序由国家主管部门统一审批,将其与国内资金一样列入当年国家预算中的基本建设支出。

在此期间,中央政府没有将国外借款实行分别管理,而是由中国人民建设银行按计划统一拨款。当时,我国采用这种利用外资的体制,是与我国当时所处的国内国际环境分不开的。那时新中国刚刚成立,以美国为首的西方国家对我国进行经济封锁。我国与资本主义国家既无经济联系,也很少有私人资本往来,这使我国的外资来源单一,使用外资的方式简单。而我国在对借款的认识上也把它仅看成是社会主义国家之间的相互帮助,而没有把它看成是在世界资本市场上借用外国资本。

这一时期利用外资的特点是:利用外资规模小,外资来源渠道单一,外资投向自主选择性小,实行的是高度集中的外资配置体制。即由中央政府直接确定利用外资的具体项目。另外,这一时期我国利用外资处于刚刚起步的摸索阶段,在利用外资上存在一些问题。如中外双方的经济合同双方权责不清,中方自我保护能力较弱,一旦外方单方面毁约我方就无能为力;在外资的管理上缺乏科学的办法,无单独核算,到期偿还的本息额难以算清等。尽管如此,这一时期利用外资的工作还是为我国积累了不少经验。

第二阶段是从 1965—1978 年,是我国利用西方国家商业资金时期。20 世纪 60 年代末,中国利用外资来源转向西方国家,主要形式有出口信贷和吸收外汇存款。截至 1977 年,实际签订协议 200 余项,协议金额 35 亿美元。在 1978 年利用外资出现激增,当年签订 50 个项目,协议金额达 78 亿美元。这些资金被用于国内数十个大型基础工业项目的设备引进,以增强中国的经济实力。在这些大型项目的引进中,有一批后来成为我国骨干企业的项目,如上海石化和辽阳石化等大型化纤企业、泸州及大庆等大型化肥厂、武汉一米七轧钢机、上海宝钢、燕山乙烯工程、仪征化纤等。

这一时期利用外资引进的设备和技术,主要是冶金、石油化工和机械部门的。这些引进项目填补了我国的一些空白,对我国一些部门进行了技术改造,为我国工业进一步发展创造了条件。

在这一阶段,我国吸取了 20 世纪 50 年代的教训,开始建立起严格的外资管理制度。我国将引入的外资列入国家计划,作为重点工程项目予以优先安排,但其投资建设的权限小。如果用外汇支付,则其权限在主管部门而不在执行建设的单位;在建设的执行中,对引进工程项目的组织领导、财务拨款、建设程序和材料供应上都作了严格的规定;在国家统一借用并支付条件下,实行国内各部门之间转账,以避免其拖欠贷款。

当时,我国之所以采用这种体制,一方面是由于我国深刻地吸取了 20 世纪 50 年代的教训,坚持既无内债又无外债的方针;另一方面是因为我国在当时不认为延期付款和使用卖方信贷是向国外借款的一种方式。

这一时期的特点是:仍然沿袭过去那种高度集中的外资配置体制,外资利用的决策仍由中央决策机构作出。外资来源主要为较高利率的商业性贷款,加大了融资的成本。此外,项目启动前未经过严格的经济技术论证,投资效益较差。同时,外资的使用和偿还基本上是相脱节的,偿债的压力集中在中央财政上。另外,这一时期,我国刚开始大规模与西方国家进行经济往来,在利用外资方面,无论是其来源还是其利用方式都发生了较大的变化。

我国在这一时期利用外资取得了一定的成绩,但也存在着一些问题,如外资来源主要是高利率的国际商业贷款,加大了筹资成本;许多项目未进行严格的经济技术论证,仓促启动,国内配套条件不落实,投资效益较差;引进规模过大,超出了我国当时的财力和物力的承受能力,而且外资的使用与偿还基本上是脱节的,加大了国家偿债的压力;国内政局动荡和社会秩序混乱,严重地干扰了利用外资项目的建设等。由于以上原因,有一些引进项目被迫停建或缓建,造成了巨大浪费。

第三阶段是从 1979—1991 年,是全方位利用外资的时期。党的十一届三中全会以来,中国政府将对外开放确立为基本国策。其宗旨是:积极发展对外经济技术合作、交流和贸易往来,吸收利用国外资金和先进技术,发展生产力,加速我国社会主义现代化建设进程。鼓励外商投资开始成为中国对外开放政策的重要组成部分。

至此,中国利用外资进入一个崭新的历史阶段。其主要表现为:外资规模扩大化。1979 年对外开放以来,中国利用外资规模逐年扩大,增势迅猛。截至 1991 年底,中国累计实际利用外资 796.28 亿美元,其中对外借款 527.43 亿美元,占 66.24%;外商直接投资 268.85 亿美元,占 33.76%。自从 1986 年后,外商直接投资额增长速度首次超过对外借款,成为中国利用外资的最主要形式之一和中国利用外资规模扩展的主要因素。

在这一阶段大规模拓展利用外资,取得了辉煌的成就,但也存在着明显的问题。如外商投资以劳动密集型项目为主,投资技术含量不高;外商直接投资的部门和产业结构不尽合理,对国内产业的带动效应不大;外资投资的地区过分集中在沿海地区,内地利用外资较少,加剧了地区间经济发展的不平衡;引进外资中重复建设较多,造成国内资源大量浪费;外资投资的资产评估不够严格,造成大量国有资产的流失等。1979—2007 年中国利用外资统计如表 12-1 所示。

表 12-1 中国利用外资统计表　　　　　　　　　　　　　　亿美元

年份	总额	对外借款	外商直接投资	外商其他投资
1979—1984	181.87	130.41	41.04	10.42
1985	47.60	25.06	19.56	2.98
1986	76.28	50.14	22.44	3.70
1987	84.52	58.05	23.14	3.33
1988	102.26	64.87	31.94	5.45
1989	100.60	62.86	33.93	3.81
1990	102.89	65.34	34.87	2.68
1991	115.54	68.88	43.66	3.00
1992	192.03	79.11	110.08	2.84
1993	389.60	111.89	275.15	2.56
1994	432.13	92.67	337.67	1.79
1995	481.33	103.27	375.21	2.85
1996	548.05	126.69	417.26	4.10
1997	644.08	120.21	452.57	71.30
1998	585.57	110.00	454.63	20.94
1999	526.59	102.12	403.19	21.28
2000	593.56	100.00	407.15	86.41
2001	496.72		468.78	27.94
2002	550.11		527.43	22.68
2003	561.40		535.05	26.35
2004	640.72		606.30	34.42

续表

年份	总额	对外借款	外商直接投资	外商其他投资
2005	638.05		603.25	34.80
2006	670.76		630.21	40.55
2007	783.39		747.68	35.72

资料来源：根据中国统计年鉴及商务部网站整理。

第四阶段是从 1992—1997 年。在这一阶段，我国利用外资的形式继续完善，并有所扩大。我国在这一阶段借用外债、对外证券融资和吸收国外直接投资并举，同时积极开展对外投资。以 1992 年邓小平南方讲话为开端，我国利用外资的步伐进一步加快。随着我国在这一时期再开放 6 座沿海城市、边境 13 座城市和内地 18 座省会城市，我国利用外资向全方位、多层次方向扩展。在这一期间利用外资不仅仅是引进来，更敢于走出去。

这一期间外商在我国的直接投资高速增长，资金、技术密集型大项目明显增多，利用外资的地区从沿海向内地扩散，外商投资的产业结构趋向于合理，大型跨国公司也纷纷来我国投资。在过去很长一段时期里，中国利用外资主要投向工业。1993 年以前，在批准的 9 万个项目中，工业生产性项目占项目总数的 80%，占协议利用外资金额总数的 60% 左右。1993 年以后，用资领域逐渐拓宽，工业生产项目占项目总数的 67.77%，占协议利用外资金额的 43.84%；服务贸易项目占项目总数的 26.43%，占协议利用外资金额的 50.83%；农业项目占项目总数的 2.05%，占协议利用外资金额的 2.12%。从总体上看，仍以工业生产项目为主，但其相对比重有所下降，服务贸易行业增长较快。这表明中国正在逐步地开放其他投资领域，取消和放宽对第三产业的限制。

1992 年外商直接投资首次超过对外借款成为我国利用外资最主要的形式。同时资金来源更加广泛，1992 年以前港澳台投资占我国全部外商直接投资额约 75%，2002 年底，港澳台投资占我国全部外商直接投资的 42% 以上。在这一阶段，无论是从利用外资的管理和地区分布上，还是从利用外资的来源与方式上，我国在这一时期都进入了全方位的拓展阶段。随着外资进入我国日益增多，我国利用外资在各方面都开始向成熟阶段迈进。

改革开放以来，我国从各方面改善投资环境，从各方面调和外国投资者的投资目标动机与我国利用外资的目标动机之间的矛盾，取得了巨大的成就。我国现已初步形成了一个点面结合、有重点、有层次的从沿海到内地的逐步推进的开放型的经济体系。为此，我国制定了一系列的有关利用外资方面的政策。

第五阶段是从 1997—2001 年，这是全方位立体化利用外资阶段，从 1997 年至今是中国利用外资的重要转折时期。一是由于国内储蓄能力明显增加，国内资金总量的缺口已并不明显，生产能力已明显过剩，因而外资作为弥补资金来源不足的作用已大大下降；二是我国在利用外资方面呈现出了与 20 世纪 90 年代初期不同的新特点，中国利用外资总量基数加大，增速起伏。从 1999 年开始，我国实际利用外资出现了徘徊不前的状态。如 1999 年有小幅度下降，但协议利用外资额已出现大幅度的下降；2000 年的实际利用外资额与 1999 年基本持平。这在很大程度上归因于亚洲金融危机的影响，这种状况到 2001 年有很大改观，许多撤出的外资又重新回到了中国，也终于使我国的利用外资摆脱了几年来的徘徊状态,出现了恢复性增长。其中主要的原因是,中国国民经济在美国和周边国家经济普遍放缓的情况下,仍然保持了高速增长,外商普遍看好中国市场。此外,中国在2001年已正式加入WTO,对外开放的步伐在加快,力度在加大,特别是逐步扩大了吸引外商投资领域的地域,这是促进外商对华投资商增加的重要因素。

第六阶段是从2002年至今,这一阶段为利用外资的稳定增长阶段。2001年,中国正式成为世贸组织成员,这意味着中国的改革开放走上了与国际接轨的道路,因而对中国引资工作有着巨大的影响。

一是外商在进入中国市场时透明度已经提高,因为加入WTO的中国必须为这些外商提供符合世贸规则和国际惯例的运营环境;二是扩大了市场准入范围,商业、银行及其他服务贸易领域逐步开放,吸引了越来越多的外资进入中国;三是给予了外商国民待遇,取消了各种不符合国民待遇的做法。与此同时,这个阶段的外商已经进入中国投资十几年,在熟悉中国法律法规、风俗习惯、市场规则等方面已经具备了足够的经验,这也使得外商对于中国市场的发展潜力有了极为深刻的认识。

自2002年,外商对中国的直接投资保持了相对稳定的增长速度。2002年实际利用外资金额达到527.43亿美元,首次突破500亿美元大关;2004年达到了606.3亿美元,突破了600亿美元大关;2007年达到747.68亿美元,突破了700亿美元大关;2009年达到了900.33亿美元,突破了900亿美元大关;到了2010年,达到了1 057.35亿美元,历史性地突破了1 000亿美元大关。

虽然在2008年末爆发了全球性的金融危机,中国的一些外商企业纷纷撤资,外资在中国出现了短暂的下滑,但是由于中国政府处理得当,实行了一系列的政策使得中国的宏观经济依然保持良好的态势。这使得众多的外商企业把中国看作最佳的"避风港",纷纷到中国进行直接投资以躲避金融危机对它们的侵害,这也是2010年实际利用外资金额出现一个小高潮的原因。

这一时期,外商直接投资主要以大型跨国公司为投资来源,投资的行业主要分布在汽车、钢铁、机械、石化等领域,投资的区域仍以沿海开放城市为主,中西部地区也有大量的外商企业进行投资。总体来说,中国利用外资仍然是上升的趋势。

二、中国利用外资现状

(一)外资规模不断扩大

在发展中国家中,我国利用外资规模连续19年领先于其他国家,并于2009年成为世界第二大受资国,排名仅次于美国。而且,我国利用外资的整体规模还在不断扩大。

从单项外商投资规模来看,根据2011年我国外商投资报告,2001年我国外商投资的平均项目金额为179万美元,2009年、2010年则增加到385万美元。从我国实际利用外资总额来看,2001年我国实际利用外资额为468.46亿美元,2010年突破了1 000亿美元,而2011年则达到1 160.11亿美元,可见我国吸引外资金额一直保持着连续增长的态势。

(二)外资来源日趋多元化

从外资来源地变化情况来看,我国外资来源日趋多元化。

据统计,截至2008年底,我国已从211个国家或地区吸收外资,而且我国除了从美、日等发达国家吸收外资外,还从发展中国家引进外资。特别是近年来,除了传统的外资来源地对我国的持续投资外,其他国家和地区,如约旦、尼日利亚等拉丁美洲国家对我国的投资热情也不断高涨。据统计,2009年约旦在我国的外商直接投资额仅为87万美元,2010年增长到640万美元;尼日利亚2009年在我国的外商直接投资额为33万美元,2010年增长到500万美元。

(三)外资产业投向往第三产业倾斜

改革开放以来,我国外资产业投向经历了一个变化的过程,其中以第二产业居多,第三产业次之,第一产业则微乎其微,呈现出明显的"重工重商轻农"格局,农业利用外资尤其不足。据统计,1979年外商对我国第一、二、三产业的直接投资金额分别占其全部投资总额的1.98%、74.10%、23.92%,形成了"二、三、一"的典型投资结构,而且这种结构一直延续至今。

但是入世十年来,我国外资的产业结构已经出现了明显的改善,其中最大的变化是外资产业投向往第三产业倾斜,而且这种变化自2006年过渡期结束以后明显加快。从2003—2010年我国利用外资的产业分布来看,第一产业比重依然维持在2%以下,第二产业比重虽然维持在50%以上,但有逐年下降的趋势,而第三产业比重却逐年有所增加(见表12-2)。

表 12-2 2003—2010 年利用外资的产业分布　　　　　　　　　　%

年份 产业	2003	2004	2005	2006	2007	2008	2009	2010
第一产业	1.87	1.84	1.19	0.95	1.2	1.29	1.59	1.81
第二产业	73.26	74.98	74.09	67.45	57.3	57.64	55.62	50.94
第三产业	24.87	23.18	24.72	31.60	41.5	41.07	42.79	47.25

资料来源:根据中国国家统计局历年国家统计年鉴计算得出。

根据2011年的利用外资统计数据,我国服务业实际使用外资比例增速每月都超过制造业,最终在11月份首次超过制造业。由此可见,虽然我国现阶段外商投资结构仍然为"二、三、一",但事实证明,我国服务业利用外资潜力巨大,外资的产业投向已往第三产业倾斜。

(四)外商投资区域从东部转向中西部

我国外商投资历来主要集中在东部沿海地区,而中西部吸引外资能力欠佳,外资的地区分布不均,但随着西部大开发等战略的实施,我国外商投资区域开始从东部转向中西部。

从外资项目的地区分布来看,根据2011年我国外商投资报告,2001—2010年东部地区外资项目比重保持在86%的比例,中部地区2001年占8.2%,2010年增加到11.2%,而西部地区从5.8%下降到5.0%;从实际使用外资金额计算,东部地区2001年使用外资占比87.2%,2010年稍微降到85%,同期,中部地区从8.8%下降到6.5%,西部地区从4.1%上升到8.5%。

由此可以看出,虽然我国东部吸引外资的势头依然强劲,但是中西部吸引外资能力有不断增加的趋势。总体而言,我国外商投资区域已开始从东部转向中西部。

(五)外商投资方式从合资向独资转变

从历年外商投资企业的形式来看,外商投资的方式已经发生了明显的转变。过去,我国外资企业多以中外合资作为其经营方式,而现在则以外商独资为主。

根据商务部数据统计(以实际使用外资金额计算),2001 年合资企业占全国实际使用外资金额的 34%,然后逐年下降,2010 年下降到 21.3%,2011 年为 18.2%;2001 年合作企业仅占 13.4%,2011 年则下降到 1.5%;2001 年独资企业占 51.5%,2006 年上升到 73.8%,2011 年达到 77.5%。可以看出,我国外资企业中外商独资企业的比重一直在上升,中外合资、中外合作企业的比重仍在继续下降,外商投资的主要方式已从合资向独资转变。

(六)外资并购趋势明显

改革开放初期,我国利用外资的形式主要是对外借款,以解决国内建设资金不足的问题。而目前,我国利用外资的形式逐渐多样化,形成了外商直接投资为主,对外借款、跨国并购、发行国际债券、中国企业在境外证券市场发行股票、境外投资等多种形式共同发展的局面,以适应我国现阶段经济发展的要求。

在我国利用外资的多种形式中,外资并购形式发展最为突出。过去中国利用外资,并购所占的比重比较低,2010 年全球国际投资中 27% 是跨国并购,我国并购额只占到全国利用外资总额的 3.1%,差距非常大。清科研究中心的数据显示,2011 年中国并购市场共完成 1 157 起并购交易,并购交易总金额达到 669.18 亿美元,与 2010 年完成的 622 起案例相比,同比增长高达 86.0%,并购金额同比增长 92.3%。而且,随着我国经济的持续增长,我国在跨国并购方面的法规不断完善,并购环境持续优化,外资在中国的并购将活跃起来,而且这一趋势会不断增强,外资并购将逐步成为中国利用外资的主要形式之一。

三、中国利用外资的方式

国际投资是投资者跨越国界,通过创立、收购等手段,以掌握和控制国外企业经营活动从而谋取利润的一种投资活动。因此,投资者在作出对外投资的决策之前,首先要明确到底选择什么投资方式,包括采用何种企业形式的问题。在国际投资中,世界各国的企业形式不完全相同,主要可归纳为四种:合营(资)企业、独资企业、合作开发和 BOT 方式。不同性质的企业,在企业设立、登记、组织机构、经营管理以及交纳税赋方面相差甚远。

(一)合营(资)企业

合营企业基本方式主要有两种:一种是股权式合营企业,另一种是非股权式合营企业,也称为契约式合营企业。在我国,前者称为合营企业,后者称合作企业。

1. 股权式合资经营企业

股份制企业是我国也是国际通用的企业模式。股份制企业和公司有多种类型,其中有限责任公司、股份有限公司是主要形式。

股份有限公司,顾名思义,"股份"是资本单位,"有限"是有限责任。因此,股份有限公司是指注册资本由等额股份构成,并通过发行股票(或股权证)筹集资本,股东以其所认购股份对公司承担有限责任,公司以其全部资产对公司债务承担有限责任的企业法人。在现阶段,我国组建的股份有限公司大多为以某一个大中型企业为主体,公开向社会发行股票形成,且股东仅以出资额为限承担公司责任的企业模式。

有限责任公司指由两个以上股东,经其所认缴的出资额对公司承担有限责任,公司以其全部资产对其债务承担责任的企业法人。有限责任公司的典型模式是中外合资公司。

中外合资企业是指外国公司、企业或其他经济组织或个人,按照平等互利的原则,经中国政府批准,在中华人民共和国境内,同中国的公司、企业或其他经济组织,共同投资、共同管理、共负盈亏,从事某种经营活动的有限责任公司。

2. 非股权式合营企业

非股权式合营企业在我国一般称为合作企业。在我国的合作经营企业是契约式的合营,指由中国的企业或其他经济组织与外国的企业、其他经济组织或个人在中国境内以实施联合经营为目的,以平等的地位通过签订合同,明确双方权利和义务、履行合同规定条款而产生的经济组织。在我国,中外合作企业既可以作为企业法人,负有限责任,也可以不是法人,类似于国外的合伙企业。

(二)独资企业

在国际直接投资中,独资的主要企业形式为外资企业和外国企业。外资企业(外商独资企业)是指外国的企业、其他经济组织或者个人,依据中国法律,在中国境内设立的、全部资本由外国投资者投资的独立核算企业。外商独资企业的责任形式,由该企业的申请人依据中国法律确定:可以是有限责任公司,也可以是无限责任公司。目前在我国已批准的外商独资企业都是采用有限责任公司的形式。而外国企业不属于外商独资企业,它不是独立的经济实体,主要指外国企业在我国设立的分公司和联络处等。目前,外国企业主要是一些外资金融机构。例如,外国银行、保险公司在中国设立的分行、分公司。

(三)合作开发

指一国及以上的外商与本国有关法人通过签订合同,由外商投资对本国的矿产进行勘探开发,并独自承担投资风险,若勘探成功,外商自动获得其后的开发权,并取得一定数量的所开采矿产作为补偿。目前我国主要在海上和陆上石油勘探中采用。

(四)BOT方式

BOT是Build-Operate-Transfer的缩写,即"建设-经营-移交"方式的简称。其要点为:

(1)建设:由政府同私营部门(在我国表现为外商投资)的项目公司签订合同,由项目公司筹集资金和建设投资项目(一般为基础设施项目)。

(2)经营:项目建成后,项目公司拥有、营运和维护该项设施,并通过收取使用费或服务费用,回收投资并取得相应的利润。

(3)移交:协议期满后,该项投资设施的所有权无偿移交东道国政府。

BOT方式从20世纪80年代初开始得到较快发展,主要用于发展收费公路、发电、铁路、废水处理设施和城市地铁等基础设施项目。

BOT方式的工作程序随着项目的不同而不同,但一般应包括项目确定、项目准备、项目招标、合同谈判、项目建设、项目经营和项目产权移交几个阶段。由于参与 BOT 方式的外国公司和金融机构较多,谈判内容复杂、时间长。并且是项目公司直接与政府签订合同,政府往往要承诺保证外汇兑换以及根据通货膨胀指数调整项目服务价格等条件。

四、中国当前利用外资中存在的问题

(一)外资质量不高

我国不断引进外资,外资项目金额、数量也随之高涨,但我国外资质量却不高。

利用外资质量的高低主要在于外资引进的技术水平是否有利于我国技术水平的提高,而参照这个标准,我国外资质量低的主要表现为:我国以市场换技术目的没有完全达到,技术进步反而受阻。一方面,外商为了保持其技术垄断优势,将高端核心技术控制在自己手里,或是向我国输出已经失去竞争力或正在普及和标准化的技术,即使转让了部分高精尖技术,往往要附加各种限制性条款,不利于我国技术提高。另一方面,我国存在只重技术引进,不注重引进技术的消化创新问题。国际公认的技术引进费与消化费的比例是 1∶10,而我国仅为 1∶2.5,对引进技术的消化不足直接导致了我国技术引进与技术创新的脱节,无法有效利用外资企业的技术溢出效应,提升自身企业的竞争能力,也形成了外资垄断及对外资企业的技术依赖性等缺点。

另外,我国利用外资质量低还体现在:其一,政府机构和企事业单位忽视了评估外资质量的重要性,存在"不管好坏,先引进来再说"的思想,而且长期以来,从中央到地方的各级政府大都以吸收和利用外资的数量多少作为考核领导干部的政绩指标之一,一些地方、部门和企业就一味追求利用外资的规模,忽视了外资质量和效益;其二,政府机构和企事业单位对引进外资的形式、投向、配套能力以及可能出现的问题缺乏周详考虑,没有长远的目标和规划;其三,对引进项目评估过于草率,往往流于形式,从而导致低水平外资重复引进,低水平重复建设,利用外资过程中高能耗与高污染产业加剧,加剧能源消耗与环境污染,国土资源流失,外资税收大幅度减少等。

(二)外资结构不合理

我国外资结构不合理主要表现在以下几方面。

(1)从外资来源来看,在国际资本流动中,以美国、欧盟和日本为首的发达国家是国际投资的主体,而从流入中国的外资看,我国外资来源主要集中在我国香港、我国台湾、日本等亚洲国家或地区,而欧美等发达国家在我国的投资所占的比例不高。据统计,2011年对华投资最多的前 7 位国家或地区依次为我国香港、我国台湾、日本、新加坡、美国、韩国和英国,其中包括的五个亚洲国家或地区实际投入外资金额占我国全年实际使用外资金额的 85.3%,而美国和英国投资额仅占 3.97%。虽然这一状况近年来有所改善,但是外商投资来源过于集中在某些亚洲国家,不利于我国国际地位的整体提升。

(2)从外资的产业构成来看,我国急需发展的农业利用外资额最少,而工业中制造业利用外资比重最大,另外服务业中房地产利用外资的比重也很高。这种外资结构的倾斜加大了中国三次产业结构的偏差,使三次产业之间发展水平与国际竞争能力的距离扩大,对我国产业结构的升级产生了负面效应。

(3)从外资的地区分布来看,我国东、中、西部地区相比较,无论在外资使用量方面,还是在外资规模和效益方面，三者都有很大差距。这样的区域失衡状况容易加剧东西部地区发展差距，造成更大的不均衡，不利于我国经济的平衡发展。

（4）从外商投资形式来看，我国外商独资化趋势明显，合资企业比重下降，且在中外合资企业中，中外方控股比例失衡，从最早的 75∶25 变成 60∶40 或 50∶50，现在基本变成 20∶80 或 10∶90，或由外方绝对控股或外商独资。而外商独资企业大规模进入国内市场，必然对我国民族企业的发展构成威胁，而且外商可能会滥用优势垄断地位，损害公平竞争以至广大消费者的利益，从长远来看，这将会削弱我国的整体经济实力。

（5）从外资利用形式来看，外资并购趋势越来越明显，而外资并购的领域多涉及制造业、流通业、高科技产业等，部分产业涉及国家安全。如果我国那些事关国计民生的企业被外商控制，则不利于我国对国民经济的调控和产业结构的优化，还可能导致我国经济的动荡，并引发新的危机。

之所以会出现这种外资结构不合理的现象，其主要原因在于我国本身的现状。

首先，我国本身属于亚洲国家，与亚洲地区的其他国家的关系较为密切，虽然存在竞争，但是与其他发达国家相比，彼此之间的利益冲突没有那么明显，而且由于地理位置的原因，亚洲国家来华投资较为方便，对外资企业的管理较为便利，成本要相对低一些。

其次，我国吸引外资的资源优势在于我国人口众多，自然资源丰富，所以相对其他国家而言，我国的劳动力价格较为低廉，自然资源使用较为广泛，成本较低，而且我国第二产业也发展较为迅速，利于投资收益的增长；第一产业具有生产周期长、投资收益见效慢的特点，并且容易被自然环境等因素所牵制，使得外商拥有的所有权优势难以发挥；第三产业虽然潜力巨大，但是我国对于一些产业的限制导致了外商投资的信心减弱，例如我国在房地产方面的外资投入限制，有利于防止房价非理性上涨，降低人民币升值的压力，降低房地产市场的潜在风险。因此，外商多投资于制造业这类劳动密集型、自然资源密集型产业，对第一产业和第三产业的投资量相对较少，从而导致了我国外资的产业分布不均。而且，我国东部拥有我国所有的经济特区，政策环境优越，经济发展水平较高，地理位置优越，拥有较发达的交通运输系统，自然资源和人力资源丰富，且工业聚集程度较高，而我国中西部位置较偏，交通不便利，工业产值低，经济发展较为缓慢，所以，我国吸引来的外资多投向东部沿海经济发达的地区，中西部吸收外资较少，从而导致了我国外资的地区分布不均。

再次，我国的技术水平比较落后，所以争取股权只能凭借我国的土地资源等优势，而外商则可以凭借其先进的技术和大规模的外资来获取更多的股权，从而获得企业的支配地位，所以在外商企业中，中方控股比例要小于外方控股比例。

最后，我国企业普遍规模较小，并且技术装备落后，产业技术水平低下，缺乏具有很强业务能力的高技能专门技术人才和管理人才，对于高端产业等的控制力不足，而且容易被外资并购。另外，外商出于自身的利益要求，会对于效益高、见效快的产业进行外资并购，从而导致外资并购成为外资的主要利用方式，使我国经济安全受到威胁。

（三）超国民待遇问题仍然存在

为了吸引外资，我国政府出台了许多优惠政策，对外商实行超国民待遇，但随着我国利用外资的不断发展，超国民待遇引发了一系列问题，不容忽视。

首先,我国实行的外资优惠政策,其主要形式为税收优惠。特别是在加入 WTO 后,我国在贸易政策方面解除了贸易壁垒,税收费率大幅降低,这使得外商能以更低的成本占领中国市场,对内资产生了很大的挤出效应,再加上外商大多掌握一定的技术优势,产品的市场占有率就相对较高,部分行业还逐步呈现出外资垄断的趋势,对我国企业的发展十分不利。

其次,外资企业享有的超国民待遇对内资企业产生了不合理的引导,促使一部分内资企业外逃,然后以外资的身份重新流回国内,享受优惠待遇。

再次,大力鼓励外资流入、鼓励外资出口创汇的政策,一方面使国际游资乘虚而入,另一方面使一些实际赢利能力不佳的出口企业靠出口退税以及政府补贴等优惠政策生存,造成出口增长的虚假繁荣,既增大了贸易摩擦风险与外汇储备压力,也使得基础货币投放被动增加,给宏观调控带来难度。

显然,超国民待遇的负面影响已经日益突出,究其原因主要在于我国对外商实行的某些优惠政策已经不能满足现阶段我国引资工作的需求。而且,一些原本不合理的政策,已经对我国的经济发展产生了一定的负面影响,但是没有引起足够的重视,这也在一定程度上导致了我国外资政策的负面效应。

(四)利用外资影响到我国民族企业的发展

利用外资虽然促进了我国经济的快速发展,同时也使我国民族企业容易受到利用外资情况的影响,增加了我国民族企业发展的不稳定性。

首先,外资企业大规模进入国内市场,外资企业领域多涉及制造业等劳动密集型、资源密集型产业,且中方控股比例小,对企业控制力弱,外商可能滥用其优势垄断地位,损害公平竞争,侵占市场份额,限制了我国民族企业的发展空间。例如,在批发零售商业领域,入世之后,家乐福、沃尔玛和乐购等国际大型超市巨头纷纷大举进入我国,在一线、二线城市大规模布局,在大型超市中占有很高的市场份额,获得较大利润。相比之下,我国本土超市尚未形成覆盖全国范围内的大型超市,发展空间受到限制。

其次,存在外商试图争夺和垄断重要经济资源的现象,这使得我国民族企业的可持续发展受阻。

再次,外商投资技术密集型产业不多,但是对于高科技产业的控制力越来越强,而我国民族企业对其技术具有很强的依赖性,技术进步反而受阻,民族企业发展速度降低。

我国民族企业发展之所以会受到威胁,主要是由于我国民族企业本身竞争力不足,而且外商进入中国投资的动机和中国自身发展战略通常不一致。外商进入中国投资,重点关注投资企业的利润,想降低成本,充分利用外国资源等优势,同时打击竞争对手,巩固自身竞争优势,努力取得行业或市场的支配地位,最终形成垄断,获取超额利润。所以,外商通常投资于我国的劳动密集型、资源密集型产业,以利用我国低廉的劳动力和丰富的自然资源,降低生产成本,而我国本身这类产业就较多,民族企业的市场份额会随着外资企业的大幅增加而逐渐降低,有些企业还有可能被驱逐出市场,这影响到我国企业发展空间;外商为了打击竞争对手,会争夺和垄断重要经济资源,使我国民族企业的可持续发展受阻;外商为了巩固自己的竞争优势,获取超额利润,会将高端生产技术牢牢控制住,减少外资企业的技术溢出效应,在一定程度上使得我国民族企业技术进步受阻,发展速度降低。

第二节　中国对外投资

一、中国对外投资的历史回顾

新中国成立到实行改革开放政策以前的 30 年间,中国企业在海外开展了一些直接投资活动。期间,为了开拓国际市场,发展与世界各国的贸易往来,各专业外贸总公司先后分别在巴黎、伦敦、汉堡、东京、纽约、我国香港、新加坡等国际大都市设立了海外分支机构,建立了一批贸易企业。与此同时,中国的一些与贸易相关的企业也在海外投资开办了一些远洋运输和金融等方面的企业,这是继新中国政府接管在香港的一批中资企业后新中国国内企业自己到海外投资开办的首批企业。这批海外企业的投资规模普遍较小,多分布在世界上的一些著名港口和大城市,主要从事贸易活动,基本属于贸易型的海外投资。

(一)起步阶段(1979—1985 年)

1979 年以北京市友谊商业服务公司同日本东京丸一商事株式会社开办的"京和股份有限公司"为标志,拉开了中国企业对外直接投资跨国经营的序幕。1979—1985 年,是中国企业跨国直接投资的起步阶段,累计兴办非贸易海外子公司 185 家,总投资额近 3 亿美元,共兴办境外合资、独资企业 185 个。海外企业分布遍及 45 个国家或地区,但多以发展中国家和我国港澳地区为主。企业平均规模小,投资领域主要集中于餐饮、国际承包工程、咨询服务等行业。参与主体是专业外贸公司。

(二)迅猛发展阶段(1986—1990 年)

1986 年批准兴办非贸易性海外企业 92 家。1987 年我国企业对外直接投资开始出现了前所未有的跃升。当年兴办的境外企业数上升到 124 家,直接投资额达到 3.5 亿美元,标志着我国企业对外投资进入迅速成长的新阶段。期间兴办的海外企业共 661 家,是前一阶段的 3.6 倍。到 1990 年,中国非贸易性海外直接投资企业数超过 800 家,投资总额达到 20.6 亿美元,其中中方投资 8.83 亿美元,分别是前一阶段的 6.9 倍和 4.48 倍。截至 1990 年底,投资总额达 23.5 亿美元。投资参与主体向多元化发展,如大中型生产企业、贸易性企业、以金融实力为基础的系统投资公司纷纷参与跨国经营活动。海外企业分布在 90 多个国家或地区,以亚洲各国和地区居多,并开始进入发达国家,使中国对外直接投资首次突破以往格局,投资地域趋向合理。投资领域向资源开发、制造加工、交通运输等 20 多个行业延伸。

(三)进一步发展阶段(1991—1996 年)

1991 年,中国在海外兴办非贸易性企业 207 家,对外直接投资额超过了 1987 年的 3.5 亿美元的历史最高纪录,达 3.67 亿美元,协议投资总额也达到 7.59 亿美元的水平,大大超过了除 1987 年外的其他所有年份。1991—1996 年,中国兴办的境外非贸易企业共计 1 184 家,累计投资总额为 45.2 亿美元,其中中方累计投资额为 11.29 亿美元。1992 年,由经贸部批准兴办的境外企业达 355 家,比 1991 年增长 71.5%,年增加量首次突破 300 家大关,同年对外投资协议额为 3.51 亿美元,其中中方投资 1.95 亿美元,占协议投资总额的 55.6%,中方投资比重达历史最高水平。1993 年,中国企业对外投资势头有所减弱,但新办境外企业数仍大大超过 1991 年水平。1991—1993 年中国批准新办的非贸易性境外企业数超过 1979—1990 年 12 年的总和。投资遍布 139 个国家或地区,投资额主要集中在澳大利亚、加拿大、美国等 10 个国家或地区,中国内地在这 10 个国家或地区的投资额占总额的 78.7%,涉及的投资领域包括资源开发、加工装配、交通运输、工程承包、旅游餐饮等行业。

(四)高速发展转向平稳发展的阶段(1997—2004 年)

受 1997 年亚洲金融危机的影响,中国对外直接投资增长缓慢。政府出台了多部鼓励企业"走出去"开展境外加工项目的配套政策。企业对外直接投资的宏观政策越来越好,也驱使更多的企业实现了跨国经营。再者,企业跨国经营的意识提高是企业对外投资发展迅速的关键原因。1999 年对外投资额比 1998 年增长 32%。2000 年底,经国家批准或备案的中国境外投资企业已达到 6 296 家,协议金额 112 亿美元,中方投资 76 亿美元,占总投资额的 67.86%。截至 2001 年底,我国累计设立各类境外企业 6 610 家,协议投资总额 123 亿美元,其中中方投资额为 84 亿美元。截至 2003 年这 7 年间,累计兴办企业 1 979 家,年均兴办企业 282 家,累计投资额为 53.74 亿美元,年均投资额为 7.68 亿美元,可见无论是总额还是平均额,对外投资额都有所上升。值得注意的是,2004 年商务部下发了《关于境外投资开办企业核准事项的规定》,并与国务院港澳办联合下发了《关于内地企业赴香港、澳门投资开办企业核准事项的规定》,对推动中国企业对外投资起到了积极的促进作用。

(五)突破性阶段(2005 年至今)

2005 年中国对外直接投资净额首次超过 100 亿美元。商务部数据显示,2012 年中国境内投资者共对全球 141 个国家或地区的 4 425 家境外企业进行了直接投资,累计实现非金融类直接投资 772.2 亿美元。2012 年我国对外投资中,从境内投资者构成来看,地方对外直接投资 281.9 亿美元,占同期对外直接投资总额的 36.5%,同比增长 38.9%。广东、山东、江苏、辽宁、浙江等位居地方对外直接投资的前列。且投资的形式和领域逐步多样化,2005 年对外直接投资的成就在于突破了 100 亿美元的高度,标志着中国对外直接投资发展阶段的一个新起点,上升到新的水平。同时我国经济发展也步入了一个新的时期。

二、中国对外投资现状

(一)投资总额不断扩大,相对规模较小

2003 年以来,我国对外投资进入快速发展阶段,对外直接投资总量不断增加,增长率也保持较高水平。2010 年,中国对外直接投资净额(流量)为 688.1 亿美元,同比增长 21.7%,连续 9 年保持增长势头,年均增速为 49.9%。其中,非金融类 601.8 亿美元,同比增长 25.9%;金融类 86.3 亿美元。根据联合国贸易和发展会议《2011 年世界投资报告》,2010 年中国对外直接投资占全球当年流量的 5.2%,位居全球第五,首次超过日本

(562.6 亿美元)、英国(110.2 亿美元)等传统对外投资大国。

2011 年前三季度我国境内投资者共对全球的 130 个国家或地区进行了直接投资,累计实现全行业对外直接投资 445.7 亿美元,其中非金融类对外直接投资 407.5 亿美元,同比增长 12.5%,占 91.4%;金融业对外直接投资 38.2 亿美元,占 8.6%。1982—2010 年中国对外投资基本数据如表 12-3 所示。

表 12-3 中国对外投资基本数据 亿美元

年份	投资流量	流量增长率	投资存量	存量增长率
1982	0.44	—	0.44	—
1983	0.93	1.113 6	1.37	2.113 6
1984	1.34	0.440 9	2.71	0.978 1
1985	6.29	3.694	9	2.321
1986	4.5	−0.284 6	13.5	0.5
1987	6.45	0.433 3	19.95	0.477 8
1988	8.5	0.317 8	28.45	0.426 1
1989	7.8	−0.082 4	36.25	0.274 2
1990	8.3	0.064 1	44.55	0.229
1991	9.13	0.1	53.68	0.204 9
1992	40	3.381 2	93.68	0.745 2
1993	44	0.1	137.68	0.469 7
1994	20	−0.545 5	157.68	0.145 3
1995	20	0	177.68	0.126 8
1996	21.14	0.057	198.82	0.119
1997	25.62	0.211 9	224.44	0.128 9
1998	26.34	0.028 1	250.78	0.117 4
1999	17.74	−0.326 5	268.53	0.070 8
2000	9.16	−0.483 7	277.68	0.034 1
2001	68.85	6.516 4	346.54	0.248
2002	25.18	−0.634 3	299	−0.137 2
2003	28.55	0.133 8	332.22	0.111 1
2004	54.98	0.925 7	447.78	0.347 8
2005	122.61	1.230 1	572.06	0.277 5
2006	211.6	0.725 8	733.3	0.281 9
2007	224.69	0.061 9	957.99	0.306 4
2008	521.5	1.321 0	1 479.49	0.544 4
2009	565.3	0.084 0	2 296	0.551 9
2010	680	0.202 9	2 976	0.296 2

资料来源:中国对外直接投资统计公报。

我国对外直接投资总量虽然有了很大发展,但与发达国家相比还存在较大差距。2010 年全球外国直接投资流出流量 1.32 万亿美元,年末存量 20.4 万亿美元,中国占比分别为 5.2% 和 1.6%,流量排名第五位(见图 12-1),存量排名第 17 位,与我国的发展地位还是不太相符。2010 年中国与全球主要国家(地区)存量对比参见图 12-2。

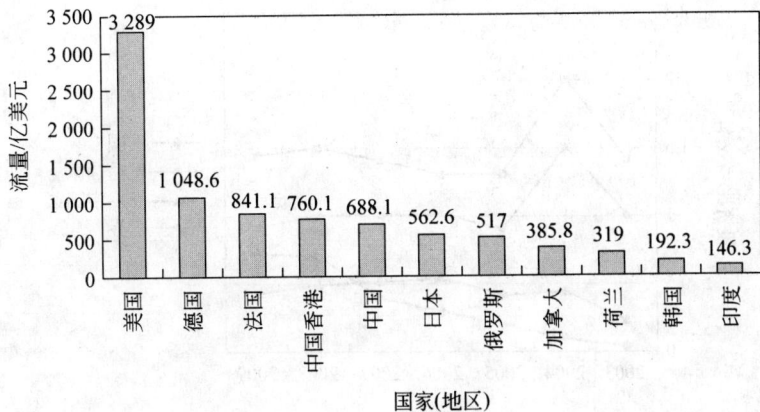

图 12-1　2010 年中国与全球主要国家(地区)流量对比

资料来源:《2011 年世界投资报告》。

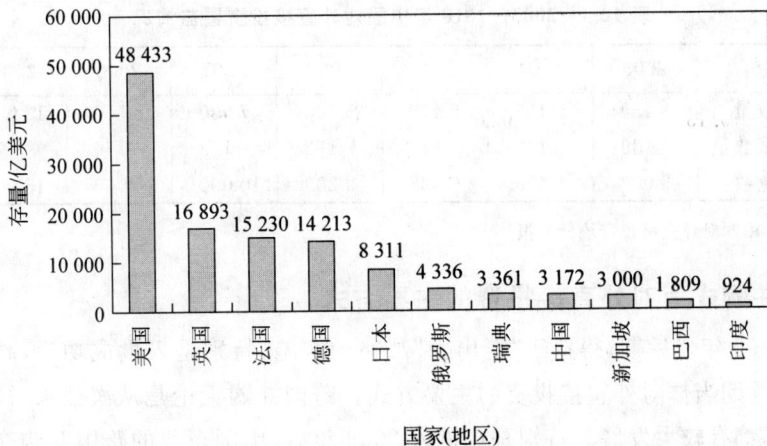

图 12-2　2010 年中国与全球主要国家(地区)存量对比

资料来源:《2011 年世界投资报告》。

　　但与利用 FDI 相比,我国 ODI 规模仍较小,投资比率效率①较低。改革开放三十多年来,我国平均投资比率效率仅为 0.18,不仅低于发达国家 1.32 及世界平均水平 1.03 的平均投资比率效率,而且低于发展中国家 0.35 的平均投资比率效率(见图 12-3)。这说明尽管我国 ODI 发展较快,但整体投资比率效率较低,我国以直接投资的形式融入经济全球化的程度尚待深化。

(二)投资覆盖率进一步扩大,行业多元聚集度较高

　　至 2010 年末,中国在全球 178 个国家(地区)共有 1.6 万家境外企业(见表 12-4),投资覆盖率达到 72.7%,其中对亚洲、非洲地区投资覆盖率分别达 90% 和 85%。

---

　　①　投资比率效率是指吸收外资与对外投资的比例,其含义是一个国家或地区每吸收 1 美元的国际资金经过国内生产过程后有多少资金可以用来投资。

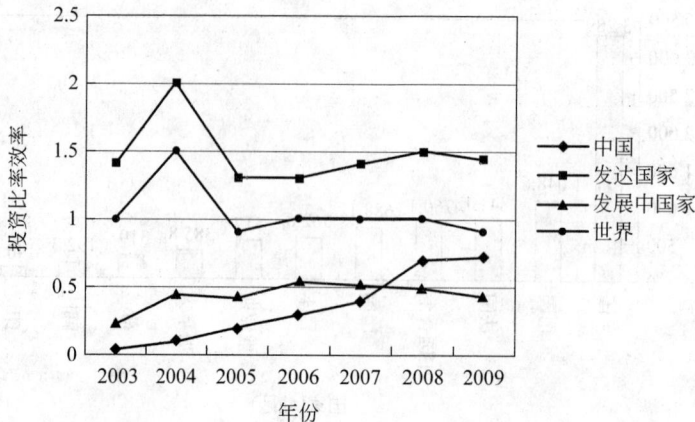

图 12-3　2003—2009 年中国与全球投资比率效率对比

资料来源：根据中国对外直接投资统计公报整理。

表 12-4　2003—2010 年中国对外直接投资覆盖情况　　　　　　　个

年　份	2003	2004	2005	2006	2007	2008	2009	2010
境内投资者数量	3 439	5 163	5 400	5 600	7 000	8 500	12 000	
对外投资国家数量	139	149	163	172	173	174	177	178
设立境外企业数	3 000	4 320	6 426	9 200	10 000	12 000	13 000	16 000

资料来源：中国对外直接投资统计公报。

（三）并购成为对外直接投资的主要方式

20 世纪 90 年代后期，得益于"走出去"战略的实施，特别是入世成功后，越来越多的企业将海外并购当作对外直接投资的主要方式。跨国并购无论是从次数来看，还是从涉案金额来看，都有较大发展。特别是在进入 2008 年后，中国企业的跨国并购交易额迅速上升，在当年中国对外投资总额中占 49％。并且，中国企业的跨国并购在世界并购市场上所占份额已经超出了中国对外直接投资市场的份额，在发展中国家并购交易中所占份额突出，已达到 20％。

在金融危机肆虐的 2008 年、2009 年，中国企业的跨国并购表现尤为引人注目。在 2008 年全球跨国并购额比 2007 年下降 34.7％的颓势背景下，中国的非金融行业跨国并购却比 2007 年增加了 225.4％。进入 2009 年后，中国企业的跨国并购交易表现不仅好于同期全球跨国并购交易，而且于前三季度出现逆市急升，特别是在第三季度出现大量成交。2010 年，中国企业以并购方式实现的直接投资 297 亿美元，同比增长 54.7％，占流量总额的 43.2％。并购领域涉及采矿、制造、电力生产和供应、专业技术服务和金融等行业。中国境外直接投资的当期利润再投资 240 亿美元，较上年增长 48.9％，所占流量比重由 2007 年的 28.5％上升到 34.9％。跨国并购交易的逆势上扬，对于我国对外直接投资整体局面的平稳发展具有特别重要的作用。表 12-5 所示为 2003—2009 年中国及全球绿地投资及并购投资项目数对比。

表 12-5　2003—2009 年中国及全球绿地投资及并购投资项目数对比

年份	全球绿地投资数/个	中国绿地投资数/个	中国占比/%	全球并购投资数/个	中国并购投资数/个	中国占比/%
2003	9 450	108	1.14	3 004	31	1.03
2004	10 242	98	0.96	3 683	44	1.19
2005	10 551	140	1.33	5 004	45	0.9
2006	12 248	131	1.07	5 747	38	0.66
2007	12 210	202	1.65	7 018	61	0.87
2008	16 147	256	1.59	6 425	69	1.07
2009	13 727	303	2.21	4 239	97	2.29

资料来源：根据公开资料整理。

（四）对外直接投资行业分布相对集中

中国对外直接投资的九成流向服务业、金融业、批发和零售业、采矿业、交通运输业和制造业。2010 年，中国对外直接投资流向租赁和商贸服务业 302.8 亿美元，同比增长 47.9%，占 44%；金融业 86.3 亿美元，同比下降 1.1%，占 12.5%；批发和零售业 67.3 亿美元，同比增长 9.6%，占 9.8%；采矿业 57.1 美元，同比下降 57.2%，占 8.3%，主要是石油天然气开采、有色金属开采业、黑色金属矿采选业；交通运输、仓储和邮政业 56.6 亿美元，同比增长 173.8%，占 8.2%，主要是水上运输业、其他运输服务业和航空运输业等投资；制造业 46.6 亿美元，同比增长 108.2%，占 6.8%，主要是交通运输设备制造业、有色金属冶炼及压延加工业、化学原料及制品制造业等投资。2010 年中国对外直接投资行业分布情况如图 12-4 所示。

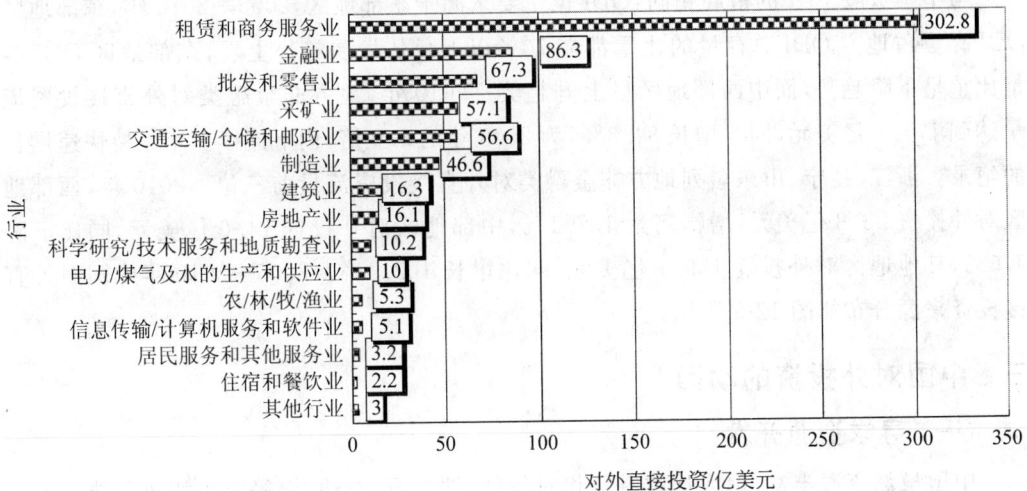

图 12-4　2010 年中国对外直接投资行业分布情况

资料来源：中国对外直接投资统计公报。

（五）地区分布不均衡，主要集中于亚洲和拉丁美洲

从地区分布看，2010 年对欧洲、北美洲、拉丁美洲的投资继续保持快速增长的态势，

对非洲的投资较上年增长四成。对欧洲的投资在 2009 年增长 2.8 倍的基础上再次实现成倍增长,流量达到 67.6 亿美元,同比增长 101.6%,占流量总额的 9.8%,较 2009 年提升了 4 个百分点,主要流向卢森堡、瑞典、俄罗斯、德国、匈牙利、英国、挪威等国家。北美洲 26.2 亿美元,较 2009 年增长 72.2%,占 3.8%,主要流向美国、加拿大。拉丁美洲 105.4 亿美元,较 2009 年增长 43.8%,占 15.3%,主要流向英属维尔京群岛、开曼群岛,巴西,秘鲁等。非洲 21.1 亿美元,较 2009 年增长 46.8%,占 3.1%,主要分布在南非、刚果、尼日尔、阿尔及利亚、尼日利亚、肯尼亚等(见表 12-6)。

表 12-6　2010 年中国对外直接投资地区分布

地区	金额/亿美元	增长/%	占比/%
亚洲	448.9	11.1	65.3
非洲	21.1	46.8	3.1
欧洲	67.6	101.6	9.8
拉丁美洲	105.4	43.8	15.3
北美洲	26.2	72.2	3.8
大洋洲	18.9	−23.8	2.7
合计	688.1	21.7	100

从国别看,2010 年末,中国对外直接投资前 20 位的国家(地区)存量累计达到 2 888 亿美元,占中国对外直接投资存量的 91.1%。

(六)对外直接投资来源不平衡

与中国吸收 FDI 的格局相同,ODI 也主要来源于东部地区,2005—2010 年,东部地区 ODI 存量占地方 ODI 总存量的比重都在 70% 以上。从发展趋势上看,东部地区 ODI 存量比重呈下降趋势,而中西部地区呈上升趋势。2010 年,地方非金融类对外直接投资流量达到 177.5 亿美元,同比增长 84.8%,为 2005 年的 8.6 倍,创下连续 8 年保持快速增长的纪录。浙江、辽宁、山东名列地方非金融类对外直接投资流量前三位。2010 年,西部地区对外投资 23.8 亿美元,增幅高达 107.1%,中部地区对外投资 14.6 亿美元,同比下降 7.6%,其他地区对外投资 139.1 亿美元,同比增长 102.4%。2005—2010 年中国对外直接投资来源分布如图 12-5 所示。

三、中国对外投资的动因

(一)寻求资源开发

中国虽然资源丰富,但人均占有量相对较低,铁矿石、石油、铜等资源相对稀缺。为保证资源长期、稳定供给,资源开发便成为企业对外直接投资的主要动因。资源开发对外直接投资具有以下有利条件:其一,国内对这些资源的巨大需求为投资收益提供了有力保证;其二,石油、铁矿石等资源关系到经济发展和安全,所以尽管项目所需投资额较大,却能得到中国政府的财政支持和税收优惠;其三,抓住东道国资源开发契机,了解东道国市场行情,为企业日后在东道国进一步拓展创造条件。

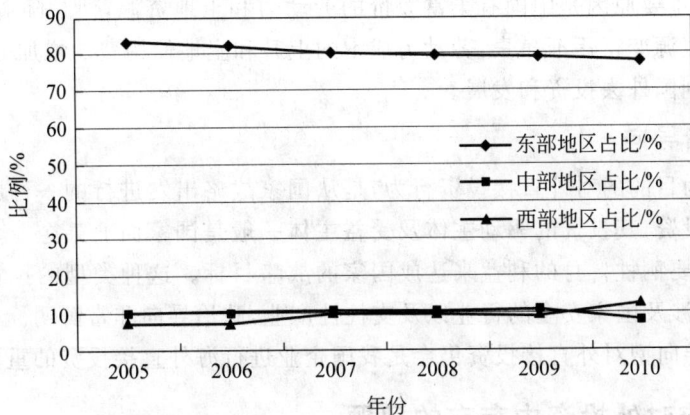

图 12-5　2005—2010 年中国对外直接投资来源分布

资料来源：中国对外直接投资统计公报。

（二）开拓海外市场

主要表现在三方面：

（1）面对国内需求不足和激烈的国内竞争，海外直接投资有利于寻找产品销路，而且便于获得国外市场的供求信息，使企业及时调整自身的生产经营战略。

（2）近年来国外特别是欧盟不断对来自中国的出口产品采取进口配额、反倾销和技术性贸易壁垒，对外直接投资便成为规避贸易壁垒的有效途径。

（3）实施全球发展战略，针对消费层次较高或满足特定消费需求而开发但国内消费力相对不足的产品生产企业，通过就地生产、销售，取得一席之地以立足于国外市场，增强自身竞争力。

（三）获取先进技术

企业引进外资目的之一是引进和吸收外国先进技术，对外直接投资同样能吸收国外先进技术和管理经验，通过兼并和收购以及在国外建立研究和开发基地，用最近的距离、最短的时间获得最前沿的技术。例如，中国高端显示器生产技术距国际水平有一定差距，京东方科技采取并购韩国现代显示株式会社，就获得它的产品和技术。获得先进技术就意味着将拥有更强的竞争力、更广阔的市场和发展空间。

（四）分散经营风险

经济全球化的发展，给国家和企业带来了机遇，也带来了风险和挑战。1997 年亚洲金融危机中许多企业在这场风暴中跌倒甚至一蹶不振。为规避风险，有实力的大企业可以效仿许多发达国家跨国公司的做法，将自己的业务向海外拓展，在其他国家投资办厂，从而分散经营风险，稳定企业销售和利润水平。

（五）追求效率

一般表现为投资企业充分利用东道国资源的比较优势以及企业本身的技术优势，通过规模效益降低成本，增加利润。虽然目前这种投资动因在中国对外直接投资企业中表现得并不突出,主要原因是中国有丰富廉价的劳动力和土地资源,但是随着经济发展,原本相对廉价的资源变得逐渐昂贵,劳动力成本的上升和土地使用费的增加等,都会导致国内企业不断地到国外去投资和发展。

(六)政治导向

指以政治为目的的对外直接投资行为,是从国家战略出发进行的一种服务于政治层面的对外直接投资,其投资的驱动主体及受益主体一般是国家而非某企业个体。在特定情况下,企业需要牺牲自身的利益来达成国家的战略目标。这种类型的投资活动是极具中国特色的,如涉及国家安全的行业以及支柱性产业,政治导向非常鲜明。在未来很长一段时间内政治导向型对外直接投资仍会是我国企业进行海外直接投资的重要动因之一。

四、中国当前对外投资中存在的问题

(一)投资规模不大,投资结构不合理

一个国家对外直接投资发展是否与经济总体发展相适应可以通过对外直接投资年末存量与当年国民生产总值之比衡量。

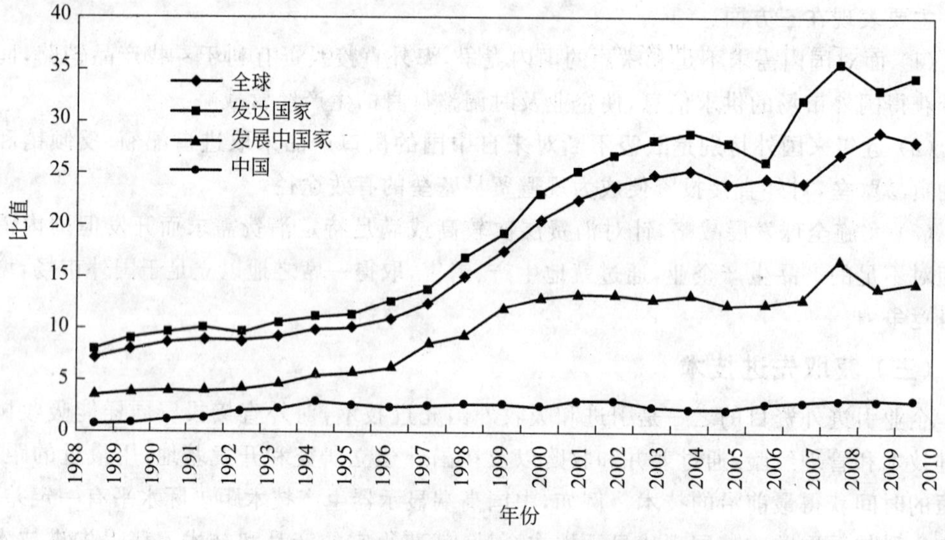

图 12-6　对外直接投资年末存量与当年国民生产总值之比

近年来,我国对外直接投资增长较快,但相对于中国经济整体实力和对比其他国家对外投资规模来说,总体投资规模不足。从世界范围来看,对外直接投资占 GDP 的比重世界平均水平为 15%,发达国家指标为 20%,发展中国家指标为 3.3%,而我国在投资最高期 2006—2009 年间,也都在 2% 以下。我国对外直接投资规模与其他国家相比,在 2006 年世界排名 13 位,在全球对外直接投资流量和存量占比为 2.72% 和 0.85%。2008 年金融危机以后,我国对外直接投资流量有所增加,在 2008 年我国对外直接投资流出量在世界排名仍然是 13 位,总量只相当于世界排名第一美国的 1/6,在全球对外直接投资流量占比为 4.9%。

对外直接投资年末存量与当年国民生产总值之比这个指标表明我国对外直接投资虽

然流量有所增加,发展速度较快,但从绝对数量和相对比例来说与我国经济规模和世界各国对外投资情况不相适应,我国对外直接投资还有较大的发展空间。

(二)投资区域比较集中

我国对外直接投资的区域覆盖率虽然超过了70%,比起发达国家投资水平,我国对外投资集中度过高。合理的投资区域分布应根据各国家资源禀赋、科学技术水平、市场发展情况等要素综合判断,我国对外直接投资应该根据投资动机选择适当的区域。

近年来从我国对外直接投资的国家和地区来看,主要集中在亚洲和拉丁美洲等周边、避税岛以及部分发展中国家等少数地区,分别占总存量的71.40%和17.50%。自2007年以后,我国进一步加大了对非洲国家的投资,特别是发展落后国家的投资,这些投资虽然占全球国际投资的存量比例较小,但对于许多非洲国家来说却是外商直接投资的重要部分。我国在向发达国家的对外投资总量上相对少一些,投资规模也不大。

(三)投资主体单一,中小企业对外直接投资主体地位不高

2008年,在我国对外投资存量中,国有企业占比69.60%。自2003—2008年,中央企业非金融类对外直接投资从20.98亿美元增长到359.83亿美元,年均增幅达79.86%,而地方性企业对外直接投资从7.57亿美元增加到58.76亿美元,年均增长速度仅为57.50%,落后于中央企业投资增长速度。中央直属企业在对外直接投资存量中占有绝对优势地位。国有企业由于自身制度因素影响,在与机制灵活、制度健全的发达国家的跨国公司进行竞争过程中,在某些方面处于劣势地位。国有企业在个别国家投资遭遇到当地政府的种种限制。这一现状与国内目前企业发展现状类似,广大的中小企业发展面临各种因素制约,中小企业在对外直接投资中的主体地位不高,中小企业没有能更好发挥和利用自身的市场嗅觉和灵活的应变能力,参与全球市场竞争。推动我国对外直接投资要从数量和质量上优化发展。

(四)参与境外投资企业效益不高

虽然我国企业对外直接投资规模在日益扩大,但我国企业境外投资收益差异较大,整体表现效益不高。根据国务院发展研究中心专家提供的调查显示,我国对外投资企业在1980—2003年间的对外直接投资微观绩效总体较差,中资企业境外投资不赚钱甚至赔钱的约占67%。

我国企业的对外投资微观效益按所有制区分,盈利企业多数是非国有企业,而国有企业在海外投资项目的成功概率不高,尤其是由政府主导并由国有企业进行投资的项目的成功率更是偏低;按经营行业区分,盈利企业多数是非生产性企业,而亏损企业则以生产性企业居多。

据世界银行报告分析我国对外直接投资收益亏、平、盈各占1/3,许多境外投资企业经营失误损失重大,甚至国内一些有名的企业也遭遇投资损失。在当前国际对外投资风险因素增多的情况下,对外直接投资面临的损失风险更大。2011年利比亚爆发内战,大量中资机构全身而退,大量的资金和设备被废弃,损失较大,目前中国在利比亚承包的大型项目共有50多个,涉及合同的金额达188亿美元。

案例资料

利比亚硝烟　警示中国对外投资风险

中国企业未来在应对"走出去"的环境风险时,应谨慎评估。法、英、美等多国对利比亚展开的联合军事行动已连续十多日,多轮空袭已让这个北非沙漠中的"石油王国"满目疮痍。

据国资委早前透露,中国共有涉及基建、电信等领域的 13 家央企在利比亚的项目全部暂停,多家企业累计停工的合同金额达 410.35 亿元;分析人士认为,倘若利比亚局势难以缓解,未来利比亚的 75 家中方企业损失将达数百亿美元。

一、国人眼中的利比亚

利比亚,地处北非,毗邻地中海,是运输要道,地缘接近中东和欧洲,有着丰富的石油资源。170 多万平方公里的国土面积中超过九成被沙漠占据,余下的"绿洲"承载着 600 余万人口,因此利比亚是个富有的国家,2008 年人均 GDP 已超过 16 000 美元,居非洲之首。

"尽管地处非洲,但利比亚却有着迷人的地中海风光,雄伟的古罗马式建筑。"曾有过多次前往利比亚进行商务考察经历的孙先生描述了自己眼中的利比亚,如果没有战争,这里可能会是一个不错的旅游胜地。

在他的描述中,利比亚不仅拥有迷人的风光,还有着颇高的社会福利。"教育、医疗、养老全部免费,利比亚有着从出生到终老的福利政策。"在孙先生的印象中,利比亚的居民很富有,轿车、游艇、私人飞机应有尽有。

然而,能够了解这个北非石油王国的国人并不多,据某旅行社工作人员提供消息,由于国人前往非洲旅游的首选地基本在南非、肯尼亚、埃及等国,有意前往利比亚参观旅游的人数寥寥。

2010 年,中国刚刚与利比亚签署了"旅游合作谅解备忘录",并于同年开通了往返利比亚的直航航班,而这一切或将"夭折"。

二、"基建换能源"看上去很美

"中国在非洲开展的'以基础设施换能源和矿产'的贸易项目让非洲把潜在的资源优势变成现实资本,对改变非洲落后面貌发挥了重要作用。"中国社科院发布的《2010 中东非洲黄皮书》对中国企业在非洲的现状做出了以上表述。

在日用消费品、机电产品、铁路、公路、建筑等基础设施以及电信通信领域,中国企业不断"走向非洲",与此同时,非洲作为中国海外能源资源供给国的地位也进一步加强。

利比亚的石油资源位居世界第九,非洲第一,更被视为"欧洲油库",其对于欧洲的重要性丝毫不亚于中东作为"世界油库"的作用。据了解,利比亚石油产量为 160 万桶/日,石油出口量约为 130 万桶/日。

值得注意的是,随着中国成为世界第二大石油消耗国地位的凸显,从利比亚进口原油量也与日俱增,2010 年中国已是利比亚第三大石油出口对象国。

而此次战事对"中国石油(601857)进口可能受较大影响的担心"可能略显多余,有资料显示,2010 年中国从利比亚进口原油约 700 多万吨,占原油进口比重 3% 左右。

对于这个数字,上海复旦大学经济学院世界经济系主任华民教授表示,3% 对中国石油进口不是致命的,很容易从其他诸如中东、俄罗斯、委内瑞拉等石油产地进口来弥补。

三、警示中国对外投资

对于此次利比亚局势,我国紧急实施了大规模撤侨,由此带来的项目合同损失多达数百亿元。华民认为,巨大损失换来的不该是"一无所有",中国企业未来的"走出去"战略应以此为戒,投资环境风险评估应加强。

"没有风险评估,就会造成重大损失。"华民说,正因为中国在利比亚参与诸多项目及大量的石油进口,所以在此次军事行动中,中方同样蒙受重大损失,而且是不可逆的。

华民认为,中方在选择对外投资时,不该仅仅考虑是否对中方表示友好这唯一因素,而应该兼顾投资地与西方主要国家有着怎样的关系,如果对中国友好却与西方敌对,这样的投资环境实际上是很恶劣的,一旦发生西方对其制裁或冲突,就会危及中方利益。

历史上,中东、北非均属于西方势力范围。新中国成立后,中东及非洲第三世界国家关系逐渐走向友好,并对其展开大规模援助。近年来,随着世界局势的变化,中东、北非等地局势动荡,中方利益频繁受损。

华民认为,无论是中投公司主权基金,还是央企、民企,在对外投资时应该多与欧美主要投资企业建立密切联系,以避免遭受过多损失。

"历史很重要,以往的种种参数和变量都是评估对外投资风险的重要指标。"华民强调,但是我们以前没有考虑到,只是考虑对方与中方友好与否,这是远远不够的。

(资料来源:李海楠. 利比亚硝烟 警示中国对外投资风险. 中国经济时报,2011-03-30.)

关键术语

合资企业　　　　股权式合资企业　　　非股权式合资企业　　独资企业
"走出去"战略

思考题

1. 我国利用外资经历过哪几个阶段?
2. 我国利用外资的方式主要有哪几种?
3. 我国对外投资经历过哪几个阶段?
4. 我国对外投资的主要原因是什么?

参 考 文 献

[1] （美）保罗·克鲁格曼.国际经济学[M].第5版.北京：中国人民大学出版社,1998.

[2] （日）小岛清.对外贸易论（中译本）[M].天津：南开大学出版社,1987.

[3] 杨大楷.国际投资学[M].第3版.上海：上海财经大学出版社,2003.

[4] 章昌裕.国际直接投融资[M].北京：中国人民大学出版社,2007.

[5] 陈湛匀.国际投资学[M].上海：复旦大学出版社,2008.

[6] 孔淑红.国际投资学[M].第3版.北京：对外经济贸易大学出版社,2011.

[7] 綦建红.国际投资学教程[M].第3版.北京：清华大学出版社,2012.

[8] 杜奇华.国际投资[M].北京：清华大学出版社,2008.

[9] 陈菲琼.国际投资[M].杭州：浙江大学出版社,2006.

[10] 陈菲琼.投资学案例[M].杭州：浙江大学出版社,2004.

[11] 任淮秀.国际投资学[M].第3版.北京：中国人民大学出版社,2011.

[12] 陈玲.现代国际投资[M].厦门：厦门大学出版社,2004.

[13] 张纪康.跨国公司与直接投资[M].上海：复旦大学出版社,2004.

[14] 任映国.国际投资学[M].北京：中国金融出版社,2001.

[15] 张蔚.国际投资学[M].北京：北京大学出版社,2008.

[16] 谭力文.国际企业管理[M].武汉：武汉大学出版社,2009.

[17] 王贵国.国际投资法[M].北京：北京大学出版社,2001.

[18] 郭波.国际投资：理论·政策·战略[M].北京：中国社会科学出版社,2009.

[19] 冼国明.国际投资概论[M].北京：首都经济贸易大学出版社,2004.

[20] 杨大楷.跨国公司R&D的因素分析[J].上海投资,2002(11).

[21] 刘庆生.21世纪跨国公司国际投资新趋势[J].世界经济研究,1999(4).

[22] 江小娟,杜玲.国外跨国投资理论研究的最新进展[J].世界经济,2001(6).

[23] 孙浩进.国际产业转移的历史演变及新趋势的启示[J].人文杂志,2011(2).

[24] 李东阳,鲍洋."金砖四国"投资环境比较研究[J].财经问题研究,2011(7).

[25] 李开孟.如何编写企业投资项目可研报告[J].中国投资,2007(12).

[26] 高析.BOT项目融资模式风险分析[J].水力发电,2002(4).

[27] 刘官.中美投资基金监管比较研究[J].北京青年政治学院学报,2005(12).

[28] 林巧燕.发达国家促进对外直接投资的政策借鉴[J].科学学与科学技术管理,2003(1).

[29] 乔俊杰.风险投资项目选择的关键因素分析[J].湖北民族学院学报（哲学社会科学版）,2004(3).

[30] 王怡,等.养老保险基金投资：国际经验及启示[J].当代经济研究,2012(7).

[31] 王静.中外投资银行历史演进中的若干支持条件[J].金融研究,2005(8).

[32] 陈伟.投资银行向金融控股公司发展是历史必然[N].中国证券报,2011-08-01.

[33] 姚颐,刘志远.美国共同基金业发展历程回顾：对中国的启迪[J].生产力研究,2007(21).

[34] 衣长军,苗权芳."十二五"时期我国对外直接投资战略研究[J].宏观经济研究,2012(3).

[35] 杜墨.国际保险业发展的新特点及启示[J].保险研究,2003(3).

[36] 刘海云.现代西方大型跨国公司组织结构调整与启示[J].世界经济研究,1998(6).

[37] 王立新.跨国公司组织结构模式变化及其对我国企业的启示[J].中山大学学报（社会科学版）,2002(11).

[38] 赵民杰,姜飞.跨国公司组织结构演化研究[J].经济经纬,2005(3).

[39] 张慧,曾晓佳.跨国银行的新发展与中国银行业的跨国经营[J].南方金融,2005(1).

[40] 柳思维,刘凤根.有效市场理论及其作用、缺陷和发展趋势[J].商业经济与管理,2003(1).

[41] 张俊国,杨丽琴,潘德惠.有效市场理论评述[J].系统工程,1999(3).

[42] 李存行.期权定价理论及其应用[J].华南理工大学学报(社会科学版),2001(6).

[43] 罗开位,侯振挺,李致中.期权定价理论的产生与发展[J].系统工程,2000(11).

[44] 李心丹.行为金融理论:研究体系及展望[J].金融研究,2005(1).

[45] 刘志阳.国外行为金融理论述评[J].经济学动态,2002(3).

[46] 朱华.中国对外直接投资发展阶段决定因素与对策研究[D].东北财经大学,2011.

[47] 姚建农.跨国公司组织结构网络化研究[D].浙江大学,2005.

[48] 李光晓.跨国公司组织结构网络化趋势研究[D].西南大学,2007.

[49] 陈学荣.现代证券组合投资理论的应用研究[D].中南大学,2000.

[50] 联合国贸发会议.2010年世界投资报告(中文版)

[51] 联合国贸发会议.2011年世界投资报告(中文版)

[52] 联合国贸发会议.2012年世界投资报告(中文版)

[53] 联合国贸发会议官方网站,http://www.unctad.org

[54] 国际货币基金组织官方网站,http://www.imf.org

[55] 国际清算银行官方网站,http://www.bis.org

[56] 经合组织官方网站,http://www.oecd.org

[57] 世界银行集团官方网站,http://www.worldbank.org

[58] 中国商务部外国投资管理司官方网站,http://wzs.mofcom.gov.cn

[59] 国家外汇管理局官方网站,http://www.safe.gov.cn

[60] Buckly P J, Mark C Casson. Models of the Multinational Enterprise, Journal of International Business Studies,1998,29(1).

[61] Buckly P J. Developments in International Business Theory in the 1990s, Journal of Marketing Management,1991.

[62] Buckly P J. Studies in International Business, St. Martin's Press,1992.

[63] Buckly P J. Foreign Direct Investment and Multinational Enterprises, Forward Edith Penrose,1995.

[64] Dunning J H. Multinational Enterprise and World Economy, Addison Wesley,1993.

[65] Dunning J H. Explaining Outward Direct Investment of Development Countries: In Support of the Eclectic Theory of International Production. in K. Kuman and M. G. Mcleod(eds). Multinationals from Development Countries. Massachusetts: D. C. Heath and Company,1981(4).

[66] S Hymer. The International Operation of National Firms: A Study of Direct Foreign Investment, Cambridge, Mass. MIT Press,1976.

[67] Masataka Fujita. The Transnational Activities of Small and Medium-sized Enterprises, Boston, Dordrecht and London: Kluwer Academic Publishers,1998.

[68] Scherer F M, A Beckenstein, E Kaufer, R D Murphy. The Economics of Multi-Plant Operation, Cambridge, Mass. : Harvard University Press,1975.